FONDATION HARDT
POUR L'ÉTUDE DE L'ANTIQUITÉ CLASSIQUE

ENTRETIENS

TOME LXIII

ÉCONOMIE ET INÉGALITÉ
RESSOURCES, ÉCHANGES ET POUVOIR DANS L'ANTIQUITÉ CLASSIQUE

ENTRETIENS SUR L'ANTIQUITÉ CLASSIQUE

TOME LXIII

ÉCONOMIE ET INÉGALITÉ
RESSOURCES, ÉCHANGES ET POUVOIR DANS L'ANTIQUITÉ CLASSIQUE

HUIT EXPOSÉS SUIVIS DE DISCUSSIONS
par

S. Fachard, N. Purcell, G. Reger,
F. Beltrán Lloris, F. Hurlet,
P. Eich, A. Bresson, R. Veal

Entretiens préparés par Sitta von Reden
et présidés par Pierre Ducrey
22-26 août 2016

Volume édité par Pascale Derron

FONDATION HARDT
POUR L'ÉTUDE DE L'ANTIQUITÉ CLASSIQUE
VANDŒUVRES
2017

Illustration de la jaquette : La forteresse d'Éleuthères (IVe s. av. J.-C.) contrôlait le passage entre l'Attique et la Béotie.

Photographie Sylvian Fachard.

Réalisation de la jaquette et des planches : Alexandre Pointet, Shaolin-Design, Lausanne.

ISSN 0071-0822
ISBN 978-2-600-00763-4

TABLE DES MATIÈRES

AUTEURS

Francisco BELTRÁN LLORIS, Universidad de Zaragoza

Alain BRESSON, University of Chicago

Peter EICH, Albert-Ludwigs-Universität, Freiburg in Breisgau

Sylvian FACHARD, Université de Genève/Mellon Professor, American School of Classical Studies, Athens

Frédéric HURLET, Université de Paris Ouest Nanterre La Défense

Nicholas PURCELL, Oxford University

Gary REGER, Trintity College Hartford, Connecticut

Sitta von REDEN, Albert-Ludwigs-Universität Freiburg in Breisgau

Robyn VEAL, University of Cambridge/Honorary affiliate, University of Sydney

PRÉFACE

Avec le thème "Économie et inégalité : ressources, échanges et pouvoir dans l'Antiquité classique", la Fondation Hardt a choisi de donner une direction inédite à la 63e série de ses *Entretiens sur l'Antiquité classique*. Les orientations dominantes jusqu'ici se répartissaient ainsi :[1]

– Philologie et littérature grecques	25 %
– Philologie et littérature latines	22 %
– Philologie et littérature, autres	13 %
– Philosophie antique	13 %
– Histoire ancienne	13 %
– Histoire des religions	6 %
– Historiographie	5 %
– Histoire de la médecine	3 %

Soucieuse de rapprocher la thématique retenue de préoccupations contemporaines, la Commission scientifique, organe souverain pour décider des sujets choisis, a estimé qu'il serait opportun d'aborder une problématique ayant pour centre l'économie antique, un thème en plein essor dans les disciplines de l'Antiquité classique. Restait la tâche difficile de trouver une ou un responsable qui proposerait un champ d'échanges fructueux, la personne qui, selon la terminologie en vigueur à la Fondation depuis des décennies, "préparerait" les *Entretiens* 2016. Le nom retenu recueillit immédiatement l'unanimité : il s'agissait de Sitta von Reden, professeur d'histoire ancienne à l'Université de Fribourg en Brisgau, dont l'œuvre scientifique est solidement ancrée dans le domaine du monnayage et des échanges.

[1] Les chiffres ci-dessous sont extraits de Nicolas GEX, Christine AMSLER et Térence LE DESCHAULT DE MONREDON, *La Fondation Hardt* (2016), p. 125.

Les premières réflexions en vue de la mise sur pied du programme remontent à 2012. Trois à quatre années sont en effet nécessaires pour que les diverses étapes de la préparation d'une série d'*Entretiens* débouchent sur une réalisation concrète. Un savant mélange d'origines, de langues, d'âges et de genres, sans parler des qualifications scientifiques, doit être réalisé pour composer le groupe des participants, puis pour obtenir l'aval de la Commission. La responsabilité de cette dernière est rendue d'autant plus lourde qu'elle hérite d'une tradition d'excellence confirmée au cours des décennies. Un examen des participants aux 62 séries précédentes montre en effet que la Fondation Hardt est parvenue, depuis les premiers *Entretiens* de 1952, à inviter au cours des années la plupart des meilleurs spécialistes mondiaux des sciences de l'Antiquité. Une fois sélectionnés, les participants sont priés de déposer un titre et un résumé, qui doivent obtenir l'aval de la Commission scientifique, avant de recevoir une invitation formelle. La participation elle-même, produit d'une sélection sévère, est généralement considérée par les personnalités retenues, jeunes et moins jeunes, comme un honneur qui ne se refuse pas.

Les textes des communications sont mis en circulation un mois avant la semaine des *Entretiens*. Ceux-ci ont lieu au siège de la Fondation, dans son domaine de Vandœuvres près de Genève, à la fin du mois d'août. Les textes sont alors présentés oralement et suivis d'une discussion. Chaque phase dure une heure. À l'origine, les discussions étaient enregistrées. Aujourd'hui, elles sont rédigées par les intervenants. Ce véritable conclave, qui conduit les participants à passer cinq jours dans le cadre, certes idyllique, du domaine de la Fondation, implique une grande concentration. Mais c'est une expérience que les participants apprécient. Ils forment à la fin du cycle une petite "communauté de savants", *a community of scholars*, qui laisse une trace pérenne, sous la forme de la publication des conférences et des discussions. Car le processus de publication commence dès la fin des sessions, afin que le volume puisse paraître dans des délais que la tradition, elle aussi immuable, fixe à onze mois après la fin des *Entretiens* proprement dits.

Venons-en au contenu du présent volume. Ce qui le caractérise est sans doute la diversité des approches proposées. Partant d'une matière première, le bois et ses usages, on passe aux échanges, codifiés par l'instrument monétaire et à leur contrôle au moyen du fisc. Les frontières permettent de s'interroger sur les voies de communication, la défense et la surveillance, voire les taxes. Les montagnes et les déserts, univers hostiles, jouent un rôle central dans la régulation, en fonction naturellement des régions considérées. Les États, sous la forme de cités, de royaumes ou du régime impérial romain, interviennent de manière plus ou moins affirmée et autoritaire dans l'organisation de l'espace et de la vie des gens. On découvre ainsi différentes stratégies d'exploitation des ressources mises en place par ces États, reflet de l'empreinte du pouvoir dans diverses régions de la Méditerranée, de l'Espagne à l'Égypte. On lira les réflexions inspirées par ces questions dans les pages qui suivent. Les communications sont précédées d'une synthèse due à Sitta von Reden elle-même.

Nombreuses sont les personnes à qui la Fondation exprime sa reconnaissance : en premier lieu, Sitta von Reden, qui a préparé les *Entretiens* 2016, et tous les participants, sans oublier les plus fidèles des auditeurs, Damien Nelis et Jocelyne Nelis-Clément. La reconnaissance de la Fondation va aussi à ses collaboratrices et collaborateurs, au secrétaire général Gary Vachicouras, à la secrétaire administrative Patricia Burdet, à la gouvernante-cuisinière Heidi dal Lago et à son équipe et au jardinier-concierge José Lourenço. Le volume des 63e *Entretiens* a été édité par Pascale Derron, en collaboration avec Sitta von Reden. Les planches et la jaquette ont été réalisées par Alexandre Pointet, Shaolin-Design, Lausanne. Les *Entretiens* 2016 et leur publication ont bénéficié d'un subside octroyé par une Fondation privée genevoise. À toutes et à tous, la Fondation exprime sa plus vive gratitude.

Pierre DUCREY,
directeur de la Fondation Hardt

SITTA VON REDEN

INTRODUCTION

Ungleichheit

Wirtschaftliche Ungleichheiten in nationalen und globalen Kontexten sind zurück in Zeitdiagnose und historischer Forschung. Vier Jahrzehnte standen wirtschaftliches Wachstum, Marktentwicklung und Produktivitätssteigerung im Mittelpunkt wirtschaftswissenschaftlichen, historischen und althistorischen Interesses.[1] Angesichts dramatisch steigender globaler und nationaler Ungleichheiten in der Verteilung von Einkommen und Reichtum — gemäß dem aufsehenerregenden Oxfam Davos Report hielten im Jahr 2015 ein Prozent der Weltbevölkerung die Hälfte des globalen Reichtums[2] — wird die Frage nach den Ursachen und Bedingungen von Ungleichheit in historischen Kontexten wieder vermehrt diskutiert. Auch Althistoriker fühlen sich aufgefordert, antike Wirtschaften nicht lediglich als funktionierende Systeme innerhalb verschiedener Wirtschaftsmodelle

[1] S. im Anschluss an die Finley-Hopkins Debatte z. B. SALLER (2002); BOWMAN / WILSON (2009); MORRIS / SALLER / SCHEIDEL (2007); OBER (2010); zur Diskussion VON REDEN (2015) 98-104.

[2] OXFAM (2016), <htpp://oxf.am/ZnhX>; s. auch MILANOVIĆ (2016). Die 2011 veröffentlichten Statistiken von inequality.org (<http://inequality.org/global-inequality/>) entwarfen noch ein sehr viel optimistischeres Bild sinkender globaler Ungleichheit; im Guardian wurde im April 2016 eine sehr viel Besorgnis erregendere Entwicklung globaler Ungleichheit aufgezeigt; s. HICKEL (2016) <https://www.theguardian.com/global-development-professionals-network/2016/apr/08/global-inequality-may-be-much-worse-than-we-think> (abgerufen zuletzt am 5.12.2016).

zu untersuchen. Fragen nach Gewinnern und Verlierern, Konkurrenzen um Ressourcen sowie auch ungleiche Zugangschancen zu Märkten oder den Resultaten steigender wirtschaftlicher Leistung beginnen wieder stärker im Mittelpunkt zu stehen.[3] Die marxistische Diskussion um ökonomisch bedingte soziale Konflikte ist nach ihrer Hochkonjunktur in den Nachkriegsjahrzehnten fast völlig zum Erliegen gekommen.

Ungleichheiten sind von althistorischer Seite jüngst von Walter Scheidel in welthistorischer Perspektive mit großer öffentlicher Wirksamkeit aufgegriffen worden.[4] Scheidel zeigt in der Langzeitperspektive, dass Ausgleich wirtschaftlicher Ungleichheiten in der Geschichte nur durch Gewalt oder Katastrophen, also exogene Faktoren erreicht werden konnte. *The Great Levelers* waren Kriege, Revolutionen, Pandemien oder staatlicher Zusammenbruch. Dies legt nahe (wie auch Thomas Piketty und Branco Milanović argumentiert haben), dass Ungleichheiten nicht über verbesserte Wirtschaftsleistung oder technischen Fortschritt überwunden, sondern eher noch verschärft werden.[5]

Warum ist das so? Soziale Ungleichheit ist nahezu koexistent mit menschlichem Zusammenleben. Ökonomische Ungleichheit und ungleiche Einkommensverteilung steigen jedoch mit zunehmender sozialer Komplexität.[6] Obwohl ihre Grundlagen

[3] So schon JONGMAN (2007); zu Indizien für steigenden Lebensstandard und damit fallende Einkommensunterschiede in griechischen Poleis etwa MORRIS (2005); im römischen Reich MACKINNON (2004) und JONGMAN (2007); skeptischer SCHEIDEL (2012).

[4] SCHEIDEL (2017); zur öffentlichen Bedeutung des Buches, s. etwa die Rezension im *Economist* vom 2.3.2017 <http://www.economist.com/news/books-and-arts/21717801-only-catastrophe-truly-reduces-inequality-according-historical-survey-lessons> (abgerufen zuletzt am 25.3.2017)

[5] PIKETTY (2014) 13-14; MILANOVIĆ (2016) 4-5 unterscheidet zwischen malignen und gutartigen Faktoren, die Ungleichheiten ausgleichen: Krieg, Naturkatastrophen und Epidemien einerseits und Bildung, Transferleistungen und progressive Besteuerung andererseits; die Bedeutung von für breitere Schichten zugänglicher Bildung wurde schon von SEN (2000) als wesentliche Möglichkeit für den Abbau von sozialer Unfreiheit und daraus resultierender Armut in den Mittelpunktgestellt.

[6] SCHEIDEL (2017) 23-62; CHAPMAN (2003); FACHARD in diesem Band.

vor dem Entstehen staatlicher Organisation liegen, schaffen staatliche Systeme eine Vielzahl von Bedingungen, die die Akkumulation und Konzentration von Reichtum in der Hand von wenigen begünstigt. Im Zuge der Globalisierung steigerte sich, weltweit betrachtet, noch einmal die Geschwindigkeit ihrer Zunahme.[7] Auch in der Antike ist nicht zu übersehen, dass Eigentumsrechte, kollektive oder imperiale Verteidigungssysteme und die damit verbundene soziale Organisation zur Verschärfung von sozialen und wirtschaftlichen Ungleichheiten führten. Weniger versuchten antike Staaten wirtschaftliche und soziale Ungleichheit zugunsten sozialen Friedens abzumildern, als dass sie durch hierarchische Militärorganisation, Prestigeökonomien und Repräsentationsformen Konzentration von Reichtum verfestigten, verschärften und symbolisch markierten. Auch wurde die Abmilderung ökonomischer Ungleichheiten interessanterweise niemals als eine Voraussetzung für demokratische Gleichheit erwogen — auch wenn Platon beispielsweise den grundsätzlichen Zusammenhang von wirtschaftlicher und politischer Organisation erkannt hatte.[8]

Raumkontrolle und wirtschaftliche Ungleichheiten

Das Verhältnis von politischer Organisation und wirtschaftlichen Konsequenzen ist äußerst komplex. In der marxistischen Forschung ist dieses Verhältnis vor allem in den nationalökonomischen Kategorien von Produktionsverhältnissen und Verteilung von Mehrwert diskutiert worden. Die einflussreichen Untersuchungen von Thomas Piketty und Branco Milanović betrachten die Entwicklung von Ungleichheit und Einkommensverteilung in den letzten drei Jahrhunderten ebenfalls im

[7] Milanović (2016); Scheidel (2017) 42-43.
[8] Lowry (1987) 84-125; Schriefl (2013); von Reden (2015) 77-81; Föllinger (2016).

Kontext von Kapital-, Arbeits-, und Marktentwicklung (global vernetzter) Nationalökonomien.[9] Die *Entretiens* schlugen einen anderen Weg ein, der enger auf die althistorischen und archäologischen Forschungsmöglichkeiten zugeschnitten ist. Soziale und wirtschaftliche Ungleichheiten sind, wie Wirtschaftsgeographen seit langem betonen, immer auch durch den Lebens- und Siedlungsraum bedingt. Umgekehrt wirkt sich die ideologische Hierarchisierung von Räumen und produktiven Landschaften (Wald, Bergregionen, Agrarflächen oder Küstenlandschaften) auf die sozialen und wirtschaftlichen Chancen ihrer Einwohner, die Konzentration von wirtschaftlichen Aktivitäten in bestimmten Regionen und damit auch die Prosperität einzelner Räume aus. Territorien und Landschaften sind politisch kontrolliert; ihre Ausstattung mit Infrastrukturen und Sicherungsanlagen bedürfen staatlicher oder kollektiver Investitionen, die die wirtschaftliche Nutzung dieser Räume sozial vorstrukturieren und, wenn nicht explizit anders geregelt, nicht offen für alle lassen.[10] So war die Leitfrage der *Entretiens* und des vorliegenden Bandes, inwieweit staatliche (politische und administrative) oder soziale Kontrolle auf die wirtschaftliche Kohäsion und Entwicklung von Räumen und Landschaften einwirkten und damit ökonomische Gleichheit oder Ungleichheit beeinflussten. Eine räumliche Fokussierung auf soziales und wirtschaftliches Geschehen erlaubt es, höchst unterschiedliche Formen von Ungleichheit und ihre wirtschaftlichen Konsequenzen in den Blick zu nehmen. Auch machte es ein räumlicher Zugriff möglich, archäologische und historische Perspektiven auf wirtschaftliche und soziale Ungleichheit zusammenzuführen und gemeinsam zu diskutieren. Eine

[9] PIKETTY (2014); MILANOVIĆ (2016).

[10] Die wirtschaftsgeographische Literatur, auf die hier Bezug genommen wird, ist umfangreich und in ihrer Fokussierung auf industrielle Produktion, moderne Transport und Kommunikationsmittel sowie Mobilität nicht in jeder Hinsicht auf die Antike anwendbar; s. etwa FUJITA / KRUGMAN (2004); COMBES / MAYER / THISSE (2008); CHAKRAVORTY / LALL (2005). Eine intensivere Auseinandersetzung der althistorischen Wirtschaftsforschung mit den Ansätzen der neuen Wirtschaftsgeographie wäre jedoch zweifellos fruchtbar.

Verengung auf wirtschafts- und markttheoretische Zugänge sollte vermieden werden.

Vier antike Raumdimensionen verdienen vor dem Hintergrund der jüngeren Forschung besondere Aufmerksamkeit: die Landschaft als natürlicher und sozial gestalteter, vor allem aber auch staatlich kontrollierter Ressourcenpool; die Grenzregion, deren wirtschaftliches Entwicklungspotential in den letzten Jahren besonders in der Archäologie betont worden ist; der regionale Interaktionsraum, der weniger geographisch als durch politische und monetäre Reichweiten mittlerer Distanz gekennzeichnet ist;[11] und schließlich der imperiale Raum, der in höchst unterschiedlicher Weise und in unterschiedlicher Intensität Produktion, Konsum und Verteilung strukturierte und beeinflusste. Wie gestaltete und manifestierte sich die staatliche oder imperiale Kontrolle von Landschaften, Regionen und imperialen Großräumen? Und wie verschärften sich dadurch welche Formen der Ungleichheit?

Die Beiträge dieses Bandes

Sylvian Fachard argumentiert, dass Grenzregionen niemals als neutrale oder natürliche Räume wirtschaftliche Bedeutung haben, sondern von konkurrierenden territorialen Ansprüchen und Formen der Ressourcenausbeutung, Siedlungsverhalten und Eigentumsverhältnissen geprägt sind. In Form von Fallbeispielen widmet er sich zwei Mikro-Regionen an der Grenze zwischen Attika und Boiotien, der Mazi Ebene im Demos Oinoe sowie die Bergebene von Skourta im Kithairon-Parnas Gebirge. Die zunehmende wirtschaftliche Intensivierung dieser Regionen zeigt sich an der Ausweitung von landwirtschaftlich genutzter Fläche, zunehmender Siedlungstätigkeit, sichtbaren Investitionen in Verteidigungsanlagen (Befestigungsmauern und Türme) und den Bau von Verbindungsstraßen und anderen Infrastrukturen.

[11] REGER (2007); REGER (2013); VON REDEN (2015) 13-14.

Die Mazi Ebene gehörte zum Demos Oinoe, wurde aber auch von der boiotischen, bisweilen sich mit Athen verbündenden Stadt Eleutherai, kontrolliert. Die politische Grenze verlief durch die Mitte dieses Gebiets. Ab dem 5. Jh. v. Chr. zeigt sich ein massiver athenischer Zugriff auf das fruchtbare Land durch eine auffällige Konzentration von Befestigungsanlagen sowie den Bau einer neuen Straße Richtung Eleusis und damit näher an das athenische Zentrum. Die Kontrolle des Grenzlandes benötigte Investitionen in Befestigungsanlagen und Höfe, zu denen nur der athenische Staat — aus strategischen Gründen — und eine wohlhabende landwirtschaftliche Elite — aus wirtschaftlichen Gründen — finanziell in der Lage waren. Das Grenzland zwischen Attika und Boiotien erscheint somit archäologisch nicht nur als Bühne eines dynamischen Austauschs zwischen Boiotien und Athen, sondern auch als ein Kristallisationspunkt von innerathenischen Ungleichheiten in der Neugewinnung und Sicherung von fruchtbaren Grenzlandschaften.

Nicholas Purcell widmet sich einer anderen Grenzlandschaft, nämlich jener die sich natürlicherweise durch Berge und Bergketten ergab. Wie auch Fachard betont er jedoch ebenso die menschliche Gestaltung dieses Naturraums. In Bergökologien, so Purcell, überschnitten sich die Ökologie einer Landschaft und ihre politische Bedeutung als Territorium, produktiver Bezirk und Austauschzentrum. Die Überschneidung dieser politischen, ökologischen und wirtschaftlichen Bedeutung von Bergen sowie deren Auswirkung auf soziale und wirtschaftliche Beziehungen stehen im Zentrum dieses Beitrages. Berg- und Agrarlandschaften gingen Beziehungen ein, die — wie die umfangreichen Debatten um die Interaktion zwischen Nomaden und sedentären Agrargemeinschaften zeigen — oft als hierarchisch wahrgenommen und sozial gestaltet wurden. Die Herausbildung kohärenter Zonen, in denen vergleichbare und auf einander bezogene wirtschaftliche Aktivitäten stattfanden, war die Grundlage auch für administrative und politische Raumaufteilungen, argumentiert Purcell. Gleichzeitig sind Bergregionen Räume intensiver Mobilität trotz ihrer schweren Zugänglichkeit und Überwindbarkeit.

So sind selbst in so augenscheinlich natürlichen Raumbegrenzungen wie Bergzügen Grenzen sozial konstruiert und Resultat von sozialen Praktiken und Diskursen. Vergleichende Beobachtungen und antike Texte — von Strabo über Plinius zu Ammianus Marcellinus — machen deutlich, wie die Menschen sich produktive Bergregionen aktiv und bewusst aneigneten und umgekehrt von außen als kohärente Gesellschaften wahrgenommen wurden: Alpenvölkern beispielsweise wurde eine eigene Geschichte und eigene Gewohnheiten zugeschrieben, die sie zum Gegenstand diskursiver Verhandlung von Fremdhaftigkeit und Eigenart machten. Purcell zeigt an einer Reihe von Beispielen, wie antike Bergregionen agrarisch genutzt, wirtschaftlich intensiviert und dann als besonders reich und fruchtbar wahrgenommen wurden. So waren Bergregionen keine statischen Begrenzungen einer im Gegensatz dazu aktiven mediterranen Wirtschaft, sondern gestaltete Räume, die ebenfalls von wirtschaftlicher Aktivität, Variabilität und Mobilität sowie ihrer bewussten Wahrnehmung als solche gekennzeichnet waren. Aber sie wurden auch politisch vereinnahmt und eingehegt. Zum einen zeigt sich dies an der Entwicklung von Bergstaaten wie des Königreichs des Cottius in Ligurien. Zum anderen wurden *coloniae* als Berggemeinden gegründet, wie etwa Saepium oder Bovianum in Italien, oder die Kolonien der Bergregion von Pisidien. Schließlich auch wurden die häufig spannungsreichen Beziehungen von Berggemeinden und römischen Städten am Fuß von Bergregionen Gegenstand von Politik. So zeigt das viel diskutierte Edikt des Claudius über die Anauni, Tuliasses und Sinduni aus dem Jahr 46, wie diese Bergvölker bewusst in den römischen Staat integriert wurden, etwa als Dekurionen und Soldaten in der Prätorianergarde, die römisches Bürgerrecht erhielten. Auch die Via Claudia Augusta, die an dieser Region entlang verlief, datiert aus demselben Jahr. Purcells Beitrag zeigt eindrucksvoll, wie eine häufig als segregiert und anders wahrgenommene Region sozial wie auch wirtschaftlich integriert, ja bisweilen auch als ursprünglich besserer menschlicher Lebensraum aufgewertet wurde. Ökologisch bedingte Ungleichheiten der Lebens- und

Wirtschaftsformen wurden in diesen Fällen diskursiviert, mental kontrolliert und zu überwinden versucht.

Gary Reger analysiert unter dem Titel „Romans in the Egyptian desert: from desert space to Roman place", wie der römische Staat die Wüstenregion zwischen dem Nil und dem Roten Meer über infrastrukturelle Erschließung aber auch militärische und *mentale* Kontrolle ‚normalisierte'. Die östliche Wüste wurde unter Augustus zu einer bedeutenden Quelle für Edelmetalle, Edelsteine und Baumaterialien sowie zu einer hochfrequentierten Verbindungsstrecke zwischen dem Nil und den Häfen des Roten Meeres, und damit auch zu den arabischen Küsten und nach Indien. Ausgrabungen der Steinbrüche von Mons Claudianus, der Hafenstädte Myos Hormos und Berenike, sowie auch die Funde von buchstäblich tausenden von Ostraka entlang der Wüstenrouten haben unsere Kenntnis der Region dramatisch erweitert. Sowohl aus papyrologischen als auch literarischen Quellen wird deutlich, dass die Wüste — das „trockene Meer" (*xeron pelagos*) — als ein äußerst feindseliges Gebiet empfunden wurde: bewohnt von wilden Tieren und merkwürdigen und gefährlichen Menschen, sowie wasserlos und unsicher. Das Leben der stationierten Soldaten, der Abtransport von Gestein und Edelmetallen sowie der Transfer von Handelsgütern vom Roten Meer nach Koptos waren gefährlich nicht nur wegen menschlicher Gewalt und Durst, sondern auch wegen der Vorstellungen von den Wüstennomaden: sie kannten angeblich keine Emotionen, konnten tagelang ohne Wasser auskommen und manche hatten sogar, wie Plinius d. Ä. berichtet, keine Köpfe. Reger zeigt, wie sich über den Zeitraum des 1. Jhs. die Region nach und nach gemäß römischen Vorstellungen normalisierte: die Römer verstanden es Brunnen auszuheben, errichteten *praesidia*, die Wasser und Schutz bereitstellten, bauten Bäder (die sowohl sehr wasser- als auch brennholzintensiv waren), legten Gärten für den Anbau mediterraner Früchte an und trieben einen veritablen Handel mit Prostituierten. Sanktuare entstanden, die zunächst meistens Pan (dem Gott der Wildnis) geweiht waren, ab dem 2. Jh. aber zunehmend ‚normaler' der Tyche.

Der wirtschaftlich bedingte Romanisierungsprozess schloss, so Reger, die Wüstenbevölkerungen jedoch völlig aus. Im Gegensatz zu den Bergbewohnern des kilikischen und isaurischen Hochlands, die Brent Shaw uns so eindrucksvoll nahegebracht hat, blieben die Blemmyes, Nubai, Trogodytai und Megabaroi der römischen Zivilisation fern. So weitete sich die Ungleichheit zwischen mediterraner Wirtschaft und nomadischer Zivilisation, die weniger ‚natürlich' als vielmehr menschengemacht, mental forciert und, wie wir mittlerweile wissen, wirtschaftlich eher unvorteilhaft war.

Robyn Veal betont in ihrem umfassenden Kapitel zur antiken Waldwirtschaft die grosse aber auch heterogene Bedeutung von Waldlandschaften und Waldressourcen für unterschiedliche soziale Gruppen, private und öffentliche Wirtschaftszweige und Aufgaben. Dabei versucht sie insbesondere auch die Ungleichheiten, die sich aus der politischen und sozialen Kontrolle von Waldbeständen ergaben, herauszuarbeiten. Eine angemessene Abwägung von ökologischen Bedingungen einerseits und politischem Einfluss andererseits auf die Verteilung von Holzvorkommen sei die Grundvoraussetzung für ein adäquates Verständnis ihrer sozialen und gesellschaftlichen Bedeutung. Angesichts des ubiquitären Brennholzbedarfs war die Nutzung, Zerstörung und Aufbereitung aber auch die Wahrnehmung von Waldgebieten (etwa in Konkurrenz zu landwirtschaftlich nutzbarer Fläche) ein wesentliches Kennzeichen für den antiken Umgang mit einer knappen, nicht substituierbaren Ressource. Veal unterscheidet staatliche, industrielle und private Nutzung von Waldressourcen (Schiffbau, Heeresversorgung, öffentliche Bauindustrie, Bäder und Bäckereien; Brennholz und Holzkohle für Schmelz- und Brennvorgänge; Möbel und Werkzeuge; sowie Brennholz und Holzkohle als Heizmittel). Dabei zeigen sich Konkurrenzen zwischen staatlichem und privatem Holz- und Kohlebedarf, aber auch von Elite und allgemeiner Bevölkerung im Zugriff auf Land als Agrar- bzw. subsistenzwirtschaftlich genutzter Waldfläche. Bei gleichzeitig steigender imperialer Expansion und Urbanisierung wurden Waldflächen nahezu gänzlich in Bergregionen verdrängt, so dass selbst im Fall einer mittleren Stadt wie Pompeji Holz, Holzkohle und Brennholz von fern importiert und ihr Nachschub sozial, politisch und möglicherweise auch marktwirtschaftlich in hohem Maße institutionalisiert wurde. So führten sowohl ökologische als auch soziale, politische und imperial bedingte Gründe zur steigenden Bedeutung von Waldressourcen als ‚Hebel' sich verstärkender sozialer und wirtschaftlicher Ungleichheiten.

Paco Beltrán Lloris widmet sich den römischen Koloniegründungen auf der iberischen Halbinsel und damit einer regionalen Dimension von Raumkontrolle. Er distanziert sich sowohl von der älteren Forschung, die die Gründung von *coloniae* als Element der Romanisierung und Zivilisation der eroberten Gebiete ansah, als auch der jüngeren post-kolonial inspirierten Forschung, die römische Stadtgründungen als durchweg katastrophal für die lokale Bevölkerung bewertete. *Coloniae* folgten keinem eindeutigen Muster. Die Gründung der mächtigen Ebro Metropole Colonia Caesar Augusta im Jahr 14 v. Chr. in dem semi-ariden und schwer bebaubaren mittleren Ebrotal scheint keine Katastrophe für die Lokalbevölkerung gewesen zu sein, argumentiert Beltrán Lloris. Vielmehr war die Region in der Bürgerkriegszeit nahezu vollständig de-urbanisiert worden: neun von zehn urbanen Zentren zeigen völlige Zerstörung oder wurden verlassen. Caesar Augusta wurde dagegen vom Zeitpunkt ihrer Gründung massiv römisch subventioniert: Die Stadt wurde mit einem riesigen ländlichen Territorium ausgestattet (notwendig wegen der schlechten Böden), sie erhielt finanzielle Mittel für die Verbesserung und Ausrichtung des lokalen Straßensystems (fünf Straßen wurden auf die Stadt zugeleitet), und vor allem erhielt sie ein innovatives hydraulisches System, das nicht nur die eigene Stadt und das riesige Umland, sondern die ganze Region mit Wasser versorgte. Zudem erhielt Caesar Augusta Steuerimmunität und wurde als regionales administratives Zentrum und Sitz des *conuentus iuridici* eingerichtet. Die lokale ländliche Bevölkerung, die allem Anschein nach in der Kolonie als *incolae* heimisch wurde, profitierte durchaus von der Prosperität der Stadt. Hier sind nicht die wesentlichen Ungleichheiten zu suchen. Vielmehr scheint Caesar Augusta Teil eines hierarchischen urbanen Systems gewesen zu sein, das deutlich staatlich gefördert war: durch finanzielle und steuerliche Privilegien ebenso wie durch seine administrative und infrastrukturelle Zentralisierung. Die Kolonie Celsa beispielsweise wurde dagegen schon 100 Jahre nach ihrer Gründung durch Caesar, wohl auch als Folge der Bedeutung von Caesar Augusta verlassen. Der Status einer Kolonie allein, so Beltrán Lloris, garantierte keine Sonderstellung, sondern war je nach politisch-wirtschaftlicher Zielrichtung ein Teil der auf Konkurrenzen ausgerichteten römisch-imperialen urbanen Systeme, die sich in den Provinzen auf verschiedenste Weise herausbildeten.

Alain Bresson wirft einen Blick auf antike Währungssysteme und Geldumtausch, die er ebenfalls im Horizont regionaler Raum-, Wirtschafts- und sozialer Kontrolle diskutiert. Lokale (heute nationale) Währungen setzen Mobilität und Migration Grenzen, der Besitz und die Verfügbarkeit von überregionalen Münzen überwindet diese Grenzen. Der Zugriff auf derartige überregionale Münzwährungen und Münzkreisläufe ist aber nicht allen gesellschaftlichen Gruppen in gleicher Weise möglich, so dass staatliche Währungspolitik indirekt auf die Bildung und Verfestigung von sozialen Ungleichheiten einwirkt. Bresson betont die Bedeutung antiker Münzen als staatlich kontrollierter Institution: nicht nur durch staatlich monopolisierte Münzemission, sondern auch durch rechtliche Regulierungen von Münztausch, Wertverhältnissen, Reinheit und Echtheit, sowie die Kontrolle über Emissionsrhythmen und Edelmetallnachschub war die Münzpolitik ein zentraler Faktor wirtschaftlicher, sozialer und politischer Einflussnahme. In einer Langzeitperspektive zeigt er wie dieses regelrechte ‚Währungsmanagement' von den Anfängen im 6. Jh. v. Chr. bis in die Kaiserzeit von einzelnen Poleis, Königen bzw. kaiserlichen Münzherren geleistet wurde. Dabei konzentriert er sich insbesondere auf den Münzumtausch, der unmittelbar mit der staatlichen Münzprägung verbunden war und nahezu zeitgleich mit ihrer Entstehung in

Griechenland nachweisbar ist. Der staatlich kontrollierte Umtausch, der entweder innerhalb staatlich festgelegter oder verhandelbarer Wertverhältnisse vollzogen wurde, zeigt die prinzipielle Offenheit antiker Städte für fremden Handel und Tausch, die Geldwechslern, Banken oder Magistraten, und damit den Städten beträchtliche Einnahmen in Form von Gebühren einbrachte. Mit der Zunahme von Bronzewährungen im Hellenismus nahmen der innerstaatliche Münztausch und damit auch die Gewinne, die damit erzielt wurden, erheblich zu. An dem vieldiskutierten Fall des ptolemäischen Münzsystems, aber auch am Fall der kaiserzeitlichen Städte Magnesia, Pergamon und Ephesos zeigt Bresson, dass das Wertverhältnis von Gold-, Silber- und (lokalen) Bronzemünzen, obwohl schwankend, reguliert und die Agios für ihren Umtausch genau festgelegt waren. Obwohl Münzen der verschiedenen Metalle mancherorts und zeitweise Bestandteile eines einzelnen Münzsystems waren, bildeten sie de facto drei Währungen, die gegeneinander ausgetauscht wurden und in drei verschiedene Geldkreisläufe verwiesen, die auch sozial differenziert waren. Die Reichen lebten in der Welt von Gold und Silber und profitierten von den Wechselsystemen und Agios, die der Umtausch ihnen zuspielte. Verlierer war die allgemeine Bevölkerung, die in der Welt lokaler Bronzewährung operierte, und mit Agios belastet wurde, die bei Zahlungen in Silber, insbesondere im Fall von Steuern, fällig wurden.

Frédéric Hurlet und Peter Eich untersuchen Aspekte, in denen der imperiale Raum Gleichheit und Ungleichheiten beeinflusste. Beide sehen eine, in der Forschung nicht ganz unumstrittene, prinzipielle Ungleichheit zwischen den Angehörigen des römischen Herrschaftsapparats und den Provinzialbevölkerungen. Die Spanne zwischen Regierenden und Regierten wurde, so betont Hurlet, im frühen Prinzipat ideologisch auszugleichen bzw. zu rechtfertigen versucht, bestand aber tatsächlich in Herrschafts- und fiskalischer Praxis ungemildert weiter. Dies zeigt sich an einer nicht unerheblichen Anzahl lokaler Revolten wie denen des Florus und Sacrovir in Gallien, Boudicca in Britannien oder Bar Kochba in Judäa. Worum ging es in diesen

Aufständen? Im Gegensatz zur älteren Forschung, die die Revolten als ‚nationalen' Widerstand gegen die Fremdherrschaft erklärten, argumentiert Hurlet, dass sie Reaktionen auf konkrete Herrschaftspraktiken waren, die sich in Form von Besteuerung, Erhebung von Zensusdaten, die Aneignung von Land, Zenturierung, Straßenbau, Militärdienst und die Ausübung römischer Justiz auf die Provinzbevölkerungen direkt auswirkten. Die Besteuerungspraxis bildete den Kern der römischen Herrschaft und ist auch die am meisten bezeugte Ursache für Widerstand und Opposition. Dabei ging es nicht allein um ein Aufbegehren gegen die Steuerlast, wie offenbar im Fall des gallischen Aufstandes des Florus und Sacrovir, sondern auch um den Unwillen gegen willkürliche Gewaltmaßnahmen wie Konfiskationen von Geld, das Steuerpflichtigen zur Begleichung von Steuerschulden gewährt werden sollte. Religiöse Motive, wie sie hinter dem jüdischen Aufstand des Bar Kochba standen, waren eher eine Ausnahme. Zweifellos wurde das Steuersystem mit den Kosten von Armeen und damit der Sicherung des Friedens und friedlichen wirtschaftlichen Austauschs erfolgreich gerechtfertigt. Doch machten die Bedeutung von Zensusdurchführungen, Landvermessung und Steuereintreibung in der römischen Herrschaftspraxis sowie auch den Narrativen des Widerstands deutlich, wie imperiale Politik mit wirtschaftlichen Interessen und umgekehrt der Einschränkung von wirtschaftlichen Freiheiten einherging, die, wie Hurlet zu zeigen versucht, von grundlegenden imperialen Ungleichheiten geprägt waren.

Den Zielen der tetrarchischen Steuerreformen und der Umgestaltung des imperialen Raumes geht Peter Eich nach, wobei er im Sinne des Fragehorizonts der *Entretiens* die Auswirkungen der staatlichen Raumkontrolle auf Gleichheit und Ungleichheiten auszuloten versucht. Eich betont zunächst, dass die Begründung von Provinzen schon in der republikanischen Zeit mit dem Versuch einherging, auf räumliche Strukturen und Landschaftszusammenhänge einzuwirken. Doch scheint die imperiale Herrschaft bei der Einrichtung von Provinzen zunächst auf Vereinheitlichung keinen Wert gelegt zu haben. Roms Herrschaft überwölbte eher lokale Raumstrukturen und beseitigte sie nicht. Eine veränderte Situation zeigt sich jedoch in der Mitte des 4. Jhs., in der die römische Administration sich zwar nicht als völlig vereinheitlicht aber doch einheitlicher zeigt. Einen wesentlichen Anteil daran hatten die tetrarchischen Reformen, die sich aus einem neuen Zensus, einer Steuerreform und einer Münzreform zusammensetzten. Einher gingen diese Reformen jedoch auch mit einem dichteren Netz von *stationes,* Investitionen in neue Residenzen und urbane Zentren mit Marktrechten, eine Teilung und damit Vermehrung von Provinzen, einem Neuzuschnitt von Landschaftszusammenhängen durch die Verlegung von Provinzgrenzen sowie dem Bau neuer Straßen. Gebündelt lassen sich diese Maßnahmen in den Jahren 301-304 und zwar sowohl in Italien als auch in Kleinasien und Syrien nachweisen. Sie erlauben den Schluss einer reichsweit fiskalisch motivierten Normierung des Herrschaftsraumes. Die neuen Raumstrukturen müssen massive Auswirkungen auf das wirtschaftliche Leben und seine institutionellen Bedingungen gehabt haben, argumentiert Eich: Provinzen und Städte erhielten neue Infrastrukturen, Personen hatten schnelleren Zugang zu Gerichten, die Verkleinerung der Steuerbezirke führte zu einer besseren und damit wohl auch angemesseneren Besteuerung der Bevölkerung und die Vergrößerung des Verwaltungsapparates wirkte sich auf die Entwicklung der spezifischen wirtschaftlichen Interessen der Verwaltungselite aus. Intendiert waren die ökonomischen Konsequenzen wohl kaum; vielmehr sollte das engmaschigere System eine höhere ‚Anwesenheitsverfügbarkeit' von Menschen und Gütern für fiskalische Zwecke hervorbringen. Und es gab Gewinner und Verlierer der Reformen: Von der neu gewonnenen Normierung des imperialen Raumes und der damit eintretenden größeren Ruhe profitierte die Mehrheit. Eine als unmoralisch gewertete Minderheit wurde aber durch Konfiskationen, eine effektivere Steueradministration sowie auch ein effektiveres Justizsystem bestraft. So führte ein im Kern effizienteres und mit einiger Wahrscheinlichkeit wirtschaftlich stimulierend wirkendes Steuersystem zu neuen Ungleichheiten.

Ressourcenkontrolle und *entitlements*

Die in diesem Band versammelten Perspektiven auf den Zusammenhang von staatlicher Organisation, Raumkontrolle und wirtschaftlicher Ungleichheit lassen sich in einen Zusammenhang stellen: Grundsätzlich bestand in der Antike eine große Diskrepanz zwischen staatlich induzierten Verbesserungen wirtschaftlicher Möglichkeiten — die Entwicklung von Agrarland in infrastrukturell erweiterten und besser gesicherten Grenzregionen (Fachard), die Vernetzung von Berg- und Agrarlandschaften (Purcell); die finanzielle Unterstützung von groß angelegten Bewässerungssystemen in einer Provinz (Beltrán Lloris), der Bau und die Sicherung von Durchgangsstraßen und die Verbesserung der Transportbedingungen durch eine wirtschaftlich wichtige Wüstenregion (Reger), der Umgang mit Münzgeld und die Regelung von Wertverhältnissen unterschiedlicher Währungen (Bresson), die weitestgehend durch Steuern und Tribute ermöglichte militärische Sicherung imperialer Gebiete und Grenzen (Hurlet), oder angemessenere Besteuerung, verbesserte Infrastrukturen (Eich) und administrative Einheiten — und der tatsächlichen Verteilung von Möglichkeiten und Anrechten auf die Nutzung dieser Möglichkeiten.[12] Die zentrale Frage muss lauten, wer von den Möglichkeiten profitierte, wer die Verteilung der Anrechte dominierte und in welcher Form die Verteilung stattfand. Hier geben die Beiträge des Bandes sehr unterschiedliche Antworten und zeigen, wie subtil und komplex die Verteilung von Anrechten zu diskutieren ist. Die Bedeutung von räumlich differenzierten Zugangsmöglichkeiten, die sich sowohl aus ökologischen Gegebenheiten als auch aus sozialen,

[12] Dieser Befund orientiert sich theoretisch an dem „entitlement approach" von SEN (1981) entworfen wurde. Sen argumentierte, dass Welthunger nicht aus tatsächlicher Lebensmittelknappheit, sondern aus ungleichen Zugangschancen resultiert: Rechtliche Schranken sowie auch insbesondere beschränkte Möglichkeiten lokaler Bevölkerungen, sich ihre Lebensmittelressourcen über Eigenproduktion, lokale Arbeitskräfte und Tausch anzueignen; zur Rezeption dieses Ansatzes von althistorischer Seite, EICH (2006) und JONGMAN (2007).

politischen und diskursiven Praktiken ergeben, treten in den Beiträgen dieses Bandes zu Tage, und es steht zu hoffen, dass sie zu weiterer Forschung anregen.

Literaturverzeichnis

Bowman, A. / Wilson, A. (2009), "Quantifying the Roman Economy: Integration, Growth, Decline?", in A. Bowman / A. Wilson (Hrsg.), *Quantifying the Roman Economy. Methods and Problems* (Oxford), 3-84.

Chakravorty, S. / Lall, S.V. (2007), *Made in India. The Economic Geography and Political Economy of Industrialization* (New Delhi).

Chapman, R. (2003), *Archaeologies of Complexity* (London).

Combes, P.-P. / Mayer, T. / Thisse, J.-F. (2008), *Economic Geography. The Integration of Regions and Nations* (Princeton).

Economist (2017), <http://www.economist.com/news/books-and-arts/21717801-only-catastrophe-truly-reduces-inequality-according-historical-survey-lessons> (abgerufen zuletzt am 25.3.2017).

Eich, A. (2006), *Die politische Ökonomie des antiken Griechenlands (6.-3. Jahrhundert v. Chr.)* (Köln).

Föllinger, S. (2016), *Ökonomie bei Platon* (Berlin).

Fujita, M. / Krugman, P. (2004), "The New Economic Geography: Past, Present and Future", *Papers in Regional Science* 83, 139-164.

Hickel, J. (2016), „Global Inequality May Be Much Worse than We Think", *The Guardian,* 8 April 2016 <https://www.theguardian.com/global-development-professionals-network/2016/apr/08/global-inequality-may-be-much-worse-than-we-think> (abgerufen zuletzt am 5.12.2016).

Inequality.org (2011), "Global Inequality", <http://inequality.org/global-inequality/> (abgerufen zuletzt am 23.03.2017).

Jongman, W. (2007), "Gibbon Was Right: The Decline and Fall of the Roman Economy", in O. Hekster / G. de Kleijn / D. Slootjes (Hrsg.), *Crises and the Roman Empire. Proceedings of the Seventh Workshop of the International Network Impact of Empire (Nijmegen, June 20–24, 2006)* (Leiden), 183-199.

Lowry, S. Todd (1987), *The Archaeology of Economic Ideas. The Classical Greek Tradition* (Durham).

MacKinnon, M. (2004), *Production and Consumption of Animals in Roman Italy. Integrating the Zooarchaeological and Textual Evidence* (Portsmouth).

Milanović, B. (2016), *Die ungleiche Welt. Migration, das Eine Prozent und die Zukunft der Mittelschicht.* Aus dem Englischen (Berlin).

Morris, I. (2005), "Archaeology, Standards of Living and Greek Economic History", in J.G. Manning / I. Morris (Hrsg.), *The Ancient Economy. Evidence and Models* (Stanford), 91-126.

Morris, I. / Saller, R. / Scheidel, W. (2007), "Introduction", in W. Scheidel / I. Morris / R. Saller (Hrsg.), *The Cambridge Economic History of the Greco-Roman World* (Cambridge), 1-12.

Ober, J. (2010), "Wealthy Hellas", *TAPhA* 140, 241-286.

Oxfam (2016), "62 People Own the Same as Half the World, Reveals Oxfam Davos Report", <http://oxf.am/ZnhX> (abgerufen zuletzt am 23.03.2017).

Piketty, T. (2014), *Das Kapital im 21. Jahrhundert.* Aus dem Französischen (München).

von Reden, S. (2015), *Antike Wirtschaft* (Berlin).

Reger, G. (2007), "Regions Revisited: Identifying Regions in a Greco-Roman Mediterranean Context", *FACTA. A Journal of Roman Material Culture Studies* 1, 65-74.

— (2013), "Economic Regionalism in Theory and Practice", in A. Tsingarida / D. Viviers (Hrsg.), *Pottery Markets in the Ancient Greek World (8th–1st Centuries B.C.)* (Brüssel), 119-131.

Saller, R. (2002), "Framing the Debate over Growth in the Ancient Economy", in W. Scheidel / S. von Reden (Hrsg.), *The Ancient Economy* (Edinburgh), 251-269.

Scheidel, W. (2012), "Physical Well-Being", in W. Scheidel (Hrsg.), *The Cambridge Companion to the Roman Economy* (Cambridge), 321-333.

— (2017), *The Great Leveler. Violence and the History of Inequality from the Stone Age to the Twenty-First Century* (Princeton).

Schriefl, A. (2013), *Platons Kritik an Geld und Reichtum* (Berlin).

Sen, A. (1981), *Poverty and Famines. An Essay on Entitlement and Deprivation* (Oxford).

— (2000), *Ökonomie für den Menschen. Wege zu Gerechtigkeit und Solidarität in der Marktwirtschaft.* Aus dem Englischen (München).

I

SYLVIAN FACHARD

THE RESOURCES OF THE BORDERLANDS

CONTROL, INEQUALITY, AND EXCHANGE ON THE ATTIC-BOEOTIAN BORDERS*

1. Introduction

The borders of Greek city-states were a predominant feature of polis-organization from the Archaic to the Roman period. If viewed from the air, the Greek World would have looked like an intricate mosaic of over a thousand *poleis* separated by political borders. Each polis was itself an imbrication of private, sacred and public land, demarcated when deemed necessary, mainly designated and collectively recognized through immaterial boundaries. This fragmented landscape emerged from long and intricate processes of state formation, territorial competition, settlement, and land-ownership.[1] Indeed, it is generally recognized that borders are not 'natural' or neutral, but are the result of political and territorial acts of affirmation.[2] This is a multifaceted political process, by which a state is projecting its

* Acknowledgement: I am grateful to S.P. Murray, A. Bresson, A. Chaniotis, M.H. Munn, A.R. Knodell, D. Rousset, E.M. Harris, J. Ober and S. von Reden for commenting early drafts of this paper. I am also greatly indebted to the participants of the *Entretiens* for their penetrating feedback. Special thanks must go to P. van Dommelen for discussing issues of inequality. All errors and imprecisions are mine.

[1] Such issues are well recognized and their mechanisms are studied at a general level, but remain poorly known at the level of individual poleis.

[2] On these notions, see VAUGHAN-WILLIAMS (2009) 1.

power into space.[3] But a border is never spatially perceptible and accepted *per se*: a convention, a decision (common or not to the neighboring states) is needed.[4] The first attested border disputes go back to the Archaic period, but by the Classical and Hellenistic periods, the concept of political borders separating poleis appears firmly grounded thanks to literary sources as well as diplomatic and juridical documents.[5]

Borders also marked the limits of the polis' economic jurisdiction. Exploiting resources in a foreign chora was not tolerable: it would have been considered as a hostile action, excruciating for a polis and its citizens.[6] Population growth and political interaction during the Archaic period progressively imposed the concept of limits of political and economic influence, while agricultural intensification, which is archaeologically best recognized in the Classical period, accelerated and inflated territorial competition. Poleis continuously tried to increase and protect the exploitation of their resources, so the spatial projection of borders was often inextricable from economic issues — a phenomenon well recognized by ancient authors, from Thucydides to Plato.[7] As such, Greek borderlands provide a framework for studying economic exploitation, power, control of resources, and exchange, which are among the major themes of inquiry in the present volume.

Drawing from the results of field surveys conducted in the Attic-Boeotian borderlands this paper assembles data on inhabited borderlands and ancient border populations. I stress the importance of studying borders in depth, focusing not on the *borderline* but instead on the concept of *borderlands*, understood

[3] Cherry (1987); (2010).

[4] Nordman (1998) 210-211.

[5] Rousset (1994); Harris (2013) 21-22. In rare cases, precise borders were marked on the ground, often as the result of a settlement. In most cases, simple delimitations existed, either broadly accepted as a result of a consensus and mutual exploitation or instead regularly contested, modified and even fought over.

[6] Bresson (2016) 182.

[7] See Thuc. 1, 15, 2; Plat. *Resp.* 2, 14, 373d-e.

as an area of up to 5-10 km wide stretching along every border and composed of a variety of micro-regions. I examine the archaeological signature of border populations, their economic assets, and possibly the relationships they share with their state as well as with their neighbors. In turn, this will help me investigate how a polis can exercise control over borderlands and how it can support their economic exploitation.

This paper is divided into four sections. First, I will try to show that borderlands can become areas of territorial complexity, with specific patterns of land ownership and exploitation which directly influence the economic *modus operandi* of exploitation. Second, using the Attic-Boeotian borderlands as a case study, I will highlight switching patterns of land use, strategies of perennial occupation, and the pursuit of economic exploitation as a form of control. This will help me investigate, in the third section, issues of inequalities, looking at how power and forms of state control create situations of social and economic inequality, mostly in relation to access to environmental resources located in borderlands. Fourth, I will study evidence for transactions and exchanges taking place across political borders, reexamine the question of border markets, and try to understand how border regions were integrated into local and regional trade networks.

2. Borderlands: distinctiveness, territorial complexity, and economic exploitation

Due to their nature, borders are expressions of power and authority, and border zones are areas of interactions between Greek poleis. The character of these interactions is variable, but the literary evidence suggests that interactions were mostly confrontational, as border disputes rank among the commonest motives for war. This phenomenon has been widely described and studied, to the point where Greek borderlands have often been portrayed as agonal fields of war with legendary ramifications, and 'liminal' lands where poleis train their ephebes as a *rite de passage*.[8] Moreover, the landscape of Greek borders has often been described as no man's lands, mountainous and forested areas partially exploited by shepherds and charcoal burners, to the point that borderlands appear as the economic domain of pastoralists and woodcutters par excellence.[9] To a certain extent, this is generally true. Because of the fragmented character of the Mediterranean and the geomorphology of Greece in particular, mountains naturally separated communities early on, resulting in the concentration of borderlands in mountainous landscapes.[10] Such mountainous and often wooded environments are by nature favorable to woodcutting and grazing, and since borders could interfere with the movement of flocks, it hardly comes as a surprise that many inscriptions refer to border conflicts triggered by pasture rights, a well-known *casus belli.*[11]

However, it would be erroneous to conclude that mountainous borderlands are exclusively exploited by shepherds and woodcutters. Many border microregions were endowed with quarries, mines, salt ponds, clay, wetlands, coastal waters, and profitable agricultural niches. Moreover, a closer look at the mountain chains that form so many boundaries will reveal a diversified landscape, formed by a multitude of microregions offering opportunities for economic exploitation and production. In addition to the presence of valleys containing various accumulations of sediment depositions, the limestone (karstic) landscapes that dominate Greece and Asia Minor are dotted with dolines and poljes.[12] These are filled with rich alluvial soil, and can provide exceptional niches for grain production

[8] See mainly BRELICH (1961); VIDAL-NAQUET (1968); DAVERIO ROCCHI (1988) 36-38.

[9] ROBERT (1949) 155; ROBERT / ROBERT (1954) 27; ROBERT (1969) 820-821. See also ROUSSET (1994); CHANDEZON (2003) 334.

[10] For the dominance of mountains in border delimitations, see ROUSSET (1994); CHANDEZON (2003) 332-333.

[11] CHANDEZON (2003) 331-349; CHANIOTIS (1999).

[12] On mountain plains, poljes and dolines, see HIGGINS / HIGGINS (1996) 13-14; RACKHAM / MOODY (1996) 27-28; GROVE / RACKHAM (2003) 323-324.

if drainage is adequate. But exploiting the resources of the borderlands was not like exploiting the rest of the chora. As areas strongly influenced and deeply marked by changing forms of power relationships over time, borderlands can become landscapes of territorial and cultural complexity.[13] The latter results from the presence of various factors and dynamics: state power, the instability of borders in the long term, the multi-scalar interactions between neighboring populations living in or exploiting borderlands, issues of ownership and possession, and inequality regarding access to natural resources by different groups (from different poleis and even inside the same polis). It is essential to take these factors into account in order to understand how borderlands could be exploited and controlled economically.

2.1. *Borderlands as a distinct territorial unit of the chora*

In a passage of the *Politics*, Aristotle mentions a law banning the people living near the border from taking part in deliberations about waging war against a neighboring state, "because their *private interest* makes them incapable of deliberating well" (*Politics* VII, 1330a20). Aristotle advises that each citizen should own two plots of private land, one in the borderlands, the other near the city (*Politics* VII, 1330a15), concluding that "this arrangement satisfies *equity and justice*, and also conduces to greater unanimity in facing border warfare".[14] Aristotle is obviously idealizing a resolution that would have been impossible to apply, but the fact that he envisages a solution to such an issue suggests that borders-related conflicts of interest were, if not common, at least familiar enough to his audience.

On karstic basins allowing the development of village communities see Robert / Robert (1954) 50-53; Watrous (1982); Debord (2001) 16-17.

[13] See Renfrew / Cherry (1986); Chapman (1990); (2003); Morris (2009).

[14] On this passage, and its links with Plat. *Leg.* 745c d, see Kraut (1997) 114-116. See also Chandezon (2003) 339 and 374.

This passage does not represent an isolated piece of evidence but finds many and diverse echoes in border regulations between Greek city-states. First, Aristotle recognizes the concept of "borderlands", understood as a region adjoining the political borders of a state and somehow different from the rest of the chora. He understands that citizens living in the borderlands might have different interests than those residing in the remainder of the chora, and that possessing a plot only in the borderlands could have been considered as a form of inequality. Aristotle also suggests that the state should promote land ownership in the borderlands, but also monitor it carefully.[15] Second, it seems to me that Aristotle realizes that the people owning or exploiting properties in the borderlands tend to develop strategies for preserving their private interests, even if this means adopting a different stance than the one chosen by their state. If every citizen owned a plot in the borderlands (which is obviously not the case), the dichotomy between borderland citizens and the rest of the citizen body would be erased, the burden and price of border warfare would be shared by all (equity and justice), and the entire polis would not be embroiled in war by smaller groups of interest. Third, I would claim that this passage suggests that individuals straddling a border can develop dual economic and social ties that are not controlled by one side's governing authority. This sheds light on an aspect that has been less studied: Greek borderlands, when exploited and inhabited, are areas of interactions at the public and *private* levels. The state is involved with border politics, but individuals who live, exploit or own land in the borderlands also operate in different spheres of interaction: with their state, with their fellow citizens living in the rest of the chora, with the foreign state(s) and with the neighboring private citizens (Fig. 1).

[15] This feeling is echoed in a third century BCE inscription from Priene: Megabyxos of Ephesos was allowed to acquire a plot in the territory of Priene, provided that it lay 2 km away from the border with Ephesos (THONEMANN [2011] 247). I thank A. Bresson for bringing this passage to my attention.

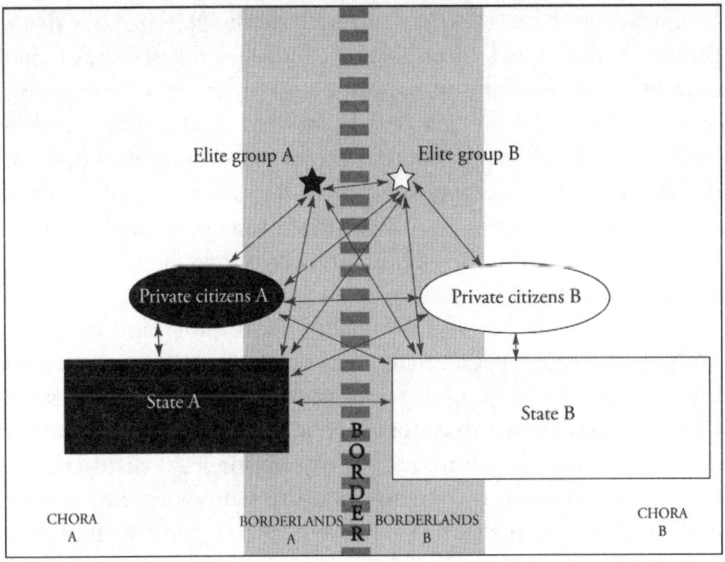

Fig. 1 – Diagram showing different interactions operating in borderlands.

Such a multi-scalar diagram can give rise to considerably complex situations and a multitude of different forms of interaction. It highlights the fact that different people can live in and exploit borderlands, but the latter are subjected to various rules and laws of land ownership, occupation, and economic exploitation.

2.2. *Territorial complexity: Land ownership and exploitation in borderlands*

As long as scholarship accepts the idea that borderlands were mostly composed of uninhabited, remote, liminal, common/public land, or sacred land belonging to sanctuaries, the problem of land ownership is somehow sidestepped. True, private properties are rarely attested as landmarks used in linear border demarcations,[16] but this does not exclude the presence of private properties in the wider borderlands. Indeed, evidence shows that citizens could own land in the disputed border areas,[17] and farms and other installations are widely attested in the Attic borderlands (see § 3). Private properties can even be found in the *koina*, the common lands separating poleis, as in the case of Troizen and Arsinoe; as shown by Carusi, the presence of such properties, surprising but indisputable, forces us to reevaluate the nature and the patterns of ownership in such areas.[18]

The complexity of land ownership and exploitation in Greek borderlands was recognized by Greek poleis, who answered to the challenge by adopting legal measures to deal with such issues. Chaniotis has shown that documents concerned with territorial conflicts reveal "an awareness of important legal distinctions" between possession, ownership, conditional possession, violent and unlawful occupation.[19] The verb ἔστι + genitive indicates ownership, while verbs like ἔχω, νέμομαι, καρπίζομαι indicate possession or exploitation, without implying lawful ownership. In theory, it was possible to exploit a plot of land without lawfully owning it.[20] The verb κατέχω is found in many inscriptions and denotes occupation and possession, not lawful ownership; it can be used to clarify a present situation ("who is exploiting this land now"), while eventually postponing the question of lawful ownership.[21] Arbitrations — in which a party made a case for ownership, often by citing a mythological episode! — entailed a historical overview of the events leading to it.[22]

16 Rousset (1994) 122-125. Some examples do exist, see Chaniotis (1996) 159-157, n°59 ll. 71-72 (the *aphamia* of Exakon), 349; Chaniotis (1999) 187. I am grateful to A. Chaniotis for bringing this example to my attention.

17 In Gonnoi, see Chandezon (2003) 90.

18 Carusi (2005) 109.

19 Chaniotis 2004a, 187-189.

20 In an arbitration between Phigalia and Messene, the inhabitants can continue do exploit in common a sector of the borderlands, but the verb καρπίζειν shows that such agricultural exploitation did not entail ownership (Carusi [2005] 109, n. 34).

21 Chaniotis (2004a) 188.

22 Chaniotis (2004a); Mack (2015) 52.

What is relevant here is the fact that private and public land in the borderlands would have often been submitted to long-term ownership changes and territorial claims involving individuals and states. Such a chronological depth only confirms that moving and fluid borders are connected to power, 'international law',[23] as well as ownership and exploitation rights, thus making them areas of higher territorial complexity than the rest of the chora.

2.3. *Revealing patterns of economic exploitation in the borderlands*

Given the distinctiveness of borderlands, how did Greek poleis exploit them? Obviously, due to great divergences in terms of geography, position, geomorphology, climate, population, settlement patterns, and size, the answer to this question will vary from polis to polis, and will depend on the period in question. Evolving patterns of exploitation are apparent in the long term, and only a systematic geoarchaeological approach can provide a case-by-case assessment.

Generally speaking, written sources, and mostly epigraphical documents regulating economic activities taking place in the borderlands, reveal two main types of economic activities, which are not mutually exclusive[24] and could be conducted by members of the same communities:

- Pastoralism and wood-cutting have been well studied by epigraphers and historians of the ancient economy.[25] These activities produce wood, charcoal, dairy products, leather, and wool,[26] and are concentrated on uncultivated land. Both

[23] Understood here, as CHANIOTIS (2004a) 187 puts it, "as a set of rules, doctrines, and policy goals which exert a regulatory effect on international relations without written legislation as long as these norms are consistently and regularly invoked and applied", in this case for territorial disputes.

[24] FORBES (1995) 329-331.

[25] CHANIOTIS (1999); CHANDEZON (2003).

[26] ROBERT / ROBERT (1954) 52.

can be practiced in different ways, but they usually require increased mobility and a wider range of operation from the place of habitation than agriculture. These activities can be restricted and controlled by different authorities and can trigger confrontational issues in borderlands. Given their nature, both leave very few material traces *per se*, are hard to trace in archaeological field surveys, and remain largely undocumented when written sources do not mention them.[27]

- Agriculture involves the erection of dwellings and other types of permanent constructions (including terraces) ideally and usually close to agricultural surfaces.[28] It requires the possession or ownership of land, as well as the right to sow the field: such requirements can become problematic in borderlands. Agricultural activities leave an archaeological signature in the landscape, and thanks to archaeological field surveys, data on past agricultural landscapes and practices can be recorded.

Landscape archaeology is well-equipped for studying patterns of economic exploitation in the borderlands of Greek states. The preparation of a geoarchaeological map of the region on GIS, combined with archaeological survey and spatial analysis will reveal, to some extent, its diachronic occupational history, and will help landscape archaeologists recognize the microregions forming the borderlands of the chora. Settlements and special-purpose sites such as quarries, mines, wells, terrace walls, cisterns, threshing floors, and sheepfolds will reveal the archaeological signature of economic, pastoral, and agricultural activities. Fortifications will often betray the presence of past tensions and state intervention, while sanctuaries and small shrines will

[27] FORBES (1995) 326 and 333-338. A good indicator for grazing is the presence of wells and underground cisterns (the *lakkoi* found in inscriptions, see CHANDEZON [2003] 335).

[28] On agricultural landscapes in Attica, see LOHMANN (1992); (1993). On farmsteads, see now MCHUGH (2017). On terracing, see FOXHALL (1996); RACKHAM / MOODY (1996) 140-145; CHANIOTIS (1999) 187-188 (with ref.).

help understand the sacred landscape of the borderlands. By combining an assessment of valuable natural resources with archaeological data, it becomes possible to display the 'hotspots' of human activity at different periods, as well as the types of economic activities that were carried on.

Unfortunately, very few borderlands have been submitted to this degree of analysis and study. Intensive survey projects have run through borders and borderlands,[29] while extensive surveys dedicated to the territory of a single polis have dealt with their borders,[30] but a systematic survey of borderlands separating two or more poleis has never been conducted. The Borders of Attica Project[31] is intended to fill in this gap partially, and I will exploit some of its results to present several case studies from the borders of Attica, Boeotia, and Megaris which illustrate competing access to resources, intensification of farming, and implementation of control policies.

3. Exploiting and controlling resources on the Attic-Boeotian borderlands

The precise position and diachronic evolution of the Attic borders remain uncertain, and only a very general geo-historical frame is known.[32] The first indications of border disputes with the Boeotians date from the last quarter of the 6th century CE.[33] Following the territorial reorganization of Attica by Kleisthenes,

[29] BINTLIFF / SNODGRASS (1985) 144; SNODGRASS (1990) 129; JAMESON / RUNNELS / VAN ANDEL (1994) 596-606.

[30] LOLOS (2011) 15-26; FACHARD (2012) 77-90.

[31] For a description of the project, see <http://www.bordesrofattica.org>. For preliminary results, see FACHARD (2013), (2016) 209-210; FACHARD / PIRISINO (2015); FACHARD / KNODELL / BANOU (2015); KNODELL / FACHARD / PAPANGELI (2016); FACHARD (2016a) 209.

[32] For an historical overview, see CHANDLER (1926); KAHRSTEDT (1932); PRANDI (1987); DAVERIO ROCCHI (1988); FACHARD (2013); (2016a) 209-210; FACHARD / PIRISINO (2015).

[33] HDT. 6, 108.

the Attic borders seem to have been more formally delimited, thanks to the deme system in particular.[34] As a result, theoretical borders can be drawn by contouring the modeled territories of the Attic border demes in relation to the neighboring settlements of Boeotia and Megara (Fig. 2).[35]

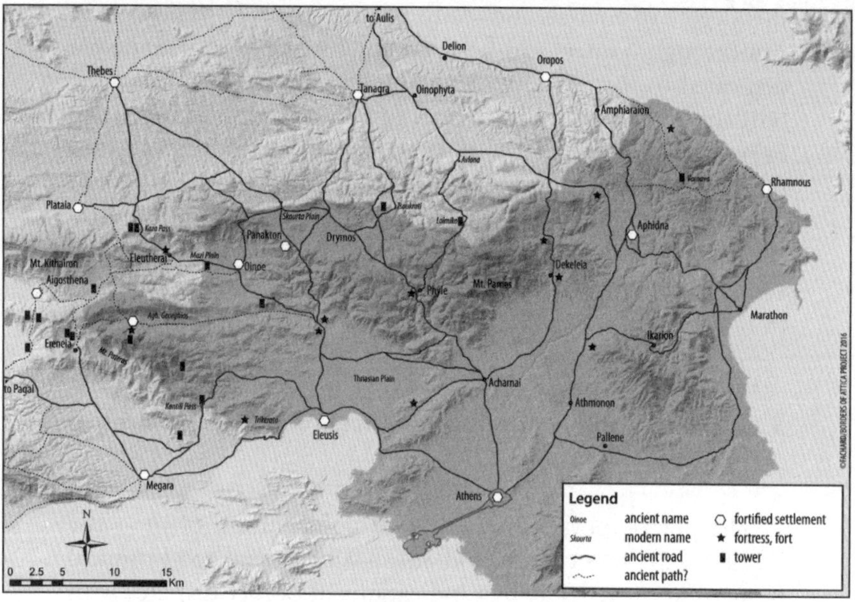

Fig. 2 – Map of northern Attica showing the main roads, fortifications, demes, and ancient toponyms. The extent of the Attic chora is highlighted; the borders are those for the years 366-335 BC.

The Attic-Boeotian borders broadly evolved within the Kithairon-Parnes range, whose highest peaks evolve between 900-1400 m asl, covered nowadays (and most probably to a large extent in Antiquity as well) by pine forests and maquis (Pl. 1.1).[36] This typical limestone, karstic, environment is especially suited to

[34] By selecting a list of demes, and denying deme-status to other localities, Kleisthenes was drawing a more formal delimitation of Attica.
[35] FACHARD (2016a) 209 with fig. 9.9-fig. 9.10.
[36] On the flora and vegetation of Mt Parnes, see APLADA *et al.* (2007).

pastoralism and woodcutting. The archaeological map suggests that stretches of the borderlands on Mt Parnes were scarcely inhabited. However, as soon as we encounter flatter and less hostile ground, valley clearings, or poljes, the picture tends to change, often dramatically.

Thanks to two intensive archaeological field projects[37] and investigations of an extensive nature conducted in northern Attica in the past decades,[38] these microregions are among the best documented Greek borderlands from an archaeological point of view. Therefore, they offer rare insights into past agricultural practices and the exploitation of land in a politically contested environment. Both are privileged laboratories for studying a border landscape, the influence of a border on the neighboring communities, settlement patterns, strategies of exploitation and control.

3.1. *Controlling the Mazi Plain*

The Mazi plain lies in a karstic valley enclosed by the Kithairon and Makron mountain ranges, at the source of the ancient Erasinos river. Situated on the main route between Eleusis and Thebes, the plain also occupies a critical crossroads on regional and interregional land routes. This fertile microregion was exploited by two communities in Classical antiquity: the Attic deme of Oinoe to the east, and the town of Eleutherai to the west. Oinoe was a border deme (of tribe VIII Hippothontis), fortified in the 5th century, and used as a garrison fort during the Peloponnesian War.[39] Eleutherai had Boeotian origins but switched sides in the course of history:[40] during most of the

[37] The Skourta Plain Survey Project, conducted by M. Munn in the late 1980s and the current Mazi Archaeological Project.

[38] Edmonson (1966); Vanderpool (1978); Ober (1985); Lauter / Lauter-Bufe / Lohmann (1989); Lohmann (1989); Camp (1991); Lohmann / Mattern (2010).

[39] Thuc. 2, 18, 2.

[40] Prandi (1987); Camp (1991); Fachard (2013); Matthaiou (2014).

4th and 3rd centuries, however, new evidence suggests that the town belonged to Boeotia.[41] Throughout most of the Classical-Hellenistic period, Eleutherai and Oinoe were separated by political borders, approximately situated in the middle of the plain (Pl. 1.2).[42] The Mazi plain, therefore, presents a rare laboratory for the study of an agriculturally rich border landscape.

In the course of three seasons, the Mazi Archaeological Survey revealed an intensive pattern of settlement in the Classical and Early Hellenistic periods, dominated by two major nucleated settlements (Oinoe and Eleutherai) coupled with a series of satellite hamlets.[43] A thin carpet of surface finds shows that the entire plain was intensively cultivated, but that settlement was concentrated in these nuclei, with very little evidence for farmsteads. Lower ceramic and tile densities from these periods in the middle of the plain could be explained by the presence of the border, whose presence would restrain people from building infrastructure nearby, but not from farming this fertile area. The entire plain seems to have been intensively exploited for agriculture (grain and wine).

Up to this point, nothing is unusual for a rich plain of Attica or Boeotia. However, several 'anomalies' suggest that more complex interactions took place in this microregion. First, we find remarkable concentrations of massive fortifications built within a radius of a few kilometers. The deme center of Oinoe was fortified in the 5th century, and perhaps again in the later 4th century (Pl. 1.3). In the middle of the plain, a Hellenistic tower was built in the midst of what appears to be an (Attic?) hamlet; on the summit of Mt Velatouri, S-W of the valley, a tower was built by the Athenians to serve as an observation post. Above Eleutherai, a fort was first erected in the 5th century, replaced by an impressive fortress of 3 ha in the 4th century

[41] Camp (1991); Fachard (2013); Knodell / Fachard / Papangeli (2016).

[42] Camp (1991); Fachard (2013).

[43] Fachard / Knodell / Banou (2015); Knodell / Fachard / Papangeli (2016).

(Pl. 1.4).[44] Nowhere else in Attica or Boeotia do we find such a concentration of massive fortifications. The latter are notoriously very expensive to build and are never randomly placed. The burden of their construction could have only been supported by a powerful state, and it is hard to understand why a state would have built two major fortresses only 6 km apart on the same plain. Here, the presence of two major fortifications only makes sense if a political border was located in the middle of the plain.[45] If my interpretation is correct, then the Athenians dedicated large sums to reinforce their eastern possession of the plain before 431 BCE.[46] In this they were followed by the Thebans/Boeotians, who decided to spend money for the construction of a major fortress at Eleutherai, thus displaying their mark of state sovereignty in the western part of the plain in the early 4th century at the latest.

For the Athenians, the construction of massive fortifications at Oinoe was part of a strategy of controlling and exploiting valuable land situated in the borderlands. It also provided a strong mark of Attic sovereignty in the Mazi Plain. This strategy of control was also made possible by the construction of a major carriageable road linking Oinoe with Eleusis, and bringing this rather isolated deme closer to the rest of Attica; this road, which was a major engineering feat, also contributed to the economic exploitation of the plain, and facilitated the transfer of goods in and out of the deme's chora.[47] In summary, the construction of the Oinoe walls and the Oinoe road were labor-intensive constructions that could have been realized only by a strong state.

[44] For the most recent work on the fortress, see FACHARD 2013 and KNODELL / FACHARD / PAPANGELI (2016). The fortress has long been identified as Athenian (see OBER 1985, 160-163, with ref.), but the latest finds (including the new reading of the gate inscription in Boeotian dialect, see below) tend to demonstrate that it was under Boeotian control in the 4th and 3rd centuries.

[45] FACHARD (2013).

[46] Date of the Peloponnesian attack on the walls of Oinoe (THUC. 2, 18, 2), which proves that the site was already fortified.

[47] FACHARD / PIRISINO (2015) 142-146.

Consequently, both represent a form of state investment in the exploitation and control of this fertile region of the borderlands.

By abandoning the economic exploitation of the deme's chora and neglecting its interconnectivity with the rest of Attica, the Athenians would have run the risk of suffering encroachments that would have progressively lead to territorial losses. Instead, a dynamic strategy of territorial control was implemented, based on three pillars: fortifications, road building, and economic exploitation. We shall see that the same strategy was applied in other microregions of the borderlands at the same period.

3.2. *Controlling the border district of Panakton-Drymos*

A few kilometers northeast of Oinoe lies the vast karstic basin of Skourta, a fertile mountain plateau of the Kithairon-Parnes mountain range (Pl. 1.5). In terms of resources, M. Munn has shown that the basin provided an exceptional niche for agriculture and the possibility of raising cattle, while the surroundings slopes offered formidable grazing potential.[48] To these should be added clay for pottery, wood, resin and pitch. The plateau was crossed by the most direct route between the Attic deme of Phyle and the Boeotian polis of Tanagra; a mountain path led to Avlon and Oinophyta in Boeotia, while other routes led to Thebes and Oinoe. Two ancient sites, disputed by the Athenians and the Boeotians are known in this district: Panakton and Drymos. Panakton, positioned in the Attic-Boeotian borderlands (ἐν μεθορίοις, Thuc. 5, 3, 5), was fortified by the Athenians after the middle of the 5th century BCE, provoking the ire of the Boeotians, because "ancient oaths" stipulated that nobody should inhabit the place, but instead graze it in common.[49]

[48] MUNN (2010) 194 and n. 24.

[49] THUC. 5, 42, 1: (…) ἐπὶ προφάσει ὡς ἦσάν ποτε Ἀθηναίοις καὶ Βοιωτοῖς ἐκ διαφορᾶς περὶ αὐτοῦ ὅρκοι παλαιοὶ μηδετέρους οἰκεῖν τὸ χωρίον, ἀλλὰ κοινῇ νέμειν (…). The verb νέμειν can be interpreted differently, but due to its opposition to οἰκεῖν, "grazing" seems preferable (CHANDEZON [2003] 349, n.123).

Drymos was a disputed locality on the fringes of Attica and Boeotia,[50] best located in the eastern part of the Skourta basin,[51] in a limestone environment enclosing narrow stretches of alluvium and surrounded by thick pine forests rising up the western slopes of Parnes. Military operations opposing Boeotians and Athenians at Drymos and Panakton are recorded by Demosthenes (19, 326).

Thanks to the Skourta Plain Survey Project, the occupational history of the region is better known. The basin appears to have been uninhabited between the 9th and 6th centuries BCE.[52] In the late 6th /early 5th centuries, the first settlements are attested at several locations, including Panakton and possibly Drymos.[53] In the 4th century, there is strong archaeological evidence for intensive agricultural exploitation of the plateau: many farmsteads are found throughout the plain and its surroundings, a phenomenon that will culminate in the second half of the century.[54] Archaeological data, therefore, suggest that a shift in the economic exploitation of the Skourta plain occurred in the 5th century BCE, followed by an intensification of inhabitation and agriculture in the 4th century. This pattern echoes the literary evidence provided by Thucydides.

The combined archaeological and literary evidence allowed M. Munn to show, rightly in my opinion, that following a period of common pastoral exploitation (leaving no archaeological signature in the landscape), the Athenians reinforced their presence in this borderland by fortifying Panakton.[55] This happened roughly at the time when Oinoe was fortified. The fortress at Panakton did not block an invasion route into Attica but was meant to protect the farmers exploiting the plateau, who could find refuge inside its walls and work under the protection of

[50] Harp. (*s.v.* Δρυμός), quoting Aristotle' *Legal Disputes of the Cities*.
[51] Munn (2010).
[52] Munn / Zimmerman Munn (1990) 36.
[53] Munn / Zimmerman Munn (1990) 37.
[54] Munn / Zimmerman Munn (1990) 37-38.
[55] Munn (2010).

the garrison. "In strategic terms, the fortress and its garrison asserted control only in the sense that they prevented foreigners, in this case, Boeotians, from taking up residence and exploiting a valuable resource in grazing and farmland."[56] The building of a fortification represented an escalation because it reinforced the perennial economic occupation of the plain. It was accompanied by the building of an engineered path directly connecting the Skourta basin to the Thriasian plain in a few hours' walk.[57] The strategy of occupation seems to have succeeded: the Skourta plain became intensively 'colonized' and disputed in the 4th century. "Boeotian" and "Athenian" farmsteads occupied the entire district, obviously in a climate of tension which is confirmed by the reconstruction of the Athenian fort at Panakton following its destruction by the Boeotians, and by the presence of two towers on the northern hills of the plain, most certainly built by the Boeotians (Pl. 1.5).[58]

This interpretation raises the issue of decision-making. Who 'decides' to occupy the land, who makes the calculus (if any), and who farms the land?[59] To what degree we can call "Boeotians" and "Athenians" people leaving behind such a fragmentary archaeological signature is a challenge for every landscape archaeologist. And even through excavation, perhaps not much could be said about the 'identity' of the farmsteads and hamlets found throughout the plain. From the Athenian perspective, was it a state agenda to progressively 'colonize' valuable land situated on the fringes of the chora? Or did the private citizens from the neighboring demes of Phyle and Oinoe decide to farm the land of the plateau?[60] We will perhaps never know.

[56] MUNN (2010)198.

[57] On this road, see VANDERPOOL (1978); FACHARD / PIRISINO (2015).

[58] On the Boeotian origin of these towers, see MUNN / ZIMMERMAN MUNN (1990) 37; CAMP (1991).

[59] I am grateful to N. Purcell for outlining these issues in the *Entretiens*.

[60] These questions are crucial given the fact that Panakton and Drymos never became demes, so the status of their inhabitants is obscure. BRESSON (2016) 405 suggests they were colonists (cleruchs). Some of the new lands were perhaps rented.

However, it seems safe to say that behind the decision to fortify Panakton and to build an engineered path connecting the plateau to Attica (and to bear their exorbitant construction costs) lies the Athenian state, characterized by its chain of decision making, finance, and military organization. The same can be said of the two impressive towers on the northern hills of the plateau, probably built by Tanagra in the 4th century BCE, whose southern borders were aligned with those of Attica.[61]

In conclusion, the archaeological record suggests a progressive intensification of the agricultural exploitation of the plateau in the Classical and Early Hellenistic period; the concentration of diverse fortifications around the plateau echoes political and security tensions, and the presence of an Athenian garrison fort at Panakton (with its characteristic epigraphic habit) shows that the Athenian state backed up the agricultural exploitation of the Panakton-Drymos in the 5th-4th centuries. As in the case of Oinoe, the strategy of territorial control was based on the building of fortifications and roads, as well as the economic exploitation of the land.

3.3. *Economic exploitation as a form of territorial control*

What seems to have happened in both districts in the Classical period is a progressive and organized agenda of 'colonizing' (Panakton) and consolidating (Oinoe) valuable border resources and land by the Athenians. This agenda was perhaps triggered by demographic pressure, economic competition, and policies of territorial extensions at the state level. But the perennial agricultural exploitation of remote mountainous areas requires a sedentary population, which in turn entails infrastructure, mostly houses in nucleated settlement(s) and/or isolated farms. Athenian citizens were perhaps encouraged to move to Panakton and to start farming the land there, under the protection of the state.

[61] See also SCHACHTER (2016) 91-94.

The intensive economic exploitation of these microregions of the borderlands, therefore, became part of a strategy of territorial control, along with the building of fortifications and roads.

When Athens started exploiting the land around Panakton, she was *de facto* controlling the land, although without lawfully owning it. We find here the crucial distinction found in inscriptions (analyzed earlier). It also becomes increasingly clear why the exploitation of a disputed district was so often intolerable to so many poleis: beyond the material loss, its economic exploitation by a neighboring state — entailing a perennial human presence supported by infrastructure and other forms of territorial control — clearly opened a path to ownership. Chandezon noted real possession of land came from its cultivation and permanent settlement.[62] Agriculture is an economic and social system,[63] but when practiced in borderlands, it can become a political one as well. The building of roads, farms, and fortifications entails an ideological appropriation of space. In some cases, the control of sacred land at the fringes of the chora can be part of this strategy.[64] Likewise, the economic exploitation of a borderland and its microregions is concomitant with a symbolic appropriation of that borderland.

3.4. *The archaeological signature of control strategies in borderlands*

In the above examples I have highlighted a combination of environmental and archaeological features suggesting intensification of agricultural production, perennial economic activities, expressions of state control, and complex multi-scalar border interactions:

[62] Chandezon (2003) 180.

[63] Hastorf (1993) 6.

[64] For the effective control of the *Hiera Orgas* (on the Attic-Megarian borders) by the Athenians, see Papazarkadas (2011) 244-259. I did not have time to develop this issue in the present paper, but see my response to F. Hurlet, pp. 71-72.

A. the presence of farmland or valuable agricultural niches
B. intensive patterns of settlement and agricultural exploitation (nucleated settlements, farmsteads, various dwellings related to agriculture, densities of surface pottery and tile)
C. investment in defensive architecture (fortified settlements, fortresses, and towers)
D. the building of roads and engineered paths to ease access between such districts and the rest of the chora(i) exploiting or controlling them.

This combination of features is also found in other areas of the Attic borderlands and will be analyzed elsewhere.[65] In some cases, only features A and B will be recorded, which will suggest economic exploitation alone, without state control. It is only with the combination of A/B/C and A/B/C/D that forms of state control can be asserted. Fortifications are the most distinct archaeological signature of state intervention in a border region. Since fortifications can be built for numerous reasons and often concentrate a multifunctional agenda, it is important to assert their functions, based on their typology, size, and construction. However, it increasingly appears that fortifications such as fortified settlements and garrison forts could contribute to the protection of agriculture by securing the rural populations farming the land, by promising stability of habitation, and by protecting food reserves.[66] Rural fortifications also had a clear function of marking sovereignty over the land in which they were built.[67] Similarly, towers are multifunctional, even though they are most often linked to economic exploitation.[68] In the borderlands,

[65] See my upcoming study *The Borders of Attica.*
[66] MA (2000); OLIVER (2007) 138-159; MUNN (2010); FACHARD (2012) 275-292; (2016b) 224-227. My views differ from the interpretation of Attic fortifications promoted by Ober in his well-known *Fortress Attica* (OBER 1985), which focuses on the existence of a defensive military network aiming at preventing invaders from entering the chora in the 4th century. See also DALY (2015) for a revision of Ober's model.
[67] MUNN (2010) 198.
[68] MORRIS / PAPADOPOULOS (2004).

towers could contribute to the surveillance of key passages, water points where flocks would gather, pasturages, as well as cultivated areas.[69] In some cases, towers found in isolated areas of the borderlands with no clearly apparent function besides observation could have also been built as symbolic markers of sovereignty. Building fortifications and settling in perennial rural installations in a disputed borderland would ensure the protection of farmers and mark the control of the state over a disputed area.

3.5. *Personnel of control*

The construction of roads and fortifications in the borderlands also invites the presence of personnel who are largely invisible in the archaeological record. Garrison troops, scouts, patrollers, road-builders, mountain guards, rural policemen and forest wardens, are all attested in the epigraphic and written sources. In Attica, *peripoloi* patrolled the borderlands under the command of *peripolarchoi* (*IG* II^2 204) and were stationed in garrison forts; other troops, such as the *kryptoi* and the *hypaithroi*, are also mentioned in a similar context.[70] In the Mazi plain, such border guards probably arrested the runaway slave of Socrates's friend who was chasing him to Oinoe.[71] The ephebes of the 2nd century guarded the borders of the state in arms and were familiarized with the landscape and the "roads".[72] The latter were under the responsibility of a corps of *hodopoioi*, in charge of their construction and maintenance throughout the chora, including the borderlands.[73] Aristotle also mentions *hyloroi* (forest wardens), *agronomoi* (land superintendents) who need *phylaktêria* (guard

[69] Chandezon (2003) 342, and n°18.
[70] Ober (1985) 91-93; Chaniotis (2008); Couvenhes (2011); Harris (2013) 34-36.
[71] Plat. *Prt.* 310c. On this passage, see Bresson (2016) 228.
[72] *IG* II^2 1006; Chaniotis (2008) 142-143.
[73] Ober (1985) 97; Fachard / Pirisino (2015) 141.

posts) to conduct their patrol duties (*Politics* 7, 11, 4). The woodlands of Attica were perhaps under the officers responsible for levying taxes on wood production and sales, similar to the *hylonai* recorded in the Oropia under Athenian domination.[74] Elsewhere, (h)*orophylakes* (mountain gards or guardians of the boundaries),[75] as well as *dragatai* (rural policemen), and *chorophylakeontes* (guards of the territory) are attested.[76] In a treaty between Myania and Hypnia, the monitoring of the borders was to be enforced in common.[77] In my opinion, this "personnel of control", although invisible in the archaeological record, can be confidently introduced into the landscape whenever we find fortifications (even modest ones). As shown by Chandezon, monitoring a territory was amongst the most decisive proofs of its possession,[78] and Chaniotis has studied in detail the various policies of control implemented by poleis.[79] But such policies came at a cost.

3.6. *Economics of control*

Financing the strategies of control found in the Attic-Boeotian borderlands required substantial investments. It is relevant for our purposes to note that in 371/70 BCE the Athenians were ruined by the costs of guarding the chora (Xen. *An.* 6, 2, 1). In the Mazi and Skourta plains, both poleis ended up spending considerable amounts of money building and repairing fortifications and roads, and financing personnel of control. Such 'investments' raise the following questions: are they relevant in terms of costs, and did the states directly or indirectly benefit

74 Papazarkadas (2011) 105; Knoepfler 2012 (448); Fachard / Pirisino (2015) 146.

75 Rousset (1994) 97-126; Brélaz (2006) 157-171; Chaniotis (2008) 139-142.

76 Chandezon (2003) n°15 and 17; Rzepka (2011).

77 Chandezon (2003) n°15.

78 Chandezon (2003) 342.

79 Chaniotis (2008).

from implementing such strategies of control in borderlands? These questions might sound modernist, and they were obviously never asked in such direct terms. But a state like Athens, with its evolving financial policies, made calculi in a wide number of domains, including public infrastructure and personnel guarding the chora. Moreover, as Purcell notes, developing intensification was "one of the possible functions of the collective institutions of the polis".[80]

The Skourta plain is certainly one of the richest surfaces of agricultural land in the region, so the 'investment' might be acceptable from an economic point of view. Grain from Drymos might have amounted to as much as 10% of the total production of wheat in Attica,[81] and Athens probably benefited from the sale of wood and the production of resin and pitch. In the Mazi plain, however, an agricultural surface of some 8 sq km — that is 4 sq km under biennial fallow — does not seem to justify the presence of two major fortifications at a distance of 6 km. In this case, I believe that the level and amount of state funding invested in the fortifications of the plain exceed its potential revenues. There is therefore, in some cases, an apparent negative balance between state investment and potential revenues. But such an 'economic anomaly' would have not necessarily meant that the strategies of control had to be interrupted. Had Athens abandoned Oinoe, Panakton, and Skourta to their fate in the 4th century BCE, the three districts might have probably been lost to the rising Boeotians and only recovered at an even higher price. It is therefore important to realize that strategies of territorial control in borderlands could come at a great cost, and that they were not necessarily justified from an economic point of view in relation to the land under exploitation. Most of the time, they were justified by a political, strategic, and ideological agenda, that of occupying and controlling a disputed area of the borderlands literally at any cost.

[80] Purcell (2010) 222.
[81] Munn / Zimmerman Munn (1990) 37.

4. Forms of inequality in Greek borderlands

Several hints have already suggested that political borders can mark, create, and broaden various forms of inequalities. The passage from Aristotle underlined the importance of 'equality' and 'justice' in reference to land ownership in borderlands, and inequalities in control over resources are central to Greek border conflicts. Chapman stresses that inequalities are present in all societies (from hunters and gatherers to states) and that they can take different forms and expressions.[82] Ancient Greek society was certainly characterized by marked social, political, gender, and economic inequalities, but this is not the place to review them. Instead, I wish to tackle the topic of inequality chosen in these *Entretiens* by looking at forms of social, political and economic inequality across and within borderlands, with an orientation towards accessing resources.[83] Was access to woodlands and pastures open and equal for all? Could anyone cultivate land in the borderlands, or was agriculture reserved for specific social and economic groups? Did power and strategies of dominance and territorial control disrupt existing, or create new, inequalities regarding access to resources?

Hastorf has demonstrated that political inequality can be found when a group of people claims power over another group (regarding access to resources, production, and the circulation of people and goods), and influences behaviors and communications.[84] At Panakton, the presence of Athenian farmers protected by a military garrison modified the balance of production in the plateau, created new settlement patterns, certainly restricted the

[82] CHAPMAN (2003) 76.

[83] From an archaeological perspective, the concept of inequality has been mainly addressed by anthropological archaeologists of the Americas and Mediterranean prehistorians, see for example PAYNTER (1982); MCGUIRE / PAYNTER (1991); HASTORF (1993); CHAPMAN (2003); KNAPP / VAN DOMMELEN (2009). For Classical Greece, forms of inequality regarding access to land (and resources) have been addressed by FOXHALL (2002). For forms of economic inequality at Athens, see KRON (2011) and OBER (2015) 89-98.

[84] HASTORF 1990 (147); see also CHAPMAN (2003) 56.

other group's mobility, and influenced well-rooted social and economic behaviors and communication patterns. This Athenian domination, understood as the *exercise of power* through the control of resources,[85] has a material manifestation in the form of the monumental (state) fortifications built at Panakton, while Boeotian *forms of resistance* are found in the towers built by Tanagra and the military operations recorded by literary sources in the area. Similar material forms of domination and resistance are also found in the Mazi plain. Such acts of power create political and economic inequalities, resulting in one group's dominance over the other in controlling resources across borders.

4.1. *Latent inequalities in border conflicts*

In the Greek world, the numerous border resolutions and arbitrations are very useful for recreating the possible events, tensions, and inequalities that lead to their 'peaceful' agreement; they also highlight situations of domination and resistance in borderlands, hinting at political and economic inequalities. For example, when Myania and Hypnia decided to exploit in common the springs of their borderlands, this probably meant that phases of dominance and resistance, resulting in inequalities regarding access to water and pasture, had previously been an issue.[86] Similarly, the existence of treaties guaranteeing mutual use of pastureland shared by Cretan poleis (for example Hierapytna and its neighbors[87]) suggests that inequalities regarding access to pasture were a looming reality. Multiplying such examples is beyond our point, but one of the most complex examples of inequalities found in borderlands comes from the agreement between Termessos and the people of Tlos resolving

[85] On this concept, see PAYNTER / MCGUIRE (1991) 10.
[86] On this document, see CHANDEZON (2003) n°15.
[87] CHANIOTIS (1999) 199.

a border dispute over an entire mountain: "Mount Masa will belong to the Tloans, however, the people of Termessos near Oinoanda will always enjoy pasture and estovers rights, without having the right to erect a construction, to plant or to sow".[88] Here again, we find the distinction encountered at Panakton between the right to graze (*nemein*) and to settle in (*oikein*); the land is lawfully owned by Tlos, but the Termessians enjoy pasture and estovers rights; moreover, the Tloans have access to permanent residency while the Termessians do not. As shown by Rousset, this leads to a joint exploitation of Mt Masa and a potential coexistence of neighboring groups on the same border area, in which Termessian shepherds are allowed to pick up wood and graze around the farms of Tloan farmers, but not to erect their own farm.[89] Rousset noted that regulations do not make Mt Masa a *koinê chôra* because the two groups have *different rights*. This settlement of old disputes highlights past relations of dominance and resistance between the two groups, and despite the 'final' consensus displayed in the texts, it seems to me that political and economic inequalities (regarding territorial rights and economic exploitation of resources) are latent.

4.2. *Elite grazing? Social and economic inequality within borderlands*

In the 480s-470s BCE, the words *Drymou houneka* ("on account of Drymos") were scratched on an *ostrakon* from the Kerameikos in Athens: the candidate for ostracism was a famous member of the Athenian elite: Megakles, son of Hippokrates from Alopeke.[90] According to Matthaiou, the *ostrakon* referred to Megakles' actions at Drymos, perhaps in the course of a

[88] Rousset (2010) 7, ll. 27-91.
[89] Rousset (2010) 46-47.
[90] *SEG* 46, 82.

confrontation between Athenians and Boeotians (or between Athenians), and resulting in defeat or in the loss of this border district.[91] The series of Megakles *ostraka*, as noted by Lewis, do not report treachery, but accuse him of adultery, love of money, and horse-rearing.[92] While the former finds a poor resonance in the mountain plain of Drymos, the latter two might provide a lead. We previously noted that the Drymos-Panakton represented an economic niche with assets hardly matched in Attica. Munn suggested that it might have been used for raising elite livestock, mainly cattle and horses, and that the herds and flocks that the Athenians and Boeotians grazed here in common were the livestock of the "wealthy". Given the Alkmeonids' ties with Boeotia, Munn also raised the possibility that Megakles was ostracized for "siding with the wealthy and with his Boeotian friends *against the interests of the common citizens of Athens*".[93] This hypothesis is strengthened by the accusations of horse-rearing and love of money found in the other *ostraka* of Megakles.

This reconstruction of events, though hypothetical, would provide a case of social inequality: valuable pasture grounds situated between borders (*methorioi*) are being controlled by the elites of two states, sharing a common interest in its exploitation and in producing wealth. This situation stoked discontent in Athens, eventually leading to the disruption by the state of this 'monopolistic' pastoral exploitation and its replacement by agricultural intensification, territorial domination and strategies of control. It seems possible that the Athenian demos could take over the control of resources in border districts (fig. 1).[94] Forbes promoted the idea that ownership of flocks was chiefly in the

[91] MATTHAIOU (1992-1998) 174-175.

[92] According to Lewis (see Postscript to BURN [1990] 605), the *ostraka* would belong to the second ostracism of Megakles (mentioned in LYS. 14, 39) that took place in the 470s.

[93] MUNN (2010) 197. Italics are mine.

[94] It is worth underlining here that in the 4th century, the control and exploitation of the Oropia's woodlands by Athens was divided between the ten Attic tribes (in pairs of two), see PAPAZARKADAS (2011) and KNOEPFLER (2012).

hands of a wealthy minority eager to generate wealth (and not subsistence). He established a link between the repeated conflicts provoked by animal husbandry in Greek borderlands and the domination by the elites of access to pasturage: "The reality may have been, especially in the archaic period, that polis boundaries were often maintained, albeit in a dynamic and fluctuating manner, by potential or actual conflicts over pasturage between stock-owning elites on either side".[95]

Control of valuable land by an elite has also been claimed in the Megarian Vathychoria, a series of remote yet fertile dolines located in the Pateras mountain range, marking the borders between Megaris, Boeotia, and Attica.[96] Archaeological exploration has revealed an intensive pattern of occupation in the Late Classical and Hellenistic periods, characterized by the presence of several settlements and a series of farmsteads, including several well-preserved towers, rock-cut cisterns, agricultural equipment (olive presses), burial areas, funerary terraces, as well as several well-built engineered paths easing communication with the Megarid. Overall, the quantity and elaborate character of the farmsteads and towers is striking for such a remote mountain zone. Lohmann recognized the exceptional nature of this occupation. According to him, it resulted from a form of *Binnenkolonisation*, or internal colonization of remote microregions of the chora. This colonization took place in the Late Classical period, at a time of high population pressure, and was not supported by poor farmers, but by members of the Megarian upper class.[97] This economic exploitation relied mainly on pastoralism (Megarian wool), combined with some agriculture. This would provide another example of inequality, where an elite group monopolizes access to resources in a micro-region of the borderlands.[98]

[95] FORBES (1995) 338.

[96] They have been identified with the Megarian *komê* of Ereneia, mentioned by Pausanias, see MULLER (1982).

[97] LOHMANN (1997) 79.

[98] I will analyze this example in great detail in my upcoming study on the *Borders of Attica*.

Political and economic inequalities can be found across borders, most often when one state exercises coercion over its neighbor for the exploitation of resources; in other cases, social and economic inequalities can be found within the borderlands of one state, when one social group dominates access to resources for its own profit.

5. Exchange: economic transactions across borders

In the first two sections of this paper, I have tried to show that complex multi-scalar interactions took place at the borders of Greek poleis and that borderlands could become the object of intensive exploitation and economic competition, characterized by policies of control and state investment, in some cases highlighting the case of social and economic inequality. In the remaining part of this paper, I wish to review the nature of the evidence for economic transactions taking place across land borders, using Attica and Boeotia as a case study and expanding, whenever possible, to other regions of the Greek world for parallels.

5.1. *Border transactions and border markets*

Aristophanes (*Peace* 1000-1005) provides us with a list of Boeotian and Megarian products reaching the Athenian market(s), and Xenophon reminds us that Attica received many goods *by land* (*Ways and Means* 1, 7). Given the nature of some products and the scale of production, it is most probable that they were transported by land using mules and carts rather than by sea.[99] If this assumption is correct, these products were imported into Attica through the many land-routes crossing the Attic borders and leading to the various agorai spread over the Attic countryside.

[99] FACHARD / PIRISINO (2015).

Due to the size of the Attic territory, good sense suggests that the border demes would interact more easily with their Boeotian counterparts than what might be thought, as it would have been easier and cheaper for many border demesmen to import most-wanted products from across the border rather than from the agoras of Athens or Piraeus. As a matter of fact, Demosthenes mentions the existence of "border agoras" (ἀγοραὶ ἐφορίαι), "where neighboring people used to meet in old times".[100] The interpretation of this passage bears several difficulties, and the context in which this concept appears is unclear. According to Martin, mentioning a passage of Strabo referring to an agora of the Megarians at Tripodiskos, such agoras were common at borders.[101] The van Effenterres believed that border agoras were "the true gates of the chora".[102] While it is seductive to think that ἀγοραὶ ἐφορίαι existed in the borderlands of Greek poleis, it has been pointed out that the term does not fit with the conditions and realities of the 4th century BCE, since Demosthenes mentions them as being something from the past and struggles to grasp their true meaning.[103] However, even if the term appeared somehow old-fashioned to Demosthenes, it does not mean that markets could not be set in borderlands. In Attica, markets situated in border demes might have played this role, without being named differently. In the 3rd century BCE, the border deme of Rhamnous collected the *agorastikon*, the revenues received by the sales that took place on the agora of the deme.[104] Other border-deme agoras existed at Dekeleia and Eleusis.[105] Boeotians and Megarians, especially in times of peace,

[100] DEM. 23, 38-39.

[101] STRAB. 9, 11, 394C; MARTIN (1951); BRESSON (2016) 237. This toponym cannot be located with certainty, but it is probably on the slopes of Mt Gerania, near the borders with the Corinthia.

[102] VAN EFFENTERRE / VAN EFFENTERRE (1990).

[103] FACHARD (2013). I am grateful to M. Munn and E.M. Harris for discussing these issues with me.

[104] *SEG* 41, 75, l. 12 ; BRESSON (2016) 237.

[105] *IG* II^2 1237, l. 64-68, 78-84; *IG* II^2 1188, l. 32-33. Aphidna would also be a valid candidate given its size and position on a major commercial land route.

most certainly had access to such markets. With Bresson, I believe that the mention of border agoras in our sources, although discrete and unclear, shows that commerce with foreign merchants took place at the borders of the polis.[106] In all probability, modalities for accessing these markets would have been similar to those regulating access to the Athenian agora.[107] However, what were the regulations for a foreign merchant crossing the borders of the chora with his merchandise?

5.2. *Customs and import taxes at land borders*

The collecting of import taxes at the land borders of Greek chorai is a thorny issue. This possibility has often been frowned upon, mainly eclipsed by the major volume of import taxes perceived at harbors and by the bad reputation of Greek roads in modern scholarship. However, the current interest in the Ancient Greek economy and the growing evidence for good carriageable roads throughout the Greek landscape should force us to reconsider this issue.

In Ancient Greece, different forms of state control were enforced on travelers and merchants.[108] The tasks of monitoring the roads entering Attica would have belonged to the Athenian *peripoloi* and other specialized troops, and I believe that these personnel were dispatched at the "ports of entry" positioned along the main roads entering Attica. Some poleis dispatched personnel to border entries and collected a tax, often called *paragôgion*.[109] References to a leave of passage (*diodon*) sporadically

[106] Bresson (2016) 237.

[107] A *xenikon* for foreign merchants (see Dem. 57, 31; 57, 34; Fawcett [2016] 165, 187) was collected. According to Demosthenes, accounts of collected *xenika* were held in the agora, which included the "country" of origin of the seller.

[108] Bresson (2016) 286-305; Bertrand (2004).

[109] Chandezon (2003) n°18, l. 18; p. 90, n. 208; Ager (1997); Welles (1934) 75.

imposed on the Athenians when entering or crossing Boeotia is humorously evoked by Aristophanes,[110] but the evidence suggests that a right of passage (*diagôgon*) was indeed collected occasionally by some Boeotian poleis.[111] In some cases, taxes were received at the borders on the 'import' of animals, which confirms that at least some products could be taxed at customs stations along the land borders of poleis.[112] In a fresh reading of the treaty between Miletos and Herakleia under Latmos, Chaniotis has given a new interpretation of the word *telos* as "customs, dues, taxes", collected by the (h)*orophylakes* (present in both poleis). The latter would have been responsible for collecting "customs for the imports and exports of goods, dues for the use of pastureland, etc." at the borders.[113] Athens received money from *telê*,[114] which included the revenues from harbors,[115] and certainly some taxes collected at the borders. Purcell and Bresson have noted that customs stations were a reality of the Mediterranean landscape, even though the 'morphology of taxation' was set in different terms than nowadays.[116]

A remarkable discovery recently made at the fortress of Eleutherai might throw new light on border transactions and exchange: the fragment of a classical *olpê* bearing a stamped medallion, in all probability an official liquid measure. Such measures are known from the Athenian Agora, displaying stamps showing an owl or the head of Athena with a helmet.[117] The stamp from Eleutherai, however, suggests a Boeotian origin.[118]

110 AR. *Av.* 187-193.
111 MIGEOTTE (1994) 9; *SEG* 44, 402.
112 CHANDEZON (2003) 312.
113 CHANIOTIS (2008) 139-141.
114 ARIST. *Ath. Pol.* 24, 3.
115 PURCELL (2010) 224-225.
116 PURCELL (2010); BRESSON (2016) 296.
117 LANG / CROSBY (1964) 39-64.
118 KNODELL / FACHARD / PAPANGELI (2016) 147, 150. The medallion is stamped with a coin diejust, closely paralleled with the late 5th century BCE (ca. 426-395) emissions from Thebes, displaying a head of a bearded Dionysos looking to the right and the Boeotian shield on the obverse (*BMC* 74-75, n° 54-63 and pl. 13, 5-9).

If this interpretation is correct, this would be the second official measure with a stamped medallion to be found in Boeotia,[119] and the first archaeological proof of official transactions taking place at the Attic-Boeotian borders. The Eleutherai measure could have belonged to Theban/Boeotian officials present at the fort at the end of the 5th and beginning of the 4th century BCE. The role of the magistrates consisted of verifying that goods being exchanged in the immediate area, if not in the fort itself, corresponded to official (Boeotian) weights and measures. This discovery seems to support the hypothesis, raised a few years ago, that the fortress at Eleutherai might have been involved in some administrative tasks, including raising potential customs taxes — an idea which was qualified as plausible by Bresson.[120] It also raises the possibility that the fortress at Eleutherai was eventually used as a customs station of some sort, controlling goods and people entering Boeotia.

This hypothesis could be supported by the new reading of the inscription found on the SW Gate of the fortress of Eleutherai, which was used by wheeled traffic. A short text was inscribed on a pillar of the gate, visible to all travelers exiting or entering the fortress from the west (facing Boeotia). New readings show that it was probably written in the Boeotian dialect and inscribed in the Hellenistic period.[121] The text seems to be addressed to travelers and perhaps merchants. One line of the text suggests that something had to be done or checked in Plataia. The interpretation of this text is difficult, but it could have something to do with customs regulation addressed to merchants importing goods to Boeotia.[122]

[119] The first is an official measure from Thespiai dating to the Roman period, see SCHACHTER / MARCHAND (2013) 295-299.

[120] FACHARD (2013); BRESSON (2016) 237 and 491 n. 65.

[121] The inscription is currently being studied by N. Papazarkadas, see KNODELL / FACHARD / PAPANGELI (2016) 148.

[122] A new study of the inscription will be published in an article in preparation "New Work at the Fortress of Eleutherai".

5.3. *The integration of border regions into local and regional exchange networks*

The role of carriageable roads and engineered paths in the exploitation of borderlands has already been underlined. In Attica, they were part of the state's policy of exploiting resources and intensifying agricultural production in key areas of the borderlands.[123] Road-building was a financial investment: the Oinoe road is a startling realization in terms of civil engineering, and such roads would require repairs and were maintained by a corps of *hodopoioi*, financed by the state. The presence of many routes penetrating deep into the borderlands, supplemented by paths throughout the Parnes-Kithairon-Pateras ranges, stimulated borderland economic activities and facilitated the export of products towards the plains of Attica and Athens itself. Moreover, the seven main routes leading to the borderlands acted as trading routes, vibrant commercial axes serving dozens of demes and connecting Athens with the economic hubs of Megara, Plataia, Thebes, Tanagra and Oropos. These routes would ensure direct and rapid communication between the borderlands, the *asty*, and the neighboring states. They would also ease the control of traffic for taxation of certain goods. Such important commercial axes encouraged economic interaction between the borderlands and other microregions: the seven main roads radiating out of Athens connected some 40 deme territories, close to one-third of Attica. The roads of Oinoe, Dekeleia and Aphidna were clearly assets for their respective microregions. Moreover, the many roads and paths leading to the borderlands also played an active role in a chain of regional redistribution.[124] Better redistribution can boost the intensification of production, as Purcell notes, "and may involve an increase in institutional complexity, even a move in the direction of

[123] The following issues have been studied in greater detail by FACHARD / PIRISINO (2015).

[124] A proof of this is provided by the transfer of the wheat from the border district of Drymos to the sanctuary of Demeter at Eleusis.

bureaucracy".[125] The integration of border markets and border regions into local and regional exchange networks was insured thanks to the construction of these roads and paths by the polis.

6. Conclusions

Greek borders and borderlands have often been portrayed as spheres of confrontation between two states, liminal landscapes with sporadic human presence, areas characterized by semi-permanent ritualized fighting, often triggered by economic issues mostly related to grazing and the exploitation of woodlands. This has led to the idea that Greek borders are areas sporadically occupied and marginally exploited, where (mostly) confrontational interactions take place at the level of two states fighting over their control.

However, a closer look at the archaeological landscapes of borderlands calls for caution and scrutiny.[126] Borderlands should not be perceived as territorial mono-blocs, but as a multitude of microregions, sometimes densely inhabited and exploited by citizens who could own property at the very fringes of their polis. Due to 'international law', borderlands could contain an even more complex patchwork of land ownership than the rest of the chora. Borders are the result of political and territorial acts of affirmation and interaction, often involving contestation and inequality; therefore, "they are not natural, neutral nor static", but instead dynamic and "politically charged".[127]

When intensively surveyed and studied, it appears that many microregions of Greek borderlands eventually became areas of cultural complexity, defined by Morris as "the scale of practices (settlement, energy capture, monument-building, inequality and heterogeneity, and communication) characterizing societies".[128]

[125] PURCELL (2010) 222.
[126] For an early warning, see POLINSKAYA (2003).
[127] On these notions, see VAUGHAN-WILLIAMS (2009) 1.
[128] MORRIS (2009).

Both at Panakton-Drymos and Eleutherai-Oinoe, but also in other districts of the Attic borderlands, the material forms of cultural complexity are found in human settlement, energy capture (land labour), standard of living (quality of houses, infrastructure), monuments, inequality, military power, trade, communication (roads), and law. From an archaeological perspective, this cultural complexity dramatically increases in the borderlands in the 5th century and seems to have been the result of a polis agenda of ensuring that borders were not violated and that all resources of the chora were economically exploited and under polis control and jurisdiction. In turn, this agenda led to increased institutional complexity. There is a symbolic appropriation of borderlands through the economic exploitation of its microregions.[129] The more culturally complex a border district was, the stronger the claim to lawful ownership and exploitation.

Greek borders and borderlands are not always undefined and liminal areas occupied by border fortresses resembling Dino Buzzati's *Deserto dei Tartari*. The application of systematic and detailed geoarchaeological methods can reveal the various policies and agendas of economic exploitation and state control, forging innovative approaches to the study of Greek borders and border landscapes. I hope to have shown that Greek borderland*scapes* are fertile grounds of inquiry for studying the interdependence of resources, inequality, exchange and power in Classical Antiquity.

Works cited

AGER, S.L. (1997), *Interstate Arbitrations in the Greek World, 337-90 B.C.* (Berkeley).

APLADA, E. *et al.* (2007), "Phytogeography and Ecological Evaluation of the Flora and Vegetation of Mt Parnitha (Attica, Greece)", *Edinburgh Journal of Botany* 64, 185-207.

BERTRAND, J.-M. (2004), "Frontières externes, frontières internes des cités grecques", in C. MOATTI (ed.), *La mobilité des personnes en*

[129] On this concept, see CHANDEZON (2003) 90, 180.

Méditerranée de l'antiquité à l'époque moderne. Procédures de contrôle et documents d'identification (Rome), 71-98.

BINTLIFF, J.L. / SNODGRASS, A.M. (1985), "The Cambridge/Bradford Boeotian Expedition: The First Four Years", *JFA* 12, 123-161.

BRÉLAZ, C. (2006), *La sécurité publique en Asie Mineure sous le Principat (Ier-IIIème s. ap. J.-C.). Institutions municipales et institutions impériales dans l'Orient romain* (Basel).

BRELICH, A. (1961), *Guerre, agoni e culti nella Grecia antica* (Bonn).

BRESSON, A. (2016), *The Making of the Ancient Greek Economy. Institutions, Markets, and Growth in the City-States.* Trans. by S. RENDALL (Princeton).

BURN, A.R. (²1990), *Persia and the Greeks. The Defence of the West, c. 546-478 B.C.* With a postscript by D. M. LEWIS (London).

CAMP, J.M. (1991), "Notes on the Towers and Borders of Classical Boeotia", *AJA* 95, 193-202.

CARUSI, C. (2005), "Nuova edizione della homologia fra Trezene e Arsinoe (IG IV 752, IG IV² 76+77)", *Studi Ellenistici* XVI, 79-139.

CHANDEZON, C. (2003), *L'élevage en Grèce, fin Ve-fin Ier s. a.C. L'apport des sources épigraphiques* (Pessac).

CHANDLER, L. (1926), "The North-West Frontier of Attica", *JHS* 46, 1-21.

CHANIOTIS, A. (1996), *Die Verträge zwischen kretischen Poleis in der hellenistischen Zeit* (Stuttgart).

— (1999), "Milking the Mountains: Economic Activities on the Cretan Uplands in the Classical and Hellenistic period", in A. CHANIOTIS (ed.), *From Minoan Farmers to Roman Traders. Sidelights on the Economy of Ancient Crete* (Stuttgart), 181-220.

— (2004a), "Justifying Territorial Claims in Classical and Hellenistic Greece: The Beginnings of International Law", in E.M. HARRIS / L. RUBINSTEIN (eds.), *The Law and the Courts in Ancient Greece* (London), 185-213.

— (2004b), "Mobility of Persons during the Hellenistic Wars: State Control and Personal Relations", in C. MOATTI (ed.), *La mobilité des personnes en Méditerranée de l'antiquité à l'époque moderne. Procédures de contrôle et documents d'identification* (Rome), 481-500.

— (2008), "Policing the Hellenistic Countryside: Realities and Ideologies", in C. BRÉLAZ / P. DUCREY (eds.), *Sécurité collective et ordre public dans les sociétés anciennes, Vandœuvres-Genève, 20-24 août 2007* (Genève), 103-153.

CHAPMAN, R. (2003), *Archaeologies of Complexity* (London).

CHERRY, J.F. (1987), "Power in Space: Archaeological and Geographical Studies of the State", in J.M. WAGSTAFF (ed.), *Landscape and Culture. Geographical and Archaeological Perspectives* (Oxford), 146-172.

— (2010), "Sorting out Crete's Prepalatial Off-Island Interactions", in W.A. PARKINSON / M.L. GALATY (eds.), *Archaic State Interaction. The Eastern Mediterranean in the Bronze Age* (Santa Fe), 107-140.

COUVENHES, J.-C. (2011), "*Péripoloi, kryptoi* et *hypaithroi* de la cité athénienne", in J.-C. COUVENHES / S. CROUZET / S. PÉRÉ-NOGUÈS (eds.), *Pratiques et identités culturelles des armées hellénistiques du monde méditerranéen. Hellenistic Warfare 3* (Paris), 295-306.

DALY, K.F. (2015), "On When and Where to Find Athenian Forts", in K.F. DALY / L.A. RICCARDI (eds.), *Cities Called Athens. Studies Honoring John McK. Camp II* (Lewisburg), 23-60.

DAVERIO ROCCHI, G. (1988), *Frontiera e confini nella Grecia antica* (Roma).

DEBORD, P. (2001), "Introduction géographique", in P. DEBORD / E. VARINLIOĞLU, *Les hautes terres de Carie* (Bordeaux), 11-19.

EDMONSON, C.N. (1966), *The Topography of Northwest Attica* (Diss. Univ. of California,Berkeley).

VAN EFFENTERRE, H. / VAN EFFENTERRE, M. (1990), "Le contrôle des étrangers dans la cité grecque", in G. NENCI / G. THÜR (eds.), *Symposion 1988. Vorträge zur griechischen und hellenistischen Rechtsgeschichte* (Köln), 251-259.

FACHARD, S. (2012), *La défense du territoire. Étude de la* chôra *érétrienne et de ses fortifications* (Gollion).

— (2013), "Eleutherai as the Gates to Boeotia", in C. BRÉLAZ / S. FACHARD (eds.) *Pratiques militaires et art de la guerre dans le monde grec antique. Études offertes à Pierre Ducrey à l'occasion de son 75e anniversaire* (Paris), 81-106.

— (2016a), "Modeling the Territories of Attic Demes: A Computational Approach", in J. BINTLIFF / K. RUTTER (eds.), *The Archaeology of Greece and Rome. Studies in Honour of Anthony Snodgrass* (Edinburgh), 192-222.

— (2016b), "Studying Rural Fortifications: A Landscape Approach", in S. MÜTH *et al.* (eds.), *Ancient Fortifications. A Compendium of Theory and Practice* (Oxford), 207-230.

FACHARD, S. / KNODELL, A.R. / BANOU, E. (2015), "The 2014 Mazi Archaeological Project (Attica)", *AK* 58, 178-186.

FACHARD, S. / PIRISINO, D. (2015), "Routes out of Attica", in M.M. MILES (ed.) *Autopsy in Athens. Recent Archaeological Research on Athens and Attica* (Oxford), 139-153.

FAWCETT, P. (2016), "'When I Squeeze You with Eisphorai' Taxes and Tax Policy in Classical Athens", *Hesperia*, 153-199.

FORBES, H. (1995), "The Identification of Pastoralist Sites within the Context of Estate-based Agriculture in Ancient Greece: Beyond the 'Transhumance versus agro-pastoralism' debate", *ABSA* 90, 325-338.

FOXHALL, L. (1996), "Feeling the Earth Move: Cultivation Techniques on Steep Slopes in Classical Antiquity", in G. SHIPLEY / J. SALMON (eds.), *Human Landscapes in Classical Antiquity* (London), 44-67.

— (2002), "Access to Resources in Classical Greece: The Egalitarianism of the Polis in Practice", in P. CARTLEDGE / E.E. COHEN / L. FOXHALL (eds.), *Money, Labour, and Land. Approaches to the Economies of Ancient Greece* (London), 209-220.

GROVE, A.T. / RACKHAM, O. (2003), *The Nature of Mediterranean Europe. An Ecological History* (New Haven).

HARRIS, E.M. (2013). *The Rule of Law in Action. The Nature of Litigation in Democratic Athens* (New York).

HASTORF, C.A. (1990), "On Path to the Heights: Negotiating Political Inequality in the Sausa of Peru", in S. UPHAM (ed.), *The Evolution of Political Systems. Sociopolitics in Small-Scale Sedentary Societies* (Cambridge), 146-176.

— (1993), *Agriculture and the Onset of Political Inequality before the Inka* (Cambridge).

HIGGINS, M.D. / HIGGINS, R. (1996), *A Geological Companion to Greece and the Aegean* (London).

JAMESON, M. / RUNNELS, C. / VAN ANDEL, T. (1994), *A Greek Countryside. The Southern Argolid from Prehistory to the Present Day* (Stanford).

KAHRSTEDT, U. (1932), "Die Landgrenzen Athens", *AM* 57, 8-28.

KNAPP, B. / VAN DOMMELEN (2009), "The Mediterranean", in D.L. HARDESTY (ed.), *Archaeology*. Vol. II (Oxford), 118-149.

KNODELL, A.R. / FACHARD, S. / PAPANGELI, K. (2016), "The 2015 Mazi Archaeological Project: Regional Survey in Northwest Attica (Greece)", *AK* 59, 132-152.

KNOEPFLER, D. (2012), "L'occupation d'Oropos par Athènes au IVe siècle avant J.-C. : une clérouquie dissimulée ?", in E. CULASSO GASTALDI (ed.), *Gli Ateniesi fuori dall'Attica. Modi d'intervento e di controllo del territorio (Torino, 8-9 aprile 2010)*, *ASAA* 88, s. III, 10, 439-454.

KRAUT, R. (1997), *Aristotle, Politics. Books VII and VIII* (Oxford).

KRON, G. (2011), "The Distribution of Wealth at Athens in Comparative Perspective", *ZPE* 179, 129-138.

LANG, M. / CROSBY, M. (1964), *Weights, Measures and Tokens* (Princeton).

LAUTER, H. / LOHMANN, H. / LAUTER-BUFE, H. / (1989), *Attische Festungen. Beiträge zum Festungswesen und zur Siedlungsstruktur vom 5. bis zum 3. Jh. v. Chr.* (Marburg).

LEFÈVRE, F. (2004), "Contrôle d'identité aux frontières dans les cités grecques : le cas des entrepreneurs étrangers et assimilés", in C. MOATTI (ed.), *La mobilité des personnes en Méditerranée de l'antiquité à l'époque moderne. Procédures de contrôle et documents d'identifications* (Rome), 99-125.

LOHMANN, H. (1989), "Das Kastro von H. Giorgos ('Ereneia')", in LAUTER / LOHMANN / LAUTER-BUFE (1989), 34-66.

— (1992), "Agriculture and Country Life in Classical Attica", in B. WELLS (ed.), *Agriculture in Ancient Greece* (Stockholm), 29-57.

— (1993), *Atene. Forschungen zu Siedlungs- und Wirtschaftsstruktur des klassischen Attika* (Köln).

— (1997), "Antike Hirten in Westkleinasien und der Megaris: Zur Archäologie der mediterranen Weidewirtschaft", in W. EDER / K.-J. HÖLKESKAMP (eds.), *Volk und Verfassung im vorhellenistischen Griechenland. Beiträge auf dem Symposium zu Ehren von Karl-Wilhelm Welwei in Bochum, 1.-2. März 1996* (Stuttgart), 63-88.

LOHMANN, H. / MATTERN, T. (eds.) (2010), *Attika. Archäologie einer "zentralen" Kulturlandschaft. Akten der internationalen Tagung vom 18.-20. Mai 2007 in Marburg* (Wiesbaden).

LOLOS, Y.A. (2011), *Land of Sikyon. Archaeology and History of a Greek City-State* (Princeton).

MA, J. (2000), "Fighting Poleis of the Hellenistic World", in H. VAN WEES (ed.), *War and Violence in Ancient Greece* (London), 337-376.

MACK, W. (2015), "Shepherds Beating the Bounds? Territorial Identity at a Dependent Community (IPriene 361–63)", *JHS* 135, 51-77.

MARTIN, R. (1951), *Recherches sur l'agora grecque. Études d'histoire et d'architecture urbaines* (Paris).

MATTHAIOU, A.P. (1992-1998), Τρία αττικά ονόματα, *Horos* 10-12, 171-181.

— (2014), "Four Inscribed Bronze Tablets from Thebes: Preliminary Notes", in N. PAPAZARKADAS (ed.), *The Epigraphy and History of Boeotia. New Finds, New Prospects* (Leiden), 211-222.

MCGUIRE, R.H. / PAYNTER, R. (eds.) (1991), *The Archaeology of Inequality* (Oxford).

McHugh, M. (2017), *The Ancient Greek Farmstead* (Oxford).
Migeotte, L. (1994), "Ressources financières des cités béotiennes", in J.M. Fossey (ed.), *Boeotia Antiqua* IV (Amsterdam), 3-15.
Moatti, C. / Kaiser, W. (eds.) (2007), *Gens de passage en Méditerranée de l'Antiquité à l'époque moderne. Procédures de contrôle et d'identification* (Paris).
Morris, I. (2009), "Cultural Complexity", in B.W. Cunliffe / C. Gosden / R.A. Joyce (eds.), *The Oxford Handbook of Archaeology* (New York), 519-554.
Morris, S.P. / Papadopoulos, J.K. (2004), "Greek Towers and Slaves: An Archaeology of Exploitation", *AJA* 109, 155-225.
Muller, A. (1982), "Megarika", *BCH* 106, 379-407.
Munn, M.H. (2010), "Panakton and Drymos: A Disputed Frontier", in Lohmann / Mattern (2010), 189-200.
Munn, M.H. / Zimmerman Munn, M.-L. (1990), "On the Frontiers of Attica and Boiotia: The Results of the Stanford Skourta Plain Project", in A. Schachter (ed.), *Essays in the Topography, History and Culture of Boiotia* (Montreal), 33-40.
Nordman, D. (1998), *Frontières de France. De l'espace au territoire, XVIe-XIXe siècle* (Paris).
Ober, J. (1985), *Fortress Attica. Defense of the Athenian Land Frontier, 404-322 B.C.* (Leiden).
—. (2015), *The Rise and Fall of Classical Greece* (Princeton).
Oliver, G.J. (2007), *War, Food, and Politics in Early Hellenistic Athens* (Oxford).
Papazarkadas, N. (2011), *Sacred and Public Land in Ancient Athens* (Oxford).
Paynter, R. (1982), *Models of Spatial Inequality. Settlement Patterns in Historical Archeology* (New York).
Paynter, R. / McGuire, R.H. (1991), "The Archaeology of Inequality: Material Culture, Domination and Resistance", in McGuire / Paynter (1991), 1-27.
Polinskaya, I. (2003), "Liminality as Metaphor: Initiation and the Frontiers of Ancient Athens", in D.B. Dodd / C.A. Faraone (eds.), *Initiation in Ancient Greek Rituals and Narratives. New Critical Perspectives* (London), 85-106.
Prandi, L. (1987), "Problemi del confine attico-beotico: la zona di Eleutere", in M. Sordi (ed.), *Il confine nel mondo classico* (Milan), 50-79.
Purcell, N. (2010), "The Ancient Mediterranean: The View from the Customs House", in W.V. Harris (ed.), *Rethinking the Mediterranean* (Oxford), 200-232.
Rackham, O. / Moody, J. (1996), *The Making of the Cretan Landscape* (Manchester).

RENFREW, C. / CHERRY, J.F. (2009), *Peer Polity Interaction and Socio-Political Change* (Cambridge).
ROBERT, L. (1949), *Hellenica. Recueil d'épigraphie, de numismatique et d'antiquités grecques*. Vol. VII (Paris).
— (1969), *Opera Minora Selecta*. T. II (Amsterdam).
ROBERT, L. / ROBERT, J. (1954), *La Carie. Histoire et géographie historique avec le recueil des inscriptions antiques*. T. II, *Le plateau de Tabai et ses environs* (Paris).
ROUSSET, D. (1994), "Les frontières des cités grecques : premières réflexions à partir du recueil des documents épigraphiques", *CCG* 5, 97-126.
— (2010), *De Lycie en Cabalide. La Convention entre les Lyciens et Termessos près d'Oinoanda* (Genève).
RZEPKA, J. (2011), "The Local Self-Defense in a Greek Federal State: Observations on Military Clauses of the Sympoliteia Treaty between Myania and Hypnia in West Lokris", in J.-C. COUVENHES, / S. CROUZET / S. PÉRÉ-NOGUÈS (eds.), *Pratiques et identités culturelles des armées hellénistiques du monde méditerranéen. Hellenistic Warfare 3* (Paris), 65-73.
SCHACHTER, A. (2016), *Boiotia in Antiquity. Selected Papers* (Cambridge).
SCHACHTER, A. / MARCHAND, F. (2013), "Fresh Light on the Institutions and Religious Life of Thespiai: Six New Inscriptions from the Thespiai Survey", in P. MARTZAVOU / N. PAPAZARKADAS (eds.), *Epigraphical Approaches to the Post-classical* Polis. *Fourth Century BC to Second Century AD* (Oxford), 277-299.
SNODGRASS, A.M. (1990), "Survey Archaeology and the Rural Landscape of the Greek City", in O. MURRAY / S. PRICE (eds.), *The Greek City from Homer to Alexander* (Oxford), 113-136.
THONEMANN, P.J. (2011), *The Maeander Valley. A Historical Geography from Antiquity to Byzantium* (Cambridge).
VANDERPOOL, E. (1978), "Roads and Forts in Northwestern Attica", *ClAnt* 11, 227-245.
VAUGHAN-WILLIAMS, N. (2009), *Border Politics. The Limits of Sovereign Power* (Edinburgh).
VIDAL-NAQUET, P. (1968), "Le chasseur noir et l'origine de l'éphébie athénienne", *Annales (ESC)* 23, 947-964 = P. VIDAL-NAQUET (1981), *Le chasseur noir. Formes de pensées et formes de société dans le monde grec* (Paris), 151-176.
WATROUS, L.V. (1982), *Lasithi, a History of Settlement on a Highland Plain in Crete* (Princeton).
WELLES, C.B. (1934), *Royal Correspondence in the Hellenistic Period. A Study in Greek Epigraphy* (New Haven).

DISCUSSION

R. Veal: Shepherds had basic huts seasonally, so did charcoal burners, and sometimes some agricultural workers. Can you say something about the similarity or differences of these dwellings and our ability to see them in the archaeology? Were some of these activities done by the same person as happens in some places in the modern world even now?

S. Fachard: La signature archéologique de telles huttes est très discrète, comme je l'ai souligné. Dans le nord-ouest de l'Attique, pour l'époque prémoderne, on trouve dans les montagnes de nombreuses huttes de pierres sèches liées à l'exploitation de la résine, ainsi que des bergeries qui se composent souvent d'un ensemble de structures comprenant un parc, une "strounga" (pour traire les bêtes), une cabane pour le(s) berger(s) recouverte de branchage et parfois une réserve pour y stocker les fromages pendant les mois d'été. Il est à ce propos intéressant de relever que les bergers (ou des membres de leur famille) étaient souvent résiniers, opérant simultanément. Il s'agit là de modèles d'exploitation séculaires qui se sont progressivement éteints après la Seconde guerre mondiale. Les plus vieilles de ces bergeries, qui remontent à la période ottomane, laissent très peu de traces — à peine un amas de démolition de pierres. Certaines pourraient remonter à l'époque byzantine ou même antique. Pour l'Antiquité, il est très difficile de trouver des traces concrètes de telles huttes et à ma connaissance aucune bergerie antique grecque n'a été fouillée. Il me paraît raisonnable de replacer des constructions similaires dans les campagnes grecques antiques. À ce jour, ma meilleure piste consiste à documenter les puits et citernes isolés que l'on trouve dans les régions de montagne. On les rencontre souvent dans des clairières, accompagnés de restes de huttes. Dans certains cas j'ai pu découvrir de la céramique antique en surface, montrant une continuité fonctionnelle remarquable. Ces puits citernes correspondent sans doute aux *lakkoi* des inscriptions. Des recherches ciblées sur de tels sites pourraient nous livrer des informations inédites.

G. Reger: Your very rich paper promotes many questions, too many to encompass in a brief comment; I'll restrict myself to two observations. First, I was very interested in your remarks about the ways that wealthy individuals from Athens and Boiotia may have collaborated in the exploitation of the Athenian-Boiotian borderland in ways that did not necessarily correlate with the uses people in the metropoles of these states may have wanted the borderlands to be used. In anthropological studies of the US-Mexican borderlands, one notable discovery has been the ways the borderland helps nurture a 'border culture' that is different in many ways from the culture of the metropole, often focused on cross-border activities including religious celebrations and festivals. I would be interested in hearing further thoughts about what we can say about 'border culture' in the Greek world. Hints are few, but there are some ; I'm thinking especially of the border dispute mediation known from an inscription of Gonnoi (if memory serves), where the commission undertaking the mediation took testimony from local residents who talked about land use, movement, and other kinds of relations in the borderland from their own point of view.

S. Fachard: Cette 'mentalité frontalière' est une réalité des frontières. Elle est également bien documentée dans les Alpes. Il est intéressant de noter à ce propos que des traités passés entre la Suisse et l'Italie accordent des exceptions et des privilèges aux populations habitant sur les frontières, et dont l'étude permet précisément de mieux connaître leurs priorités en termes d'exploitation du sol et de connectivité, notamment en rapport au pastoralisme. L'exemple de Gonnoi est tout à fait caractéristique, mettant en scène un berger qui guide les responsables dans le terrain, indique les points de passage, révèle la présence de terrain privés et des lieux de pacage et signale la position de la 'douane' prélevant le *paragôgion*. On comprend alors que sa description du paysage frontalier s'inscrit dans sa propre conception de l'espace, enracinée dans ses réalités. À titre de comparaison, un citadin ne pourrait élaborer ce discours. Les inscriptions nous offrent un aperçu unique des populations frontalières, à nous de les étudier plus systématiquement. Les 'frontaliers' se font plus rares dans les sources littéraires, mais on les retrouve chez Pausanias, par l'entremise des informateurs qui lui indiquent la position des frontières des diverses cités qu'il visite. Enfin, je pense qu'Aristote fait expressément référence à eux dans le passage analysé plus haut, signalant indirectement l'existence d'une 'mentalité frontalière' qui lie des populations bordières voisines. Mais ces questions s'inscrivent dans une étude des mentalités, basées sur les sources écrites. D'un point de vue archéologique, je ne parviens pas encore — en Attique du moins — à isoler une culture matérielle propre aux 'borderlands', d'où ma préférence à parler de mentalité plutôt que de culture frontalière. Je ne dis pas que cette dernière n'existe pas, mais plutôt que les études ne l'ont pas encore identifiée et définie. Dans la plaine de Mazi, il y a une grande mixité dans l'assemblage céramique, et un site comme Éleuthères affiche de la céramique béotienne, attique et même corinthienne. Une mixité matérielle accrue pourrait être une caractéristique des populations de frontière — encore faudrait-il le démontrer en quantifiant et en comparant l'assemblage céramique avec ceux provenant de sites attiques et béotiens… Pour avancer sur ces questions, il faudrait fouiller des habitats, des fermes et des sanctuaires de frontière.

G. Reger: My second comment is related to another activity dependent on borders: smuggling. Smuggling can't really occur without borders and depends, for its success, on cross-border cooperation — and shared scorn for state authority. It would be interesting to know whether you have any evidence for smuggling, or could say something more generally about this practice.

S. Fachard: Il faut des frontières, mais il faut aussi des taxes sur les importations et des interdictions. La pratique de la contrebande est surtout attestée pour le commerce maritime. Je pense au "port des voleurs" de Démosthène (35, 28) : les contrebandiers déchargent leur cargaison dans un port isolé de la côte attique pour éviter la taxe du cinquantième prélevée par les agents du Pirée. On peut imaginer une pratique similaire sur les frontières terrestres. Le fameux "embargo" sur les produits mégariens (Thuc. 1, 139, 1-2) fut peut-être accompagné d'une recrudescence de la contrebande sur les chemins des monts Pateras et Trikerato. Si une taxe d'importation fut bien prélevée sur les charriots entrant en Béotie par Éleuthères, comme je le crois, alors les sentiers de montagne du Cithéron deviennent de potentiels chemins de contrebande. Dans les frontières entre Milet et Héraclée du Latmos, certains auraient pu être tentés d'éviter les (h)orophylaques des deux cités. Partout où les inscriptions recensent des taxes (sur les passages, produits, animaux, etc.) ou des interdits aux frontières, on pourrait potentiellement restituer en filigrane des activités de contrebande, plus ou moins développées selon les régions et les périodes. Mais les preuves directes de la contrebande sont rares et mériteraient une étude. Le personnel de contrôle que j'ai évoqué surveillait les frontières en temps de paix et de guerre, et il est raisonnable de penser que la lutte contre la contrebande faisait partie de ses tâches.

F. Beltrán Lloris: First of all, I would like to express my gratitude for this stimulating presentation. In your paper, if I have understood well, you have argued that building fortifications and roads in borderlands is mostly motivated by the will of a state to control and exploit fertile lands on its borderlands. My question is the following: Are there comparative studies regarding other areas besides the northern Athenian frontier — or any other case in the Athenian frontier itself — where fortifications and roads are not placed near or fertile land but related to poorer areas?

S. Fachard: Avant tout, il faut préciser les types de fortifications dont il est question. Mon étude concerne principalement des habitats fortifiés ou des forteresses construites à proximité immédiate d'habitats *existants*. Ces habitats ont besoin d'un terroir pour subsister. L'acte de fortifier intervient dans un second temps et répond, selon moi, à une volonté de contrôler et d'assurer l'exploitation des terroirs situés dans les frontières. En Attique, je ne connais pas de cas d'habitats fortifiés situés dans des steppes incultes ou des surfaces sans rendement. Certes, on trouve des tours ou des fortins de pierres sèches sur des sommets ou des cols situés dans des régions montagneuses et relativement hostiles (Mylos, Vélatouri, Katsimidi, etc.), mais les terroirs agricoles ne sont jamais très loin et je pense que ces constructions sont précisément construites pour les surveiller et les protéger indirectement… En Eubée, région voisine de l'Attique, j'ai mis en avant le lien direct qui existe entre certains types de fortifications (habitats fortifiés principalement ou forts surplombant des habitats) et les surfaces agricoles (Fachard 2012). Dans ces cas précis, je pense donc que sont les habitats civils qui précèdent les fortifications et non l'inverse, et que les habitats ne sont viables que s'ils possèdent des surfaces agricoles suffisantes pour les supporter.

Il existe sans doute des exemples de fortifications construites dans des régions désertes ou pauvres. Pour les analyser, il faudrait chercher à comprendre leurs liens avec les habitats et le réseau routier de la région, s'ils existent. Si les fortifications sont considérablement éloignées de tout habitat, on peut alors les interpréter comme des forts ou forteresses avant tout militaires, soutenus et alimentés par une autorité militaire qui décide d'y maintenir une garnison pour des raisons stratégiques qui sont liées au contrôle d'une route par exemple, mais non à l'exploitation des ressources de la région (on peut penser ici au modèle romain combinant routes et forts dans le désert). Mais pour répondre concrètement à votre question, il faudrait reprendre l'étude de fortifications rurales dans d'autres régions de Grèce en adoptant le filtre d'analyse que vous proposez. L'étude est à faire.

G. Reger: It might be helpful, in thinking about what borders do, to reverse the optic and consider evidence for how borders were deconstructed. Some *sympoliteia* agreements offer details about how things will change once two formerly separate poleis become joined as one. A good example is the agreement between Miletos and Pidasa in Karia in Asia Minor. The agreement incorporating Pidasa into Miletos lays out obligations to exempt Pidaseans from taxes on produce for five years (as Alain Bresson noted, specifically on wine from estates these people owned in Euromos, yet another separate polis), to build a road to facilitate the movement of goods from these inland properties, and to provide for residences in town and other privileges. It seems to me that these stipulations offer some hints as to what the Miletos-Pidasa border did, or tried to do, beforehand, especially with respect to economic activities (that road would be a major boon to inland wine-producers).

S. Fachard: Oui, une lecture rétrograde de tels traités est très instructive. La construction d'une route carrossable dans la nouvelle région frontalière incarnée par Pidasa s'inscrit dans une stratégie d'exploitation économique d'une ou de plusieurs microrégions frontalières. Il s'agit aussi d'un réel investissement, qui peut dynamiser la production viticole de la région. Il est également très important, d'un point de vue politique et civique, de rapprocher les frontières de l'*asty* en améliorant les conditions de transport et en facilitant les échanges.

A. Bresson: Tout d'abord, je voudrais repartir du commentaire de Gary Reger sur le bel exposé de Sylvian Fachard. En effet, le traité de sympolitie entre Milet et Pidasa du début du IIe siècle avant notre ère (*Milet* 1, 3, 149) offre un cas très intéressant de gestion des frontières. Dans la nouvelle Milet élargie (qui désormais incluait les Pidasiens), les Pidasiens devenaient une communauté frontalière. Or, les habitants de Pidasa possédaient déjà des vignobles sur le territoire d'une troisième cité, Eurômos. Cela montre que, au moins dans certains cas, il était possible d'exploiter des terres sur le territoire d'une autre cité. Dans le cadre de la nouvelle sympolitie, les Pidasiens qui exploitaient des terres dans l'Euromis obtinrent le droit d'importer en franchise de taxes 1000 métrètes de vin sur le territoire de Milet. Ce droit doit certainement s'entendre comme un privilège par tête. La demande montre que les quantités en jeu pouvaient être importantes.

S. Fachard: Merci pour ce complément. Je ne réagirai que sur le dernier point, qui rappelle combien les enjeux économiques peuvent être très importants dans les zones de frontière. Pour Drymos, la production en blé pourrait s'élever jusqu'à 10 % de la production attique. C'est tout à fait considérable.

A. Bresson: Je voudrais également faire un bref commentaire sur les routes, qui, à juste titre, occupent une place essentielle dans l'exposé de Sylvian Fachard. En effet, le consensus ancien voulait que les routes des cités grecques antiques aient été rares et qu'en tout état de cause elles aient été impropres à une utilisation économique. L'accent était mis sur une utilisation exclusivement militaire. Les recherches récentes amènent à réévaluer la vision traditionnelle. Les travaux récemment publiés sur les routes antiques à Sparte, en Attique (en particulier celles de Sylvian Fachard lui-même), à Sicyone ou au Latmos en Asie Mineure montrent l'existence d'un réseau dense de routes carrossables. Or, comme le montre Sylvian Fachard pour la frontière nord de l'Attique, si un usage militaire de ces routes est hors de doute, on peut penser que, dans la vie de tous les jours, la plupart des chariots qui utilisaient ces routes devaient le faire dans un usage non-militaire. L'accès à une route était un atout économique essentiel. Elle permettait de désenclaver des territoires qui, sans cela, seraient demeurés isolés. Ceci est magnifiquement prouvé une nouvelle fois par le traité déjà mentionné entre Milet et Pidasa. Les Pidasiens demandèrent aux Milésiens la construction d'une route carrossable reliant leur territoire à la mer, qui leur permettrait de commercialiser leurs productions (entre autres certainement leur production viticole).

S. Fachard: "Si tu veux devenir riche, construis une route" dit un proverbe chinois. Le désenclavement d'une région par la construction d'une route peut avoir des conséquences économiques considérables. Une route peut également stimuler l'exploitation d'une microrégion isolée qui, sans elle, aurait un attrait marginal dû à son éloignement des réseaux commerciaux. L'exemple de Milet-Pidasa est le plus éloquent. L'exploitation de la région d'Érénée, bourgade mégarienne presque perdue dans les *Vathychoria* du mont Patéras, devient autrement plus intéressante d'un point de vue économique lorsqu'une route la relie à son mouillage sur le Golfe de Corinthe, Panormos. Cette bourgade fera par ailleurs l'objet d'un contentieux frontalier entre Aigosthène et Pagai, jadis étudié par Louis Robert. Pour comprendre l'enjeu économique, il faut relier le port à l'arrière-pays d'Érénée. La route permet de désenclaver cette niche économique, qui serait coupée de la mer sans elle, et de commercialiser ses productions (en l'occurrence la laine et surtout la poix).

S. von Reden: You mention Angelos Chaniotis' work on the development of legal terminology distinguishing between 'possession', 'ownership' and 'conditional possession' as a result of territorial conflicts in border lands. I find his argument and evidence very convincing, and it shows very nicely how border land conflicts contributed to processes of state building. But could it be possible that concepts of ownership also developed not just in situations of conflict (always a good context for the development of law, of course) but also in the practice of agrarian development in border regions? That is: if you develop a piece of agricultural land you automatically develop a legal claim to it. So property rights were not merely assigned by the polis (and contested in border conflicts), but also emerged in the process of developing the region.

S. Fachard: C'est une observation intéressante, mais je ne suis pas sûr de pouvoir y apporter une réponse. Dans un territoire 'vierge', celui qui cultive un terrain pour la première fois serait en mesure de légitimer en quelque sorte sa possession, même s'il ne se met pas nécessairement en-dessus de contestations futures. Dans certains cas, l'exploitation et la possession de zones périphériques par des individus ont pu se matérialiser dans des conditions paisibles, sans entraîner de conflits frontaliers. Malheureusement, toute cela reste très théorique, car les 'premières' mises en culture des terres et les processus complexes de possession du sol dans un territoire nous échappent (par qui, quand, comment ?). On doit se contenter de relever que les processus d'exploitation et de possession sont exacerbés dans les régions frontières où les tensions sont vives et les ressources limitées.

F. Hurlet: Une des vertus des *Entretiens* de la Fondation Hardt est de mettre en relation historiens (et archéologues) de Rome et de la Grèce antique et d'évaluer par ce biais l'évolution de leurs questionnements, et aussi dans certains cas les convergences parfois concomitantes. Il faut souligner à ce titre à quel point votre exposé remarquable et très complet est suggestif pour l'historien de Rome, qui se retrouve en terrain familier en particulier quand il est question de définir la frontière et son imaginaire durant l'Antiquité. L'idée que celle-ci doit être comprise non pas comme une ligne, mais comme une région ou une bande plus ou moins large rejoint les résultats des travaux plus ou moins récents sur la mise en place progressive du limes de l'Empire romain (on songe notamment au livre de Ch. Whittaker). De la même manière, l'existence d'un système fondé sur l'association de forteresses et d'un réseau routier se trouve également à l'origine de la frontière romaine. À ce propos, je voudrais mieux comprendre un cas particulier, celui de Panakton pour lequel il a été démontré que la forteresse ne contrôlait pas la route : pouvez-vous en dire plus à propos de ce cas particulier ? Une autre idée féconde émise durant votre exposé est celle de l'investissement factuel, mais aussi idéologique de la cité dans l'occupation de ses marges. Peut-on intégrer dans votre système d'explication l'existence des terres sacrées, phénomène que telle cité pourrait avoir exploité pour y renforcer sa présence (on songe en particulier aux travaux de N. Papazarkadas sur ce sujet) ?

S. Fachard: Comme vous le savez très bien, il existe des divergences entre les deux cas, dues surtout aux différences dans l'organisation militaire romaine, autrement plus professionnelle, et aux échelles des frontières de l'Empire. En outre, dans le cas athénien, les fortifications construites dans les régions frontières sont le plus souvent bâties autour d'habitats, en l'occurrence des centres de dèmes. Elles jouent alors une double fonction, celle d'assurer la sécurité des populations isolées et de servir parfois de base pour des garnisons placées sous le commandement d'un stratège de la chora. Quant aux routes, ce ne sont pas seulement des routes militaires, comme on le lit souvent. Dans le cas athénien, l'association de fortifications et de routes n'est pas destinée à stopper un ennemi aux frontières (les fortifications ne bloquent pas les routes), comme le pense J. Ober, mais répond selon moi à un besoin de contrôler l'espace frontalier et de permettre son exploitation par la cité. Mais malgré ces nuances, vous avez raison de souligner que les fortifications et les routes peuvent en effet s'inscrire dans une stratégie de contrôle de l'espace, que l'on retrouve à de nombreuses époques. C'est une stratégie efficace mais coûteuse.

En ce qui concerne Panakton, la route débouche dans le plateau de Skourta par le sud, à peu près en son centre, ce qui montre bien que son but premier était de desservir l'accès à cette microrégion, et pas uniquement à la forteresse. Cette dernière ne contrôle donc pas la route et ne peut en bloquer son trafic, comme l'a démontré M. Munn. Son but est autre : offrir un point fortifié pour la garnison qui surveille l'ensemble de la plaine, assurer la sécurité des habitants et protéger l'exploitation économique de Drymos-Panakton, les trois s'inscrivant dans une stratégie de possession territoriale. Très peu de forteresses grecques bloquent physiquement une route : elles reflètent plutôt un compromis entre plusieurs missions sécuritaires.

Enfin, merci d'aborder la question des terres sacrées, non abordée dans mon exposé — faute de temps car il mériterait un chapitre à part. Je profite de l'occasion pour en dire quelques mots (j'en reprends l'étude systématique dans mon étude sur les

Frontières de l'Attique, en préparation). Oui, l'existence et la gestion de terres sacrées aux limites des territoires font partie de cette occupation idéologique des frontières. C'est très clair sur la frontière attico-mégarienne, avec la fameuse *Hiera Orgas*, gérée par Athènes par l'entremise du sanctuaire d'Éleusis. Le cas est bien étudié par N. Papazarkadas, qui a montré que les Athéniens souhaitaient que cette zone frontalière passe sous leur contrôle effectif (avec vraisemblablement des avantages financiers). Une intervention militaire athénienne est suivie d'une nouvelle délimitation des limites du domaine sacré et de terres mal définies autour de ce dernier. Si l'Orgas se trouve au sud de la ligne de crête du Trikerato, comme je suis enclin à le penser, il paraît alors raisonnable de conjecturer que les frontières politiques entre les deux cités sont partiellement redéfinies à cette occasion. Sur la frontière nord-est, on retrouve des terres sacrées consacrées à Amphiaraos dans l'Oropie, sans cesse disputée et convoitée par Athènes. Après la mainmise athénienne de 335, les terres sacrées sont bien entendu respectées (avec quelques difficultés relatives au bornage), mais les collines boisées de l'Oropie qui entourent le domaine du dieu sont réparties entre les dix tribus attiques et exploitées dans un but économique (voir ma note 94 pour les références). Cette exploitation économique d'un district frontalier âprement disputé vient redéfinir les frontières entre l'Attique et la Béotie et s'inscrit dans cette occupation idéologique des frontières.

F. Beltrán Lloris: Although Greek poleis and Roman cities are quite different historical issues I would like to propose a parallel case where there is also an intensification of the economic activity in borderlands: I refer to *Colonia Augusta Emerita* (Mérida), the capital of province Lusitania, where according to the testimony of some gromatici as Frontinus (*Contr. agr.* 51-52 = Agen. Vibic. *Contr. agr.* 83-84 Lachmann) the first lots to be assigned to the coloni were precisely those placed at the periphery, leaving those in more central areas for successive allocations. This seems to respond, on one side, to the will of symbolic and effectively appropriating the border areas of the colony (something obviously desirable in a city of new foundation) but shows on the other side the economic importance of borderlands that your paper has illustrated for Greek cities.

S. Fachard: C'est un exemple tout à fait éclairant, je vous remercie de ce complément.

N. Purcell: I was struck by the potential similarity between these environments and certain maritime margins. Raiders afflict coastal production and producers too, and some coastal towers seem to act as refuges. Do you agree with the parallel, and what might its implications be?

S. Fachard: Oui, le parallèle est tout à fait éclairant. Il implique que la construction d'une tour au sein d'un terroir isolé permettrait à un ou plusieurs propriétaires de protéger leurs biens et leur personne — peu importe si celle-ci est placée ou bord de la mer ou dans une région montagneuse. Il ne faut pas sous-estimer le côté dissuasif de ces constructions (qui est le propre de toute fortification), surtout face à des petits groupes de pillards ou de pirates. La recherche a souvent souligné le rôle 'idéologique' des tours. Mais si la tour s'est imposée, c'est qu'elle offrait d'abord de véritables solutions sécuritaires face au banditisme.

II

NICHOLAS PURCELL

MOUNTAIN MARGINS

POWER, RESOURCES AND ENVIRONMENTAL INEQUALITY IN ANTIQUITY[1]

1. Introductory

A key matter for this volume's agenda is the relationship between two sets of ideas: on the one hand, the varieties of broadly political authority (civic, imperial, local, public or private), and on the other, production, exchange, and ecology, acting through landscapes and territories, human and physical.[2] It is in that *relationship* that we can seek and identify the various effects of determining power, through analysing differential access to opportunities, resources, and protection against risk. The argument of this contribution concerns a major type of ecology, that of higher mountains and uplands, which has a distinctive place in the spectrum of productive possibilities. But in order to understand it, it is never sufficient to look at the highland alone. The interactions between that zone and what lay around are what counts. Recognising that leads to questions about what kinds of territoriality or

[1] It is a great pleasure to record my warmest gratitude to Sitta von Reden for her invitation, and for the intellectual vision behind the stimulating discussions which she organised and led; and to M. Ducrey and the Fondation Hardt for all their organisation and hospitality at Vandœuvres.

[2] I have not limited my vision of 'political control' to those parts of the spectrum of determining power to which we are most willing to give the label state. For this approach, HORDEN / PURCELL (2000) 86-87; 247-278.

human landscape can be associated with mountain-ecologies in Antiquity. How were those spatial phenomena articulated by production and exchange and their political consequences?

The control and exploitation of the resources and opportunities associated with different facets of mountain ecologies offer both opportunities for advancing the analysis of complex ancient discourses and enlightening comparison with other periods. Who actually does the controlling? Who does the exploiting? Where are they based, in relation to the ecologies in question? What are the consequences, for whom, and where, of their so doing? That is where those questions bear on the theme of this volume — how inequality was related to the nature of economic systems.

The investigation depends on posing questions which are basically territorial — questions about catchment-areas, carrying-capacity, interdependence, and integration. Political territoriality has been studied to a considerable extent. Especially with reference to Greek *poleis*, we have some sense of what boundaries mean, how the territory lying within them is articulated, what limits *autarkeia*, how access to different resources was allotted within the *chôra*, and so on.[3] Scholars have now turned, encouragingly, to asking how cellular city-states divided larger landscapes between them, and what role larger political organisations played in the integration of resources across wider spaces.[4] But there remains a great deal of work to do: distaste for an antiquated environmental determinism has slowed alternative forms of progress in this field. Although the economic consistency of political territories has also been firmly on the agenda, therefore, and production obviously has its place in such analysis, the question of what the appropriate scale for the study, and how wide are the relevant spatial boundaries, usually goes by default.

[3] On Cretan treaties and territories, in this sense, as an example, VIVIERS (1999).

[4] MACKIL (2013), exploring the ecological relations (for the most part mountainous) at the heart of the co-operations of members of Greek *koina* is, however, an important step in that direction. See also ANDREAU / ØRSTED (1990).

We still do not see much work on the correspondence (or lack of it) between conceptualisations of the political landscape and perceptions of whole landscapes of production (which might include patterns of labour mobilisation, of capital expenditure, textures of title to land, whether as proprietor or tenant, geographies of credit and monetisation, and zones of similar fiscal control or of levels of market engagement). This essay concerns the extent to which the formation of such coherent zones of comparable economic activity — and of their interaction with each other — related to the drawing of political and administrative subdivisions. Mountains serve as the ecological test-case, as well as a suitable comparandum for the other ecologies, arid or semi-arid zones, forests, or irrigated landscapes, discussed elsewhere in this volume. The central argument is a simple one: it is tempting to consider these environments with strongly distinctive characteristics in isolation, but their economic, social and political fortunes make no sense unless they are properly situated in very much wider worlds.

This discussion begins from the Alps. For the third-century historian Herodian (2, 11, 8), the Alps were unique in *hê kath'hêmas gê*. That is worth a moment's reflection: among younger fold-mountains in the regions which were home to Greeks and Romans, the Alps do not seem so singular today. But the arresting perception of uniqueness entitles us to give special attention to the ways in which the Alps were repeatedly englobed by and re-incorporated into the changing spatialities of the Roman world over many centuries. They become a lens through which we can see other mountain-zones. At the same time, there is no unified or homogeneous set of Mediterranean mountain histories.[5] Even closely comparable highlands differed radically precisely because they formed parts of very different larger wholes.

[5] This is to argue directly against works such as McNeill (1992), followed by Tabak (2008).

A last theme, among the resources and opportunities offered by mountains, and the ways in which they related to and articulated larger landscapes, is the way they could be imagined and richly nuanced as boundary-markers on a very large scale. Mountain zones formed limits to a great many of the systems of ecological zones which can usefully be regarded as Mediterranean, and indeed — in many places — acted as margins or boundaries in respect of the Mediterranean as a macroregion. Mountains were conceived of as boundaries, or as zones of differentiation and transition, even while they were, in demographic or economic terms, effectively part of the regions which they were alleged to keep apart.

Edges, boundaries, and liminal transition-zones, of course, are always constructed and performed, rather than being straightforward environmental givens, and it is particularly instructive to examine how that is true even in those cases where the frontier can appear at its most intransigently physical, as with mountains. None of the sets of edges of which I am speaking — neither mountains as edges, or the edges of mountainous zones — is unambiguous, or an obvious and indisputable geophysical given. That is not how mountains act as edges. In general their 'edginess', so to speak, is, rather, always constructed, woven out of the interaction between human practices and environmental realities, perceived across the seasons experienced by actual human beings, enacted in historical regimes of mobility.

This paper therefore seeks to emphasize particularly two points with implications beyond the ecology of mountains. The first is the problem of what one might call 'practical regionalism'. It concerns the nature of the units into which the social and economic landscape is divided, and the implications of dividing it up into units of any kind. This is a question with important ramifications for both ancient thinking and modern scholarship. The second point concerns the 'colonisation of mountain environments'. In using this term, rather than suggesting any freedom of self-determination, a kind of narrative happenstance in which all sorts of people have simply and casually done all sorts of things in different upland corners, my aim is to focus on the upland and the higher mountain as terrains of external intervention, recipients of initiatives from the surrounding plain. Within this general category, interventions on the scale which makes it reasonable to speak of them as deriving from 'the state' have a special part to play, with all appropriate caution about the applicability of the term 'state' to the ancient world.

The mountain will appear, above all, as a landscape of mobility. Mountains have frequently derived their character from the very visible fact of the movement of people (on many different rhythms) in and out and across. The mobility associated with mountains is very conspicuous and has often been the subject of study, and mountainous zones in Antiquity add to our understanding of the trans-historical significance of mobility and its consequences.

2. Territoriality: human and physical landscapes

2.1. *On defining mountain environments*

Mountains are surprisingly hard to define. Vertical zonation and the characteristics of slopes are the crucial variables, and they intrinsically tend to produce mosaics of microregions with various characteristics rather than substantial zones of uniformity.[6] The effect of altitude on seasonal minimum average temperatures is naturally vital too, a criterion which is not dependent on relief, though it may be importantly inflected by it. Such items in the repertoire of the physical geographer certainly affected human societies and their histories. Their impact, though, was always shaped by the ways in which these differences from the character of lower-level or lower-relief microregions were interpreted and fed into choices about productive enterprise (and other behaviours which interact markedly with the environment). It might

[6] Cf. WALSH (2014) ch. 8.

be better, then, to resist the urge to classify. Mountains, like towns or islands, are a category which needs to be enacted or performed, by the peoples of mountain regions themselves, or by those from outside, or by observers — geographers or archaeologists or historians — as we employ the terminology. Michael Herzfeld, criticising the unreflective categorisation of phenomena, social or historical, as 'Mediterranean', calls for attention to "situated disciplinary discourses".[7] He argues for the need to "embed the regional in wider forms of comparison". His challenge is to get away from "tiresome ontological debate... and to focus instead on issues of power and hierarchy". All this, I believe, applies to most of the generalisations with which we shall be working in these *Entretiens* — and certainly to the environmental classifications. In whose interests was it to speak of mountains in the standard terms echoed throughout ancient literature? What do the authors whose work appears on my bibliography get out of being mountain-historians?

Regional geography can be focalised by internal or by external construction. Being in — or of — a region is quite different from considering whether to enter it or leave it or not, or reflecting on ways of interacting with it without such movement. For this second focalisation can, in turn, be subdivided into imagined destinations, and places defined by the fact that we do *not* go there. Environment has an orientation. It means nothing except relationally. It is always somebody's environment, and the questions which underlie 'environmental history', which make it historical, are "to whom does it belong?", and "what is my relationship with them?".

The essence of environmental history can therefore be captured through the different means by which people, singly or in groups, reach out from their immediate surroundings, making theirs, in different ways, larger or smaller parts of their environment. The senses in which those modalities deserve to be called territorial are various, and many of the behaviours which orient

[7] HERZFELD (2005), 47; 49-50. Cf. HORDEN (2005).

environment are only tangentially 'territorial'. But this is where territoriality belongs in the academic discussion — in the strategies of self-interested representation of geographical reality. Territorial claims have no essential basis. But mountains, like islands, can be made to support the idea that they do. The elder Pliny's colourful evocation of the Caucasus (*Hist. Nat.* 6, 12), that enormous "architecture of Nature", with its claims that a world of teeming barbarian mobility is excluded by gates in one place alone, where a fortification on a crag above a chasm in which flows an evil-smelling stream, and the non-Roman world is held off with iron beams, is a good example. The passage is obviously and interestingly tendentious: the discursive location of mountainousness is often more hidden, and essentialising claims harder to see through or see past.

Behaviours such as mountain theory and territorial description are among the building-blocks of environmental history, then, and it makes more sense to divide the discipline according to them than with reference to the physical properties of the landscape. Intensification of production, primary resource extraction, and control of movement are among the interesting headings (to cite only the three with which the present brief study is most concerned), and they might be examined in wetlands, forests, arid steppes, or — as here — high mountain zones. In all these cases, the comparison entailed by assigning logical priority to the categories of human behaviour rather than the natural conditions is intellectually productive.

Complexes of high mountains often exhibit a differentiated, specialised, set of productive choices. Such representations are to be found in Antiquity too. Ancient texts, and their modern interpreters, regard the classic triple system of husbandry, cereals and arboriculture as normal, and it has in turn become normative for the study of Mediterranean history, the default for the reconstruction of all ordinary landscapes. It is against this familiar pattern that mountain environments are typically counterpointed. It is preferable to see the 'classic Mediterranean pattern' itself as a remarkable specialisation, a singular product (though spectacular in its durability and spatial extent) of economic, social and political expectations and practices. Alternatives to it, such as upland, forest, or steppe economies, are parallel systems, not departures from or antitypes to, a basic norm. In this spirit, recent detailed palaeoenvironmental work has displayed the periodicity of the 'Mediterranean system', its boundaries in time, notably in Anatolia around the transition from Byzantium to Arab and then Turkish settlement.[8] One distinctive sociopolitical pattern of landscape organisation gives way to another: neither, it transpires, was determined by the environment. Zones where the classical Mediterranean complex was the dominant organising principle had spatial boundaries too, and although those often coincided with margins created by changes in altitude or exposure, and intensified by changing climatic patterns, they were also articulated by institutions such as city-territories, labour relations, market-behaviours, or land-tenure.

Now a further crucial step is to recognise that none of the possible varieties of productive environment was freestanding. Each developed in interdependent dialogue with others. The conclusion for specialised mountain production-systems is that they too form part-systems, and the calculation of their economic potential and social self-sufficiency has to allow for their integration with the worlds around them. And that is where the case of mountains is so relevant to the enquiry into equality of opportunity, entitlement, and provision in historical contexts.

2.2. *The problem of mountain demography*

Ammianus Marcellinus (27, 4, 14), describing the peoples of the southern Balkans, makes a remarkable claim about the inhabitants of the Haemus and Rhodope. Attributing his authority to *rumores*, that is to generally held views (rather than to the authority of an earlier author), he describes these peoples

[8] Izdebski (2013).

as having a marked advantage by comparison with 'us' in regard to *salubritas* and longevity.[9] If he thought that mountains in general were characterized by a relative demographic felicity, how did he think that he or the inhabitants knew? Directly or indirectly, perceptions of the availability of military manpower are extremely likely to be the basis for his opinion. Here, as (one might guess) in many other impressionistic contexts, it seems very likely that normal out-mobility (about which more hereafter) can all too easily be mistaken for abundance of population.

Mountain-zones, and here we are clearly dealing with a phenomenon far wider than Italy, lend themselves to stereotypes of poverty, backwardness, simplicity and deprivation which are widely disseminated in lowlands and in cities, and which it has proved all too easy for historians to adopt unreflectively.[10]

> "The wintry and mountainous parts of the habitable earth would seem to afford by nature but a miserable means of existence; nevertheless, by good administrators, places scarcely inhabited by any but robbers, may be tamed. Thus the Greeks, though dwelling amidst rocks and mountains, live in comfort, owing to their economy in government and the arts, and all the other appliances of life. Thus too the Romans, after subduing numerous nations who were leading a savage life, either induced by the rockiness of their countries, or want of ports, or severity of the cold, or for other reasons scarcely habitable, have brought into communication with each other those who were previously isolated, and taught the wilder ones how to live in the manner of the *polis*" (Strabo 2, 5, 26 [trans. Hamilton/Falconer, adapted]).

The negative images of mountains in such ancient texts need no rehearsing her (we shall return to the more important aspect, that the demerits of the highlands are remediable). ancient texts need no rehearsing here. Ammianus' representation of mountains

[9] *Constat autem, ut uulgavere rumores adsidui, omnes paene agrestes, qui per regiones praedictas montium circumcolunt altitudines, salubritate uirium et praerogativa quadam uitae longius propagandae nos anteire.*

[10] FORNASIN / ZANNINI (2002) on the 'leggende nere' of a particular sort of Italian social and economic history which perversely relishes particular narratives of immiseration.

may be more positive, but no more to be trusted, for all that it is positive rather than hostile. This view has, for all that, been very influential.

Malthus, in his great work *Essay on the Principle of Population*, was much impressed, in rather the same manner as Ammianus, by the vital statistics which reached him from village records in the high Alps of Switzerland.[11] His interest crystallized Alpine demography as a special concern for the historical demographer, and sought a systematic and evidence-based foundation for impressionistic views. Christening-rates, the fall in which had seriously worried the Swiss authorities, death rates, and nuptiality, took their place in the discussion. Fernand Braudel, 150 years later, excited by the same general perception, developed the theme of Mediterranean mountains as "factories for producing people", and painted a vivid picture of mountain out-migration as a major *structure* in Mediterranean history, one that could easily be illustrated by historical anecdote from every period.[12] He enthusiastically, but perhaps unconsciously, adopted Plato's view that mountains represented the "earliest civilisation of the Mediterranean" as Braudel put it.[13]

The demographic history of mountains which Malthus helped into existence has continued to be pioneered in the Alps, but has been extended to other parts of mountain Italy too, wherever the parish records or other documentation is of sufficiently high quality.[14] The work of the anthropologist Pier Paolo Viazzo, a generation ago, or more recently of the more historically oriented Jon Mathieu, has traced the historical demography of the mountains of north Italy in much more detail, and supports the early observations of Malthus, and even, perhaps, the *rumores* on

[11] MALTHUS (1798), II 5.

[12] BRAUDEL (1972) 25-53 "Mountains come first". Cf. COHN (1996).

[13] BRAUDEL (1972) 51-53. STRABO 13, 1, 25, speaks of PLATO's account (*Leg.* 677-679) of humanity's gradual transfer to places lower down, *metabaseis eis ta katô merê.*

[14] The volume of FORNASIN / ZANNINI (2002) is a good example.

which Ammianus based his observation.[15] Two features appear to be of particular importance. One is the role of nuptiality in controlling births to compensate for longevity: this was the answer to Malthus' conundrum, and patterns of nuptiality have now received detailed attention in relation to many data-sets. The other is that despite widespread and undoubted environmental disadvantages in the conditions of production, mountains have shown a capacity for slow but steady demographic increase: "la capacità ... di garantire una certa, continua espansione demografica, aumentando progressivamente la superficie antropizzata, ma anche calibrando e mutando sapientemente il rapporto tra l'agricoltura, la zootecnica, la selvicoltura".[16] The higher the healthier: but intensification is vital too.

From Malthus to Braudel, then, the standard account of the demographic relations of mountainous areas with the regions around maintains that out-migration from mountains is the product of demographic pressure on a restricted resource-base, which results also in the commercialisation of the products of pastoralism. Against this, Laurence Fontaine, an expert (among other things) on the travelling pedlars of the Algerian Kabyle, has proposed that migration is not the remedy for, but rather the explanation of, mountain overpopulation. Mobile mountain-people, on her view, bring home so much wealth that families are tempted to grow, but the conditions necessary to maintain the new levels of population are hard to maintain in local environmental conditions. At least in the Alps, society on the early modern period was thus based on "une culture villageoise de l'absence, du départ toujours possible et du retour jamais assuré".[17]

This seems an intrinsically difficult thesis to maintain in its strong form. But it raises an important problem of method, and introduces a different approach to my central cluster of problems.

[15] VIAZZO (1989); MATHIEU (2000).
[16] FORNASIN / ZANNINI (2002) 17.
[17] FONTAINE (2003).

The methodological question is "who are the inhabitants of a region?". And what are the parameters of stability? What relationship do those who are there at a given moment have to the place where we find them at that moment? The sense in which they belong there is one of the things which the historian should be investigating, not an axiomatic given which we take for granted at the beginning of any enquiry. Some regard themselves as strongly entitled by patriline or property-history — we may choose to accept their account and speak of them as the inhabitants, but, in an enquiry into equality, we should be alert to the fact that in doing so we are ignoring the groups who are not so entitled — mobile labour, including slaves; women, in many cases; the rootless and the wanderer. At its worst, this lack of reflection can make us speak of 'the people of the Pyrenees' as if they were a transhistorical object with vicissitudes over decades and centuries. This is a surviving form of essentialism, and we need to notice ourselves perpetuating it.

It is increasingly accepted that ancient demographic regimes were locally and chronologically very variable.[18] Such variation is precisely what Malthus observed in Switzerland, where he was undoubtedly correct in seeing the extreme marginalities of subsistence at high altitude as an important factor. Mountain-zones, then, play an important part in configuring the map at any moment of differentials between demographic conditions, and in the process show in vivid example how environment enters in to demographic history, not as a direct determinant of aggregate populations, but as a variable through which, by means of responses to the ever-changing risk-regimes of complex marginality, physical givens help inflect the range of possible social strategies adopted by those who have only limited control over the resource-base for survival and community-formation.

Fontaine, then, turning the orthodoxy on its head, makes us ask who are the mountain people — those who leave and

[18] This is a prominent theme in the collection HOLLERAN / PUDSEY (2011).

return, or those who stay, and how, in those conditions, can we regard them as being a historical subject? The historical subject is the pattern, precisely as she suggests, les "cultures villageoises de l'absence, du départ et du retour". But it becomes crucial to know (to go back to Herzfeld's demands) about hierarchy and power in these village-cultures. Who takes what decisions for what reasons? Who decides on the trajectories of the outwardly mobile, and the uses of what they bring back to the community? It is time to turn to the question of power.

3. Political expressions of landscapes of production and exchange

I have spoken so far in a conventional enough way of the rural vocations of mountain areas. The demographic excursus shows that (whichever models of the horizontal mobility we favour) we cannot leave exchange and reciprocity and links with other regions out of our modelling of mountain-histories. Every aspect of mountain life constituted a possible object of control from outside. Making it the target of such control did much to bring mountain regions into focus as zones with their own character, to define them and present them to outside scrutiny. Spatial phenomena were articulated by production and exchange and their political consequences. Mountain opportunities define the attitudes to mountains of those outsiders who exploit them.[19]

Here is where we also begin to engage with the theme of resources and access to them. Environmental diversity does not only matter because it facilitates subsistence, it provides opportunities for intensification.[20] In the case of the challenges of high-altitude regions, it may also call for the intensification of

[19] The process offers points of contact with Robyn VEAL's theme of 'Levers of Control' in this volume pp. 317-367.

[20] HORDEN / PURCELL (2000) 178-190, make related points about wetlands and forest.

production as a means of addressing risk.[21] That intensification will include the development of economic activities which depend on relations with the world beyond the mountain. Strabo's description (4, 6, 6-7) of the Alps and the fate of the Salassi at the hands of Augustus' generals illustrates the point well:

> "Lying above Como ... are ... numerous small nations, poor and addicted to robbery, who in former times possessed Italy. At the present time some of them have been destroyed, and the others at length civilized, so that the passes over the mountains through their territories, which were formerly few and difficult, now run in every direction, secure from any danger of these people, and as accessible as art can make them. For Augustus Caesar not only destroyed the robbers, but improved the character of the roads as far as practicable, although he could not everywhere overcome nature [a vivid account of the precipitous paths and the danger of avalanche follows] ... The country of the Salassi contains gold mines, of which formerly, in the days of their power, they were masters, as well as of the passes. The river Dora Baltea afforded them great facility in obtaining the metal by [supplying them with water] for washing the gold, and they have emptied the main bed by the numerous trenches cut for drawing the water to different places. This operation, though advantageous in gold hunting, was injurious to the agriculturalists below, as it deprived them of the irrigation of a river, which, by the height of its position, was capable of watering their plains. This gave rise to frequent wars between the two nations; when the Romans gained the dominion, the Salassi lost both their gold works and their country, but as they still possessed the mountains, they continued to sell water to the public contractors of the gold mines; with whom there were continual disputes on account of the avarice of the contractors, and thus the Roman generals sent into the country were ever able to find a pretext for commencing war. And, until very recently, the Salassi at one time waging war against the Romans, and at another making peace, took occasion to inflict numerous damages upon those who crossed over their mountains, by their system of plundering; and even exacted from

[21] This is the thoughtworld of BOSERUP (1965) rather than MALTHUS; BINTLIFF (1996). See the interesting recent discussion of OUZOULIAS (2014) (in whose title *Nos natura non sustinet* is a quotation from TERT. *De anim.*30). To a Mediterranean observer the marginality of northern European production was intrinsically similar to that of the Mediterranean mountain.

> Decimus Brutus, on his flight from Mutina, a drachma per man. Messala, likewise, having taken up his winter quarters in their vicinity, was obliged to pay them, both for his fire-wood, and for the elm-wood for making javelins for the exercise of his troops. In one instance they plundered money belonging to Caesar, and rolled down huge masses of rock upon the soldiers under pretence of making roads, or building bridges over the rivers ... Terentius Varro, the general who defeated them, sold them all by public auction: namely 36,000 bodies, and in addition 8000 men capable of bearing arms. Three thousand Romans sent out by Augustus founded the city of Augusta, on the spot where Varro had encamped, and now the whole surrounding country, even to the summits of the mountains, is at peace."

Here is a mountain polity engaged in securing and enhancing economic control of every resource it can think of, not omitting the abundant water of the Alps. Intensification, however, is double-edged. While it may be a survival strategy of self-determining producers, it is very often the opportunistic and enforced strategy of powerful outsiders.

3.1. *Mountains as spaces of geological abundance*

Roman authors display a very striking sensibility to this aspect of the nature of mountain-zones. The best known text, and characteristically the most flamboyantly rhetorical, is Pliny's reflection (*Hist. Nat.* 36, 1) on the wholesale subversion, destruction and removal of the mountains, in this case in the pursuit of precious marbles for building. Elsewhere he describes mining for metals in very similar terms (*Hist. Nat.* 33, 21). Strabo's reflection on the gold of the Salassi in the Val d'Aosta operates with very similar assumptions, though less colourfully expressed. What we know of Roman mineral exploitation, from the Magdalensberg, for instance, shows that these texts allude to real conceptions of the nature and advantages of mountainous areas.[22]

[22] Straube (1996) *Ferrum Noricum*; Vetters / Piccottini (1973).

My next example is less familiar. It is an altar from the marble-rich valleys of the remote western Pyrenees, now in Toulouse (*CIL* XIII 38). Its dedicators, Julius Julianus and Publicius Crescentinus, exhibit interesting sensibilities. With a very Plinian sense of the record of discovery and claiming your place in the annals of artisan or economic achievement, they boast that no-one has done before what they commemorate on the stone — the successful quarrying of monolithic columns of the marble of St-Béat, 20 feet in length, and their removal from the site and into the continuum of Roman distribution (the marble is used widely across southern Gaul and northern Spain). But the most remarkable feature is the dedication to the Roman god of wild nature, Silvanus, and to the personified mountains of Numidia. These quarry-men have an empire-wide sense of the geography of architectural stone. In their religious expression of satisfaction with their work, they join up the marble hills of Marignac with those of Numidian Chemtou. Marble mountains, wherever found, *are* in some sense both wild and Numidian.[23] At the same time, other parts of the northern mountains of Numidia were, we know, known as the Alpes Numidicae (*ILS* 9374). The geography of resources, iterated across an imperial geography, replicates and conjoins place: the mountains of Africa become the Alps, and are in turn transferred to the stone-rich western Pyrenees. At the same time, we need to reiterate that this is indeed a religious perception, and takes its place alongside other instances of specifically religious replication which can be found in the imperial period. Here is a sense of the commonalty and interchangeability of mountains and stone-resources, adding up to an empire-wide conception. The mountains are wild, but they are very far from being impervious to the ingenuity of the consuming and inventing culture of Rome.

[23] Colleagues at Vandœuvres felt that the reading MONTIBUS NUMIDIS was insecure, and that the text might conceal a local toponym. The parallel cited in the text reassures me. DORCEY (1992) 59-60 locates the inscription in a Roman cultic ambit.

This is the positive equivalent to Pliny's diatribe, how it looked to those who gave him the impression to which he reacted in horror, of mountains as a collective, connected, resource for joyful exploitation.

3.2. *Problems with pastoralism*

Simply sacking the mountains for the material of which they were made is a straightforward enough strategy. Exploitation was not limited, however, to geological resources. Mountain pastoralism was as tempting a channel for Roman large-scale management of specialised resources mining or quarrying. The apparently very sudden explosion of the slave-based, large-scale, transhumant pastoralism of the *pecuarii* in the Apennines of the second century BC is of course the best-known example, and it has suggestive implications for other mountain regions.[24] It has very recently been suggested that there is rather unexpected evidence for a transformation of this kind in the archaeological record of the southern Alps. In the late Iron Age and Roman periods there is a conspicuous reduction in the number of complex sites. Rather than being evidence for abatement of productive activity, we may witness here a switch from the primacy of dairying for local consumption to the very different pastoral strategies which are based on transhumance.[25] That would in turn be the consequence of engagement in larger structures of exploitation and wider networks of consumption.

Once again, then, the enmeshing of mountain zones with other productive ecologies and economic systems offers alternatives to the notion that high mountains are by nature intrinsically suitable for animal husbandry, to essentialising the place of pastoralism in mountain social systems.

[24] WICKHAM (1988) for the medieval equivalent.
[25] CARRER (2015).

3.3. *Mountain demography and mobility as an opportunity*

My words "engagement in" are chosen with studied neutrality. The re-orientation of production and the management of resources towards a wider world can be endogenous or exogenous, and that is very clearly the sub-text of Strabo's description of the fate of the Salassi. Here we see a vision of a polity which had formerly controlled both plainland and mountain, and which had exploited its own mineral resources. In the crisis which followed the competition with Roman public contractors for the (alluvial) gold workings, they continued to commercialise their resources, conspicuously their timber, and, even more interestingly, the control of passage by the routes through the mountains, and the raising of fiscal revenue from that control.

Here is a further, rather Fontaine-like, possibility. The real disadvantages of mountain terrains, the sheer difficulty of transit across rocky upper valleys, high passes, or summit-plateaux, become a real economic opportunity, and in so doing have played an important role in community formation, even ethnogenesis. The need of mountain peoples to organise and mobilise in pursuit of outward mobility and managed return also affects the development of communications-patterns which become central to the organisation of territory and community. Creating, improving, and developing routes through, which join up regions wholly outside the mountain, can be seen as another mode of intensification, and that too could be taken over by authorities from far outside the mountains themselves, as when Roman *portoria* replaced local tolls, in a pattern which is quite well attested.[26] In this too, the strategy presupposes horizons far beyond the world of the mountains themselves.

More obviously, the processes of outward mobility themselves, although they may often be the relatively straightforward product of individual need, lent themselves to many ways of being systematised and managed. The most celebrated endogenous

[26] See, for instance, the paper of FACHARD in this volume, pp. 19-73.

form that this took was the famous tendency of the mountaineer to leave home in order to raid the adjacent lowlands.[27] Hellenistic Aetolia is the type-case of a mountain community perceived to draw its identity and its cohesion from its use of this set of behaviours. As the Athenian *Hymn to Demetrius Poliorcetes* put it: "it is an Aetolian trait to raid those nearby — and now those further off too!".[28] There are very many other instances.

The fate of the strikingly numerous (44,000) population of the Salassi was enslavement. The slave-trade — outward mobility though enslavement — a modality of mountain demography not found in more recent periods, turned the population itself into a resource of a more direct kind. This too could be a fact of community life, and was not only the result of the aggressive commercialisation of resources by newly successful and intrusive outside powers. All the upland zones adjacent to the Mediterranean fed its slave-dealing in Antiquity.

3.4. *The political character of mountains, and the politics of environmental geography*

The same play of self-determination and exogenous influence is to be seen in the construction of social and political institutions in relation to the characteristics of mountain ecology. On the one hand there are plenty of examples from Antiquity and from more recent periods of mountain communities developing co-operative behaviours and social forms in direct response to the challenges of managing the environment. Such effects are also frequently claimed of hydraulic landscapes.[29] The differences in technical knowledge and capital outlay may be one of the factors. Such ecologically-influenced political systems

[27] JOSHUA STYLITES *Chron.* 22, for raids of mountain dwellers against lowlanders and merchants at the end of Antiquity.

[28] Aetolia: POLYB. 5, 3, 7. *Hymn to Demetrius Poliorcetes*, ATH. *Deipn.* 253, lines 29-30; cf. ANTONETTI (1990).

[29] BELTRÁN LLORIS addresses some of these issues elsewhere in this volume.

relate importantly to one of the essential questions of our discussion: what are the size and boundaries of the units within which community functioned, and, given that community generates certain sorts of entitlement and redistribution, however circumscribed and ineffective, how did shared environmental constraints relate to the patterns of reallocating resources, in principle and in practice? The more general problem, then, of which the interaction of mountain with other environments is a particular case, is the interface and cross-dependence of agrosystems, a problem basic for understanding inequality and economic power in Antiquity, but which is still in its infancy.[30]

There are three broad patterns in the relationship between community and mountain-environment. The first, the mountain state, is principally endogenous. Once again, an Alpine case, the kingdom of Cottius, makes a fine example.[31] The second is the 'colonisation' model, in which such a region is simply replaced by an outside authority with institutions and structures developed for use elsewhere. This may retain a sense of the need to respond to local conditions. That, at any rate, has been argued of the Roman settlement of Samnite territories in the peninsular Italian Apennines. Saepinum or Bovianum might be regarded as having a mountain vocation, and their territories were organised accordingly.[32] In a provincial context, the Roman *coloniae* of Pisidia in Asia Minor appear to be a similar case. This cluster of foundations was established under Augustus specifically to replace a previous self-consciously independent social formation, based on and in a knot of relatively high and inaccessible mountains. Here we see the manifestation in administrative practice of literary texts' perceptions and constructions of mountain-environments. As descriptions, they no doubt deserve our criticism for their lack of realism: but Roman decision-makers,

[30] For the interface of agrosystems, one model and pioneering study is ROYMANS (1996).

[31] GIORCELLI BERSANI (2001); LETTA (2001); LETTA (1976); PRIEUR (1976).

[32] See PELGROM / STEK (2014) on the distinctive character of Roman settlement in such upland areas.

thinking about the political management of landscapes, community and fiscality, used them prescriptively too, as they did when, eventually, mountain kingdoms such as that of Cottius were converted into Roman provincial structures of comparable size. It may be with a similar logic that mountains and highlands were managed as 'military zones' in the *oikonomia* of larger provinces such as Hispania Tarraconensis or Britain.

The third pattern of political re-framing is the most interesting, however, because it speaks to that ecological *désenclavement* which is one of this paper's main themes. It brings us back to the central problem of bounding the mountain, whether in scholarly discourse or in Roman policy. Rather than creating isolated enclaves on which outside dispositions turn their backs, the issue for those "good administrators" (*epimeletai*) envisaged by Strabo (above p. 83) is precisely how to manage the processes of interaction, how to join up what had never been joined before, as he strikingly puts it in the same section. This approach has to negotiate the relationships between mountains and adjacent regions, relations which involve coping with the constant inbound and outbound mobility of people which are the mountain environments' most important feature.[33] A good example (and a happier one than the fate of the Salassi) of a community established by Roman administration to straddle the boundary of mountain and plain is the case of the Anauni in the Val d'Adige.

Claudius' famous edict on the Anauni, Tulliasses and Sinduni (*ILS* 206) illuminates several of the themes we have explored. In the first place, as emperor, Claudius, no doubt like many other prominent Romans, claimed direct personal ownership of land and upland pastures across the southern Alps between Comum and Tridentum. Second, the traditional communities of the area were in a state of inter-related and nearly insoluble dispute with the neighbouring Roman cities which had been established on the edge of the mountains, like Comum, or deep

[33] Cohn (1999) is an eloquent example, a model study of the negotiation of relations between collectives of mountain dwellers and the cities of the plains.

within them, like Tridentum. Third, and most important, the three peoples with whom Claudius makes a strikingly generous settlement exhibited a great deal of outward mobility, so that many were serving as soldiers in Claudius' own praetorian cohorts. Nor was this limited in social scale, since Anaunians were also to be found among the *decuriae* of judges at Rome. To engage with opportunities of this kind, of course, they had had to claim Roman citizenship, to which they had no formal entitlement, and this is what Claudius recognises in this edict. Finally, it should be noticed that the date of the edict is 15th March AD 46; milestones of the Via Claudia Augusta, the great road built *a flumine Pado ad flumen Danuuium* by Claudius, also date from this year (*CIL* V 8003). So Claudius' concern for the area should also be linked precisely with the joining up of the previously unconjoined, and with the definition of the mountain zone by means of its function as a gateway and as a zone of passage. Instead of isolation, remoteness, absence of connectivity, the separate character of mountains in Antiquity was made into a different and much more interesting kind of boundary, to which I now turn.

4. Crossing the bar: how mountain zones offer richly nuanced senses of boundary

Europe, in Strabo's attractive vision, is "many-faceted" (*polyschêmôn*).[34] Second, its *euphuia* ("natural advantages") makes men (the word is gendered) and peoples excellent, and able to make substantial contributions of its intrinsic goods to other places. Only the part bordering on the Scythian steppe is really uninhabitable. Of the inhabitable bits, some are difficult because they have terrible winters, or are mountainous, but even regions inhabited in poverty or banditry are made gentle

[34] On Strabo and mountains, see now Migliario (2015). Roughness, Dench (1995) 126-129.

under good governors. Third, and most important for this argument, the mixture of tough and gentle is very productive: the whole is made *poikilos*, that is “intricately patterned”, “kaleidoscopic”, by plains and mountains, so that everywhere the agrarian and the civilised about the warlike (but the former is predominant).

Strabo’s vision sees the whole continent as analogous on the largest of scales to the territory of a traditional *polis*, in a precocious example of that macro-scale thinking which becomes a commonplace in the age of the Antonines. High-altitude zones were certainly seen as a standard part of the suitably diverse resource base of a territory. From an enormous dossier, I cite the treaty between Rome and Termessus (Minor) in Lycia of around 160-50 BC, guaranteeing the Termessians the right of gathering wood (*xylismos*) on nearby Mount Masa.[35] Once again, the calculus of entitlement is to be seen at work. How are ecological resources to be apportioned among the organisational structures responsible for supervising their uses for different purposes? That can be achieved by peer interaction — negotiations between equipollent communities — or by aggressive competition; but it is also the product of the apportioning discretion of larger outside hegemonial powers, such as *koina*, Hellenistic kingdoms, or the Roman *res publica*. Alongside the possibility that regions of homogeneous ecological character might be regarded as separable, bounded by the ecotones which mark of mountainous or semi-arid zones, here is a different way of thinking, which privileges complementarity.

Mountains frequently therefore appear as part of a binary, either in the minds of observers or in the realities of the relations of economic interdependence. Some such pairs are rather loose and schematic, as when Italian or Arcadian mountains are more generically contrasted with their very various surrounding coastlands. A more precisely formulated case is the opposition

[35] *SEG* 60 (2010); see also VEAL, this volume.

of mountain and plain.[36] The plain becomes an object for definition and conceptualisation, analogous to the mountain, and developed by contrast with it, one stereotyped detail responding to another. Plains have not received their share of attention from students of ancient landscape-thinking, though they are already a prominent subject of reflection in Herodotus, who can quantify the surface of the Trachinian plain in detail.[37] The image of the Alps in ancient authors is likewise closely related to assessments of the Cisalpine plain.[38] This is no mere structural opposition, but a reflection of the interdependences of people and communities in the linked ecologies. When Emperor Vespasian (*ILS* 6092) gave permission to the Saborenses in southern Spain to move their whole urban centre to a place where it would have the fiscal advantages of better communications, following a long-standing tradition on urban improvements which attributed such planning already to the wise Solon in the sixth century BC, they were not abandoning or renouncing the upland part of their territory, but simply altering their geographical co-ordinates within it.

When the scale of the imagined vision is at its widest, mountains are given a role in the conceptualisation of the order of land and sea. One of the conventional features of mountains is, for instance, that they are remote from ports. Communications, here again, serve as the yard-stick, but it is not so much that mountains are a by-word for isolation, poor communications, difficulty of transportation, by contrast with a maritime world seen as a medium for easy access in all directions. Rather, this is the standard Mediterranean perspective in which the coastlands face in two directions, one naturally maritime, but the other, symmetrically, in the terrestrial direction, typically montane. This is the vision in which Our Sea is mirrored by a restricted

[36] The African case of this opposition has been analysed usefully by LEVEAU (1977), (1984) and (1986).

[37] HDT. 7, 199: 22,000 *plethra* (a little less than 2000 hectares).

[38] POLYB. 2, 14-16, Cisalpina as wonderful plain.

portion of the continent which is (less notoriously) Our Land.[39] The Romans of the late Republic and early empire similarly divided their hegemony into ultramontane and overseas, *prouinciae transalpinae* and *transmarinae*.[40] In this context, we should observe the significant fact that there were things beyond both barriers. Mountains form indispensable gateways between the regions on either side, something which Pliny makes the most of in his description of the Caucasus.[41] To the functioning of these gateways, it is clearly also very relevant that the regions separated by major mountainous zones often had very different agrosystems, and indeed economic circuits based on them, as is advertised by the various specialists who describe themselves as *mercatores cisalpini* and *transalpini* at Comum, Milan, or Raurica.[42]

Once again, then, the significance of mountain zones turns out to be connected with movement — short-term movements in and out of the mountain, transit through it, permanent resettlement inwards or outwards across the upland edge. Two rather different examples, which are rich in implications for this argument, may serve finally as a coda.

The Ligurian Apennines are a classic case of the Mediterranean mountain which is intimately linked with the sea. In the *retroterra* of Genoa, the distance between higher altitude zones and the seashore is strikingly short. The mobility of the mountain and the mobility of the sea have therefore sometimes been closely intertwined, and in the well-documented fifteenth century we can see some of the details.[43] The mountain and its demography, to begin with, were integral to the maintenance

[39] As in Herodian's usage, p. 77 above. Proprietorial Greek and Roman Mediterranean geography, PURCELL (2003).

[40] ARNAUD (1994).

[41] Thus *Peuplement et exploitation du milieu alpin* (1991) for the unifying role of the Alps. For Pliny, see above, p. 81.

[42] MASELLI SCOTTI (1994); cf. *AE* 1989, 899.

[43] GOURDIN (1986).

of the urban centres of the coast, and the economic opportunities of those localities were an essential part of the horizons of the mountain-dwellers. The social history of *inurbamento*, which brought villagers to the coastal towns and to Genoa itself, is the background to the extension of these currents of mobility to Genoese possessions overseas, such as Bonifacio, or the more distant *comptoirs* of the east. In this case, a specialised displacemrnt of mountain-dwellers to the coral-fishing enclave of Marsacares near the modern Tunisian-Algerian border can be traced. Becoming an artisan, becoming a town-dweller, turning to the sea, and crossing it to work in the extended territory of Genoa, were inter-related modalities, associated (in that case) with steady demographic pressure on resources.[44] Where, in this example of far-flung mobility, should the debits and credits be accounted? In the mountain homeland, or the city, or the remote port?

It is also important that these mobilities entail major changes of vocation. Mountains contribute to interdependence by being the base for large numbers of people who are intrinsically mobile on a number of different rhythms. The consequences of their changes of vocation and their relocation include cultural change and major redistribution of wealth, as well as the part they play in the formation of social and political communities.[45] Where would we look for that in Antiquity? There is a whole history of the turn to the sea, 'becoming maritime', which might resemble the case of fifteenth-century Liguria.[46] But it is surely in the recruitment of soldiers, raiders becoming mercenaries, and all the innumerable variants of that process, that mountain-dwellers made the greatest contribution to the rearrangement of capital resources in the long history of Antiquity, in a process which is amply parallelled from mountain zones all over the Mediterranean in later centuries. Soldiers, moreover, are especially visible to us, and a great variety of other mountain-based mobility-cycles

[44] For the views of FONTAINE (2003), see above, p. 85.
[45] See, for instance, BLOCKMANS / HOLENSTEIN / MATHIEU (2009).
[46] PURCELL (2013).

are likely to have acted to shape and promote economic and cultural cohesion in the ancient Mediterranean.[47]

Far from the commonplaces of natural backwardness and inevitable marginal immiseration with which we normally operate, the role of mountains, and of other margins, in ancient history is therefore to be essential generators of normal mobility. Some recognition of this special significance of the mountain may be discerned in ancient thought. It underlies Ammianus' admiration of the healthiness and demographic felicity of mountains. It may also be sought in that strange representation by Plato of the whole extended history of humanity as a movement out of the mountains and — eventually — down to the sea.[48] Understanding that mobility involves our including mountain dwellers and mountain resources fully in the distribution of opportunity and advantage and entitlement, and of risks and failures of these, across much larger economic and social catchments: which is the subject of this volume. As Strabo puts it in the passage paraphrased above (p. 96), "This continent [Europe] is very much favoured in this respect, being interspersed with plains and mountains, so that everywhere the foundations of husbandry, civilization, and hardihood lie side by side". He is no doubt of the intrinsic connectedness of the landscape, or that civilisation is based on enhancing it and reducing the inequalities which it can so easily represent.

Works cited

ANTONETTI, C. (1990), *Les Étoliens, image et religion* (Paris).
ANDREAU, J. / ØRSTED, P. (eds.) (1990), *Models of Regional Economies in Antiquity and the Middle Ages to the 11th Century* (Leuven).

[47] BRIANT (1982) makes a similar argument in relation to upland-plain relations around the 'mountain arena' of west Asia.
[48] Cf. n. 13 above. For parallels, DENCH (1995); RUSSO (2003).

ARNAUD, P. (1994), "*Transmarinae provinciae* : réflexions sur les limites géographiques et sur la nature des pouvoirs en Orient des 'corégents' sous les règnes d'Auguste et de Tibère", *CCG* 5, 221-253.

BINTLIFF, J. (1996), "The Mountain Peoples of Ancient Greece: The Relevance of World-systems Theory and Neo-Malthusianism to their Development", in E. OLSHAUSEN / H. SONNABEND (eds.), *Gebirgsland als Lebensraum (Stuttgarter Kolloquium zur Historischen Geographie des Altertums, 5, 1993)* (Amsterdam), 105-141.

BLOCKMANS, W.P. / HOLENSTEIN, A. / MATHIEU, J. (eds.) (2009), *Empowering Interactions. Political Cultures and the Emergence of the State in Europe 1300-1900* (Farnham).

BOSERUP, E. (1965), *The Conditions of Agricultural Growth. The Economics of Agrarian Change under Population Pressure* (London).

BRAUDEL, F. (1972), *The Mediterranean and the Mediterranean World in the Age of Philip II.* Trans. from the French. Vol. 1 (London).

BRIANT, P. (1982), *État et pasteurs au Moyen-Orient ancien* (Cambridge).

CARRER, F. (2015), "Herding Strategies, Dairy Economy and Seasonal Sites in the Southern Alps: Ethnoarchaeological Inferences and Archaeological Implications", *JMA* 28.1 (2015), 3-22.

COHN, S.K. (1996), "Inventing Braudel's Mountains: The Florentine Alps after the Black Death", in S.K. COHN / S.A. EPSTEIN (eds.), *Portraits of Medieval and Renaissance Living. Essays in Memory of David Herlihy* (Ann Arbor), 383-416.

— (1999), *Creating the Florentine State. Peasants and Rebellion, 1348-1434* (Cambridge).

DENCH, E. (1995), *From Barbarians to New Men. Greek, Roman, and Modern Perceptions of Peoples of the Central Apennines* (Oxford).

DORCEY, P.F. (1992), *The Cult of Silvanus. A Study in Roman Folk Religion* (Leiden).

ERDKAMP, P. / VERBOVEN, K. / ZUIDERHOEK, A. (eds.) (2015), *Ownership and Exploitation of Land and Natural Resources in the Roman World* (Oxford).

FONTAINE, L. (2003), *Pouvoir, identités et migrations dans les hautes vallées des Alpes occidentales (XVIIe-XVIIIe siècle)* (Grenoble).

FORNASIN, A./ ZANNINI, A. (2002), "Montagne aperte, popolazioni diverse: temi e prospettive di demografia storica degli spazi montani", in A. FORNASIN / A. ZANNINI (eds.), *Uomini e comunità delle montagne. Paradigmi e specificità del popolamento dello spazio montano (secoli XVI-XX)* (Udine), 7-21.

GIORCELLI BERSANI, S. (ed.) (2001), *Gli antichi e la montagna. Ecologia, religione, economia e politica del territorio. Atti del convegno, Aosta, 21-23 settembre 1999* (Turin).

GOURDIN, P. (1986), "Émigrer au XVe siècle: la communauté ligure des pêcheurs de corail de Marsacares. I, Étude de la population et des modalités de départ", *MEFRM* 98, 543-605.

HERZFELD, M. (2005), "Practical Mediterraneanism: Excuses for Everything, from Epistemology to Eating", in W.V. HARRIS (ed.), *Rethinking the Mediterranean* (Oxford), 45-63.

HOLLERAN, C. / PUDSEY, A. (eds.) (2011), *Demography and the Graeco-Roman World. New Insights and Approaches* (Cambridge).

HORDEN, P. (2005), "Mediterranean Excuses: Historical Writing on the Mediterranean since Braudel", *History and Anthropology* 16(1), 25-30.

HORDEN, P. / PURCELL, N. (2000), *The Corrupting Sea. A Study of Mediterranean History* (Oxford).

IZDEBSKI, A. (2013), *A Rural Economy in Transition. Asia Minor from Late Antiquity into the Early Middle Ages* (Warsaw).

LETTA, C. (1976), "La dinastia dei Cozii e la romanizzazione delle Alpi occidentali", *Athenaeum* 54, 37-76.

— (2001), "Ancora sulle civitates di Cozio e sulla prefettura di Albanus", in GIORCELLI BERSANI (2001), 149-166.

LEVEAU, P. (1977), "L'opposition de la montagne et de la plaine dans l'historiographie de l'Afrique du Nord antique", *Annales de géographie* 86, 201-205.

— (1984), *Caesarea de Maurétanie. Une ville romaine et ses campagnes* (Paris).

— (1986), "Occupation du sol, géosystèmes et systèmes sociaux : Rome et ses ennemis des montagnes et du désert dans le Maghreb antique", *AnnESC* 41.6, 1345-1358.

MACKIL, E. (2013), *Creating a Common Polity. Religion, Economy, and Politics in the Making of the Greek* Koinon (Berkeley).

MALTHUS, T.R. (1798), *An Essay on the Principle of Population, as it Affects the Future Improvement of Society* (London).

MASELLI SCOTTI, F. (1994), "Un *mercator transalpinus* ad Aquileia", in *Epigrafia della produzione e della distribuzione. Actes de la VIIe Rencontre franco-italienne sur l'épigraphie du monde romain (Rome, 5-6 juin 1992)* (Rome), 769-772.

MATHIEU, J. (2000), *Storia delle Alpi 1500-1900. Ambiente, sviluppo e società* (Bellinzona).

MCNEILL, J.R. (1992), *The Mountains of the Mediterranean World. An Environmental History* (Cambridge).

MIGLIARIO, E. (2015), "Popoli e spazi alpini nella descrizione etnogeografica di Strabone", in G. CRESCI MARRONE (ed.), Trans Padum… usque ad Alpes. *Roma tra il Po e le Alpi, dalla romanizzazione alla romanità. Atti del Convegno, Venezia, 13-15 maggio 2014* (Rome), 329-340.

OUZOULIAS, P. (2014), "*Nos natura non sustinet*: à propos de l'intensification agricole dans quatre terroirs du nord des Gaules", *Gallia* 71, 307-328.

PELGROM, J. / STEK, T.D. (2014), "Roman Colonization under the Republic: Historiographical Contextualisation of a Paradigm", in T.D. STEK / J. PELGROM (eds.), *Roman Republican Colonization. New Perspectives from Archaeology and Ancient History* (Rome), 11-41.

Peuplement et exploitation du milieu alpin (Antiquité et Haut Moyen Âge) : actes du colloque, 2-4 juin 1989, Belley, Université de Tours (1991) (Tours).

PRIEUR, J. (1976), "L'histoire des régions alpestres (Alpes Maritimes, Cottiennes, Graies et Pennines) sous le haut-empire romain (Ier - IIIe siècle après J.-C.)", in *ANRW* II 5, 2 (Berlin), 630-656.

PURCELL, N. (2003), "The Boundless Sea of Unlikeness? On Defining the Mediterranean", *MHR* 18.2, 9-29, reprinted in I. MALKIN (ed.) (2005), *Mediterranean Paradigms and Classical Antiquity* (London).

— (2013), "Beach, Tide and Backwash: The Place of Maritime Histories", in P.N. MILLER (ed.), *The Sea. Thalassography and Historiography* (Ann Arbor), 84-108.

ROYMANS, N. (ed.) (1996), *From the Sword to the Plough. Three Studies on the Earliest Romanisation of Northern Gaul* (Amsterdam).

RUSSO, F. (2003), "Il sistema insediativo sannitico nelle fonti letterarie", *RCCM* 45.2, 277-304.

STEK, T.D. (2014), "Roman Imperialism, Globalization and Romanization in Early Roman Italy: Research Questions in Archaeology and Ancient History", *ArchDial* 21.1, 30-40.

STRAUBE, H. (1996), *Ferrum Noricum und die Stadt auf dem Magdalensberg* (Vienna).

TABAK, F. (2008), *The Waning of the Mediterranean 1550-1870. A Geohistorical Approach* (Baltimore).

TZORTZIS, S. / DELESTRE, X. (eds.) (2010), *Archéologie de la montagne européenne. Actes de la table ronde internationale de Gap, 29 septembre - 1er octobre 2008* (Paris).

VETTERS, H. / PICCOTTINI, G. (1973), *Die Ausgrabungen auf dem Magdalensberg 1969 bis 1972* (Klagenfurt).

VIAZZO, P.P. (1989), *Upland Communities. Environment, Population and Social Structure in the Alps since the Sixteenth Century* (Cambridge).

VIVIERS, D. (1999), "Economy and Territorial Dynamics in Crete from the Archaic to the Hellenistic Period", in A. CHANIOTIS (ed.), *From Minoan Farmers to Roman Traders. Sidelights on the Economy of Ancient Crete* (Stuttgart), 221-233.

WALSH, K. (2014), *The Archaeology of Mediterranean Landscapes. Human-Environment Interaction from the Neolithic to the Roman Period* (Cambridge).

WICKHAM, C. (1988), *The Mountains and the City. The Tuscan Apennines in the Early Middle Ages* (Oxford).

ZANNINI, A. (2011), "Sur la mer, près des montagnes : Venise et le circuit de production et vente du bois (XVIe - XIXe siècle)", in A. CABANTOUS *et al.* (eds.), *Mer et montagne dans la culture européenne (XVIe - XIXe siècle)* (Rennes), 43-55.

DISCUSSION

F. Beltrán Lloris: My first comment has to do with a statement that I share absolutely: "Mountains do not act as edges like that. In general their edginess is always constructed". In my opinion the Pyrenees can illustrate very well this affirmation, as I argued in a paper a few years ago.[1] Although we are used to perceive these mountains as 'the' frontier between France and Spain, or in ancient times between the Gauls and Hispania, there is also a clear cultural continuity across its western and eastern lands (Iberian and Vasconian-Aquitanian in antiquity, Catalan and Basque today) and various historical moments with states which exert control across the mountains like the Visigoth, the Carolingian, Navarre or the Crown of Aragon. The perception of the Pyrenees as a border seems related to its dependence on a central remote power or to the needs of modern national states.

My second regards the via Domitia, which seemed to connect not the Gauls and Italy, but the Rhone and the Ebro (and the road along the Mediterranean Hispanic coast) judging by the milestones erected around 110 BCE found in south France and north-eastern Spain.

N. Purcell: I respond to these comments together, since they have interesting connections. The Pyrenees are of course the setting for my example of the economic construction of mountains as the source of valuable stone (pp. 89-91 above), and in that sense are indeed a focus rather than a margin. They also offer an example of the complex ways in which Roman landscape and settlement planning responded to such environments. On

[1] Beltrán Lloris, F. / Pina Polo, F. (1994), "Roma y los Pirineos: la formación de una frontera", *Chiron* 24, 103-133.

the one hand, the Via Domitia did indeed join the great rivers in question, being conceived to put into communication with each other major features of a geographically conceived layout of lands and seas, and to express their relationship with the arenas of Roman magistrates' power which were the nascent *prouinciae*.[2] Conspicuous mountains had their place in such a construction too, and that must be the significance of the *iugum montis Pyrenaei* as the location for Pompey's great monument of his Spanish victory.[3] Boundary between Spanish and Gallic provinces, it was no marginal backwater, but a conspicuous site for this *monumentum*. Pompey's other legacy in the Pyrenees, at the other end of the chain, was the reorganisation of local communities which is recalled by the name of the *ciuitas Conuenarum*, preserving both a perception of the susceptibility of peoples on the edge of the mountains to relocation, and the synoecistic act of the founder of the new city Lugdunum to be its *chef-lieu* (Strabo, 4, 2, 1; note also [Caesar] *Bell. Ciu.* 3, 19 on the runaways and robbers of the *saltus Pyrenaeus*). That the place was seen as sharing in the difficulties of access from outside which was such a strong mountain characteristic is suggested by the (probable) exile here of Herod Antipas (Josephus, *Bell. Jud.* 2, 183), a decision which expresses a conscious continuity on the part of Roman decision-makers with the detention of troublesome aliens in the less easily accessible centres of Apennine Italy (e.g. Livy 45, 42 on Alba Fucens). It is a pity that we do not know how far the *convenae* came from the foothills and the plateau of Lannemezan, and how far from the mountains. But the foundation, like that of Augusta Praetoria, is a characteristic mountain-edge intervention which elides the mountain and plain environment, overlapping both zones, and managing in an integrated manner the resource base of a plurality of quite different landscapes.

[2] On this pattern of thought, PURCELL, N. (2012), "Rivers and the Geography of Power", *Pallas* 90, 373-387.

[3] CASTELLVI, G. / NOLLA, J.M. / RODÀ, I. (1995), "La identificación de los trofeos de Pompeyo en el Pirineo", *JRA* 8, 5-18.

A. Bresson: J'aurais plus une observation qu'une vraie question. Il y a eu un grand intérêt ces dernières années pour les variations chronologiques des niveaux de population et il est en effet particulièrement important, comme le fait Nicholas Purcell, de souligner qu'on ne doit pas uniformément penser les choses en termes d'augmentation, mais aussi, fréquemment, de recul. Mais la communication aborde aussi la question importante des 'mouvements horizontaux'. En effet, si l'on évoque d'ordinaire les déplacements forcés de populations réduites en esclavage, ou d'une autre manière les déplacements de populations liés à l'implantation de nouvelles cités ou de colonies romaines, on laisse sans doute trop souvent de côté les déplacements de populations libres, qui elles aussi pouvaient migrer d'une région à l'autre. Il suffit de consulter les listes des "étrangers à Athènes" pour voir l'importance du phénomène. Nulle contrainte administrative n'était nécessaire pour vouloir émigrer à Athènes, ou dans bien d'autres villes, sans parler de Rome à l'époque impériale. Ma question, sans doute bien trop vaste, concernerait l'impact des migrations de populations libres comme force de travail dans le monde des cités et dans l'univers impérial.

N. Purcell: This is indeed a major set of urgent questions, and even though the evidence is very scanty, here is a subject on which it is necessary to form a plausible opinion before making any estimation of ancient demographic realities. In the context of our discussion on differential access to resources, my paper hopes at least to promote the discussion. Rather than taking environmentally-defined regions such as mountains or upland tracts as the object of reflection and assessing their demographic and economic character from an introverted calculation of resources and carrying capacity, I am convinced (essentially on the basis of comparative evidence) that we need to allow for precisely such horizontal movements through which the limitations of relatively disadvantaged microregions could be corrected by activities elsewhere. The question then becomes how to model the spatialities of such displacements and the social structures which patterned the experiences of the displaced.

P. Eich: How much continuity do you think there was between republican colonization in Central Italy and Augustan colonization, especially in Pisidia?

N. Purcell: This question, especially with its corollary, "what made the continuity possible?", is a very important one. As with the hostage and elite prisoner practice to which I alluded in my reply to Professor Beltrán, resemblances and echoes of earlier Roman urban initiatives are to be found throughout the period from the Hannibalic War to the second century of our era. But both the non-Roman settlement-landscapes about which Romans made decisions, and the economic and social matrices within which settlements worked varied markedly from Samnite mountain-country to the Augustan Alps, and from Italy to the mountains of Anatolia. Nor was the world of Roman government so continuous: one need only cite changing morphologies of fiscal obligation over the centuries, and especially across the Augustan divide. Roman institutions themselves did not conform to the sclerotic traditions and ideologies which were once seen as so important.[4] Were the resemblances simply historical allusions, and if so, what was their intended status? Who understood, if Hadrian refounded Jerusalem as a *colonia*, that Caesar's refoundation of Carthage and Corinth could be seen as precedents for how to develop a resonant urban site which had been conspicuously punished as an enemy of Rome? One argument for a systematic awareness of the interest of precedent and allusion even across these apparently decisive ruptures might be drawn from the timelessness of the surveying tradition as we see

[4] BISPHAM E. (2006), "*Coloniam deducere*: How Roman was Roman Colonization during the Middle Republic?", in G. BRADLEY / J.-P. WILSON (eds.) (2006), *Greek and Roman Colonization. Origins, Ideologies and Interactions* (Swansea), 74-160, esp. 97-103.

it though the fragmented corpus of the *agrimensores*. Whatever the explanation, patterns on settlement-practice, even across wide distances and long periods, can hardly be accidental.

S. Fachard: The point you made on "the parameters of stability" is critical when dealing with an ancient population living and exploiting a (micro)region. To what degree we can call 'inhabitants' people leaving behind an obviously fragmentary archaeological signature is a challenge for every landscape archaeologist. I, therefore, take it as an important and absolutely necessary warning, but do you have any suggestions about how we can overcome this problem, especially for Classical Antiquity?

N. Purcell: In fact, landscape archaeology offers one of the only possible approaches to discerning ancient regional horizons. The article which I cited (Carrer [2015]) on how the archaeology of changes in settlement patterns might suggest a new orientation of southern Alpine mountains towards a systematic pastoral exploitation is a case in point. Artefact distributions as revealed by surface-survey can also be pointers to inter-regional orientation, engagement and interdependence, though they require considerable delicacy in interpretation.

R. Veal: Were not products moving from the mountains to elsewhere (i.e. exports), rather than people? Your answer pointed out the obvious: Soldiers, as movers out of mountain areas. And you went on to say we need to ask "How many people went how far?" Analogy helps to examine this. You also talked about 'outsiders' moving in — quarrymen, architects, and builders. Mountains were not backwaters, as specialists had transformative effects. I agree — things were much busier than the texts suggest — more exchanges, and more complex exchanges than we have allowed so far. I ask, how high and how wet were the mountains? This is in reference to your suggestion that we should not categorise mountains by rigid means.

N. Purcell: I did not have the space even to begin to investigate the differences in mountain environments (geological and geomorphological ones, as well as climatic), which are certainly very significant. The approach of McNeill, for instance, risks making Mediterranean mountains more homogeneous than is helpful.[5]

R. Veal: I am also interested in transhumance — and note that it was very old. I would like to understand the cause of the rise of the *pecuarii* — and suggest that the increase in mentions does not perhaps necessarily reflect a monopoly on transhumance — which must have gone on in some places — impervious to the market. Could you explain a bit more about the increase, how big, and when, and for how long?

N. Purcell: No doubt transhumance is indeed as old as animal husbandry, and it has equally certainly been susceptible to variations in scale, up — and down — ranges of distance, altitude, flock-size, animal-variety, engagement with redistribution-systems. I am sure you are right in saying that those Romans who profited from substantial expansion of transhumant husbandry in the last two centuries BC by no means monopolised opportunities for Italian mountain pasture.

Their apparently rapid engagement with the opportunities provided by the aftermath of the Hannibalic War however may well have represented a major — and sudden — shift in the scale of enterprises, and so makes a vivid example of the susceptibility of mountain environments to exploitation from far outside. Going back to your other question, it is worth emphasizing that the changing political and economic consistency of communities beyond mountain-zones was a variable as important for the trajectories of the mountains as their different physical characters.

[5] McNeill, J.R. (1992), *The Mountains of the Mediterranean World. An Environmental History* (Cambridge).

The Lycian mountains, Mount Lebanon, and the Pyrenees are different environmentally: but their historical experience depended on their very different neighbours.

F. Hurlet: J'interviens de façon spécifique tout d'abord pour souligner — et saluer — le haut degré de conceptualisation de votre exposé, qui contient de vraies questions et plusieurs *caveat* fondamentaux, mais aussi pour prolonger la remarque de Fr. Beltrán Lloris à propos de l'inscription de Sabora. Ne pensez-vous pas que le vocabulaire utilisé par cette inscription (le verbe *exstruere*, la formule *in suo nomine*) renvoie à une réalité urbanistique autant, sinon plus qu'à une réalité fiscale? Mon interprétation de ce rescrit impérial est que le transfert de l'*oppidum* dans la plaine (*in planum*) découle de la volonté de ce nouveau municipe flavien de se doter d'une parure monumentale correspondant au decorum d'une cité romaine et se déployant dans la plaine plus facilement que sur les hauteurs. L'emploi au début de la phrase de l'expression *multis difficultatibus* laisse du reste penser que les problèmes à régler par la cité étaient multiples.

N. Purcell: Yes, the spaciousness and regularity of the site in the plain are certainly very significant. The planned and managed layout and extensive monumental architecture of such a city did not amount to a separate ideology, though: they spoke of order and prosperity, public and private. *Kosmos* was enabled by fiscal sufficiency and citizen wealth, and served as eloquent testimony to both.

G. Reger: It seems to me that there are three optics (at least) through which we can view the question of how long people have lived in a place: what the ancient residents themselves thought; what ancient outsiders thought; and what we as present-day historians think. How each group might respond to a question like "How long have you been here/there?" may depend in part on who is asking the question, why the question is being asked, and how it should be answered given the respondent's assessment of his/her self-interest. I come back to the Gonnoi inscription I mentioned this morning in my comment in the Fachard discussion, see p. 63, in which a local, interrogated by a boundary commission on claims to land by the two disputing *poleis*, appeals to his own experiences as a shepherd, what he had heard from his elders, and the burial of a local who'd been given land and a building by Gonnoi.

N. Purcell: This question of variously perceived familial or household continuities is a very ticklish one, and deserves more research. The Gonnoi inscription is a very rich example! Here I'll only say that I think your words "here/there" are particularly telling: the conceptualisation of the spatial co-ordinates with which claims of belonging are focused is another really interesting variable in this discourse. It is also a key element in that sense of larger or narrower territoriality which I tried to evoke in my paper. Where did the mobile Anauni think they "came from", and in what sense did they (and how much of their family-history?) "belong" there? A valley? A cluster of valleys? The Southern Alps? Transpadana? Italia? Such localisations are an essential part of the assessment of interdependence or entitlement.

S. von Reden: A rather broad question, but quite crucial for our project of political landscapes providing a framework for economic development: why are you so hesitant to talk about the Roman 'state'? It may not always be 'the' (what?) state that intervenes anonymously in marginal mountain regions, but is it not state institutions which give individuals the authority to intervene effectively in mountain communities?

N. Purcell: My caution about predicating planning or intervention of the 'state' derives in part from hesitation as to how appropriate it is to speak of states in the modern sense in pre-modern and non-Western contexts.[6] More importantly, though,

[6] LUNDGREEN, C. (ed.) (2014), *Staatlichkeit in Rom? Diskurse und Praxis (in) der römischen Republik* (Stuttgart).

language which privileges and reifies certain sorts of public authority risks unhelpfully oversimplifying the strikingly wide range of influences and interventions which bore on production and redistribution in Antiquity. Paradoxically, adopting too firm a conception of the 'state' as an agent conduces to a binary vision in which the private, non-state domain is also constructed as too autonomous and strongly defined. Intervention or exploitation by 'the authorities' in the contexts which I am envisaging might mean the actions of: a local élite group, a long-distant high-status proprietor, the agents of the emperor, or of an official of the Roman *res publica*, a nearby town-council, a corporate body of a nearby community such as a *collegium* or temple — and so on. The difficulty of teasing apart public and private interests, or saying which of the former are those of (which kind of) 'state', seems to me to be the point.

III

GARY REGER

ROMANS IN THE EGYPTIAN DESERT

FROM DESERT SPACE TO ROMAN PLACE

1. Into the desert

In March and April, 118 CE, urgent and terrifying reports spread throughout the Roman forts of the Eastern Desert in Egypt: a band of "barbarians" was roaming through the desert, attacking the little garrisons and wreaking havoc. The reports are preserved on a long but in places very fragmentary compilation of seven letters and circulars dealing with the crisis. Two are complete enough to allow more or less continuous translation:

> "Copy of the *diploma*. To the prefects (*eparchoi*), centurions, decurions, *duplicarii*, curators of the forts of the Myos Hormos road, Cassius Victor, centurion of the Second Cohort of the Iturians, greetings. I have attached below a copy of the *diploma* sent to me at Parembole on the 19th ... of the present month Phamenot [= 9 March] by Antonius Celer, cavalryman of the century of Proclus [*unresolvable letters*] to the fort Patkoua so that you know that some occurrence may happen to you. Year 2 of the Emperor Trajan Hadrian Augustus, Phamenot 19th. Copy of the *diploma*. Cassius Victor to the centurion of the Second Cohort of the Iturians, Antonius Celer, cavalryman of the same cohort, greetings. I want you to know that on the 17th of the present month of Phamenot 60 barbarians came to the fort Patkoua with whom I fought along with my fellow soldiers from the 10th hour to the second of the night. They also invested the fort up to the morning. Killed on this day was Hermogenes, a soldier of the century

> of Serenus, and a woman was taken captive with two children, and one child was killed. When morning came on the 18th - - - of the month, we fought against them and - - - Damanais the cavalryman of the century of your Victor and his horse [were killed?]. Wounded was also Valerius Ferm - - - - with his horse too."
>
> "Copy of the *diploma*. Arountis Agrippinos to the curators of the forts of the Myos Hormos road, greetings. It has been reported to me that a *sphendrillon* [σφένδριλλον] - - - of the name has disappeared from - - - - - (*I omit here several fragmentary lines*) to make this apparent to you I have been zealous that you take greater care of your own matters - - - - and if any people from Koptos should convey supplies under my signature, you should provide greater security for these caravans (παραπομπαῖς) so that the barbarians make no move to do anything evil. Send this letter of mine from fort to fort, bringing it up to Myos Hormos as quickly as possible, and if you learn anything more definite immediately act to make it known to me. I pray that you are well. Phamenot 30th."[1]

This remarkable document belongs to a series of texts recording encounters in the Eastern (Arabian) Desert of Roman Egypt between Roman troops and "barbarians".[2] It attests to the sometimes fragile security of the desert routes that led from the Nile valley to the ports of the Red Sea, most notably Myos Hormos and Berenike (Pl. 3.1). When the Romans took control of Egypt after the defeat of Marcus Antonius and Kleopatra VII, they inherited a long tradition, going all the way back to the Old Kingdom, of activity in the Eastern Desert, including mining, quarrying, and transport of commercial and military goods between the Red Sea and the Nile.[3] But this space was, in many ways, an especially hostile one: extremely arid, remote, sparsely

[1] *O. Krok.* 1, 87, 14-42 and 89-105, with the commentary at CUVIGNY (2005b) 135-154. Translations throughout are my own unless otherwise noted. For a general introduction to the Eastern Desert in Roman times, see GATES-FOSTER (2012a). See BRUN (2002), (2003), (2015), and (2016) for overviews of the desert routes and their infrastructure.

[2] For a list and discussion see CUVIGNY (2014) 194-197.

[3] For Egyptian exploitation of the Eastern Desert, see KLEEM / KLEMM / MURR (2002); HARRELL (2002); SHAW (2002). For the amethyst mine at Abu Diyeiba, see HARRELL *et al.* (2007).

populated, and dangerous. Romans already had experience of other desert spaces and so the Eastern Desert did not present a wholly new and unique world to the Romans. Indeed, Greek and Roman geographic and ethnographic thought already had a plethora of tropes about desert spaces and desert peoples, which they deployed eagerly to the Eastern Desert. These tropes emphasized the strangeness of the desert world (a subset of the "edges of the world" where things were always, in Graeco-Roman conceptualization, strange indeed).[4] At the same time, the physical realities of the desert were strikingly different from the wetter and milder Mediterranean space the Romans came from, and while I would not want to trivialize the differences between the Italian heartland and other non-desert fringe spaces the Romans conquered, this harsh world of stark aridity and (apparent) agricultural sterility must have contrasted strongly with ordinary Romans' ideas of a livable landscape and intellectual notions about the order of civilized life that placed agriculture at the pinnacle.[5] How did the Romans come to terms with this desert? How, in other words, and to what extent, did this desert space become a Roman place?

In what follows, I would like to examine some ways in which the Romans reconfigured the space of the Eastern Desert into a 'place' more familiar and more comfortable: to explore how they 'normalized' the desert.[6] I would contend that this process formed a crucial component of exercising control over the desert. Imperial control over space where almost everything is strange and foreign, from the climate to the people, entails in part, I would suggest, shaping a psychological space where occupation by the imperial power's representatives feels right — they 'belong' there, and so the right to exercise power and authority is bolstered and justified. I do not claim space-making in this

[4] See ROMM (1992).

[5] ADAMS (2007b).

[6] Anthropologists often use "place-making" to capture this idea; see NOTAR (2008) 616, 622.

sense must be a conscious process; for the ordinary Romans, soldiers, traders, businessmen, who lived in or passed through the Eastern Desert, it was surely more a matter of feeling as much at ease as possible. But the larger effect, I suggest, played a role in imperial power, and so is worth exploring not only for its own sake, but also as a model or instance of the working-out of imperial authority in the larger Roman Empire.

2. The indigenous population: from headless barbarians to allies on the dole

In his circular quoted above Antonius calls his opponents simply "barbarians"; he was apparently unable to provide — or uninterested in providing — a more precise identification.[7] Roman officials could be more specific. A few years later in 122/3 CE Sulpicius Serenus, *praefectus Augusti*, erected an altar to Zeus in the Wadi al-Hammamat boasting that he had "pursued for two days the most iniquitous Agriophagi, the greater part of whom died in battle ... and carried away the booty on camels".[8] The Agriophagi — "eaters of wild animals" — are one of several ethnic groups named in our sources as inhabiting the Eastern Desert.[9] Strabo, who visited the new province of Egypt in 26/5 BCE,[10] wrote of increased commerce on the Red Sea and the movement of caravans across the desert. He remarked on the peacefulness of the country as a whole and, of the desert inhabitants, the Blemmyes, Nubai, Trogodytai, and Megabaroi, that "these people are nomads and neither many nor bellicose,

[7] The *PME* 2 also speaks of inner desert "barbarians" along with the named Ichthyphagoi, Agriophagoi, and Moschophagoi. On "Arabians", Power (2007).

[8] *I. Pan* 87, 4-5 (*IGRR* I/II 1207) with Cuvigny (2003b) 349 (date) and Bülow-Jacobsen / Cuvigny (2007) for Sulpicius; see also *O. Did.* 27 and the commentary there.

[9] On the problem of matching attested groups to archaeologically known populations, see Barnard (2009a), and (2009b); on onomastics, Satzinger (2014).

[10] See Yoyotte (1997).

although they seemed so to the ancients because they often attacked as bandits the unguarded" (17, 1, 53).[11] The sense that the desert was not especially dangerous in the first half of the first century CE may find confirmation in the evidence about the infrastructure of those decades, for most installations in the Julio-Claudian and Flavian periods were unfortified wells, *hydreumata*; only under Vespasian, in 76/7 CE, was a major effort undertaken to begin to provide the desert routes with the fortified *praesidia* that dotted them down into the mid-third century or so.[12]

Greek ethnography had sketched a vivid picture of these Eastern Desert "barbarians" long before Aelius Aristides condemned them as "evil-minded" for their resistance to Roman peace-making.[13] Their strange habits and strange bodies fit into the generally hierarchical views of Greek theorists about the development of human cultures and civilization; the poles are represented by the Greeks, who stand culturally and ethnically at the top of the ladder, while people like the Ichthyophagoi of the Red Sea coast huddle at the bottom. Emblematic is the account of Simmias, dispatched by Ptolemy III of Egypt to explore the region, whose report is excerpted *in extenso* by Agatharchides of Knidos:

> "[Simmias] says ... that the tribe of the "insensitive Aithiopians" [Ichthyophagoi] never drink anything, and that their nature does not crave it for the reasons just stated [because they are insensitive to pain]. He points out that, in general, they do not come into contact with other tribes nor does the strangeness of the appearance of those who visit them influence the natives, but, gazing at them intently, they remain impassive with their senses unmoved as though no one was present. For not even if someone draws a

[11] See PIERCE (2007).

[12] On this change, see CUVIGNY (2003b) 252-357; BAGNALL / HELMS / VERHOOGT in *O. Berenike*, p. 25 and the inscription *I. Berenike* 120. RUFFING (2012) 279-288, for a somewhat different view. Praise of peacefulness must be taken with a grain of salt, since it fits in with Augustan propaganda.

[13] ARISTID. 36, 70. See also *I. Portes* 4ter (*OGIS* 709) with BOULANGER (1923) 120-124, on Aristeides' Egyptian sojourn. *OGIS* 709, is not from Alexandria but probably Smyrna: BINGEN (1987). PRESEDO VELO (1971) argues that Aristides knew Egypt well. See also POLANSKI (2006).

> sword and strikes at them, do they flee; nor, if they suffer insult or blows, do they become angry. Further, the people as a whole do not share in the anger of the victims. Sometimes, even when their children or women are slaughtered before their eyes, they remain unmoved by what has happened, giving no indication of anger or, again, of compassion."[14]

Clearly, people so constructed make formidable opponents, — immutable in the face of death and slaughter. An analogous account appears in a passage from Pomponius Mela, writing around 43 CE:

> "Outside the gulf, in fact in the turn of the Red Sea, a part [of the land] is infested with animals (*bestiis*) and so desert (*deserta*); the Panchai inhabit part, those people whom they call Ophiophagi from the fact that they live on snakes ...".[15]

Agatharchides' account of the populations of the Eastern Desert also tells us something about Greek perceptions of their adaptation to the desert environment. The Ichthyophagoi are said to live near the sea on rocky coastlines. When they trap fish by constructing weirs in channels running from the water into the land, other creatures, "huge scorpions, eels and dogfish cast out from the sea but also seals and many other such creatures which are strange in appearance and name", get caught too; these, "although they possess no sophisticated weapons", they dispatch "by stabbing them with sharp goats' horns and jagged pieces of rock".[16] They spend four days hunting food in this manner without drinking water — instead they stuff themselves, sing "inarticulate songs", and "mate with the women at random". Pliny the Elder goes even farther: the Blemmyes, he reports, are said not to have heads.[17]

14 AGATHARCH. fr. 41b, trans. BURSTEIN (1989) 79-80; see THOMAS (2007); NALESINI (2009).

15 POMPON. 3, 81. See DESANGES (1994-1995).

16 AGATHARCH. fr 33b, trans. BURSTEIN (1989) 72.

17 AGATHARCH. fr. 37a, 37b, 38b, 40a and 40b, trans. BURSTEIN (1989) 75-76, 77-78. See THOMAS (2007). PLIN. *NH.* 5, 46; see GEUS (2016). Note also the inappropriate sexual behavior, a basic component of Roman construction of the 'other'.

Thus these people are constructed not merely as standing at the bottom of human scale — although in other ways Agatharchides figures them as inhabiting a sort of "golden age", a tension not atypical of views on inhabitants of the edges of the world[18] — but also as having an ability to resist the aridity of the desert, even to such an extent as not having to drink water at all. Here again, then, we have the desert barbarians as possessing adaptive advantages over their Roman opponents, who, like "normal" men and women, need water. This congeries of ideas about deserts and their inhabitants extends from start to finish of the Greek and Roman desert imaginary.[19] Herodotus, Sallust, and Lucan write about the dangerous snakes of the Libyan desert; scorpion-women consume horny soldiers in a tale of Dio Chrysostom; according to the *Chronicon Paschale* the emperor Decius (249-250 CE) "brought from desert Libya poisonous snakes and fearsome androgynous creatures and released them in the region of Egypt on account of the Nomades and barbarian Blemmyes"; monstrous desert snakes and demons pullulate in the deserts of the early Christian ascetics. Pomponius Mela insists that:

> "of the snakes mention must especially be made of those that are quite small and, poisonous, emerge at a certain time of the year from the mud of swamps that have hardened; rushing in a great swarm they head for Egypt [i.e., the Nile valley], and right at their entrance into the boundaries they are taken up by an opposing mass of birds that they call ibises and are destroyed in the fight; so is the report."[20]

As David Frankfurter remarks, apotropaic Egyptian amulets, "betrayed a marked sense of the dangers of the landscape: not only are there demons of disease, of terror, of unhappy dead, of scorpions, of lakes, but even the epiphanies of great gods, like Isis and Amun, are viewed as potentially dangerous".[21]

[18] See generally ROMM (1992).
[19] The term 'imaginary' borrowed from M. FOUCAULT by way of SOJA (1999).
[20] POMPON. 3, 81-84.
[21] *Chron. Pasc.* p. 505. See RÜCKER (2013) 27; FRANKFURTER (1998) 275.

But later a remarkable change overcame the conceptualization of these "barbarians". As early as the 210s CE, texts from *praesidia* in the Eastern Desert begin to appear in which "barbarians" are mentioned in entirely peaceful contexts. Many of these come from the fort at Xeron Pelagos and have not yet been published, but Hélène Cuvigny has recently provided a summary account; others are from Dios (a fort on the Myos Hormos road built in 114/15) or Mons Claudianus. They show Romans and "barbarians" interacting in commerce, travel, and other contexts. Ostraca from Dios refer to one Baratit the *hypotyrannos*, a title associated with the Blemmyes; these documents attest to close ties between the *praesidum* and Baratit and his people, including requests for and provision of food.

This last point gains even more salience in light of a mass of documentation — 96 texts — recording the delivery of wheat to barbarians and found at Xeron Pelagos. Here is the beginning of one example (*O. Xer.* inv. 374):

> "In year 11, Phamouthi 25. Measure out
> to Engosarek on behalf of the name of Makak of wheat
> one-half an artaba, that is of wheat one-half an artaba."

In five more lines the text orders distribution of wheat on behalf of three more people. J.-P. Brun has argued that these documents represent payments by the Romans to the Blemmyes in exchange for peace and/or other services. Since the *praesidia* were abandoned during this period, Brun suggests that the Romans may have subcontracted protection of the desert routes to the Blemmyes.[22] In other words, if this view be accepted, we can see the conversion of strange and bizarre desert inhabitants, whom Pliny could claim to have been headless, into Roman allies on the margin, providing security services and otherwise incorporated into a 'normalized' world.

[22] Cuvigny (2014) 185-191, 194-197; Brun (2016) 5-6; Hägg (1990) 148-156.

3. Water

In early 201 CE a detachment of Roman troops from the headquarters of the Legio III Augusta in Lambasa was detached to build a new fort at Gholaia (modern Bu Njem), in Libya, south of the coast. Q. Avidius Quintianus, commander of the detachment, arranged for the construction in this dusty desert outpost of a bath, "the true waters of safety, amid such fires in those always sandy hills" where his soldiers "by swimming peacefully ... might soothe their bodies".[23] Bath complexes have been discovered at the major quarries at Mons Claudianus and Mons Porphyrites and several other locations.[24]

The baths at Gholaia and in the Eastern Desert demanded two major resources not typically readily available in the desert: water and wood. Both commodities recur repeatedly in the ostraca from the Eastern Desert, although here I focus on water. Unlike in the Western Desert, very arid and with water only at oases, a relatively shallow aquifer underlies the Eastern Desert, covered by gravel and sand and fed by intermittent rainfall in the Red Sea Mountains; east of them it is possible to attain water at relatively shallow depths by digging wells.[25] The Romans took advantage of this geology. Strabo praises their quick work: "formerly", he writes, referring to Ptolemaic times, "the camel-merchants used to travel by night, looking to the stars, and just like sailors they made their way carrying water; but now they [the Romans] have constructed wells by digging very deep and made cisterns for rain, although it is very rare" (17, 1,

[23] *IRT* 918; ADAMS (1999) 110-111, his translation.

[24] MAXFIELD (1997) 122-134; COPELAND / HANDLEY (2001); a comprehensive overview: REDON (2010) 410-434; SIDEBOTHAM (2011) 117-118. *O. Claud.* 1, 141, 4, now corrected to καταϲπῶμεν τὸν λουτῆρα (see *BL* 11, 294-295), refers not to "paving a bath" but bringing down from the quarry a monolithic stone shaped like a bath or fountain. I am grateful for this information to H. Cuvigny, who will soon publish a paper on the toponyms of the Eastern Desert.

[25] See BARNARD (2009b) 19, with his schematic cross section of the desert there, and (2009a) 15-16.

45). *O. Did.* 38, deposited after 235 CE, mentions a ποταμίτης (line 5), a specialist in dealing with hydraulic equipment attested, till now, only in the Nile valley. This person may have been involved in cleaning out wells.

Without water hope of exerting control over desert space was impossible. The ostraca of the Eastern Desert harp repeatedly on the problem of water in big and small ways. A letter from, probably, the *procurator* in charge of a satellite quarry of Mons Claudianus called Tiberiane mentions a well, ὕδρευμα, and then seems to beg urgently for the dispatch of two donkey-loads of water, "if only the water not smell", (*O. Claud.* 4, 890, 13 and 16-17). This quarry was later abandoned because of lack of water.[26] A Trajanic text from Mons Claudianus records 70 stonecutters, σκληρουργοί, assigned to a place called Διοσκούρια. Given that another text mentions a well by this name, it seems reasonable, as Adam Bülow-Jacobsen has suggested, to see these workers as engaged in well-digging.

A long inscription listing dozens of soldiers and dating to the Augustan or Tiberian period (but certainly after 4 BCE), commemorates the building of cisterns (*lacci*) and a camp, likely the military installation at Koptos.[27] A *proskynêma* at the Paneion of the Wadi Hammamat comes from a soldier who described himself as a "well digger".[28] And the famous inscription commemorating the construction of the Via Nova Hadriana emphasized the provision of water: troops "cut the New Hadrianic Road from Berenike to Antinoos through safe, flat places along the Red Sea, supplied with abundant sources of water and stopping-places and forts".[29]

[26] Bülow-Jacobsen (2009) 226 with n. 32 and 224.

[27] *I. Portes* 56 (*ILS* 2483; *CIL* III, Suppl. 1, 6627) with Cuvigny (2003a) 267-273; Cuvigny / Bülow-Jacobsen (1999) 134-135; De Romanis (1996) 219-224.

[28] *I.Ko.Ko.* 60a; the editor's date is far too late: Jördens (2009) 425, n. 125; Fournet (1995) 205.

[29] *I. Pan* 80, 8-14 (*OGIS* 701; *IGRR* I 1142; see *I. Portes* 4, lacking text). For Berenike, Sidebotham (2011), with 224-241 on trade with India. For Antinoupolis, Boatwright (2000) 190-196; *I. Portes*, pp. 23-107.

Another text reports on the discovery of water with considerable satisfaction:

> "Antistius Flaccus to his own Calinius, greetings. From Raima I greet you, brother, and I indicate to you that by the will of the gods the well (*hydreuma*) has produced most abundant water (*aquam copiosissimam*), from which I hope you will find not the least security. Be well brother most dear."[30]

In a Hadrianic ostracon from Dios, which also had a bath, the overseer of the wells asks the *epitropos* of Augustus to arrange the seconding of a smith and a quantity of steel (στομώματα) to deal with the exceptionally hard rock encountered in digging a well.[31]

These examples, an almost random sample of the many texts dealing with water, demonstrate with absolute clarity the centrality of water supply to the normalization of Eastern Desert space. The sense of urgency about water never evaporated: to be in a desert environment entails, inevitably and incessantly, worries about water. But there is a big difference between worrying about water when you know there is water and worrying about water when there is not. So I suggest that the provision of water reliably and in abundance served as a central aspect of the transformation of the Eastern Desert to a space over which Romans felt they had control.

4. Women and children

The Amphora of the Barbarians attests the presence of a woman and three children at Patkoua when the barbarians attacked. If Patkoua (still unidentified) was like the so-far explored installations, its staff was only a few dozen soldiers. In 118 Roman soldiers were still 79 years away from formal permission to

[30] *O. Claud.* 1, 2, 1-10. On Raima, see *O. Claud.* 2, 255-278 with BINGEN (1987) 81-83.

[31] BÜLOW-JACOBSEN / CUVIGNY (2007) 12-13. Bath: BRUN (2015) 12.

contract legitimate marriages. But other sources show women present in, or adjacent to, military establishments — and not just high-ranking women like the officers' wives on Hadrian's Wall. From epigraphic material in North Africa David Cherry has argued that most soldiers struck up liaisons with daughters of their fellow soldiers, a self-replicating society outside the bounds of legal Roman marriage.[32] In our desert world, we read about a man (who may not have been a soldier) located at Kampe writing to ask the *kibariates* to forward a letter from his own wife. In another case a certain Firmus, having heard that a friend is headed to Mons Porphyrites, asks him to deliver some wheat and "the money from wife Tasaleos".[33]

The woman and children of Patkoua were, perhaps, the 'common-law' spouse and offspring of some soldier. But we also know of another way women came to spend time in the forts of the desert. Ostraca of Didymoi and Krokodilo on the Myos Hormos road report business dealings of one Philokles and his people. A major component of their business was rental of prostitutes to desert troops. Prostitution comes as no surprise (and not just given the universal propensities of soldiers), for the famous Tariff of Koptos, which sets rates for securing passes onto the roads in the desert, explicitly mentions them: they are charged 108 *drachmai* per woman if used as regular prostitutes, but only 20 *drachmai* if they are sailing out or for the use of soldiers.[34]

[32] CHERRY (1998) 101-140; PHANG (2001) 17-19, 104-112. See SPEIDEL (1996) 53-54, for women at Vindonissa.

[33] *O. Claud.* 1, 155, 5, and 143, 3.

[34] *I. Portes* 67, 16-19 (*IGRR* I/II 1183) with BURKHALTER-ARCE (2002); RATHBONE (2002), and JÖRDENS (2009) 384-387. The long-term prostitution arrangements for soldiers makes it likely that the "women of soldiers" were prostitutes; the "women sailing out" are therefore also likely to be prostitutes, some perhaps hired "for the long haul" by sailors on commercial craft (the emendation of the text to ἐκπλεουσῶν by CUVIGNY (2003d) 375, makes good sense); for a different view, BERNAND in *I. Portes*, p. 206. There was a Roman fleet in the Red Sea: see SPEIDEL (2009) 633-649; MESSERI (2004-2005), and RUFFING (2012) 295-297, so it is possible that some women sailing out were intended to service these troops. RUFFING (2013) suggests that the high tariff imposed on women was

Philokles' 'business plan' for his prostitution operation took advantage of the numbers and isolation of the soldiers in the *praesidia*; it must have worked well, for he seems to have operated for at least a dozen years. A letter to one Aquila provides details:

> "Philokles to the most honored Aquila, greetings. You know that they gave twenty-two staters [= 88 dr] per month for the girl. But when you came I wanted to give her to you rather than to the others. For indeed you yourself know that when the girl came out the *conductor* took from her three staters [= 12 dr] and the transport-cost of 2 drachmai. There came from the fifteen staters [= 60 dr] into my hand eleven staters and two drachmai [= 46 dr]. Therefore, then, you know that we have been in agreement with each other through the written (contract), no one will cause harm to the girl in violation of the agreement. Say hello to Kasylla. Be well."[35]

Another letter, from Longinus, *curator* of the *praesidium* at Aphrodite Orous ("Aphrodite of the Desert"), to a certain Kilikas, may shed additional light:

> "Longinus, *curator* of Aphrodite Orous to Kilikas my brother, greetings. Those in the *praesidium* have asked me to write to you about your slave-girl who earns you sixty drachmai. Send her and the money is my responsibility or send word and I will send to you and the payment of the *conductor* will be our responsibility. Be well."[36]

These letters attest a regular practice of monthly rental of a prostitute to a *praesidium*. The arrangement seems to be negotiated by the commander (certainly Longinus, and very likely Aquila); the woman will have been available for use by all the troops at the fort, evidently without expectation of further

because they were being shipped as "merchandise," for sale as slaves in India, and not as local prostitutes.

[35] *O. Did.* 390: *conductor* refers to a tax, elsewhere the *quintana*, paid by prostitutes; see CUVIGNY (2010a) 163-166. Aquila appears also in the fragmentary *O. Did.* 388, 18.

[36] *O. Did.* 430.

pay. Many letters dealing with Philokles' prostitution business have yet to be published, and no doubt once the whole corpus is available it will be possible to say much more about this operation.[37]

Prostitution in a military context is attested from all over the Roman world. What I would like to stress here, though, is not the habits of soldiers but the creation of an obviously profitable business enterprise in the desert. Philokles' business, attested over twelve years, was diversified: he dealt not only in prostitutes but also in fresh vegetables which he raised at Persou (in the Wadi Hammamat) and shipped out to customers all along the line. Like Nikanor and his circle decades earlier,[38] his operation had a social impact as well as a personally profitable one: the availability of women and fresh food in the desert helped to 'normalize' the space. That is to say, despite the heat, dust, and isolation, inhabitants of the forts could expect to enjoy some of the normal amenities of life that they would have enjoyed in the Nile valley, or even in Italy. The point — which is perhaps simple and obvious — is just that women's presence, like the provision of water, makes the desert world less a strange and barbaric landscape and more a 'normalized' world. They help assert a conceptual control over a formerly hostile and dangerous space.

5. Food

A collection of texts that secure advances on foodstuffs for workers at the quarries of Mons Claudianus indicates that olive oil and lentils were dietary staples.[39] Some of these foodstuffs,

[37] For now, see CUVIGNY (2003d) 374-389; (2010a), and BÜLOW-JACOBSEN (2012) 295-298. BRUN (2016) 5, suggests a room at Xeron Pelagos may have been used for prostitution.

[38] On Nikanor's business, see ADAMS (2007b) 221-225, and RUFFING (1993).

[39] See the texts at *O. Claud.* 3, 417-545, with the commentary of CUVIGNY, *O. Claud.* 3, pp. 85-86. SIDEBOTHAM (2011) 114-116, on gardening in the desert in general.

like lentils and olive oil, certainly came from the Nile valley, where conditions for growing them were much better. But texts from Mons Claudianus attest to a wide variety of vegetables grown in a desert garden under the care of one Dioskoros.[40]

Dioskoros ran a little operation growing vegetables and conveying them to customers nearby, some high-ranking Roman officials. His gardens produced "vegetables", λάχανα, and more specifically lettuce, cabbage, endives or chicory, beets, mustard, asparagus, turnips, jute, horseradish or plain radishes.[41] The letters give a sense of the operation: he dispatched vegetables to his customers through intermediaries, no doubt persons traveling regularly between wherever the garden was located and the stations of the customers — one such agent is named explicitly Artemidoros the camel-driver (*O. Claud.* 2, 224, 6-7) — and, when things went as expected, the recipients let him know they had received shipment:

> "Dioskoros to Drakon and Eremesis and Ammonios the *curator*, all most dear, many greetings. And I make our act of worship before the Tyche of the *praesidium* and the desert where I am stationed. How many times did I write to you and not one of you wrote me? Receive from Eutych - - 3 bunches of beets and another bunch of chicory. You three divide them up. Write me concerning your safety. Let there be no hesitation. what is received write to me in order that I know that "I have received it from this person". I pray that you are healthy."[42]

We do not know exactly where Dioskoros and his little garden were, but it is clear from an unpublished ostracon that he was in military service, for we are told in that text that he is no longer a gardener: "Dioskoros has become a camel-scout".[43] The texts

[40] *O. Claud.* 2, 224-242, all of the mid-second century CE. See VAN DER VEEN (1998a).

[41] BÜLOW-JACOBSEN (1997) 45.

[42] *O. Claud.* 2, 228, mid-second century CE.

[43] Inv. 7047, quoted by BÜLOW-JACOBSEN (1997) 44. The word Dioskoros uses about himself, ἐπιξεν{ι}οῦμαι, suggests an assignment to a duty.

never speak of payment, so it is impossible to know for sure whether these foodstuffs served as dietary supplements bought by the consumers or as part of the (officer-class's?) regular rations. Another text reveals one of the challenges of desert gardening; reporting the dispatch of a basket of onions and 40 olives, the writer complains that "the garden has been damaged by salt".[44] The salt damage was undoubtedly a result, all too typical in desert situations, of irrigation without proper drainage.

Ostraca also attest to a regular round of communication between people stationed out in the desert and friends and relatives back in the Nile valley — assuming that at least some of the correspondence found at Mons Claudianus and elsewhere originated in Egypt.[45] Letters back and forth to the Nile valley detail something of the private movement of all kinds of goods, including beets, bread, meats of various kinds, malt, oil, and pigs. Some examples: an assistant to the *kibariates* at Mons Claudianus acknowledges receipt of bread from the Nile valley. Serapias, who seems to be living in the Nile valley, sends her father, stationed at Maximianon, bread from home. Rustius Barbarus complains to his brother Pompeius that the latter has not written whether he received the bread Rustius dispatched; the correspondence seems to have turned rather nasty.[46] But the state also organized transport of foodstuffs for soldiers in the desert and workers in the quarries. The supplies came via the caravans, the *poreiai*, mentioned already, and brought a monthly ration of wheat, lentils, and oil. This basic ration, plus the supplemental foodstuffs noted above, have led some observers to speak of "a life of luxury" in the desert.[47]

[44] *O. Claud.* 2, 892, 6-7: κῆπεν τετραυματικότα ἅλιν, corrected to τετραυμτισμένον ἅλι{ν}: see BÜLOW-JACOBSEN (2009) 228.

[45] As BÜLOW-JACOBSEN (1992) 123-124, has suggested.

[46] List in *O. Claud.* 1, p. 123. *O. Claud.* 1, 7 and 8; *SB* 22, 15453; *O. Faw.* 1 (*CEL* 1, 73) and 2 (*CEL* 1, 74)

[47] CUVIGNY (1996) for the rations; "a life of luxury": ADAMS (2007b) 212 (good account of the transport system at 210-219), paraphrasing the title of VAN DER VEEN (1998b). See also POLANSKI (2006).

6. Gods of the desert

"It is", writes Hélène Cuvigny in a fundamental article about the deities of the Eastern Desert, "a characteristic of Roman religion to seek, in a new place, to attract the benevolence of local divinities".[48] Consider Pan. Paneia, Pan sanctuaries, dot the Eastern Desert in grottos or caves, following the standard Greek model. Visitors expressed devotion in short inscriptions called *proskynêmata* (e.g., *I. Ko. Ko.* 115). The epithets Pan enjoys in these texts are redolent. He is "propitious", "Pan the Helper", "Pan the Greatest God", "Pan of the Good Road", "Pan the Savior", and "Pan the Gold-Giver", and, most emblematically, "Pan Who Walks the Desert", Πὰν Ὀρηοβάτης.[49] It is no surprise that Pan gets thanks for "salvation" — he has made sure that, for example, Pachrates and his brother made it safely through the desert.[50]

Pan's role in the desert plays nicely on his long-standing association with wilderness, the quintessential god of wild places, "[t]he panic landscape ... where strange phenomena take place" — for he was born in the dense mountain forests of Arkadia — and so the god who can bring the traveler safely to the end of his trip; hence Pan of the Good Road. His knowledge of the

[48] Cuvigny (1997) 145. My dependence on this short but brilliant article cannot be overstated. See also Adams (2007b) 215-216.

[49] *I. Ko. Ko.* 43, 53, 141, 172, 177, 158, 163, 166, 181; *I. Pan* 59, 51, 78a, 86, 60; with corrections to many in Cuvigny / Bülow-Jacobsen (1999) and Fournet (1995); *I. Kanaïs* 50, 25, 39, 43. Pan Who Walks the Desert: *I. Pan* 1, 2, and 4, 1-2; for ὄρος in its meaning "deep desert", see Cadell / Rémondon (1967) 340-341 (Adams [2007b] 216, with n. 38, takes *oros* as "mountain"). *I. Pan* 82 may be a forgery: Strasser (2004-2005) 465-468. There are many simple inscriptions "to Pan", Πανί. Ostraka also preserve *proskynêmata*: two recently published examples: *O. Did.* 379 and 381. Pan Who Walks the Desert must not be confused with Pan, "you who walk upon the hard-to-access rock of Arkadia" (Eur. *Tel.* fr. 967, 2 Nauck), meaning a mountain (and see *Hymn. Hom. Pan.* 6-7, see Borgeaud [1988] 213 n. 125). At home in Arkadia, he is Pan the Leader, *IG* V 2, 93.

[50] *I. Ko. Ko.* 150 with Cuvigny / Bülow-Jacobsen (2000) 243 n. 7 and 248.

desert explains the epithet "gold-giver", for since deep antiquity the Eastern Desert was exploited for its gold, and Pan knew where to find it, and other wealth: "To Pan together with the nymph. They have given it to Isidoros son of Menippos to discover these quarries" called Ptolemaïs.[51]

The persons offering devotion to Pan provide glimpses of the numbers and variety of travelers who roamed the desert. Soldiers are prominent, naturally, but striking are two adorations offered on behalf not just of a soldier but also his horse. In the Ptolemaic period groups of hunters sent out from Panopolis on the Nile into the desert included men charged with procuring elephants to be trained as war machines.[52] We meet bronze-workers, contractors, government officials, stone-cutters (some well diggers), hieroglyphic specialists, inhabitants of the metropolis of Oxyrhynchos on the middle Nile and the great Egyptian capital of Alexandria, and travelers returning from India.[53]

However, Pan, who was identified with the ithyphallic Egyptian god Min (a desert god whose sanctuaries Pan expropriated and deity of Koptos and Panopolis), does not remain the dominant divinity of the Eastern Desert. The last text dedicated to him from the Wadi Hammamat dates to 91 CE (*I. Ko. Ko.* 53). Most are considerably earlier, like Publius Iuventius Agathopous'

[51] Pan's birthplace: BORGEAUD (1988) 3, 89 (quotation); representations: BOARDMAN in *LIMC*. KLEMM / KLEMM / MURR (2002). On Pan's attributes as especially suitable to the desert, see BERNAND in *I. Ko. Ko.*, pp. 95-96 and *I. Pan*, pp. 276-277. Pan was frequently associated with nymphs: BORGEAUD (1988) 59, 62; *IG* IV^2 1, 130, Pan the "leader of the nymphs;" *IG* II^2 4545, 4546, 4827. *I. Pan* 16, 2-3, of 89-91 CE (*I. Metr.* 116).

[52] *I. Ko. Ko.* 127; KAYSER (1993) 120-121 no. 9 (66 CE). *I. Pan* 1, 4, 69 (well-digging, but the dedication here does not mention Pan by name), 77, *I. Ko. Ko.* 62.

[53] *I. Ko. Ko.* 91, 113, 127, 131 (bronze-workers, probably smiths), 48, 112 (contractors), 63; KAYSER (1993) 122-123 no. 11 (decurion, secretary: government officials), *I. Ko. Ko.* 105, 158 (stone-cutters), 89 (hieroglyph writers), 184 with CUVIGNY / BÜLOW-JACOBSEN (1999) 253 (citizen of Oxyrhynchos); CUVIGNY / BÜLOW-JACOBSEN (1999) 146, no. 23 (citizen of Alexandria), 140 no. 4 and no. 5 (returning from India), and 160 no. 52 (returning from Berenike).

dedications of 14 and 18 CE.[54] Although a Paneion is attested for Mons Claudianus in a water-distribution list of about 110 CE,[55] by c. 100 CE he has been, or is being, largely replaced. In a text cited above, Dioskoros assures his correspondents "I am making our act of worship before the Tyche of the *praesidium* and of the desert where I am stationed" (*O. Claud.* 2, 225, 6-9). Tychai of the *praesidia* become very common, but it is striking that Dioskoros' Tyche also oversees the desert — earlier one might have expected Pan. The gods who receive *proskynêmata* and are attested at the *praesidia* of the desert roads after about 100 CE include Athena, Isis, Aphrodite, Apollo, and Zeus. Ostraca from the Wadi Hammamat record *proskynêmata* to Athena; an inscription from the Paneion at el-Buwayb honors Isis the Savior.[56]

From the Trajanic period on, Zeus Helios Megalos Sarapis played a crucial role in the religious life of people in the Eastern Desert. An oracular shrine stood at Iovis-Dios (founded in 114/15 CE); a graffito names the god. He is honored more elaborately in a dedication left by the architect Apollonios son of Ammonius from Alexandria: "To Zeus Helios Great Sarapis on behalf of the *Tyche* of lord Caesar Trajan".[57] The oracular responses take this form: "27. In the morning. The matters about which you are asking shall turn out well and will be completed. You will grow old among good things, you shall not see anything bad. Your road is good, the gods will be very merciful". There was also an oracle of Athena at Xeron Pelagos.[58]

[54] *I. Ko. Ko.* 39 and 41 with Kayser (1993) 111-113.

[55] Cuvigny (2005a) 312, line 9: ἐπιμελητὴς Πανείου. Compare *I. Pan* 5: ἱεροφύλαξ τοῦ Πάνος.

[56] *O. Faw.* 31; Cuvigny (1997) 141 (*O. Max.* inv. 1214); *I. Ko. Ko.* 154 with Bernand in *I. Pan*, p. 220 and Cuvigny / Bülow-Jacobsen (2000). *I. Kanaïs* 4 for a link between Pan and Thebes.

[57] *I. Pan* 38, 1-5; see *O. Claud.* 1, 15-18. Brun (2015) 11-12 on Iovis/Dion.

[58] Cuvigny (2010b) 246-247 no. 1 for the foundation; 253 no. 4 for Ioulios Achillas's graffito; 265, no. 23 for the oracle. Athena oracle: Brun (2016) 4-5.

7. Security and control

It is important to emphasize that desert spaces were not the only arenas resistant to thorough-going control. Mountains in regions otherwise brimming with urban centers, farmland, roads, and other markers of state authority, likewise proved difficult for the Roman state to bring under control. Consider, for example, the province of Lykia in Asia Minor (sometimes combined with Pamphylia). Home to multiple cities and laced with a road network now well-documented thanks to the recently published *Stadiasmus*,[59] it was nevertheless troubled by banditry and disorder. An inscription from Boubon in the northwestern sector of the province attests to the challenges locals faced. In a letter to the magistrates, *boulê*, and people of the town the emperor Commodus

> "commended you and accepted the common wish of the *ethnos* of the Lykians, you who with so much zeal acted to apprehend the bandits and prevailed over them and killed some and took others alive."[60]

Brent Shaw's study of relations between the central Roman state and the "big men" of the Kilikian highlands emphasized how Roman representations of these people changed as Roman ability to exert authority ebbed and flowed and as the usefulness of mountain men rose and fell. Only rarely did the imperial state exercise actual, effective control over the mountain fastnesses of the Tauros; more often than not, the state had to be satisfied with striking agreements with local "war lords" or "big men" (demoted to "bandits" during episodes where the state tried to assert its claims) who then enjoyed considerable freedom of action.[61] Someone who was a "bandit chief" one year might become a local political leader the next, and we have seen how an analogous process played out in the Eastern Desert, as

[59] See ŞAHIN / ADAK (2007).
[60] KOKKINIA (2008) 32-34, no. 5.
[61] SHAW (1990).

raiding "barbarians" transmogrified into subsidized allies. The Eastern Desert was hardly unique.[62]

But there were differences between spaces like Lykia or Italy and the Egyptian desert. In the former, Roman imperial authority claimed control over all the territory and people within it. Even shepherds out in the deep countryside were subject to Roman rule, paying taxes, enlisted to build or repair roads, and overseen by officials acting on behalf of the state. Of course, to *claim* control was one thing, actually to *exercise* it, quite another. But claims were harder to exercise or even claim on vast stretches of desert territory. The raiders of the Amphora of the Barbarians paid no taxes and recognized no Roman authority over themselves, their lands, or their flocks. We can visualize the control of the Roman state over the desert as a series of narrow bands, centered on roads and forts, with nodes at quarries like Mons Claudianus and settled towns like Myos Hormos. The Tauros Mountains of Lykia present a rough and dangerous topography, and yet the Romans forced through roads, stationed *stationarii*, collected taxes, and enforced order. Resistance, whether in the form of banditry or more organized, perhaps anti-Roman movements, cropped up again and again, provoking a response intended to re-establish order. But there were settlements, like Bouhon and other mountain towns and villages. Not quite so in the desert. There, groups without necessarily fixed abodes — perhaps; we need to be cautious, as archaeological exploration beyond the roads and *praesidia* remains in its infancy, and ruins out in the desert may prove to be not sixth-century Christian hermits' cells but the archaeology of nomads[63] — presented a different category of problematics. And the climate and topography added to the challenges. The situation is nicely captured

[62] See WOLFF (2003) and BRÉLAZ (2008) on "barbarians" and control; MACMULLEN (1967) 255-268, a dated but still useful list of attestations of bandits — the designation, of course, comes from the vocabulary of the state: SHAW (1984) and (1990); GRÜNEWALD (2004).

[63] BARNARD (2009a) and (2009b); BURSTEIN (2008); THOMAS (2007).

in a few recent remarks of Jennifer Gates-Foster in a discussion of roads and cultural memory:

> "[T]he presence of nomadic groups in the desert and their patterns of movement ... in the landscape was well known and, along with the harshness of the desert climate and its challenging topography ... defined the desert as a marginal space, inhabited by the gods and "others". The experience of the desert — otherworldly, sacred, dangerous — encouraged the formation of a sense of connection among the individuals who traveled these roads ... No landscape was neutral ... especially a desert landscape, which was a place associated with death, chaos, and the transition between the earthly and heavenly realms."[64]

A second difference was, perhaps, more consequential. When the Romans met the desert, they came equipped, as we have seen, with an ethnography that saw its inhabitants as fundamentally different from peoples of the Mediterranean. The bandit-kings of the Tauros, after all, had heads; they didn't feast on fish and go for days without drinking. So the process of normalizing desert space, and conferring a sense of humanness on its inhabitants (and the space itself), presented, I suggest, a structurally and intellectually different kind of challenge. Roman place-making in the Eastern Desert demanded a different kind of relation with people and space than a basically Mediterranean territory, even one hostile to Roman imperial authority.

8. Conclusions

By way of conclusion I would like to return to the matter of imperial power. The process of 'normalization' contributed to more than simply making Roman soldiers or merchants feel more comfortable — or, perhaps, less uncomfortable — in the strange landscape of the Eastern Desert. It also served to expand and strengthen imperial control by increasing knowledge of the

[64] Gates-Foster (2012b) 203 and 205.

empire. From geographies and especially ethnographies depicting a fantastic or mythologized landscape the Roman state could move to a literature purporting to offer a realistic picture of the Roman world. The articulation of this literature, emblemized by the two great encyclopedias of Strabo and Pliny the Elder (though Pliny still trucked in headless Blemmyes), served, much like the famous map of Agrippa in the Porticus Vespania, to capture the empire in its enormous extent and diversity.[65]

With respect especially to the people who lived as subjects to imperial rule, the expansion of knowledge — and especially that derived from lived experience — served a central colonial purpose that can be paralleled in the activities of many other empires across space and time: the need "of colonial regimes ... to continually reiterate their position as articulators of the other and to define the terms and markers by which ... difference could be known and exchanged".[66] Behind the shared strategies of the Roman Empire and later European colonial states of the nineteenth and twentieth centuries lurks the influence of Greco-Roman ethnography and theory. Categorization and capturing of peoples by the processes of description, especially repeated description, acted to help control space — to "make space" — by normalizing knowledge: read Agatharchides and you will know what those bizarre desert people are like, and knowing them makes it easier to deal with them, as a colonial authority.[67] But 'normalization' or 'place-making' also entails the quotidian activities of ordinary people — expectations about living space, foodways, sexual and family relations, social interactions. Of course, a desert space without safety or water did not present

[65] This task was undertaken by most empires: see BUTLIN (2009); ADAMS (2007b), briefly on geographic writers on the Eastern Desert. On Agrippa's map, NICOLET (1991) 95-122.

[66] CONOR (2013) 246.

[67] I set aside trying to sort out the ethnography of the groups in our sources, Blemmyes or others. See BARNARD (2009b) 24 n. 52; BURSTEIN (2008). This conjunction of "knowing" space — both physically and ethnographically — as a mechanism of imperial control crops up everywhere: for an example from the US nineteenth-century West, see LISTE NOYA (2016).

a compelling stage on which to enact such normalizations; Roman provision of both water and security served as a *sine qua non.* But without the performance of such low-level normalizations, I am suggesting, control would have been incomplete.

While 'equality' has failed to appear explicitly in this contribution, in fact matters of equality and inequality simmer below the surface, and I would like to end by uncovering them. In the context of the desert imaginary with which the Romans arrived — hot, waterless, and dangerous — it was the indigenous inhabitants, able to go days without water and knowing the trackless landscape, who stood at a decided advantage. Only as the Romans normalized the desert and turned it into a *lived space*, a *lived experience*, precisely Soja's Third Space, could they invert the pyramid: and this process of asserting Roman superiority over the indigenous inhabitants entailed fundamentally the construction of an *imperial space*, onto which standard Roman notions of inequality might be imposed, even to the point of turning wild desert tribes into client peoples. In other words, the experiences of the Eastern Desert afford a textured opportunity to explore the mechanisms of the creation of inequality in an imperial context, by and through the re-articulation of an alien space into a normalized place.[68]

Works cited

ADAMS, C. (2007a), *Land Transport in Roman Egypt. A Study of Economics and Administration in a Roman Province* (Oxford).

[68] SOJA (1999). I owe many thanks in connection with this paper: first to Sitta von Reden for the very kind invitation to participate in *Entretiens* 2016; to Pierre Ducrey for both intellectual and social companionship; to my fellow participants, whose comments sharpened my arguments and saved me from many errors; to H. Cuvigny, who read with great care and sympathy a draft of this paper and provided many corrections and references to literature; to J.-P. Brun, who sent me the indispensable BRUN (2015) and (2016) and gave me permission to reproduce the map; to Beth Notar, for help on anthropology.

— (2007b), "Travel and the Perception of Space in the Eastern Desert of Egypt", in M. RATHMANN (ed.), *Wahrnehmung und Erfassung geographischer Räume in der Antike* (Mainz), 211-220.

ADAMS, J.N. (1999), "The Poets of Bu Njem: Language, Culture and the Centurionate", *JRS* 89, 109-134.

BARNARD, H. (2009a), "The Archaeology of the Pastoral Nomads between the Nile and the Red Sea", in J. SZUCHMAN (ed.), *Nomads, Tribes, and the State in the Ancient Near East* (Chicago), 15-41.

— (2009b), "The Identification of the Ancient Pastoral Nomads on the North-Western Red Sea Littoral", in BLUE *et al.* (2009), 19-28.

BINGEN, J. (1987), "Aelius Aristide, *OGIS* 709 et les Grecs d'Égypte", in J. SERVAIS *et al.* (eds.), *Stemmata. Mélanges de philologie, d'histoire et d'archéologie grecques offerts à Jules Labarbe* (Liège), 173-185.

BLUE, L. *et al.* (eds.) (2009), *Connected Hinterlands. Proceedings of Red Sea Project IV* (Oxford).

BOATWRIGHT, M.T. (2000), *Hadrian and the Cities of the Roman Empire* (Princeton).

BOULANGER, A. (1923), *Aelius Aristide et la sophistique dans la province d'Asie au IIe siècle de notre ère* (Paris).

BORGEAUD, P. (1988), *The Cult of Pan in Ancient Greece*. Trans. K. ATLASS and J. REDFIELD (Chicago).

BRÉLAZ, C. (2008), "L'adieu aux armes: la défense de la cité grecque dans l'Empire romain pacifié", in C. BRÉLAZ / P. DUCREY (eds.), *Sécurité collective et ordre public dans les sociétés anciennes, Vandœuvres-Genève, 20-24 août 2007* (Geneva), 155-204.

BRUN, J.-P. (2002), "*Hodos myshormitikè*: l'équipement de la route entre Coptos et la Mer rouge aux époques ptolémaïque et romaine", in *Topoi* Suppl. 3, 395-414.

— (2003), "Chronologie de l'équipement de la route à l'époque gréco-romaine", in CUVIGNY (2003c), 1, 187-205.

— (2015), "Techniques et économies de la Méditerranée antique", *Annuaire du Collège de France* 114, 1-19.

— (2016), "Techniques et économies de la Méditerranée antique", *Annuaire du Collège de France* 115, 1-32.

BÜLOW-JACOBSEN, A. (1992), "The Private Letters (137-171)", in *Mons Claudianus. Ostraca Graeca et Latina I* (*O. Claud. 1 à 190*), 123-157.

— (1997), "The Correspondence of Dioscorus and Others (224-242)", in *O. Claud.* 2, 43-68.

— (2009), *Mons Claudianus. Ostraca Graeca et Latina IV, The Quarry-Texts. O. Claud. 632-896* (Cairo).

— (2012), "Private Letters", in CUVIGNY (2012), 233-399.

BÜLOW-JACOBSEN, A. / CUVIGNY, H. (2007), "Sulpicius Serenus, *procurator Augusti*, et la titulature des préfets de Bérénice", *Chiron* 37, 11-33.

— / CUVIGNY, H. / REDDÉ, M. (2003), "Le mystère des tours et la question des *skopeloi*", in CUVIGNY (2003c), 1, 207-234.

BURKHALTER-ARCE, F. (2002), "Le 'Tarif de Coptos': la douane de Coptos, les fermiers de l'*apostolion* et le préfet du désert de Bérénice", in *Topoi* Suppl. 3, 199-233.

BURSTEIN, S. (1989), *Agatharchides of Cnidus,* On the Erythraean Sea (London).

— (2008), "Trogodytes = Blemmyes = Beja? The Misuse of Ancient Ethnography", in H. BARNARD / W.Z. WENDRICH (eds.), *The Archaeology of Mobility. Old World and New World Nomadism* (Los Angeles), 250-263.

BUTLIN, R.A. (2009), *Geographies of Empire. European Empires and Colonies c. 1880-1960* (Cambridge).

CADELL, H. / RÉMONDON, R. (1967), "Sens et emplois de τὸ ὄρος dans les documents papyrologiques", *REG* 80, 343-349.

CASSON, L. (1989), *The Periplus Maris Erythraei. With Introduction, Translation and Commentary* (Princeton).

CHERRY, D. (1998), *Frontier and Society in Roman North Africa* (Oxford).

CONOR, L. (2013), "The 'Lubra' Type in Australian Imaginings of the Aboriginal Woman from 1836-1973", *Gender & History* 25, 230-251.

COPELAND, P. / HANDLEY, F. (2001), "The Bathhouse", in V.A. MAXFIELD / D. PEACOCK (eds.), *The Roman Imperial Quarries. Survey and Excavation at Mons Porphyrites 1994-1998.* Vol. 1, *Topography and Quarries* (London), 19-23.

CUVIGNY, H. (1996), "The Amount of Wages Paid to the Quarry-Workers at Mons Claudianus", *JRS* 86, 139-145.

— (1997), "Le crépuscule d'un dieu: le déclin du culte de Pan dans le désert Oriental", *BIFAO* 97, 139-147.

— (2003a), "Les documents écrits de la route de Myos Hormos à l'époque gréco-romaine: inscriptions, graffiti, payrus, ostraca", in CUVIGNY (2003c), 2, 265-294.

— (2003b), "Le fonctionnement du réseau", in CUVIGNY (2003c), 2, 295-359.

— (ed.) (2003c), *La route de Myos Hormos. L'armée romaine dans le désert Oriental d'Égypte*. 2 vols. (Cairo).

—— (2003d), "La société civile des *praesidia*", in CUVIGNY (2003c), 2, 361-397.

—— (2005a), "L'organigramme du personnel d'une carrière impériale d'après un ostracon du Mons Claudianus", *Chiron* 35, 309-353.

—— (2005b), *Ostraca de Krokodilô. La correspondance militaire et sa circulation, O. Krok. 1-151* (Cairo).

—— (2010a), "Femmes tournantes: remarques sur la prostitution dans les garnisons romaines du désert de Bérénice", *ZPE* 172, 159-166.

—— (2010b), "The Shrine in the *praesidium* of Dios (Eastern Desert of Egypt): Graffiti and Oracles in Context", *Chiron* 40, 245-299.

—— (ed.) (2012), *Didymoi. Une garnison romaine dans le désert Oriental d'Égypte.* Vol. 2, *Les textes* (Cairo).

—— (2014), "Papyrological Evidence on 'Barbarians' in the Egyptian Eastern Desert", in DIJKSTRA / FISHER (2014), 165-198.

CUVIGNY, H. / BÜLOW-JACOBSEN, A. (1999), "Inscriptions rupestres vues et revues dans le désert de Bérénice", *BIFAO* 99, 133-193.

—— (2000), "Le paneion d'al-Buwayb revisité", *BIFAO* 100, 243-266.

DE ROMANIS, F. (1996), *Cassia, cinnamomo, ossidiana. Uomini e merci tra Oceano Indiano e Mediterraneo* (Rome).

DESANGES, J. (1994-1995), "La face cachée de l'Afrique selon Pomponius Mela", *Geographia Antiqua* 3-4, 79-89.

DIJKSTRA, J.H.F. / FISHER, G. (eds.) (2014), *Inside and Out. Interactions between Rome and the Peoples on the Arabian and Egyptian Frontiers in Late Antiquity* (Leuven).

FOURNET, J.-L. (1995), "Les inscriptions grecques d'Abu Ku'et de la route Quft-Qusayr", *BIFAO* 95, 173-233.

FRANKFURTER, D. (1998), *Religion in Roman Egypt. Assimilation and Resistance* (Princeton).

FRIEDMAN, R. (ed.) (2002), *Egypt and Nubia. Gifts of the Desert* (London).

GATES-FOSTER, J. (2012a), "The Eastern Desert and the Red Sea Ports", in C. RIGGS (ed.), *The Oxford Handbook of Roman Egypt* (Oxford), 736-748.

—— (2012b), "The Well-Remembered Path: Roadways and Cultural Memory in Ptolemaic and Roman Egypt", in S.E. ALCOCK / J. BODEL / R.J.A. TALBERT (eds.), *Highways, Byways, and Road Systems in the Pre-Modern World* (Malden), 202-221.

GEUS, K. (2016), "Mobility on and at the Red Sea in Antiquity: The Case of the 'Strange Islands' in Ptolemy's 'Geography'", *Orbis Aethiopicus* 15, 9-21.

GRÜNEWALD, T. (2004), *Bandits in the Roman Empire. Myth and Reality.* Trans. J. DRINKWATER (London).

HÄGG, T. (1990), "Titles and Honorific Epithets in Nubian Greek Texts", *SO* 65, 147-177.

HARRELL, J (2002), "Pharaonic Stone Quarries in the Egyptian Deserts", in FRIEDMAN (2002), 232-243.

— *et al.* (2007), "The Ptolemaic to Early Roman Amethyst Quarry at Abu Diyeiba in Egypt's Eastern Desert", *BIFAO* 106, 127-162.

JÖRDENS, A. (2009), *Statthalterliche Verwaltung in der römischen Kaiserzeit. Studien zum* praefectus Aegypti (Stuttgart).

KAYSER, F. (1993), "Nouveaux textes grecs du Ouadi Hammamat", *ZPE* 98, 111-156.

KLEMM, D.D. / KLEMM, R. / MURR, A. (2002), "Ancient Gold Mining in the Eastern Desert of Egypt and the Nubian Desert of Sudan", in FRIEDMAN (2002), 215-231.

KOKKINIA, C. (2008), *Boubon. The Inscriptions and Archaeological Remains. A Survey 2004-*2006 (Athens).

LISTE NOYA, J. (2016), "'Too Vast, Too Complex, Too Grand': Writing Space in John Wesley Powell's *Exploration of the Colorado River and its Canyons*", *Western American Literature* 51, 1-38.

MACMULLEN, R. (1967), *Enemies of the Roman Order. Treason, Unrest, and Alienation in the Empire* (Cambridge, MA).

MAXFIELD, V.A. (1997), "The Central Complex: A Description of the Visible Remains", in D. PEACOCK / V.A. MAXFIELD (eds.), *Mons Claudianus. Survey and Excavation 1987-1993.* Vol. 1, *Topography and Quarries* (Cairo), 17-138.

MESSERI, G. (2004-2005), "Un nuovo trierarco e la presenza della flotta romana nel Mar Rosso", *Analecta papyrologica* 16-17, 69-73.

NALESINI, O. (2009), "History and Use of an Ethnonym: *Ichthyophagoi*", in BLUE *et al.* (2009), 9-18.

NICOLET, C. (1991), *Space, Geography, and Politics in the Early Roman Empire* (Ann Arbor).

NOTAR, B.E. (2008), "Producing Cosmopolitanism at the Borderlands: Lonely Planeteers and 'Local' Cosmopolitans in Southwest China", *Anthropological Quarterly* 81, 615-650.

PHANG, S.E. (2001), *The Marriage of Roman Soldiers (13 B.C. - A.D. 235). Law and Family in the Imperial Army* (Leiden).

PIERCE, R.H. (2007), "Strabo and the Eastern Desert of Egypt and Sudan", in E.H. SELAND (ed.), *The Indian Ocean in the Ancient Period. Definite Places, Translocal Exchange* (Oxford), 33-44.

POLANSKI, T. (2006), "Boukoloi Banditry: Greek Perspectives on Native Resistance", *GB* 25, 229-248.

POWER, T. (2007), "The 'Arabians' of Pre-Islamic Egypt", in STARKEY / STARKEY / WILKINSON (2007), 195-210.

PRESEDO VELO, F.J. (1971), "Comentario a Tacito y a Elio Aristides", *Habis* 2, 127-136.

RATHBONE, D. (2002), "Koptos the *Emporion.* Economy and Society, I-III AD", in *Topoi* Suppl. 3, 179-198.

REDON, B. (2010), "L'armée et les bains en Égypte hellénistique et romaine", *BIFAO* 109, 407-450.

ROMM, J.S. (1992), *The Edges of the Earth in Ancient Thought. Geography, Exploration, and Fiction* (Princeton).

RÜCKER, M. (2013), "Nomaden als das ganz Andere", in C. SCHUBERT / A. WEISS (eds.), *Amazonen zwischen Griechen und Skythen. Gegenbilder in Mythos und Geschichte* (Berlin), 13-37.

RUFFING, K. (1993), "Das Nikanor-Archiv und der römische Süd- und Osthandel", *MBAH* 12, 1-26.

— (2012), "Durch die Wüste! Die Bedeutung der östlichen Wüste Ägyptens als Transportweg im Ost- und Südhandel der Kaiserzeit", in R. ROLLINGER *et al.* (eds.), *Altertum und Gegenwart. 125 Jahre Alte Geschichte in Innsbruck* (Innsbruck), 273-304.

— (2013), "The Trade with India and the Problem of Agency in the Economy of the Roman Empire", in S. BUSSI (ed.), *Egitto dai faraoni agli Arabi. Atti del convegno, Milano, Università degli studi, 7-9 gennaio 2013* (Pisa), 199-210.

ŞAHIN, S. / ADAK, M. (2007), *Stadiasmus Patarensis. Itinera Romana Provinciae Lyciae* (Istanbul).

SATZINGER, H. (2014), "The 'Barbarian' Names on the Third-Century Ostraka from Xeron", in DIJKSTRA / FISHER (2014), 199-212.

SHAW, B.D. (1984), "Bandits in the Roman Empire", *P&P* 105, 3-52.

— (1990), "Bandit Highlands and Lowland Peace: The Mountains of Isauria-Cilicia", *JESHO* 33, 199-233 and 237-270.

SHAW, I. (2002), "Life on the Edge: Gemstones, Politics and Stress in the Deserts of Egypt and Nubia", in FRIEDMAN (2002), 244-251.

SIDEBOTHAM, S. (2011), *Berenike and the Ancient Maritime Spice Route* (Berkeley).

SOJA, E.W. (1999), *Thirdspace. Journeys to Los Angeles and Other Real-and-Imagined Places* (Oxford).

SPEIDEL, M.A. (1996), *Die römischen Schreibtafeln von Vindonissa. Lateinische Texte des militärischen Alltags und ihre geschichtliche Bedeutung* (Baden-Dättwil).

— (2009), *Heer und Herrschaft im römischen Reich der hohen Kaiserzeit* (Stuttgart).

STRASSER, J.-Y. (2004-2005), "Les Olympia d'Alexandrie et le pancratiaste M. Aur. Asklèpiadès", *BCH* 128-129, 421-468.

STARKEY, J. / STARKEY, P. / WILKINSON, T. (eds.) (2007), *Natural Resources and Cultural Connections of the Red Sea. Proceedings of the Red Sea Project III Held in the British Museum October 2006* (Oxford).

THOMAS, R.I. (2007), "The *Arabaegypti Ichthyophagi.* Cultural Connections with Egypt and the Maintenance of Identity", in STARKEY / STARKEY / WILKINSON (2007), 149-160.

VAN DER VEEN, M. (1998a), "Gardens in the Desert", in O.E. KAPER (ed.), *Life on the Fringe. Living in the Southern Egyptian Deserts during the Roman and Early-Byzantine Periods* (Leiden), 221-242.

— (1998b), "A Life of Luxury in the Desert? The Food and Fodder Supply to Mons Claudianus", *JRA* 11, 101-116.

WOLFF, C. (2003), *Les brigands en Orient sous le Haut-Empire romain* (Rome).

YOYOTTE, J. (1997), *Strabon. Le voyage en Égypte. Un regard romain* (Paris).

DISCUSSION

F. Beltrán Lloris: I would like you to give me your opinion about ethnic names like Ichthyophagoi and its possible transformation along the time.

G. Reger: The matter of ethnic names in the Eastern Desert is very complex and subject of considerable literature. I should clarify that my own interests are less in identifying such groups (see for instance Satzinger [2014]) than in the ways the Romans (and before them the Greeks) characterized them in an effort to capture 'knowledge' about the desert space and its inhabitants. In fact the naming process itself is in part a way of making these peoples more, not less, foreign and bizarre ("fish-eaters", "snake-eaters", and so on).

P. Eich: Sie haben den Begriff ‚Normalisierung' verwendet. Könnten Sie die Semantik des Terminus noch näher erklären? Unterliegen spezielle theoretische Konzepte?

G. Reger: It is true that my presentation at the conference was under-theorized in this matter. In fact, anthropologists and sociologists have long studied the phenomenon I was trying to elucidate under the concept of 'place-making'. This concept tries to capture precisely the way in which people seek to make a strange place seem or feel more familiar. I have added some discussion of place-making and a present-day example in the version of the paper printed here in the hope of addressing this deficiency.

S. Fachard: Comme vous l'avez souligné dans votre contribution, les bains trouvés dans le désert (autour des forts et des carrières) exigent des commodités qui ne sont pas aisément disponibles dans le désert : l'eau et le bois. Puisque vous avez concentré votre attention sur l'eau, pourriez-vous apporter quelques indices concernant les types de combustibles nécessaires au chauffage des bains et ce qu'ils impliqueraient en termes de transport et de logistique ?

G. Reger: This is a very good question to which I do not have a specific answer. Some scrub would probably have been available, but not in quantities sufficient to provide regular fuel for baths. In the case of Bu Njem, we do hear of some traders (Garamantes, it happens) bringing wood. Presumably wood was shipped on donkeys or camels from the Nile valley. In her excellent study of baths in Egypt, B. Redon (2010) 415-418, collects evidence for the use of chaff, ἀχυρός, and raises the possibility of using dried dung from animals like donkeys and camels as fuel.

F. Hurlet: I would like to comment briefly on a chronological point. Regarding the Roman presence, the shift between the situation in the first century CE and the second century CE is striking. You remind us that Strabo remarks on the peacefulness of the desert and its inhabitants. One century later, the picture is quite different, as your selection of texts shows. Do you have any idea of the reasons for this change? Is there a connection to establish with the working of the main road to Myos Hormos and the exploitation by the Roman of a part of the desert?

A. Bresson: Merci de ce très bel exposé. J'aurais une brève question. Peut-on dire qu'il y avait une spécificité des menaces pesant sur les routes du désert oriental du fait de ce que la présence de ces routes et de ces garnisons perturbait profondément les migrations des populations nomades ? Les postes et forts romains ne monopolisaient-ils pas l'accès à l'eau dans les rares endroits où elle était disponible, provoquant la colère de ces nomades ?

G. Reger: It is quite possible that increased activity in the Eastern Desert after the mid-first century CE may have contributed to the apparent rise in 'hostile' interactions between the indigenous inhabitants and the Romans. Exploitation of the quarries at Mons Claudianus and Mons Porphyritis rose, leading to the presence of larger numbers of outsiders at these outposts and along the desert routes. Your questions remind me of the suggestion of Jean-Marie Lassère that the revolt of Tacfarinas was prompted by Roman plans to build an east-west road in North Africa which would have cut across traditional north-south transmigration routes.

N. Purcell: I'm interested in how disconnected the social and economic activities of peripheral peoples in such clearly distinguishable environments were. Were they largely separate, or is it more like the part-societies formed by mobile and sedentary folk in west Asia, on the model described by Briant and (especially) Mike Rowton as "social dimorphism". What were the links to the Nile valley? Do the terms suggest importantly different attitudes? What was the role of the Arabarch/Alabarch in controlling or recruiting desert populations?

G. Reger: I do not have good answers to these very complicated and important questions. Some of the work I cited (notably that of H. Barnard) explores possible interactions between mobile desert populations and settled communities. In some later texts discussed by Cuvigny (2014) we see "barbaroi" apparently settled in the Nile valley and working in trades. And of course the new and still largely unpublished wheat-payment ostraca she studies and I mention above bespeak a transformation in the interrelations between the desert populations and the Roman authorities, a change that, among other things, seems to bring a sharper focus on who the former were and how they might be identified, including the assignment or adaptations of Greek titles like *hypotyrannos* for leaders of these groups. But these complex questions deserve much more discussion than there is space for here.

S. von Reden: What is the chronology of the development of the Eastern Desert that you are implying? The period of the most dynamic infrastructural development of the Eastern Desert seems to be, according to your evidence of the ostraca, the second century CE. But Indo-Roman trade, and the increase of the importance of Myos Hormos and Berenike related to it, peaks in the second half of the first century CE. So is the Roman effort to install roads and stations in the Eastern Desert related to the development of that trade, or rather to the intensification of the exploitation of the stone quarries of the Eastern Desert?

G. Reger: I think the main impetus behind the roads and forts and other infrastructure was the exploitation of the quarries, not the facilitation of India trade, but not everyone agrees. At the same time, the links to Myos Hormos and Berenike existed already when the Romans arrived in the Eastern Desert; those ports, among other things, served as links in that India trade (they certainly did not play a role in the quarry activity!). The Romans maintained a fleet in the Red Sea to help provide security for traders, and the ostraca from Berenike published in *O. Berenike* open a new window on the trade with India, so it is also possible that the infrastructure was intended secondarily as an aid to such trade. In terms of dating the trade, I would just point out that the Muziris papyrus dates to the second century CE and so attests to continuing high-volume imports in the decades well after the composition of the *Periplous Maris Erythrae* (around the middle of the first century CE; see Casson [1989]); the texts of *O. Berenike*, on the other hand, are largely of the first century CE, and S. Sidebotham (2011) 221 places the heyday of Berenike's India trade in the first century CE with possible continuation into the second, but ending with the plague of 166 (the trade rebounded in the fourth century). It does seem to me that the articulation, starting in 76/7 CE under Vespasian, of a network of *praesidia* to replace unprotected wells was a response to the need for security which may have resulted from an increase of the presence of outsiders due to exploitation of the quarries (see above). Trade had been going on from a much earlier date, which may suggest that whatever stoked increased dangers was not necessarily associated with the caravans moving goods back and forth between the Nile and the Red Sea. But this is a complex problem that deserves more thorough consideration than can be provided here.

R. Veal: Was the Eastern Desert more difficult (environmentally or otherwise), and less populated? I got the impression there were large stretches of hostile fairly empty and barren areas.

G. Reger: The Eastern Desert has a basement geology that differentiates it from the Western Desert and areas farther west in the Sahara. The Eastern Desert has an aquifer at a relatively shallow depth that can be accessed by digging wells, whereas the deeper aquifer west of the Nile means that water is only available in the depressions that form oases. We see this situation especially with the depressions where the Garamantes lived. So the situations in the Eastern Desert and farther western parts of the Sahara were quite different.

IV

Francisco Beltrán Lloris

WAR, DESTRUCTION, AND REGENERATION IN THE MIDDLE EBRO VALLEY (1st CENTURY BCE)

THE FOUNDATION OF THE *COLONIA CAESAR AVGVSTA* AND ITS IRRIGATION PROGRAMMES

1. Beneficial colonies, catastrophic colonies…

> *Sed coloniarum alia necessitudo est; non enim ueniunt extrinsecus in ciuitatem nec suis radicibus nituntur, sed ex ciuitate quasi propagatae sunt et iura institutaque omnia populi Romani, non sui arbitrii, habent. Quae tamen condicio, cum sit magis obnoxia et minus libera, potior tamen et praestabilior existimatur propter amplitudinem maiestatemque populi Romani, cuius istae coloniae quasi effigies paruae simulacraque esse quaedam uidentur, et simul quia obscura oblitterataque sunt municipiorum iura, quibus uti iam per innotitiam non queunt.*[1]

Aulus Gellius' oft-quoted passage on the Roman colonies exactly expresses the reason why these communities enjoyed such an elevated and prestigious position in that galaxy of competing cities that made up the Roman Empire. The colonies were little Romes, cities springing directly from the capital of the world, *effigies paruae simulacraque* of the Roman people. For this reason, when describing the Empire, Pliny the Elder discusses them much more exhaustively than any other category of

[1] Gell. *NA* 16, 13, 4.

city, including *municipia*, of which he only gives a selection.[2] In this he imitated, the naturalist claimed, the approach taken in the *discriptio Italiae* by Augustus, that princeps whose *Res gestae* demonstrated his appreciation for the colonies, making various references to them,[3] some of which were infused with an unmistakeable pride: *Italia autem XXVIII colonias, quae uiuo me celeberrimae et frequentissimae fuerunt mea auctoritate deductas habet.*[4]

This ancient perception, of which many more examples may be cited, was inherited by nineteenth century historiography, which identified with the Roman Empire and projected European imperial aspirations onto it. In doing so, they transformed the colonies into one of the principal indicators for establishing various provinces' relative degree of 'Romanness', and gave them a starring role in the narrative of Roman expansion — a narrative that naturally adopted a unilaterally Romano-centric perspective and silenced almost entirely the provincials' point of view. A good example of this historiographic position is the words with which E.T. Salmon closed his major 1969 study of the subject. In his opinion, the colonies would have been for Rome "the sinews of her civilizing power" and would have given her an instrument with which "to maintain law, order and the Pax Romana": ultimately, and assigning to him E. Kornemann's categorical statement in 1901, the history of the Roman colonies would be the history of the Roman state itself.[5]

Clearly, this perspective is not sustainable in modern scholarship: from the 1960s and 1970s, Roman expansion and Romanisation have been perceived no longer as a one-way phenomenon but instead have been understood as a reciprocal process, in which the provinces' contribution played a fundamental role.[6]

[2] PLIN. *NH* 3, 46; F. BELTRÁN LLORIS (2007c) 126.

[3] *RGDA* 3, 1; 15, 3; 16, 1; 21, 3; 28, 1-2; 35, 4.

[4] *RGDA* 28, 2.

[5] SALMON (1969) 157; KORNEMANN (1901) 560.

[6] I have discussed on several occasions the usefulness of the concept of Romanisation, once it has been revised and divested of its imperialist and

Nevertheless, more recent critical studies not only have disagreed with the unilateral perception that ignores provincial voices, but also have started to question — in somewhat deconstructive terms — whether the foundation of colonies may be understood as a coherent Roman practice.[7] Or, conversely, whether it should simply be treated as a "set of terms applied in different periods to different modes of exercising power over land and people".[8]

Unfortunately for the challenge to unilateralism, the Roman sources rarely report the provincial populations' perceptions — obviously negative — of the establishment of a colony in their territory, an act which in principle would dispossess the local population of their city and land for the benefit of others and which quite often was a form of punishment. An example of one of those rare testimonies is provided in Cicero's letters which document Atticus' fruitless endeavours to avoid Caesar's plan to found a colony in *Buthrotum* (Butrint, Albania), a city in which Atticus owned property and whose inhabitants, understandably, saw the initiative as a threat.[9] This is precisely the standpoint that several recent studies have taken in their attempt to address the question, proposing a change of perspective in which colonies, far from being those beneficial instruments of civilising Roman power, were instead a genuine catastrophe for the local population.[10]

It is very clear — as it was already to traditional historiography[11] — that over the centuries, Roman (and Latin) colonies

Romano-centric paraphernalia, alongside the opinion expressed by other authors, such as KEAY / TERRENATO (2001) ix-xii or ALFÖLDY (2005) 25 56: see F. BELTRÁN LLORIS (1999); (2003) and (forthcoming b).

[7] See SWEETMAN (2011) 1.

[8] BISPHAM (2006) 110-111.

[9] CIC. *Att.* 16, 16a, see HANSEN (2011) 90.

[10] WOOLF (2011); for instance: "Mass colonization represents a sudden intervention superimposed on these background patterns and secular trends. This kind of sudden change is appropriately described as catastrophic, hence my title".

[11] For instance, SALMON (1969) 157: "For well over half a millennium of changing vicissitudes the *coloniae* had done yeoman service. Though all their changes of purpose, size and constitution …".

were established in a multitude of contexts and developed along very different trajectories. In fact, Roman colonisation in Hispania provides a good example of this diversity:[12] from republican Latin colonies such as *Carteia* (Algeciras) or *Valentia* (Valencia),[13] via the massive interventions of Caesar and Augustus, to late examples such as the elevation to colonial status of *Italica* (Santiponce), Hadrian's birthplace.[14] A study that differentiates among the distinct colonial practices that developed in Italy and the provinces from the Republican period to the Severans thus undoubtedly constitutes a sound topic for research,[15] which would make it possible to render the stereotypes more nuanced and determine the different contexts and historical developments of the colonial foundations. For example, *Carteia*, the first Latin colony established outside the Italian peninsula, in 171 BCE, completely breaks the colonial stereotype since it did not involve the transfer of population from Italy, nor did it affect Roman citizens, nor involve the creation of an entirely new city.[16]

While it is important to refine the classical perception of the colonies from a provincial perspective and to assume diversity of the colonial phenomenon throughout the centuries, this should not lead to the conclusion that the category of 'colony' in itself is an ancient construct of no interest to the modern historian. Certainly, enjoying a colonial statute did not necessarily guarantee success for a city,[17] but it is no less certain that

[12] Besides the study by VITTINGHOFF (1952); for Hispania see GALSTERER (1971); MARÍN DÍAZ (1988) or ABASCAL / ESPINOSA (1989).

[13] F. BELTRÁN LLORIS (2011c).

[14] See the recent synthesis by CABALLOS RUFINO (2010).

[15] Thus, WOOLF (2011) 154.

[16] LIV. 43, 1, 4; F. BELTRÁN LLORIS (2011c) 133-137: the colony was founded to accommodate the children born to Roman soldiers and Hispanian mothers with whom they did not have *conubium*, who already lived in Hispania and were settled in a pre-existing city. Its urban centre underwent no notable transformations during its first decades of existence, and its previous inhabitants, Punics, were included among the colonists, if they wished to be.

[17] Thus, WOOLF (2011) 155: "The only conclusion possible is that colonial status alone was not a key determinant of future success" The case of *Celsa*, which will be discussed below, is a good illustration of this point.

many colonies did manage to play a significant role in the heart of their provinces. In many cases, above all in the western provinces, this privileged position was connected to the initial support received from the *principes* who founded them (although some scholars disagree with this thesis),[18] thanks to substantial investment, the allocation of administrative roles which consolidated them as regional centres, or the funding of large productive infrastructures — for example, of irrigation — which entailed important innovations in agricultural production.

A good example of all that is the case upon which this paper will focus, *colonia Caesar Augusta,* the city founded by Augustus on the site of modern-day Zaragoza around 14 BCE,[19] which could scarcely be interpreted from a regional perspective as a 'catastrophic' event.

To understand the organising and even regenerating role played by *Caesar Augusta* in the region of the Middle Ebro Valley, previous exploration of a range of aspects is crucial: the devastating effects that the wars of the first century BCE had upon some areas; the policy changes surrounding the foundation and promotion of cities during the Caesarian and Augustan periods; and, finally, the vast expanse of colonial land allotted to *Caesar Augusta.* All of these questions I have written about elsewhere, so in this paper I shall limit myself to summarising some of the information or observations necessary to develop the main argument.

Once these issues have been reviewed, the final part of this paper will evaluate both the nature of the imperial interventions that accompanied the institution of this colony, as well as the effects these interventions had on the life of the colony. My focus will be on the inequalities created in the urban system through the favourable treatment of some *coloniae* by the emperors. In

[18] A dissenting voice is provided by WOOLF (2011) 153-156, in whose opinion the emperors do not seem to have favoured the colonies above other types of city (156), nor do the colonies appear to be associated with the spread of irrigation techniques (153).

[19] The last synthesis on the city: F. BELTRÁN LLORIS (2007a).

particular, I will look at the large-scale works and infrastructure related to irrigation, which created unequal opportunities of exploitation in the area.

2. War and devastation in the Middle Ebro Valley: the civil wars of the first century BCE (Pl. 4.1)

The end of the most virulent phase of the Celtiberian and Lusitanian Wars around the end of the second century BCE by no means ushered in a period of peace in the Iberian Peninsula. In fact, notwithstanding the scarcity of sources available for this period, there are still signs of significant military operations in the region:[20] for example, in 104 there are indications that the Celtiberians repulsed an incursion of Cimbri, who had crossed the Pyrenees after devastating the south of Gaul,[21] and in the 90s and 80s, triumphs are documented for the governors of Hispania, T. Didius and C. Valerius Flaccus, in both instances *de Celtiberis.*[22] Above all during the 70s, and again in the 40s, however, war became a constant in provincial life because the civil conflicts that blighted Rome during these years were exported to Hispania: this was especially true of the wars between Sertorius and the senatorial forces led by Caecilius Metellus and Pompey the Great, and the confrontations between the Caesarian and Pompeian armies.[23]

Without discussing the details of these conflicts, it is sufficient to highlight that some areas of the Middle Ebro Valley were profoundly affected by some military operations that — especially during the Sertorian War — caused damage to arable lands, sieges and destructions of cities, depopulation, and, in some cases, lasting devastation. Although the literary sources only

[20] F. BELTRÁN LLORIS / MARTÍN-BUENO / PINA POLO (2000) 31.
[21] LIV. *Per.* 67.
[22] *Acta triumph. ad* 93 and 81.
[23] F. BELTRÁN LLORIS / MARTÍN-BUENO / PINA POLO (2000) 31-37.

recount some destructive episodes, the archaeological record exposes the magnitude of the havoc caused in areas such as those situated along the southern course of the Middle Ebro Valley.[24]

The ancient sources mention episodes of conflict that affected cities such as *Calagurris* (modern Calahorra), *Contrebia* — whether that be *Contrebia Leucada* (Inestrillas, La Rioja) or *Contrebia Belaisca* (Botorrita, Zaragoza) — *Vareia* (Logroño), *Bursao* (Borja), *Cascantum* (Cascante), *Gracchurris* (Alfaro), *Belgeda* (whose location remains unidentified), *Bilbilis* (Calatayud) or *Osca* (Huesca), the city which Sertorius made his 'capital', to name but a few.[25] By contrast, the confrontation between Caesarian and Pompeyan troops, in which the battle near *Ilerda* (Lérida) in 49 BCE was a crucial episode, does not appear to have been as destructive.

Many of these cities survived the wars of the first century BCE, but others perished, as a review of the archaeological records makes clear. These expose a truly astonishing roll call of settlements, which not only suffered destruction, but which were also abandoned by their populations in this period; it is not possible to discuss here whether these effects are entirely due to the Sertorian Wars, or if other military conflicts also contributed.[26]

Among the settlements of urban status that archaeological evidence suggests were abandoned during the first century BCE, almost all during the first half of the century, are included from west to east: El Convento (Mallén), Valdetaus (Tauste, north of the Ebro), possibly La Tijera (Urrea de Jalón), *Contrebia Belaisca* (Botorrita), El Piquete de la Atalaya (Azuara), Valdeherrera (Calatayud), La Cabañeta (El Burgo de Ebro), Los Castellazos (Mediana de Aragón), La Corona (Fuentes de Ebro), El Cabezo de Alcalá (Azaila), El Castillejo de la Romana (La

[24] On the Sertorian War, GARCÍA MORA (1991), or more succintly BARRANDON (2011) 213.

[25] Literary sources on the Sertorian War were compiled by SCHULTEN (1937).

[26] There is something of a controversy surrounding the date some of these settlements were destroyed: see BARRANDON (2011) 231.

Puebla de Híjar), El Tiro de Cañón (Alcañiz) and La Caridad (Caminreal), to which have to be added layers of destruction evident in *Bursao* (Borja), *Osca* (Huesca), La Guardia (Alcorisa), El Palomar (Oliete), …[27]

The price of these destructions was particularly pronounced in the areas situated to the south of the Ebro: in an approximately rectangular area of around 100 × 50 km, bordered by the Huecha River to the west, the Ebro River to the north, the Aguasvivas River to the east and an imaginary line parallel to the Ebro up to the hills of Cariñena, the majority of the attested urban centres perished — nine in total. There are a very few exceptions: *Salduie* (Zaragoza) has signs of urban life in the middle of the first century BCE; probably *Kelse* (near Velilla de Ebro), on the left bank of the Ebro, which judging by its coinage survived until the Caesarian period; and possibly *Alauo*, for which there is no archaeological data, as it has still not been reliably located, although there is agreement that it was situated near Alagón.

Obviously, despite the abandonment of these cities, it is difficult to accept that an area of around 5000 km^2 was completely depopulated, even though a large part of that area had not been densely populated due to its poor agricultural quality (the mainly gypsum soil is saline, and the climatic conditions are predominantly arid).[28] In fact, beyond the floodplains of the few tributaries flowing into the right bank of the Ebro (Huecha, Jalón, Huerva and Aguas Vivas), agricultural exploitation was very limited, indicated by the distribution of principal population centres attested in the first century BCE. It is, however, reasonable to assume the continued existence of rural communities on the floodplains of the tributaries and in the areas more suited to agricultural production, with scattered habitations or small settlements that have not left a clear archaeological footprint. What is indeed clear, judging from that same archaeological record,

27 M. Beltrán Lloris (2002) 47-53; Asensio Esteban (1995).
28 Soriano Jiménez (2011).

is that the urban network remained profoundly damaged and unstructured for several decades.

The scale of the destruction suffered during the first century BCE by the principal settlements in these areas situated south of the Ebro is a subject that has not, until very recently, received sufficient attention.[29] It does, however, lead to a new perspective, both on the policy of creation and promotion of cities in the second half of the first century BCE, as well as on the foundation of the colony of *Caesar Augusta* specifically.

3. The policy of creation and promotion of cities under Caesar and Augustus[30]

From this perspective, the foundation of the first Roman city in the Middle Ebro Valley, the *colonia Iulia Victrix Lepida Celsa,* around 44 BCE, makes sense.[31] The establishment of this city, probably conceived by Caesar and executed by Marcus Emilius Lepidus, served above all to reinforce the access route into the interior from *Tarraco*, the provincial capital and also a Caesarian Roman colony. The new colony was connected with the coast by two routes: the first was the road — later called the *via Augusta* — that traversed the province, running between the Ebro and the Pyrenees; the second was the course of the Ebro, the region's main natural communication route, at the mouth of which was *Dertosa* (Tortosa), which Caesar had elevated to the condition of *municipium*, a city that acted as an intermodal port for inland and maritime shipping. The new colony, situated on the left shore of the Ebro, had land and river connections with *Tarraco* and the coast, and was further

[29] F. Beltrán Lloris (forthcoming d).

[30] This section is based on F. Beltrán Lloris (forthcoming c).

[31] On this issue, see F. Beltrán Lloris (2016). On the site: M. Beltrán Lloris (1983), (1985), (1991), (1997); M. Beltrán Lloris / Mostalac Carrillo / Lasheras Corruchaga (1984); Mostalac Carrillo / M. Beltrán Lloris (1994); M. Beltrán Lloris *et al.* (1998).

strengthened as a communication centre by the construction of the first permanent bridge over the Ebro. The city was established in the far west of the Iberian territory, outside the areas most affected by the wars of the first half of the century, which extended slightly further to the west and south. The city, therefore, was well situated as an outpost of the Roman penetration into the Middle Ebro Valley, but in a position too far from its centre to become the region's organisational centre.

Significantly, the city did not prosper and was abandoned a century after its foundation, in the 60s CE, in a truly exceptional example of the failure of a Roman colony. Beyond the negative effect that the establishment of *Caesar Augusta* thirty years after its foundation may have had upon it, there has still not been a satisfactory explanation for this event: for instance, the colony of *Metellinum* (Medellín) also suffered the consequences of the foundation of the powerful *Emerita Augusta* (Mérida) in its vicinity, but nevertheless that did not result in its abandonment and disappearance.[32]

Thus, when in 26 BCE the Roman troops, led by the emperor Augustus, crossed the Middle Ebro Valley on their way to the Cantabrian front, the lands situated to the west of *colonia Celsa* must have offered a desolate panorama, with only two active urban centres, *Salduie* and probably *Alauo*, along a stretch of more than 100 km of the Ebro between the Caesarian colony and the cities of *Bursao, Cascantum,* and *Turiaso.*

This elucidates why the first measures Augustus took to promote cities in this region affected a series of populations that formed an ellipse around the lands devastated by the wars of the first century BCE and which, according to all the evidence — above all numismatic[33] — were transformed into Roman *municipia* in the 20s BCE: *Ilerda* (modern Lérida), *Osca* (Huesca), *Turiaso* (Tarazona), *Calagurris* (Calahorra) and *Bilbilis* (Calatayud).

[32] F. BELTRÁN LLORIS (2016).

[33] See the corresponding coin issues in BURNETT / AMANDRY / RIPOLLÈS (1992).

These cities belonged to the three ethnic communities that converged in the region: the Iberians, Vascones and Celtiberians.

Years later, Augustus' intervention in the region was completed with the creation of various Latin *municipia*, neighbouring the Roman *municipia* that had been established some years previously, namely *Graccurris* (modern Alfaro), *Cascantum* (Cascante), *Osicerda* (La Puebla de Híjar / Alcañiz) and the unidentified *Leonica*. The foundation of *Caesar Augusta* in 14 BCE on the site of the Iberian *Salduie*, precisely in the centre of this ellipse of privileged cities, constituted the culmination of a series of acts that it is difficult not to see as the fruits of a certain degree of planning, however much the creation of a *municipium* was not simply a measure decreed by the central power, as we know, but was requested by the provincial communities.

All the land between *Calagurris*, to the west, and *Celsa* and *Osicerda*, to the east, thus formed a *continuum* of privileged communities with Roman and Latin rights that converted this region of Hispania Citerior into one of the most politically integrated areas of the Empire.

4. The *pertica* of Caesar Augusta (Pl. 4.2)

Zaragoza, with an area of 1063 km^2, is currently one of the largest municipal districts in Spain — the eighth largest by size.[34] Significantly, it shares this circumstance with other cities that are also descended from colonies founded by Augustus and were conventual or provincial capitals, such as Córdoba (ancient *Corduba*, 1255 km^2), Béja (*Pax Iulia*, 1140 km^2), Écija (*Astigi*, 978 km^2) or Mérida (*Emerita Augusta*: 857 km^2). The considerable extent of Caesaraugustan territory is not a medieval or modern occurrence, but instead can be dated back reliably, using documents dating from the eighth to tenth centuries, to the

[34] <http://es.classora.com/reports/l104470/ranking-de-los-municipios-mas-extensos-de-espana>.

Muslim *Saraqosta*, whose district encompassed a radius of 40 km around Zaragoza, including municipalities such as Zuera, Quinto de Ebro, Belchite and Almonacid de la Cuba, Alfamén, Epila and Alagón.[35]

A rich variety of evidence makes it possible to date Zaragoza's impressive territorial expanse back to the constitutive era of the colony. The strongest evidence is provided by the *Lex riui Hiberiensis,* dating from the Hadrianic period, which shows that *pagus Gallorum* was part of the Caesaraugustan *pertica*; the centre of *pagus Gallorum* was in Razazol, near Gallur, a place which has obviously retained its ancient name.[36] Gallur is situated 45 km in a straight line from Zaragoza, and to the west of Alagón, the supposed site of ancient *Alauo*. *Alauo* must have been absorbed by the *colonia Caesar Augusta*, judging by the extent of the three areas centuriated in the Augustan and Tiberian periods to the west of Zaragoza, which extended along the entire right bank of the Ebro between Gallur and Zaragoza.[37]

On its southern limits are two large hydraulic infrastructures which will be discussed later, the dams of Muel on the Huerva River and of Almonacid de la Cuba on the Aguasvivas River. They are both situated in the territory that medieval documents assign to Muslim *Saraqosta* and reliably dated to the Augustan period, and must have been associated with *Caesar Augusta*, as there was no other significant city nearby which they could have serviced. In both cases, secondary settlements are located downstream, which appeared around the start of the Principate and which should be interpreted as Caesaraugustan *uici*: one was situated on the ancient settlement of *Contrebia Belaisca* (Botorrita),[38]

[35] On the delimitation of the territory of *Caesar Augusta*, F. Beltrán Lloris (2011b) and F. Beltrán Lloris / Magallón Botaya (2007) 104. On the territory of Muslim *Saraqosta*, Souto Lasala (1992).

[36] F. Beltrán Lloris (2006a).

[37] Ariño Gil (1990) 43-92; F. Beltrán Lloris / Magallón Botaya (2007) 102-103.

[38] Asensio Esteban (1995) 168; the archaeological synthesis provided by Medrano Marqués / Díaz Sanz (2001) 13-38 is somewhat unclear.

and the other at El Pueyo de Belchite;[39] both were on the floodplains that the dammed water would have made possible to irrigate. It is very likely that the lands of Campo de Cariñena, situated upstream from the Huerva, where it has not been possible to locate any settlement of urban status, would also have been part of the Caesaraugustan territory as far as the Sierra de Algairén. In fact, around the Caesaraugustan territory are many toponyms ending in *-ena, -eni,* and *-én,* such as Cariñena, which have traditionally been interpreted as derivations from the names of the proprietors of ancient *fundi* from the Roman period, for example *Boquiñeni, Luceni, Lucena, Leciñena*; this would make sense in areas devoid of urban settlements.[40]

The eastern limits should be set between the courses of the Aguasvivas and Martín Rivers. This may be ascertained by the fact that Quinto de Ebro and Belchite — with the nearby dam of Almonacid de la Cuba — formed part of *Saraqosta*'s territory, as well as by the situation of the urban centre of *Celsa* in Velilla de Ebro, and the possible location of the Latin *municipium Osicerda* between La Puebla de Híjar and Alcañiz.

Less information exists to delimit the northern boundary of the colonial territory, except that Zuera, on the Gállego River, was part of the territory of *Saraqosta*, and that it would probably have been enclosed to the west by the Montes de Castejón and to the east by the Sierra de Alcubierre.

With all the necessary circumspection, the territory of *Caesar Augusta* would thus have incorporated a sizeable area of around 80 km from north to south, between Zuera and Cariñena, and around 90 km from west to east, between Gallur and Quinto de Ebro. Such dimensions should not be a surprise, since there is evidence of contemporary colonial foundations which were

[39] Asensio Esteban (1995) 327; current archaeological work has excavated recycled ancient materials, including two Celtiberian inscriptions: Rodríguez Simón / Díez de pinos López (2014); on the site: <https://www.facebook.com/PueyodeBelchite>.

[40] Fatás Cabeza / Marco (1980); researchers such as Meyer-Lübke (1925) 75-76 had already drawn attention to these toponyms of potential Roman origin.

assigned large expanses of territory, such as the case of *Emerita Augusta*[41] whose dimensions reached a diameter of more than a hundred kilometres.[42] It should be added, as previously stated, that a significant proportion of the lands encompassed within the territory hypothetically belonging to *Caesar Augusta* had little agricultural value, because the gypsiferous soils were unsuitable for crop production.

As discussed previously, shortly before the foundation of the colony, the extensive territory of *Caesar Augusta* that has just been delineated had only one or two active urban settlements: *Salduie* and probably *Alauo.* All the others had been destroyed and abandoned in the first half of the first century BCE: Valdetaus (Tauste), on the left bank of the Ebro, La Tijera (Urrea de Jalón) on the Jalón, *Contrebia Belaisca* (Botorrita) on the Huerva, La Cabañeta (El Burgo de Ebro) and La Corona (Fuentes de Ebro) on the right bank of the Ebro, Los Castellazos (Mediana de Aragón), further inland on the Ginel stream, and, on the Aguasvivas, El Piquete de la Atalaya (Azuara), El Cabezo de Alcalá (Azaila) and La Romana (La Zaida). After Augustus founded the colony, some revived, such as Botorrita on the Huerva, and others emerged, such as El Pueyo (Belchite) on the Aguasvivas, and El Razazol (Gallur), the ancient *pagus Gallorum*,[43] among those that have undergone archaeological exploration. The fact that the colony did not inherit the territory of just one

[41] See SÁNCHEZ BARRERO (2004) 101-111 and especially CORDERO RUIZ (2010), which provides an extensive bibliography and a thorough account of the subject. Its dimensions are made clear in the observations of the gromatic Frontinus, which indicate that due to its size, it was not possible to distribute all the land, even after three successive *adsignationes,* initiated at the furthermost parts of the territory — FRONT. *Contr. agr.* 51-52 (LACHMANN) = AGENN. VRBIC. *Contr. agr.* 83-84 (LACHMANN). Its extent is also illustrated by the size of the *centuriae* which, according to Hyginus, reached the enormous size of 400 *iugera* — HYG. *Lim. grom.* 10-171 (LACHMANN).

[42] In fact, it has been possible to attribute to it maximum axes of c. 90 × 200 km: CORDERO RUIZ (2010) 160, map in fig. 13; the distances have been calculated between Badajoz and Castilblanco, from west to east, and between Puebla de Obando and Ribera del Fresno, from north to south.

[43] M. BELTRÁN LLORIS (1969-1970).

city, but assimilated the lands of various communities, explains why there was no reference in the name of the colony to any previous community, since its territory was made up not by the territory of one city but by the territories of several pre-existing ones. It also explains Strabo's passage that characterises the colony as *synoikismena,* a term whose meaning is debated but which could allude to the city's mixed heritage.[44]

As previously discussed, despite the urban destruction suffered in the first half of the first century BCE, it is unlikely that such an extensive area would have remained entirely depopulated. The question then arises of what the fate may have been of the local populations that remained in the area after the settlement of the new Roman colonists.[45]

5. Colonists and *incolae*

The coins struck in *Caesar Augusta* reveal that the colony was founded with veterans of three legions: IV Macedonica, VI Victrix and X Gemina,[46] which together may perhaps have constituted a contingent of around three thousand colonists.[47]

As discussed previously, beyond the continuation of *Salduie* and possibly *Aluuo*, it is reasonable to assume that throughout the Caesaraugustan territory there remained groups of peasants in rural settings, as well as the survival of a more or less residual

[44] STRAB. 3, 2, 15; on this, see ARCE (1979), who believes this term is a reference to the mixed character of the colony's population; F. BELTRÁN LLORIS in F. BELTRÁN LLORIS / MAGALLÓN BOTAYA (2007) 101; F. BELTRÁN LLORIS (2009a) 62, with an alternative explanation, compatible with the former, which would also imply a reference to the colony's foundation upon the territories of various pre-existing towns.

[45] The issues addressed in the following section have already been discussed in F. BELTRÁN LLORIS (forthcoming d).

[46] As the local coinage testifies: *RPC* 319, 325, 326, 346.

[47] There are no specific data on this subject, but it should be recalled, for example, that according to STRAB. 4, 6, 7, the veterans settled by Augustus in *Augusta Praetoria* numbered three thousand, the same figure as in Carthage (APP. *Pun.* 136).

population in the cities destroyed in the first half of the first century BCE, or their surroundings. The lack of detailed studies on the rural area — which would certainly be very welcome — makes it difficult to get a clear idea of the circumstances of the local population, however. [48] The inhabitants of this area had diverse cultural roots, as has been discussed: Vascones, Iberians and Celtiberians. Among them must also have been people of Italian origin, such as those who had settled in La Cabañeta;[49] there were probably also groups of Roman citizens, such as the descendants of the members of the *Turma Salluitana*, who were rewarded with Roman citizenship in 89 BCE,[50] if they returned to their homes. It is also possible that Italian emigrants settled in the area, such as those Caesar mentioned when discussing the battle of *Ilerda* in 49 BCE, among whom were Romans of all statuses.[51] Although we do not have detailed information for the whole region about the degree of the indigenous population's cultural integration, there are data for some areas, such as the

[48] A general overview can be found in MAGALLÓN BOTAYA (2006) 311, 312, 319, in which the lack of detailed studies on Zaragoza's region stands out, as other authors have already highlighted (ARIÑO GIL [1990] 88-92), with the impression that the rural population became denser from the first century BCE and above all in the first to second centuries CE. This chronology is deduced from well-studied areas such as the region around *Turiaso* (Tarazona), on the bank of the river Queiles (GARCÍA SERRANO / PÉREZ PÉREZ [2010-2011] 94), where a dense network of small rural family settlements has been revealed which seems to have taken shape above all in the first century CE. In Caesar Augusta's territory, an increased rural population density dating from the first century CE is suggested by the centuriations associated with the foundation of the colony (studied by ARIÑO GIL ([990]), and the construction of the Muel and Almonacid de la Cuba dams in the Augustan (or Tiberian) period (which will be discussed later), as well as the state of peace characteristic of the Principate. Hydraulic infrastructures, however, such as that mentioned in the *Tabula Contrebiensis*, which is dated to 87, suggest the possibility that in certain areas rural development may have been earlier.

[49] ASENSIO ESTEBAN (1995) 143; FERRERUELA GONZALVO / MÍNGUEZ MORALES (2003); on La Cabañeta and its Italic findings, MÍNGUEZ MORALES / DÍAZ ARIÑO (2011).

[50] *CIL* I^2 709.

[51] CAES. *BC* 1, 51; on the interpretation of the passage, F. BELTRÁN LLORIS (2006c) 195-196.

far east. Here, the use of Latin from the first century BCE is attested, both among Italic population — such as the inscription on a mosaic pavement associated with a *collegium* in La Cabañeta,[52] — as well as for the indigenous population, such as bilingual stamps on mortar from a pottery workshop whose location is as yet unidentified, found, for example, in La Corona.[53] Even more significant, because they are official documents, are the bilingual inscriptions, the earliest in the region, from the local mints of *Kelse* and *Usekerte* struck around the 40s BCE.[54] We do not have accurate information for the situation further west; nevertheless, in cities such as *Salduie* and *Contrebia Belaisca*, the impact of the Roman ways of life were also noticeable, as can be seen, for example, in the domestic architecture of Italic style,[55] in the incorporation of monumental metal inscriptions that were typically Roman, such as the Contrebian inscriptions on bronze, or in the undertaking by the Salluienses of hydraulic infrastructures mentioned by the *Tabula Contrebiensis* from 87 BCE, fruit no doubt of the early incorporation of Roman engineering techniques.[56]

Accordingly, the result of the foundation of the colony was that, together with the veterans of legions IV Macedonica, VI Victrix and X Gemina settled by Augustus,[57] and perhaps

[52] *AE* 2001, 1237; FERRERUELA GONZALVO *et al.* (2003); F. BELTRÁN LLORIS (2011a) 139-147 and (forthcoming a).

[53] On these inscriptions M. BELTRÁN LLORIS (2003) and ESTARÁN TOLOSA (2012).

[54] On the bilingual coins of Hispania Citerior, F. BELTRÁN LLORIS / ESTARÁN TOLOSA (2011) 17.

[55] ASENSIO ESTEBAN (1995) 168 ff. (Botorrita) and 318 ff. ; on the Iberian materials recovered in the centre of Zaragoza, principally between the Plaza de la Seo and Calle Universidad, see AGUILERA ARAGÓN (1991) 13-15, including the important section of a wall, 34 m long, located in Calle Sepulcro (1-15), which may correspond to the defences of the Iberian city; the best-known area corresponds to certain domestic structures of Italian style, whose level of abandonment (C2) dates them to the middle of the first century CE: GALVE IZQUIERDO (1996); FATÁS CABEZA / M. BELTRÁN LLORIS (1997) 117.

[56] On this inscription, F. BELTRÁN LLORIS (2009b) 33-42; (2010) 27-31.

[57] According to the evidence of local coinage *RIC* 319, 325, 326, 346.

other Roman citizens who added to the initial number of colonists, the new community had to process a large number of previous inhabitants, among whom, as has been discussed, were groups of *peregrini* with different cultural roots — Iberians, Celtiberians, and Vascones — as well as probably small clusters of Roman citizens. The latter, in all likelihood, would have been included among the new colonists and received their respective plots. For the peregrine population, there were two possible options: expel them or let them continue living in the new community. Although we have no specific information on the subject, the latter case seems more likely since, given the significant extent of the colonial territory, it is unlikely that the contingent of veteran settlers — around three thousand, as we have seen — could have managed to farm such a large area; the need for a labour force to cultivate the land would therefore have made it expedient for the previous population — or at least, part of it — to remain. In the same way, the integration of the local population — irrespective of whether they had received compensation for their lands or whether they were expropriated — would create fewer political tensions than their forced expulsion. There were, moreover, no reasons, military or otherwise, to expel the population, since the areas had been peaceful for a long time and had to a significant extent assimilated Roman ways of life, as has been discussed. In fact, the integration of the peregrine population in the colonies, despite having been somewhat underestimated by research, seems to have been more common than previously believed.[58]

If they were not expelled, the local population could be treated in a variety of ways.[59] One possibility was that they retained their own political structures according to the so-called *Doppelgemeinden* system, or they became dependents of the colony as

[58] On this, see especially GAGLIARDI (2006), in which he emphasises the existence of two distinct groups of *incolae* in Roman communities,'indigeni' and 'trasferiti', the former being especially common in Roman colonies.

[59] GAGLIARDI (2006) 508.

adtributi,[60] although there is no indication that this was the case in *Caesar Augusta.* Another, more likely scenario is that they were integrated as *incolae* and assigned plots of land within the *pertica*,[61] probably of lower quality as occurred, for example, with the *Tricastini* in the colony of *Arausio* (Orange), as its cadaster records: *(iugera) Tricastinis reddita, (agri) Tricastinis redditi.*[62] In this case, the previous inhabitants, transformed into *incolae* and probably resettled on new land, would have been subject to the exaction of tributes by the urban magistrates, as well as to the *munera possessionis* and *personalia,* in exchange for which they could have benefitted from the services offered by the colony, although obviously without full political rights[63] since in practice they were considered residents, not citizens, of the colony.[64] Ultimately, however, it cannot be ruled out that some of the indigenous inhabitants may have been included among the colonists, as could happen, for example, in *Carthago* and *Ara Agrippinensium*, if certain passages in Appian and Tacitus can be thus interpreted,[65] or in 'honorary' colonies, as were *Tarraco* and *Carthago Noua* in Hispania.[66]

[60] GAGLIARDI (2006)174, 214.

[61] A situation repeatedly recorded by the gromatici: SIC. FLACC. *Cond. agr.* 155, 6 ff. (LACHMANN); HYG. *Cond. agr.* 116, 16 ff. (LACHMANN); GAGLIARDI (2006) 20 and esp. 191-208, which analyses various instances.

[62] *AE* 1962, 143, particularly the cadaster B; GAGLIARDI (2006) 191-195.

[63] As can be deduced from the *Lex Malacitana* § 53, only those *incolae, qui ciues R(omani) Latiniue ciues erunt* could vote to elect magistrates — and only as members of a single *curia.*

[64] On *incolae* and taxation, GAGLIARDI (2006) 224 ff.

[65] APP. *Pun.* 136 (οἰκήτοράς τε Ῥωμαίους μὲν αὐτὸν τρισχιλίους μάλιστα πυνθάνομαι, τοὺς δὲ λοιποὺς ἐκ τῶν περιοίκων συναγαγεῖν); TAC. *Hist.* 4, 28 (*quod gens Germanicae originis eiurata patria [Romanorum nomen] Agrippinenses uocarentur*); GAGLIARDI (2006) 201-211, esp. 210 n. 184 and 211 n. 190; this process had ancient precedents, such as that of *Antium* (LIV. 8, 14).

[66] *Tarraco*'s status as a titular or honorific colony, that is, founded without a deduction of veterans in the strict sense, which has generally been accepted since studies such as that of VITTINGHOFF (1952) 27 = 1243 n. 4, has recently been questioned by RUIZ DE ARBULO (2002) 146; his suggestion has been received with caution by some, such as ARRAYÁS MORALES (2005) 177, but accepted, for example, by ALFÖLDY (2011) xcvi: "Colonia haud dubie deductione ueteranorum constituta est".

The lack of urban structures dominant among the region's local communities at the end of the first century BCE should not be seen as a negative factor for the establishment of the colony. On the contrary, their integration into a Roman colony designed to play a central role in the region would for many be an incentive: for those who may enjoy Roman citizenship — or who could accede to it upon the colony's foundation — the incentive was obvious, since they would integrate among the colonists, while for the *peregrini* it implied incorporation into a well-organised community in which they would not enjoy full rights but would have access to better services and infrastructure. From the perspective of the colony's founder, Augustus, the lack of active urban communities in many areas of the region would facilitate the settlement of thousands of new military inhabitants, minimising tensions with the local population. Such tensions would obviously have been reduced further if some or all of the land that made up the territory of *Caesar Augusta* had not simply been confiscated, but had been purchased with some of the 260 million sesterces which, according to Augustus' own testimony, he invested in 30 and 14 BCE, the probable date of the foundation of *Caesar Augusta*, to buy provincial properties for his colonists.[67]

From this perspective, and despite the hypothetical nature of many of the previous observations, it seems clear that the establishment of the *colonia Caesar Augusta* in that part of the Middle Ebro Valley, far from being catastrophic for the local population, while it could have been detrimental for some, was for others clearly a positive event (Pl. 4.4).

6. Infrastructures and imperial investment: irrigation systems

It is difficult to see the foundation of *Caesar Augusta* by Augustus around 14 BCE[68] as an isolated event, as simply a means of

[67] *RGDA* 16.

[68] On the foundation date F. BELTRÁN LLORIS (2007b) 5-6, and particularly F. BELTRÁN LLORIS (2009a) 58-60.

settling discharged veterans. The new colony, unlike *Celsa*, seems to have been conceived to organise the large region of Hispania Citerior located between, on one side, the Iberian coastal lands, already pacified by the start of the second century BCE and equipped with a strong network of *municipia* and colonies, and, on the other, the westernmost Celtic regions of Meseta, in which there had been fighting well into the first century BCE and in which Roman presence, in the absence of privileged cities, was still secured by military camps. To evolve this function, it enjoyed a suitable position: situated next to the Ebro, the main natural communication route with the Mediterranean coast, it was also in the centre of that ellipse of privileged cities and at the meeting point of the three ethnic areas of the northeast peninsula — Vasconic, Celtic and Iberian.

The city's destiny to play a significant role is demonstrated in a way by the decision of its founder, *(Imperator) Caesar Augustus,* to bestow precisely his own name upon it, *(colonia) Caesar Augusta,* a privilege enjoyed by no other city in the empire.[69] To ensure that it could play this role adequately, the *princeps* spared no resources. Firstly, he designated it capital of a large *conuentus iuridicus* that covered over 400 km from north to south, from the Pyrenees to Alcalá de Henares, and more that 300 km from west to east, from Logroño to Lérida, and which encompassed over 50 communities, including one colony, five Roman *municipia* and five Latin ones, one federate city and more than 40 stipendiary cities.[70] *Caesar Augusta* thus became the urban reference centre for these communities. It transformed into a privileged space for the interactions between the regional

[69] On the exceptional nature of the colony's name, see F. BELTRÁN LLORIS (1992), linking the application of this name not only with the important role attributed to the colony in organising the territory, but also with the existence of a notorious concentration of cities in the region which were named after great men of the Republic: *Gracchurris, Pompelo* and *Lepida / Celsa*; G. Fatás proposes a different, but compatible, perspective, suggesting it was thus named because the colony was founded on the 50th anniversary of Augustus, in M. BELTRÁN LLORIS / FATÁS CABEZA (1998) 8. See now, F. BELTRÁN LLORIS (2014) 129-139.

[70] PLIN. *NH* 3, 24.

communities and the provincial administration, led by the governor who would come to the colony at least once a year. It also became a centre for negotiation and dialogue between the urban elites of the cities assembled in the *conuentus.* In *Caesar Augusta* the annual assemblies would take place to discuss shared issues, but also to express loyalty to the *princeps* via the imperial cult led by the conventual *flamen* who was chosen by the representatives of the cities on such an occasion and acted as their spokesman in the annual provincial *concilia* in the capital, *Tarraco.*[71] In this way, *Caesar Augusta* became a means of bringing coherence and identity to an area that was culturally heterogeneous and composed of cities with different political status.

To consolidate this role Augustus restructured and redesigned the road network that ceased to be a vector of penetration from the Mediterranean coast through the corridor between the Pyrenees and the Ebro, to adopt a radial configuration with *Caesar Augusta* in the centre.[72] Milestones from the Augustan period show the *princeps*' interventions in at least five roads:[73] two Republican ones — the one that went from *Tarraco* to *Osca* via *Ilerda* and then descended to *Caesar Augusta*, and the branch that went from *Ilerda* to *Celsa*; the less well-defined route that crossed Bajo Aragón towards the Levante coast, one milestone of which exists in Jatiel;[74] the new road that followed the Ebro upstream from *Caesar Augusta* towards the northwest; and the newly-built route that also from *Caesar Augusta* crossed Cinco Villas towards *Pompelo*, which milestones record was laid by soldiers from the three founding legions of the city. Although there are no reliable sources for an Augustan intervention, it is highly probable that the road along the Jalón river, attested from the Flavian period, was already in use in this period. In this way, *Caesar Augusta* became the main hub of the road network

71 F. Beltrán Lloris / Velaza Frías (2013) 52-58.

72 F. Beltrán Lloris (2006b); F. Beltrán Lloris / Magallón Botaya (2007) 104 ff.; on the road network: Magallón Botaya (1997).

73 Lostal (1992) 390 map.

74 F. Beltrán Lloris (1996).

in the north east, upon which converged at least six important roads that not only co-ordinated land traffic from the entire north-eastern Hispanian quadrant, but also organised the territory of the *conuentus* of *Caesar Augusta*, enabling the colony to function as the territorial capital. It benefitted, furthermore, from the option of using the Ebro to give its products access to the Mediterranean.

Building the road infrastructure was obviously funded with imperial finance, which also contributed by providing military labour, as can be deduced from the explicit references on various milestones along the *Caesar Augusta-Pompelo* road.[75] The *princeps*' contribution also included bestowing a monumental urban centre upon the colony, in keeping with its function,[76] including a large forum, situated to the west of the current Plaza del Pilar and for which we also have evidence of military labour.[77] With its ancillary buildings, the forum covered an area of more than 170 × 160 m around a square of 103 × 54 m, articulated around a temple that was probably dedicated to the imperial cult;[78] it was therefore well suited to satisfy the requirements not only of the colony but also of the *conuentus iuridicus*.

To all this should be added the important economic privilege of fiscal *immunitas* (Plin. *NH* 3, 24) with which Augustus honoured *Caesar Augusta* — as he did with some of his other colonies — and the possibility, already mentioned, that some of the land that was to form its very extensive territory could have been purchased by the *princeps* out of that 260 million sesterces

[75] On the milestones: LOSTAL (1992) no.s. 18-20; on the road: AGUAROD / LOSTAL (1982).

[76] On urban planning in the Augustan and Julio-Claudian periods, M. BELTRÁN LLORIS (2007) 30-36: in this period the wall was built — or at least, designed — and the road layout planned; the sanitation of the river bank was tackled, as was the first forum, a *macellum*, the sewage system (on which, see now ESCUDERO / GALVE IZQUIERDO [2013]), the big forum, the river port, the baths of San Juan y San Pedro, a new marketplace, the theatre…

[77] Thanks to stonemason marks preserved in several blocks: F. BELTRÁN LLORIS (2008) 1069-1079.

[78] ESCUDERO / HERNÁNDEZ VERA / NÚÑEZ MARCÉN (2007) 54-56.

which, according to his own testimony, he invested in 30 and 14 BCE to buy provincial properties.[79]

The city's privileged relationship did not end with Augustus, as can be established from the fact that four members of the Julio-Claudian dynasty accepted local magistracies in the colony: Germanicus in Augustus' reign, as well as Drusus Caesar and Nero Julius Caesar, and Caligula in Tiberius' reign,[80] all of whom were honorary duumvirs, who could also have contributed to shaping and adorning the urban centre in its first decades of existence.

Alongside this collection of political decisions, fiscal privileges, road investments, port facilities, land acquisition, and financing of buildings, the funding of hydraulic infrastructures destined for irrigation deserves its own commentary.

The scale of imperial activity endowing various Italian cities with hydraulic infrastructures, especially in the Augustan period, has recently been revealed, highlighting the emperors' close interest in meeting the needs, firstly of port cities of particular strategic and economic importance, and secondly of veteran colonies.[81] Augustus' activities stand out among those of various emperors: up to 27 of the 94 Italian aqueducts that can be dated are ascribed to his era, many of which were built on Imperial initiative and situated in veteran colonies such as *Augusta Praetoria, Bononia, Brixia, Lucus Feroniae, Minturnae* and *Venafrum.* Many of these can be associated with the time of the colonies' foundation, and appear to follow initiatives planned by the *princeps*, rather than requests by the colonies.[82] A good example of this is the aqueduct of *Venafrum,* intended to provide a water supply to the colony but probably also used in a secondary capacity for irrigation, and which was built c. 17-11 BCE: the emperor's role was restricted to the construction of the infrastructure, and

[79] *RGDA* 16.

[80] *RPC* 325-329; 342-343; 362-364.

[81] De Rosa (2009) 95.

[82] De Rosa (2009) 92.

its administration, management and maintenance were then entrusted to the colonial authorities.[83] This was probably the model followed for the establishment of the irrigation systems fed by the dams in Muel and Almonacid de la Cuba, which will be discussed shortly.[84]

The geomorphological and climatic conditions of the region of the Middle Ebro Valley in which *Caesar Augusta* was situated significantly shaped agricultural development: firstly because of the relatively limited area of arable land, and secondly, because of the arid soil, which would require irrigation both for fruit and vegetable crops and, especially, to protect harvests in times of drought (Pl. 4.3). Clearly, the areas best suited to agricultural use are the floodplains of the main rivers: the Ebro, above all, obviously the river with the highest discharge, although for that very reason difficult to channel; then there are the tributaries on its left bank, starting in the Pyrenees, which bring a greater volume and quality of water — for our study this only includes the Gállego, which carries around 1000 hm^3 per annum; and finally, the tributaries flowing into the right bank, with lower and less regular flows of poorer quality: the Jalón (650 hm^3), the Huerva (35 hm^3) and the Aguasvivas (35 hm^3).

Each of these rivers presents different technical challenges to using their resources. The Ebro, precisely because of its high discharge and gentle slopes, requires major works for the construction of diversion dams and long channels. The Gállego, and to a lesser extent the Jalón, with steeper slopes and an adequate discharge, allow simpler diversions. By contrast, the irregular and limited discharge of the Huerva and Aguasvivas make regulation dams indispensable.

The region of Zaragoza had irrigation channels from the first century BCE, according to the evidence in the *Tabula Contrebiensis,* dated to 87 BCE, which describes a public channel built

[83] *CIL* X 4842.

[84] On Roman irrigation in Hispania and the Zaragoza region, see F. Beltrán Lloris / Willi (2011).

by the Iberian city of *Salduie* that ran parallel to the Ebro along its right bank, carrying water from the lower stretch of the Jalón to Zaragoza.[85] This very area of the right bank of the Ebro shows an early centuriation of land, dated to the Augustan and Tiberian periods,[86] connected to irrigation systems that should be identified with the channel documented in the *Tabula Contrebiensis*, which may have continued down to the modern La Almozara canal.

By contrast, we do not have evidence for when the irrigation system started to function in the area of *pagus Gallorum* (Gallur), which is attested under Hadrian, although the signs of veteran settlement in the area could indicate that the channels date back to the foundation of the colony.[87]

The interventions that can with confidence be traced to the Augustan period are the two major dams constructed across the Huerva, in Muel, and the Aguasvivas, in Almonacid de la Cuba. The latter, which is 34 m high and 115 m long, is the highest preserved Roman dam and it is estimated that it could store around 6,000,000 m^3 of water, capable of irrigating around 7000 ha which today are used for cereal and olive crops. A significant population centre developed from the beginning of the Principate in El Pueyo that could be identified as the principal *uicus* of the area.[88] Near the dam across the Huerva, a settlement on the old site of *Contrebia Belaisca* (Botorrita) also regained its importance, and probably played a parallel role in this river valley.[89] Although it has not been possible to specify

85 *CIL* I^3 3951a: F. Beltrán Lloris (2009b) 40-41; (2010) 27-31.

86 Ariño Gil (1990) 43-92.

87 For instance, the name of the property of one centurion, *Rectus*, is attested, F. Beltrán Lloris (2006a) 173; *LrH* I 24.

88 After M. Beltrán Lloris / Viladés Castillo (1994) 127-193, the dam was built in the time of Augustus.

89 The dam has been dated to the Augustan period using C14; some marks that initially were thought to refer to the legions turned out to be stonemason marks: Uribe *et al.* (2010); Uribe *et al.* (2013); Navarro Caballero *et al.* (2014) 573-598.

the destination of the water stored at Muel, it is unlikely that it was intended only to serve the urban centre at *Caesar Augusta*, given the poor quality of the water; it is much more probable that it was used also for agriculture.

It is unlikely that the Caesaraugustan colonists themselves possessed the capital necessary to construct these two dams at the same time of the inception of the Caesaraugustan urban centre. It is therefore much more probable, in view of the emperor Augustus' overall intervention in the colony, that these two irrigation systems were partially or fully financed by the emperor, like the *Venafrum* aqueduct mentioned above.

In this way, the majority of the potential arable land available in the Caesaraugustan territory benefitted from irrigation systems, a fact which clearly entailed a substantial change in the region's economic development. That may have been through the creation of smaller ditches, such as those off the Jalón and Gállego, or through longer channels, such as the Republican one attested in the *Tabula Contrebiensis* and, perhaps, those that were provided in the area of *pagus Gallorum,* or through the construction of enormous dams which regulated the flow of the Huerva and Aguasvivas rivers.

We do not have enough information to determine which crops were grown in these irrigated areas.[90] Although the production of fruit and vegetables may be assumed in the areas nearest the colony and its principal *uici*, the majority of the irrigated areas must have been destined for cereal crops, well attested throughout the Middle Ebro Valley, as well as olives and vines, whose harvests would have been assured once it was possible to water them periodically. After the establishment of the colony, the production of wine and oil, staple foods in the Roman diet, must have increased significantly; this could explain the absence in the region, from the Flavian period, of foreign amphorae used to transport wine, and already from the Augustan period, of

90 F. Beltrán Lloris / Willi (2011) 30.

amphorae used to transport oil, both of which would progressively have been substituted by local products.[91]

7. Concluding remarks

The conceptual and methodological regeneration that Romanisation studies have been undergoing in recent decades has offered new approaches to many aspects of that process. It has led to a more balanced understanding of the field, by counterbalancing the traditional, unilateral, Romano-centric perspective with more multilateral and dialectic approaches which also take account of the different provincial contexts. One of the most obvious consequences of this paradigm shift has been a reduction in interpretative homogeneity and the emergence of diversity, which reveals very clearly the need to counterbalance general depictions with case studies.

A good example of this issue is the study of Roman colonies, which can no longer be presented merely as benign instruments of the civilising power of Rome, as Salmon characterised them in 1969. In doing so, he disregarded not only the broad spectrum of regional and historical contexts in which the process of colonisation unfolded over the centuries, but also the highly negative effect that the creation of new colonies could have upon certain Italic and provincial communities. This, nevertheless, should not lead to generalisations from the opposite perspective, which see the establishment of a colony as an inevitable catastrophe for the provincial population, or which challenge the elevated opinion of colonies transmitted in the Roman sources — above all those from the Principate — in an attempt to blur the idiosyncrasies that distinguished them from the other categories of city, almost to the point of dissolving — or deconstructing — that category.

[91] M. Beltrán Lloris / Viladés Castillo (1994).

The fact of being a colony was certainly no guarantee of success for the cities that enjoyed that status, nor did it necessarily confer better conditions than in other communities. However, it cannot be stated either that the colonies did not enjoy privileges over other cities, or that they did not receive favourable treatment from central administration, and in particular from the emperors who founded them. This built into the developing urban system inequalities, which not only affected their status as population centres and centres of administration, but also their regional economic status.

To that end, it is useful to examine the position of many of the colonies established by Caesar or Augustus, in the context of the Spanish provinces. *Corduba*, *Tarraco* and *Emerita Augusta* benefitted from being provincial capitals. Wherever possible, furthermore, it was also the colonies that were chosen to be the seats of *conuentus iuridici* such as in the cases of *Carthago Noua, Caesar Augusta, Astigi, Pax Iulia* and *Scallabis:* in only one instance was a *municipium* chosen, *Gades*, which was one of the wealthiest and most dynamic cities in the west. (In the northwestern *conuentus* of Tarraconensis, there were no privileged cities in the Augustan period.) To this can be added the role of Spanish colonies like *Corduba, Hispalis, Vcubi, Tucci, Tarraco, Barcino, Ilici* and *Emerita*, among others, as cradles of senatorial families.[92]

The Middle Ebro Valley provides examples of two clearly divergent colonial trajectories. One was *Celsa*, a colony from the Caesarian period which was abandoned scarcely a century after its foundation, which demonstrates how, in effect, simply possessing the status of 'colony' did not assure the success of a settlement. The other was *Caesar Augusta*, the colony Augustus baptised with his own name, which, in contrast, not only took root thanks to the administrative functions assigned to it by the *princeps*, the provision of a vast territory, and the financing of

[92] DES BOSCS-PLATEAUX (2005) 41, 404-411.

road infrastructures and innovative hydraulic installations[93] in an urban centre that was important on a regional scale, but that it also regenerated and revitalised an extensive area and an urban fabric that had been profoundly damaged during the civil wars of the 70s and 40s BCE. This intervention was of course not necessarily beneficial for all affected, but cannot from any perspective be characterised as catastrophic.

Works cited

ABASCAL, J.M. / ESPINOSA, U. (1989), *La ciudad hispano-romana. Privilegio y poder* (Logroño).

AGUAROD, M.C. / LOSTAL, J. (1982), "La vía romana de las Cinco Villas", *Caesaraugusta* 55-56, 167-218.

AGUILERA ARAGÓN, I. (1991), "Salduie", in *Zaragoza. Prehistoria y arqueología* (Zaragoza), 13-15.

ALFÖLDY, G. (2005), "Romanisation — Grundbegriff oder Fehlbegriff? Überlegungen zum gegenwärtigen Stand der Erforschung von Integrationsprozessen im römischen Weltreich", in Z. VISY (ed.), *Limes XIX. Proceedings of the XIXth International Congress of Roman Frontier Studies* (Pécs), 25-56.

— (2011), *Corpus Inscriptionum Latinarum* II^2/14,2, *Inscriptiones Hispaniae Latinae.* Fasc. 1 (Berlin).

ARCE, J. (1979), *Caesaraugusta, ciudad romana* (Zaragoza).

ARIÑO GIL, E. (1990), *Catastros romanos en el convento jurídico caesaraugustano. La región aragonesa* (Zaragoza).

ARRAYÁS MORALES, I. (2005), "*Tarraco,* colonia romana", *Habis* 36, 159-178.

ASENSIO ESTEBAN, J.Á. (1995), *La ciudad en el mundo prerromano en Aragón* (Zaragoza).

BARRANDON, N. (2011), *De la pacification à l'intégration des Hispaniques (133-27 a. C.). Les mutations des sociétés indigènes d'Hispanie centrale et septentrionale sous domination romaine* (Bordeaux).

BELTRÁN LLORIS, F. (1992), "*Caesar Augusta,* ciudad de Augusto", *Caesaraugusta* 69, 31-44.

[93] Some interesting links can also be established between Augustan colonies and irrigations systems, see F. BELTRÁN LLORIS / WILLI (2011) 33, fig. 2 and 51.

— (1996), "Un nuevo miliario y una nueva vía augústeos en Jatiel (Teruel)", *Kalathos* 15, 67-78.

— (1999), "Writing, Language and Society: Iberians, Celts and Romans in Northeastern Spain in the 2nd & 1st centuries BC", *BICS* 43, 131-151.

— (2003), "La romanización temprana en el valle medio del Ebro (siglos II-I a. E.): una perspectiva epigráfica", *Archivo Español de Arqueología* 76, 179-191.

— (2006a), "An Irrigation Decree from Roman Spain: The *Lex rivi Hiberiensis*", *JRS* 96, 147-197.

— (2006b), "El valle medio del Ebro durante el período republicano: De *limes* a *conuentus*", in G. CRUZ ANDREOTTI / P. LE ROUX / P. MORET (eds.), *La invención de una geografía de la Península Ibérica.* I, *La época republicana* (Málaga), 217-240.

— (2006c), "Galos en Hispania", *Acta Archaeologica Academiae Scientiarum Hungaricae* 57, 183-199.

— (ed.) (2007a), *Las capitales provinciales de Hispania.* IV, *Zaragoza — Colonia Caesar Augusta.* (Rome).

— (2007b), "Introducción histórica", in F. BELTRÁN LLORIS (2007a), 3-13.

— (2007c), "*Locorum nuda nomina?* La estructura de la descripción pliniana de Hispania", in CRUZ ANDREOTTI / LE ROUX / MORET (2007), 115-160.

— (2008), "Marcas legionarias de la *VI Victrix* y la *X Gemina* en el foro de *Caesar Augusta*", *Veleia* 24-25 (2007-2008), *Homenaje a Ignacio Barandiarán Maestu,* 1069-1079.

— (2009a), "Le territoire de *Colonia Caesar Augusta* (Saragosse) et ses premiers habitants", in L. CALLEGARIN / F. RECHIN (eds.), *Espaces et sociétés à l'époque romaine. Entre Garonne et Èbre. Hommage à Georges Fabre* (Pau), 55-67.

— (2009b), "*Vltra eos palos.* Una nueva lectura de la línea 7 de la *Tabula Contrebiensis*", in *Espacios, usos y formas de la epigrafía hispana en épocas antigua y tardoantigua. Homenaje al Dr. Armin U. Stylow* (Madrid), 33-42.

— (2010), "El agua y las relaciones intercomunitarias en la Tarraconense", in L.G. LAGÓSTENA BARRIOS / J.L. CAÑIZAR / L. PONS (eds.), *Aquam perducendam curavit. Captación, uso y administración del agua en las ciudades de la Bética y el Occidente romano* (Cádiz),21-40.

— (2011a), "¿Firmas de artesano o sedes de asociaciones comerciales? A propósito de los epígrafes musivos de Caminreal (E.7.1), Andelo (K.28.1) y El Burgo de Ebro (*HEp* 11, 2001, 621 = *AE* 2001, 1237)", in E.R. LUJÁN / J.M. GARCÍA ALONSO (eds.),

A Greek Man in the Iberian Street. Papers in Linguistics and Epigraphy in Honour of Javier de Hoz (Innsbruck), 139-147.

— (2011b), "El *territorium Caesaraugustanum*", in AGUILERA ARAGÓN / ONA GONZÁLEZ (2011), 83-101.

— (2011c), "Les colonies latines d'Hispanie (IIe siècle av. n. È.): émigration italique et intégration politique", in N. BARRANDON / F. KIRBIHLER (eds.), *Les gouverneurs et les provinciaux sous la République romaine* (Rennes), 131-144.

— (2014), "*Colonia Caesar Augusta.* Reflexiones sobre el nombre romano de Zaragoza", in A. DUPLÁ *et al.* (eds.), *Miscelánea de estudios en homenaje a Guillermo Fatás Cabeza* (Zaragoza), 129-139.

— (2016), "Notas sobre el nombre y el abandono de *Colonia Victrix Iulia Lepida Celsa*", in I. AGUILERA ARAGÓN *et al.* (eds.), *De las ánforas al museo. Estudios dedicados a Miguel Beltrán Lloris* (Zaragoza), 177-187.

— (forthcoming a), "¿Sedes colegiales indígenas de fecha republicana en Caminreal y *Andelo*?", in O. RODRÍGUEZ GUTIÉRREZ (ed.), *Los espacios de reunión de las asociaciones romanas. Diálogos desde la arqueología y la historia, en homenaje a Bertrand Goffaux* (Madrid).

— (forthcoming b), "Acerca del concepto de romanización", in S. RAMALLO / T. TORTOSA (eds.), *El tiempo final de los santuarios ibéricos en los procesos de impacto y consolidación del mundo romano* (Murcia).

— (forthcoming c), "Augusto y el valle del Ebro", in *La Hispania de Augusto. Congreso Internacional, Madrid, 7-9 de abril de 2014 — Gerión* (forthcoming).

— (forthcoming d), "*Colonia Caesar Augusta*: el impacto sobre el territorio y las comunidades indígenas", in M.D. DOPICO / J. SANTOS / M. VILLANUEVA (eds.), *Las ciudades de poder en Hispania. Revista de Historiografía* (Madrid).

BELTRÁN LLORIS, F. / ESTARÁN TOLOSA, M.J., (2011), "Comunicación epigráfica e inscripciones bilingües en la Península Ibérica", in C. RUIZ DARASSE / E.R. LUJÁN (eds.), *Contacts linguistiques dans l'Occident méditerranéen antique* (Madrid), 9-25.

BELTRÁN LLORIS, F. / MAGALLÓN BOTAYA, M.Á. (2007), "El territorio", in F. BELTRÁN LLORIS (2007a), 97-108.

BELTRÁN LLORIS, F. / MARTÍN-BUENO, M. / PINA POLO, F. (2000), *Roma en la Cuenca Media del Ebro. La romanización en Aragón* (Zaragoza).

BELTRÁN LLORIS, F. / VELAZA FRÍAS, J. (2013), "El límite occidental del convento jurídico cesaraugustano", in J. ANDREU PINTADO (ed.), *Entre Vascones y Romanos. Sobre las tierras de Navarra en la Antigüedad* (Pamplona), 51-71.

Beltrán Lloris, F. / Willi, A. (2011), "El regadío en la Hispania romana: estado de la cuestión", *Cuadernos de Prehistoria y Arqueología de la Universidad de Granada* 21, 9-56.

Beltrán Lloris, M. (1969-1970), "Notas arqueológicas sobre Gallur y la comarca de las Cinco Villas de Aragón", *Caesaraugusta* 33-34, 89-117.

— (1983), *Celsa, la primera colonia romana en el valle medio del río Ebro* (Zaragoza).

— (1985), *Celsa* (Zaragoza).

— (1991), *Colonia Celsa* (Zaragoza).

— (1997), *Colonia Celsa. Velilla de Ebro* (Madrid).

— (2002), "La etapa de Sertorio en el Valle del Ebro: bases arqueológicas", *Pallas* 60, 45-92.

— (2003), "Los morteros 'bilingües' del Valle del Ebro", *Palaeohispanica* 3, 59-71.

— (2007), "Topografía y evolución urbana", in F. Beltrán Lloris (2007a), 29-42.

Beltrán Lloris, M. *et al.* (1998), *Colonia Victrix Iulia Lepida-Celsa (Velilla de Ebro, Zaragoza).* III, *El* instrumentum domesticum *de la Casa de los Delfines* (Zaragoza).

Beltrán Lloris, M. / Fatás Cabeza, G. (1998), *César Augusta, ciudad romana* (Zaragoza).

Beltrán Lloris, M. / Mostalac Carrillo, A. / Lasheras Corruchaga, J.A. (1984), *Colonia Victrix Iulia Lepida-Celsa (Velilla de Ebro, Zaragoza).* I, *La arquitectura de la Casa de los Delfines.* 2 vols. (Zaragoza).

Beltrán Lloris, M. / Viladés Castillo, J. (1994), "*Aquae Romanae.* Arqueología de la presa de Almonacid de la Cuba (Zaragoza)", *Museo de Zaragoza* 13, 127-193.

Bispham, E. (2006), "*Coloniam deducere*: How Roman was Roman Colonization during the Middle Republic?", in G. Bradley / J.-P. Wilson (eds.), *Greek and Roman Colonization. Origins, Ideologies and Interactions* (Swansea), 73-160.

Burnett, A. / Amandry, M. / Ripollès, P.P. (1992), *Roman Provincial Coinage*. Vol. I, *From the Death of Caesar to the Death of Vitellius (44 BC-AD 69)*. 2 vols. (London).

Caballos Rufino, A. (ed.) (2010), *Italica-Santiponce. Municipium y colonia Aelia Augusta Italicensium* (Rome).

Cordero Ruiz, T. (2010), "Una nueva propuesta sobre los límites del *ager Emeritensis* durante el Imperio Romano y la Antigüedad tardía", *Zephyrus* 65, 149-165.

Cruz Andreotti, G. / Le Roux, P. / Moret, P. (eds.) (2007), *La invención de una geografía de la Península Ibérica.* II, *La época imperial* (Málaga).

De Rosa, L. (2009), "Il ruolo degli acquedotti nella política imperiale in Italia", in A. Storchi Marino / G.D. Merola (eds.), *Interventi imperiali in campo economico e sociale. Da Augusto al tardoantico* (Bari), 79-95.

Des Boscs-Plateaux, F. (2005), *Un parti hispanique à Rome ? Ascension des élites hispaniques et pouvoir politique d'Auguste à Hadrien (27 av. J.-C. - 138 ap. J.-C.)* (Madrid).

Escudero, F. de A. / Galve Izquierdo, M.P. (2013), *Las cloacas de Caesaraugusta y elementos de urbanismo y topografía de la ciudad antigua* (Zaragoza).

Escudero, F. de A. / Hernández Vera, J.A. / Núñez Marcén, J. (2007), "Arquitectura oficial", in F. Beltrán Lloris (2007a), 43-56.

Estarán Tolosa, M.J. (2012), "Las estampillas ibérico-latinas K.5.4", *Palaeohispanica* 12, 73-90.

Fatás Cabeza, G. / Beltrán Lloris, M. (1997), *Historia de Zaragoza.* Vol. 1, *Salduie, ciudad ibérica* (Zaragoza).

Fatás Cabeza, G. / Marco, F. (1980), "Los *fundi* en la toponimia: sufijos *-ano, -eno, -one*", in A. Beltrán Martínez (ed.), *Atlas de prehistoria y arqueología aragonesas.* I (Zaragoza), 160-161.

Ferreruela Gonzalvo, A. *et al.* (2003), "Una inscripción republicana de la sede de una posible corporación en La Cabañeta (El Burgo de Ebro, Zaragoza)", *Archivo Español de Arqueología* 76, 217-230.

Ferreruela Gonzalvo, A. / Mínguez Morales, J.A. (2003), "Dos modelos de implantación urbana romanorrepublicana en el valle medio del Ebro: las ciudades de La Cabañeta y La Corona", *Archivo Español de Arqueología* 76, 247-262.

Gagliardi, M. (2006), *Mobilità e integrazione delle persone nei centri cittadini romani. Aspetti giuridici.* I, *La classificazione degli* incolae (Milan).

Galsterer, H. (1971), *Untersuchungen zum römischen Städtewesen auf der iberischen Halbinsel* (Berlin).

Galve Izquierdo, M.P. (1996), *Los antecedentes de Caesaraugusta. Estructuras domésticas de Salduie (Calle Don Juan de Aragón, 9. Saragoza)* (Zaragoza).

García Morá, F. (1991), *Un episodio de la Hispania republicana. La guerra de Sertorio, planteamientos iniciales* (Granada).

García Serrano, J.Á. / Pérez Pérez, J. (2010-2011), "El poblamiento rural romano en el área de influencia del *Municipium Turiaso*: patrones de asentamiento en torno al río Queiles, término municipal de Novallas", *Turiaso* 20, 55-95.

HANSEN, I.L. (2011), "Between Atticus and Aeneas: The Making of a Colonial Elite at Roman Butrint", in SWEETMAN (2011), 85-100.

KEAY, S. / TERRENATO, N. (2001), "Preface", in S. KEAY / N. TERRENATO (eds.), *Italy and the West. Comparative Issues in Romanization* (Oxford), ix-xii.

KORNEMANN, E. (1901), "Coloniae", in *RE* IV 7, 511-588 (Stuttgart).

LOSTAL, J. (1992), *Los miliarios de la provincia Tarraconense (conventos tarraconense, cesaraugustano, cluniense y cartaginense)* (Zaragoza).

MAGALLÓN BOTAYA, M.Á. (1997), *La red viaria romana en Aragón* (Zaragoza).

— (2006), "Le monde rural à l'époque romaine dans la moyenne vallée de l'Ebre (Espagne)", in F. RÉCHIN (ed.), *Nouveaux regards sur les* villae *d'Aquitaine. Bâtiments de vie et d'exploitation, domaines et postérités médiévales* (Pau), 307-324.

MARÍN DÍAZ, M.A. (1988), *Emigración, colonización y municipalización en la* Hispania *republicana* (Granada).

MEDRANO MARQUÉS, M. / DÍAZ SANZ, M.A. (2001), "La ciudad celtibérica y romana de *Contrebia Belaisca*", in F. VILLAR *et al.*, *El IV bronce de Botorrita (Contrebia Belaisca). Arqueología y lingüística* (Salamanca), 13-38.

MEYER-LÜBKE, W. (1925), "Zur Kenntnis der vorrömischen Ortsnamen der iberischen Halbinsel", *Homenaje ofrecido a Menéndez Pidal.* T. I (Madrid), 63-84.

MÍNGUEZ MORALES, J.A. / DÍAZ ARIÑO, B. (2011), "Grafitos sobre cerámica — ibéricos, latinos, griegos y signos — procedentes del yacimiento romanorrepublicanao de La Cabañeta (El Burgo de Ebro, Zaragoza)", *Archivo Español de Arqueología* 84, 51-86.

MOSTALAC CARRILLO, A. / BELTRÁN LLORIS, M. (1994), *Colonia Victrix Iulia Lepida-Celsa (Velilla de Ebro, Zaragoza).* II, *Estratigrafía, pinturas y cornisas de la "Casa de los Delfines"* (Zaragoza).

NAVARRO CABALLERO, M. *et al.* (2014), "La presa romana de Muel (Zaragoza, España): ¿una obra militar?", in F. CADIOU / M. NAVARRO CABALLERO (eds.), *La guerre et ses traces. Conflits et sociétés en Hispanie à l'époque de la conquête romaine (III*^{e}*-I*^{er} *s. a.C.)* (Bordeaux), 573-598.

RODRÍGUEZ SIMÓN, P. / DÍEZ DE PINOS LÓPEZ, E. (2014), "Nueva inscripción celtibérica en piedra de El Pueyo de Belchite (Zaragoza)", *Palaeohispanica* 14, 245-262.

RUIZ DE ARBULO, J. (2002), "La fundación de la colonia *Tarraco* y los estandartes de César", in J.L. JIMÉNEZ SALVADOR / A. RIBERA (eds.), *Valencia y las primeras ciudades romanas de Hispania* (Valencia), 137-156.

SALMON, E.T. (1969), *Roman Colonization under the Republic* (London).

SÁNCHEZ BARRERO, P.D. (2004), "El territorio", in X. DUPRÉ RAVENTÓS (ed.), *Las capitales provinciales de Hispania*. II, *Mérida. Colonia Augusta Emerita* (Rome), 101-111.

SCHULTEN, A. (1937), *Las guerras de 154-72 a. de J. C.* (Barcelona).

SORIANO JIMÉNEZ, M.A. (2011), "Geología y geomorfología de la delimitación comarcal de Zaragoza", in I. AGUILERA ARAGÓN / J.L. ONA GONZÁLEZ (eds.), *Delimitación comarcal de Zaragoza* (Zaragoza), 15-31.

SOUTO LASALA, J.A. (1992), "El poblamiento del término de Zaragoza (siglos VIII-X): los datos de las fuentes geográficas e históricas", *Anaquel de estudios árabes* 3, 113-152.

SWEETMAN, R.J. (ed.) (2011), *Roman Colonies in the First Century of their Foundation* (Oxford).

— (2011), "100 Years of Solitude: Colonies in the First Century of their Foundation", in SWEETMAN (2011), 1-6.

URIBE, P. *et al.* (2010), "La Presa romana de Muel", in L.G. LAGÓSTENA *et al.* (eds.), *Actas aquam perducendam curavit. Captación, uso y administración de agua en las ciudades de la Bética y el occidente romano* (Cádiz), 335-343.

— *et al.* (2013), "Le barrage de Muel (Saragosse, Espagne)", in F. BARATTE / C.J. ROBIN / E. ROCCA (eds.), *Regards croisés d'Orient et d'Occident. Les barrages dans l'Antiquité tardive. Actes du colloque, 7-8 janvier 2011, Paris* (Paris), 217-228.

VITTINGHOFF, F. (1952), *Römische Kolonisation und Bürgerrechtspolitik unter Caesar und Augustus* (Wiesbaden).

WOOLF, G. (2011), "Catastrophe and Aftermath", in SWEETMAN (2011), 150-159.

DISCUSSION

F. Hurlet: J'aimerais souligner ici tout d'abord l'originalité de l'approche adoptée et poser ensuite deux questions. Concernant la première partie de la présentation, le mérite de F. Beltrán Lloris n'est pas tant de porter l'attention sur le monde provincial — après tout, il y a longtemps que les historiens cherchent à étudier le monde romain dans la perspective qui était celle des provinciaux — que de montrer dans quelle mesure le contexte proprement local pesait dans la mise en place de ce qui était un des plus forts marqueurs de la romanité. Cette perspective s'inscrit dans un courant historiographique qui montre à quel point la fondation de colonies romaines fut loin d'être un processus homogène et qui est aujourd'hui beaucoup plus sensible à la singularité des cas. On voit en effet à quel point le contexte et l'intervention de Rome changèrent si l'on compare la brutalité de l'intervention romaine dans le contexte de la création d'*Augusta Praetoria* (Aoste) au contexte de création de *Caesar Augusta* tel qu'il a été décrit avec précision par F. Beltrán Lloris. Il demeure que le nom même de la colonie, *Caesar Augusta*, ne fait référence à aucun substrat indigène et renvoie uniquement au fondateur de la colonie, ce qui est assez remarquable pour être souligné. Peut-on expliquer cette dénomination ? Je voudrais enfin revenir sur un autre élément notable, l'échec de la *Colonia Iulia Victrix Lepida Celsa*. C'est une situation exceptionnelle : connaît-on des situations parallèles dans le monde romain et quelles explications peut-on apporter ?

F. Beltrán Lloris: En efecto, el examen de la praxis colonial desarrollada por Roma a lo largo de los siglos, desde el comienzo de la República hasta el final del Principado, pone de manifiesto con claridad dos aspectos: por una parte, que ese particular mecanismo de creación de nuevas ciudades emanadas de la comunidad cívica romana y ligadas estrechamente a ella fue un instrumento estratégico fundamental y recurrente a lo largo de los siglos; pero, a la vez y como no podía ser de otra manera, que según la época, los condicionantes sociales y políticos del momento o las necesidades del contexto local, las colonias adoptaron diferentes modalidades y desarrollaron funciones específicas que resulta imprescindible examinar de forma diferenciada: desde el control de territorio, pasando por la necesidad de asentar sectores de la población desfavorecidos o de responder a las aspiraciones de los soldados hasta la afirmación personal de sus promotores o el deseo de las ciudades de adquirir un título prestigioso.

Por ello, más allá de las grandes narrativas y de las interpretaciones generales, imprescindibles sin duda para escribir la historia, las aseveraciones poco matizadas que pretendan reducir la praxis colonial simplemente a un fenómeno meramente benéfico para Roma o catastrófico para las poblaciones en cuyo seno se asentaron están condenadas a ser desmentidas por el estudio de los casos concretos.

En cuanto a las dos preguntas específicas que formulaba Frédéric Hurlet, la primera subraya la excepcionalidad del nombre con el que *Caesar Augusta* fue denominada. A mi juicio, este hecho responde a diversos factores. Por un lado, el hecho de que su enorme *pertica* estuviera constituida por la acumulación de los territorios de varias ciudades precedentes y no de una sola (*Salduie, Alauo, Contrebia Belaisca,…*) contribuyó sin duda a que el nombre de la nueva colonia no reflejara el de ninguna de sus predecesoras; algo similar debió ocurrir con otras dos colonias augústeas dotadas de enormes territorios y carentes de un nombre que remitiera a su pasado precolonial: *Emerita Augusta* (Mérida) y *Pax Iulia* (Béja). Por otra parte, de este modo se enfatizaba la identidad de la denominación de la ciudad y la de su fundador, *(Imperator) Caesar Augustus,* que quizá pudo verse inducido a esta decisión por la acumulación en la región de ciudades que aludían a prohombres republicanos como Tiberio

Sempronio Graco (*Graccurris,* Alfaro), Pompeyo Magno (*Pompelo,* Pamplona) o Marco Emilio Lépido (*colonia Iulia Victrix Lepida Celsa,* Velilla de Ebro), que a partir de la creación del *conuentus iuridicus Caesaraugustanus* quedaban en cierto modo supeditadas a su ciudad, la ciudad de Augusto, de la que simbólicamente dependerían las de Graco, Pompeyo o Lépido (F. Beltrán Lloris [1992]). Finalmente, cabe suponer que si el príncipe aceptó darle su nombre a la nueva colonia era porque la consideraba destinada a desempeñar un papel relevante en la región, más allá de las posibilidades de que asistiera personalmente a su fundación o de que esta coincidiera con su aniversario, circunstancias posibles, sin duda, pero incomprobables por el momento (F. Beltrán Lloris [2014]).

En cuanto a la segunda pregunta, el igualmente excepcional abandono de *colonia Iulia Victrix Lepida Celsa* un siglo después de su fundación (c. 44 a. E. - c. 60 d. E.), es un hecho del que no conozco paralelos, al menos en lo que respecta a colonias romanas. Si es cierto que determinadas colonias latinas republicanas pasaron por dificultades como la propia *Aquileia* que, fundada en 181 a. E., requirió una segunda deducción de colonos en 169 a. E., al igual que ocurrió con las pequeñas *Buxentum* y *Sipontum,* casi abandonadas en 186, tras su establecimiento en 195, que debieron recibir nuevos contingentes de pobladores: pese a ello seguían habitadas a comienzos del Principado. En el caso de *Celsa,* sin duda, la fundación de *Caesar Augusta* a una cincuentena de kilómetros al oeste debió afectarle negativamente, habida cuenta del relevante rol que Augusto atribuyó a esa ciudad: de cualquier forma, esto ocurrió treinta años después de su establecimiento (14 a. E.) mientras que *Celsa* no parece mostrar síntomas de deterioro urbano hasta sesenta años más tarde y, por otra parte, se conocen en la propia Hispania casos similares de convivencia de colonias cesarianas y augústeas de muy distinta relevancia a corta distancia como *Metellinum* y *Emerita Augusta.* Sin duda el hecho de que el fundador de la colonia, Lépido, cayera en desgracia ya en 36 a. E. privó a la ciudad de un protector, pero ni este factor ni los antes señalados permiten explicar el fracaso de esta ciudad, de la que sus elites, no obstante, parecen emigrar desde las primeras décadas del Principado como queda bien ilustrado por la marcha de los ancestros del senador Licinio Sura, oriundos con toda probabilidad de *Celsa,* desde esta ciudad a *Tarraco* (F. Beltrán Lloris [2016] con bibliografía). Tal vez la excavación en el futuro de las áreas públicas de la ciudad suministren nuevos elementos de juicio para explicar la anomalía que supone el abandono de una colonia romana cien años después de su fundación.

P. Eich: Some scholars now claim that colonies in Greece and Asia Minor were characterized more by differences than by similarities, the single most important difference being how the local population was treated.

Given this assessment: What do you think are the most important differences between Spanish colonies and the settlements in, say, Greece or Asia Minor? Dou you believe in the so-called 'honorary colonies'?

F. Beltrán Lloris: Obviamente la categoría de 'colonia honoraria' es un constructo moderno para designar a aquellas ciudades que disfrutaron de la condición de colonia sin que conste que existiera en ellas una instalación específica de nuevos pobladores. Este fue seguramente el caso, por ejemplo, de *Italica* (Santiponce, Sevilla), la patria chica de Adriano que nos consta explícitamente, entre otros testimonios gracias al conocido pasaje de Aulo Gelio (*Noct. Att.* 16, 13, 4), que requirió del príncipe la obtención de esta condición y que no solo la consiguió a título honorífIco sino acompañada de una notable inversión imperial para el desarrollo de un nuevo barrio de la ciudad (Caballos Rufino [2010]). Se ha especulado también con la posibilidad de que otras ciudades hispanas con antigua presencia romana como *Tarraco* (Tarragona) o *Carthago Noua* (Cartagena) adquirieran la condición de colonias romanas en época de César sin recibir tampoco contingentes de colonos: aunque esta posibilidad en el caso de *Tarraco* se ha cuestionado recientemente (Ruiz de Arbulo [2002]; Alföldy [2011] xcvi), parece, sin embargo, improbable que la ciudad hubiera recibido una aportación de colonos veteranos substancial, por lo que debe aceptarse en principio que la condición colonial se otorgó a la población previamente instalada en ella. Por lo tanto, en este sentido, no parece que exista una diferencia substancial con el trato que teóricamente se daría a colonias orientales como *Caesarea Maritima* o Antioquía.

N. Purcell: I am fascinated by what this paper has shown of the way scholarly orthodoxy has shifted from a belief (deriving ultimately from Mommsenian authority) in equipollence, homogeneity, uniformitarianism ("Normalisierung", as Peter Eich called it). Our discussion has by contrast, repeatedly returned to the ways in which the Roman Empire was 'an extraordinarily hierarchical space': an inequality which was deliberately cultivated by the Romans. In this context, and given the themes of my own paper, I was struck by the possibility that decisions concerning the *territoria* of chartered towns reflect some kind of administrative characterization of landscape and spatiality, a 'zonal thinking', on the part of the Romans. Do you yourself see this in the case of the Ebro valley? I also wonder whether you accept the implication which seems hard to avoid from your paper, that the delineation of the *territorium* of *Caesar Augusta* must already have 'entailed' accepting the crippling of *Celsa*, so that it is also odd that the latter struggled on to the Neronian period.

F. Beltrán Lloris: La desigualdad es una noción central en la ideología social romana; o, dicho de otra forma, la igualdad social no parece haber formado parte nunca del ideario de las sociedades clásicas. Por ello y aunque nos sorprenda, en las *largitiones* los *decuriones* recibían aportaciones mayores que las destinadas a los meros ciudadanos, y en los *alimenta* trajáneos se destinaba una contribución mayor para la manutención de los muchachos que la que debían de recibir las muchachas. Esa es la razón que explica también por qué Plinio el Viejo al describir el Imperio Romano en los libros geográficos de su *Naturalis Historia* menciona de manera exhaustiva las colonias romanas, siguiendo el proceder del mismo Augusto, mientras que solo suministra una selección, a veces muy abrupta, de las otras categorías de ciudades, incluidos los municipios romanos y latinos.

Resulta evidente en el terreno político y administrativo esta primacía de las colonias, por ejemplo en la selección de la capitalidad provincial que muy frecuentemente recayó en colonias y no solo en Hispania (*Tarraco, Corduba, Emerita*), sino en otras muchas provincias: *Narbo, Lugdunum, Tingi, Caesarea, Carthago, Salona, Syracusae, Corinthus*, …

Por todo ello la fundación de *Caesar Augusta* en relación con el previo establecimiento de *Celsa* y la promoción de los diferentes municipios romanos y latinos del valle medio del Ebro, tal y como la he presentado más arriba, obligan a considerar que las intervenciones de Augusto en la región respondieron a una cierta planificación territorial (o, si se prefiere, 'zonal thinking'), en la que la relevancia de las comunidades según su categoría política resulta evidente y refleja la desigualdad existente entre ellas (lo que podría en efecto denominarse 'deliberately cultivated inequality'), bien plasmada en la relación de comunidades reflejada por Plinio el Viejo, entre las que distingue colonias romanas, municipios romanos, municipios latinos, ciudades federadas y ciudades estipendiarias (Plin. *NH* 3, 24). Obviamente en el caso de Augusto confluyen varios factores que propiciaron esta aparente planificación: un largo reinado, la disposición de medios económicos inmensos, un conocimiento directo de la región,…

Se desconoce cuál era la extensión del territorio de *Celsa* hacia el oeste antes de la fundación de *Caesar Augusta* y, en consecuencia, resulta imposible determinar si la fundación de la colonia augústea supuso una reducción de la *pértica* celsense. Los estudios arqueológicos realizados en *Celsa* — limitados por el momento a la arquitectura doméstica — no muestran síntomas de deterioro urbano a lo largo de los reinados de Augusto y Tiberio, más allá de la 'fuga' de algunas familias dirigentes como la de los Licinios Suras a la que ya se ha hecho referencia. En consecuencia no parece que la fundación de *Caesar Augusta* redundara en una afección negativa inmediata para *Celsa*.

F. Hurlet: I would like to come back to Nicholas Purcell's important intervention and make a very small step backward. We all agree that the whole Roman Empire is an extraordinary hierarchical space, a regime of *imperium* and *auctoritas*. However, it is a fact that the presence of the previous indigenous inhabitants of the territory of a Roman colony was taken more into account during and from the cesarian-augustan period. You made a good and important point when you suggest that these people were integrated in the colony in a way or another. The parallel with Carthago is striking. How do you understand from this point of view the text of Appian (*Pun.* 136) which you quoted? Did some of the indigenous inhabitants become Roman citizens or *incolae*? I am inclined to favour the latter solution given the use of the verb (*sunagagein*).

F. Beltrán Lloris: Concuerdo por completo en la apreciación de que el tratamiento de las poblaciones provinciales se transformó durante los gobiernos de César y Augusto, de forma que dejaron de ser meros *praeda populi Romani,* por decirlo en palabras de Cicerón (*Verr.* 2, 2, 7), para recibir una consideración más positiva como sede, además, de comunidades romanas de rango colonial y municipal.

En el caso del pasaje de Apiano relativo a *Carthago,* una colonia dotada de un territorio inmenso, parece difícil entender el texto griego de otra manera que no sea que Augusto completó el número de 3.000 colonos romanos con población de la región. Más difícil resulta precisar cuál fuera la condición política de esa población: ¿ciudadanos romanos o peregrinos? Sin duda los primeros debieron ser sumados al número de colonos, pero resulta igualmente verosímil la posibilidad de que se incorporara a ellos a las elites locales, por ejemplo. En consecuencia me inclino por considerar que la fundación de una colonia romana comportaba no solo la instalación de colonos (veteranos o no) venidos de lejos, sino también la incorporación de otros ciudadanos romanos asentados en la región y de población peregrina local, incorporada tanto entre el número de los colonos propiamente dichos como en condición de *incolae*.

S. von Reden: Related to Nicholas' question of Roman urban development as an instrument of creating (or demonstrating) inequality among the Romans in the Tarraconensis: can this assumption be related only to the foundation of *coloniae*, or also to the effects of Roman urban policy? In other words: do we see economic competition in these towns, and uneven economic development? Is there any way of showing that these towns were capable of significant amounts of surplus production, or were they just sustained by the water supply and irrigation systems developed for these towns?

F. Beltrán Lloris: La estricta gradación de ciudades que Plinio el Viejo refleja en su descripción de Hispania (colonias romanas, municipios romanos, municipios latinos etc.) es un indicador más de la desigualdad existente entre las ciudades provinciales. Una desigualdad que se plasma en todas las vertientes desde la posibilidad de acuñar moneda propia — reservada para colonias y municipios — hasta el desarrollo monumental de las ciudades o la promoción política de sus elites.

En lo que respecta al efecto de las inversiones en infraestructuras hidráulicas destinadas a la irrigación no disponemos de datos precisos para valorar su impacto sobre la producción agrícola. La posibilidad de regar en tierras de secano puede redundar en la obtención de más de una cosecha anual, pero ante todo lo que permite es asegurar su recolección en años de sequía. Sin embargo es más que probable que la irrigación permitiera además diversificar la producción, destinar una parte de ella a la comercialización exterior y obtener rendimientos más elevados. Plinio el Viejo, por ejemplo, hace referencia al extraordinario rendimiento económico de las alcachofas cultivadas en *Corduba* (*NH* 19, 152), un cultivo que requiere irrigación y que se ubica en una ciudad en torno a la cual se ha comprobad la existencia de numerosas infraestructuras de riego, en este caso cisternas sobre todo.

V

FRÉDÉRIC HURLET

REJETER LE CONTRÔLE DE ROME

LES FORMES DE RÉSISTANCE AUX STRUCTURES FISCALES ET ADMINISTRATIVES DE L'EMPIRE ROMAIN

Les trois termes qui ont été placés au centre de la réflexion collective — ressources, échanges et pouvoir — ont en commun de s'inscrire dans une réflexion plus globale sur le thème de l'empire, concept qui a été souvent sollicité cette dernière décennie et dont l'efficacité heuristique sera ici de nouveau soulignée.[1] Ils définissent en effet chacun une caractéristique principale de la nature et du fonctionnement d'une structure impériale qui a régi Rome pendant plusieurs siècles avec un succès tel que cette expérience historique, en soi unique, a été érigée comme un modèle — à tort et de manière rétrospectivement illusoire. L'empire est tout d'abord une forme de régime politique, complexe et hybride, qui exerce un pouvoir en prenant des décisions et en les faisant adopter à différentes échelles. Il n'est guère besoin d'insister à ce propos sur le fait que le mot lui-même dérive du latin *imperium*, qui était à l'origine un pouvoir, celui des rois et des magistrats, avant de caractériser également à

[1] La bibliographie sur la notion d'empire et l'usage qui en est fait en histoire romaine a connu cette dernière décennie une réelle inflation. Je me limiterai à renvoyer à quelques ouvrages collectifs et synthèses : BEN GHIAT (2009) ; HURLET (2008) ; HURLET (2011) ; BADEL (2011) ; BURBANK / COOPER (2010) ; MORRIS / SCHEIDEL (2009) ; SCHEIDEL (2009) ; SCHEIDEL (2015). Ces travaux présentent au moins un mérite, celui de nous aider à penser l'État autrement que sous la forme de l'État-nation.

partir de l'époque augustéenne l'espace sur lequel un tel pouvoir était exercé.[2] En tant que notion renvoyant à l'idée de domination, l'empire crée les conditions pour renforcer les échanges entre les différents espaces et les différentes échelles placés sous son contrôle. L'Empire romain est de ce point de vue un exemple plutôt isolé de structure fortement centralisée qui reconfigura progressivement l'espace méditerranéen en ne se limitant pas à avantager Rome et l'Italie ; il faut prendre également en compte la constitution de pôles régionaux.[3]

Une autre conséquence du fonctionnement d'un empire est la création de ressources propres, dans le sens où cette structure produit des richesses spécifiques qui, autrement, n'auraient pu être créées ni redistribuées sous une forme ou une autre. On pense en particulier pour l'Empire romain à tout ce qui provient des domaines dits impériaux et qui ne se réduit pas à l'exploitation des terres (blé, huile…) et des ressources naturelles ; il faut y ajouter les produits de luxe comme le marbre, les métaux précieux ou encore la main d'œuvre servile spécialisée.[4] Il y a également tout le produit de la fiscalité, en nature ou en numéraire, qui alimente un trésor pour faire face aux dépenses de fonctionnement (payement par exemple de la solde des soldats, création d'une caisse en faveur des soldats démobilisés, etc.) et sans lequel l'ensemble de cet édifice étatique s'écroulerait.[5] Le tribut, sans être une réalité réservée aux empires, est une condition indispensable de l'existence de ceux-ci et un trait caractéristique qui doit

[2] Sur le terme d'*imperium* et son évolution, cf. RICHARDSON (2008).

[3] LEVEAU (2007). Sur les *capita prouinciarum*, cf. HAENSCH (1997).

[4] Sur les domaines impériaux et tout ce qu'il faut englober dans cette appellation, cf. la synthèse de MILLAR (1977), 175-189 qui formule un jugement négatif en précisant que "a history of the properties of the Roman emperors cannot be written". Un projet collectif scientifique actuel de grande ampleur, dirigé par Alberto Dalla Rosa et financé par l'ERC dans le cadre des *Starting Grants*, se met en place et tentera de démentir ce jugement pessimiste (*Patrimonium. Assessing the local and global socio-economic impact of the imperial properties in the Roman world, from Augustus to Diocletian*).

[5] Sur la fiscalité romaine, on consultera pour l'époque impériale les travaux de Jérôme France (p. ex. FRANCE [2001] et [2006]).

être présent dans toute tentative de définition de l'empire passant par le recours à l'instrument wébérien de l'idéal-type.[6]

La notion d'empire est incontestablement utile en ce qu'elle est un dénominateur commun entre ces trois éléments que sont ressources, échanges et pouvoir. La création progressive d'une structure impériale dominée par Rome et centrée sur la Méditerranée eut en effet un impact indéniable sur la démographie, la production, la distribution, la consommation et la circulation des hommes et des informations nécessaire à son fonctionnement,[7] bref sur ce que Douglass North regroupe sous le terme de 'Performance'.[8] Un tel espace politique et économique, loin d'être une zone de libres échanges, était avant tout un espace de domination,[9] celle que les Romains exerçaient sur d'autres peuples dans le cadre d'un rapport de forces et qui n'était du reste pas incompatible avec l'expression d'un consensus de la part de populations y trouvant leur compte.[10] La réalité que constitue le poids de la contrainte impériale ne doit jamais être sous-estimée ni dans ses effets, ni dans sa durée. Elle est d'ordinaire soulignée dans les études qui portent sur l'époque républicaine et insistent avec raison sur les aspects hégémoniques de Rome et sur la tendance naturelle de cette dernière à la prédation, résumée à travers le recours au terme contemporain d'impérialisme.[11] Mais

[6] Sur la notion d''empire tributaire', on consultera les travaux, individuels et collectifs, de P. Bang : cf. p. ex. BANG (2008) ; BANG / BAYLY (2011) ; BANG / SCHEIDEL (2013).

[7] Cf. dans ce sens HARRIS (2007) pour l'époque républicaine.

[8] NORTH (1981) 3 définit la notion de 'performance' de la manière suivante : "the typical concerns of economists — for example, how much is produced, the distribution of costs and benefits, or the stability of production". Sur l'application de cette notion à l'économie antique, cf. SCHEIDEL / MORRIS / SALLER (2007).

[9] Sur la domination romaine et sa brutalité dans ses rapports avec les sociétés provinciales, cf. MATTINGLY (2011).

[10] Sur la coexistence et la tension entre la domination impériale et l'aspiration au consensus, cf. ANDO (2000) et HURLET (2009) 15-16.

[11] On s'est ainsi longtemps interrogé sur la nature même de l'impérialisme romain (préventif ?, défensif ?, offensif ?, expansionniste ?, hégémonique ?), question à laquelle Claude Nicolet a consacré une synthèse précieuse (NICOLET [1978]). On citera également sur cette question les travaux de HARRIS (1979) et ceux, plus récents et marqués par l'approche dite 'realist' élaborée aux États-Unis dans les

elle ne disparaît pas pour autant avec la création par Auguste du régime impérial, la *pax Augusta* étant avant tout à la fois une paix civile et une pacification au profit de Rome qui rendait toujours nécessaire la présence d'une force armée. L'objet de cette étude est d'analyser comment la relation entre ressources, échanges et pouvoir évolua en relation avec le processus qui consista à intégrer les provinciaux dans la cité romaine et se mit en place à l'époque impériale pour culminer avec l'édit de Caracalla en 212 ap. J.-C.

1. Empire, impérialisme et impérialité

La notion d'empire diffère de celle d'impérialisme et la dépasse. Elle inclut une phase qui vient après celle de la conquête nécessairement brutale et renvoie à la gestion de ce qui a été conquis. La césure se situe à l'époque augustéenne, qu'il faut considérer de ce point de vue comme une époque de transition aussi bien d'un point de vue politique que dans les relations de Rome avec les provinciaux, et a déterminé pendant longtemps les choix de l'historiographie. Elle explique en particulier en partie pourquoi les spécialistes du Haut-Empire romain ont depuis longtemps porté leur attention sur les aspects administratifs de l'Empire romain, en particulier sur le mode de fonctionnement de la structure impériale en tant que telle et les modalités d'administration de l'espace et de ses ressources humaines et matérielles. Rendues possibles par les sources à notre disposition, ces recherches ont conduit récemment à forger un nouveau concept, celui d'"impérialité', néologisme défini comme "la forme que prend le pouvoir dans le cadre des espaces polymorphes que sont les empires".[12] Le mode d'exploitation de l'Empire fut sans aucun doute marqué par une moins grande brutalité qu'à

années 2000 sous la présidence de G.W. Bush, de ECKSTEIN (2006) et ECKSTEIN (2008).

[12] Cf. MADELINE (2007) 223. Utilisent également le terme d'"impérialité' ('Imperialität') MÜNKLER (2008) et HURLET (2011) 117-118.

l'époque républicaine, dans le sens où les asservissements de force et les massacres découlant de l'occupation de nouveaux territoires furent moins nombreux, mais ce serait une grossière erreur de penser que les tensions s'apaisèrent totalement et partout. Le contrôle des richesses de l'Empire — humaines et matérielles — de la part du pouvoir impérial nécessitait de toute façon l'usage de la contrainte sous une forme ou une autre et est à l'origine de la permanence des conflits à l'époque impériale. Le caractère foncièrement inégalitaire de la relation entre gouvernants et gouvernés ne disparut en effet pas à partir d'Auguste, mais il se reconfigura et, c'était inédit, suscita de la part des Romains un discours élaboré qui chercha à justifier la domination de Rome.[13] La principale inflexion fut d'ordre politique, la présence d'un prince au sommet de la hiérarchie sociale romaine s'accompagnant d'un intérêt à l'égard des provinciaux — réalité déjà perceptible dans le 5e édit d'Auguste provenant de Cyrène.[14] Les propos de Tacite sur les avantages que procurait aux provinciaux la création du principat comparativement à la situation antérieure caractérisée par la dérégulation de la concurrence entre aristocrates sont de ce point de vue lumineux.[15] Ils rejoignent et complètent la métaphore du bon berger à laquelle Tibère eut recours lorsqu'il déclara qu'il fallait "tondre la brebis, et non l'écorcher".[16]

[13] On trouve en particulier dans l'œuvre de Tacite un intérêt pour l'organisation de la domination romaine, le passage le plus éclairant étant le discours de Q. Petilius Cerialis qu'il a recomposé (*Hist.* 4, 73-74). Sur la vision œcuménique et administrative de Tacite, non exempte de critiques à l'égard des abus commis par Rome, cf. l'analyse qu'en donne QUESTA (1998) 26-110.

[14] L'édit d'Auguste s'adresse à tous les habitants des provinces "afin qu'il soit rendu manifeste (...) avec quel soin moi-même et le Sénat nous veillons à ce qu'aucun de nos sujets ne souffre indûment quelque tort ou ne subisse quelque exaction" (trad. DE VISSCHER (1940), qui constitue toujours en français l'édition de référence).

[15] TAC. *Ann.* 1, 2, 2 qui précise que "les provinces non plus n'étaient pas opposées à ce nouvel état des choses (c'est-à-dire à l'instauration du nouveau régime)" en détaillant les raisons de cette acceptation : "car elles se défiaient du gouvernement du Sénat et du peuple, en raison des rivalités entre les grands, de l'avidité des magistrats, et ne trouvaient qu'un faible secours dans les lois dont le jeu était faussé par la violence, la brigue, enfin par l'argent".

[16] SUET. *Tib.* 32 ; DIO CASS. 57, 10, 5 ; cf. TAC. *Ann.* 4, 6, 7.

Une question capitale est celle des fondements de la structure impériale de domination. Les Romains ne produisirent pas de traité du bon gouvernement impérial de manière à théoriser ce qui relevait de la pratique de gouvernement, voire de l'empirisme, mais ils furent amenés à exposer leur point de vue par réaction lorsque l'autorité de l'Empire romain fut combattue, conformément à un mode de gouvernement qui était réactif plus que proactif.[17] L'option défendue dans cette étude est d'étudier les révoltes contre l'autorité romaine de manière à examiner en creux ce que la crise révèle. Il n'y a en effet pas de meilleurs moments d'apprécier le fondement de toute autorité que ceux au cours desquels elle se trouve contestée.[18] Il ne faut pas dissimuler le fait que les seules sources à faire référence aux soulèvements contre Rome furent rédigées par des Romains, partisans à un titre ou un autre du système impérial, qui vont du reste jusqu'à faire parler les adversaires de Rome en recomposant leurs discours, par exemple celui prononcé par Calgacus et livré par Tacite. Ce romano-centrisme ne doit toutefois pas nous dissuader de faire usage de ces textes littéraires. On verra que si ces voix romaines présentent une idéologie pleinement impériale, voire l'idéalisent, elles font également ressortir les modalités du contrôle impérial sans occulter la part d'ombre qui résultait des caractéristiques intrinsèques découlant de ce qui restait un système de domination.

2. Les révoltes contre Rome : bilan historiographique

La résistance à l'Empire romain est une thématique qui n'est pas nouvelle et qui a suivi les évolutions et les courants historiographiques. Une question centrale est celle des raisons qui

[17] Sur l'analyse qui fait du Principat un pouvoir plus réactif que proactif, cf. MILLAR (1977). On lira à ce sujet avec profit les remarques de EICH (2012), qui confirment la validité du modèle de la 'pétition-réponse' plus qu'elles ne l'infirment.

[18] Propos repris à DAVID (2003) 451.

conduisirent des populations provinciales à refuser le pouvoir de Rome. Un tel phénomène a pu être tout d'abord justifié, *a priori* et de manière très générale, comme une conséquence du refus par un peuple conquis d'une autorité étrangère sur le sol de ce peuple, comme s'il était naturel que le vaincu s'opposât en permanence, de manière directe ou sourde, à son vainqueur. Cette analyse s'est nourrie des événements de l'époque contemporaine et a donné lieu à des jugements qui peuvent différer selon le point de vue adopté, mais qui procèdent au bout du compte de la même perspective et reposent sur les mêmes prémisses : soit on s'est placé du point de vue des Romains en allant jusqu'à s'identifier à ceux-ci et en considérant que Rome était inévitablement et régulièrement amenée à combattre les peuples qui refusaient de s'intégrer à son nouveau modèle fondé sur la vie en cité et la citoyenneté romaine ; soit on renverse l'angle d'approche en voyant dans les révoltes contre Rome les origines de la formation des nations contemporaines, l'opposition à un Empire soudant davantage les ennemis de Rome et leur procurant une histoire commune, des lieux de mémoire. Quelle que soit la perspective, les recherches sur l'opposition à l'Empire romain ont été à ce titre et pendant longtemps orientées par deux phénomènes majeurs des XIXe et XXe siècles : d'une part les expériences impériales européennes, qui ont conduit à établir des analogies avec Rome de façon un peu mécanique et contribué ainsi à mettre sur le même plan l'opposition à Rome avec les révoltes contre les empires coloniaux, par exemple les soulèvements des populations indigènes — arabes et berbères — contre la présence française en Afrique du Nord et allant de Abd el-Kader au FLN ; d'autre part la consolidation des États-nations, qui a pu laisser croire que seul ce type de structure étatique était viable et que la structure impériale romaine était à ce titre une forme d'État mortelle et passagère, incapable d'étouffer des sentiments nationaux jugés quant à eux éternels.[19] Ces phénomènes n'étaient du reste

[19] La meilleure preuve de la persistance de cette idée est que dans un volume collectif récent qui se proposait d'étudier les empires de Rome à Berlin, l'historien

pas contradictoires, la France ou la Grande-Bretagne pouvant par exemple se penser à la fois comme des États-nations dans la métropole et comme des puissances impériales dans les périphéries coloniales. Ils ont constitué des prêts-à-penser pour définir l'opposition à toute forme d'autorité impériale, quelle que soit l'époque considérée.

Ce postulat historiographique permet de mieux comprendre comment on écrivit l'histoire des révoltes contre Rome. Il aboutit pour la France à une situation paradoxale qui conduisit certains historiens à présenter l'Empire français comme l'héritier de l'Empire romain pour justifier sa domination de l'Afrique du Nord, pendant que d'autres à la même époque faisaient des Gaulois les ancêtres des Français.[20] En somme, on a pu à la fois faire l'éloge de Vercingétorix et gommer les aspérités, voire la dureté des modalités de la présence romaine en Afrique du Nord. On doit une réaction notable à cette manière d'écrire l'histoire à Marcel Bénabou, auteur d'un ouvrage publié en 1976 qui a fait date,[21] mais qui continue à analyser les révoltes contre Rome sous l'angle de la défense d'identités locales ou provinciales à l'encontre d'une volonté d'imposer un nouveau modèle plus que comme des réactions aux modalités de la domination romaine. Le contexte de la décolonisation dans lequel il fut publié ne change en effet rien au fait que Marcel Bénabou n'a fait que prolonger l'historiographie dominante en inversant simplement la perspective : il a beau donner — à juste titre — la parole aux

français TULARD (1997) 9-14 a fait de la mortalité des empires un des cinq traits distinctifs des empires : comme si l'État-nation n'était pas lui-même mortel !

[20] On comparera et opposera ainsi les paroles prononcées en 1891 devant le congrès des sociétés savantes par Gaston Boissier sur le fait que les Français doivent se considérer en Afrique du Nord comme les descendants et les héritiers des Romains (propos cités par FÉVRIER [1989] 89) à la biographie de Vercingétorix publiée dix années plus tard par Camille Jullian et faisant de ce chef gaulois un héros national (JULLIAN [1901]).

[21] BÉNABOU (1976). Pour une présentation du livre de Bénabou et un état des lieux des débats que celui-ci a suscités dans les décennies qui ont suivi sa publication, on consultera avec profit la longue préface que Michel Christol rédigea au moment de la réimpression de cet ouvrage en 2005.

indigènes, il est vrai moins soumis qu'il n'y paraissait, il n'en est pas moins resté prisonnier d'un schéma général qui présente la figure de l'indigène comme étant animée par un sentiment national inconciliable avec une appartenance impériale. Cette tendance a été dénoncée dans plusieurs comptes rendus, qui soulignent notamment les difficultés posées par le choix d'un vocabulaire extrêmement connoté, par exemple le terme de 'résistance'.[22] C'est surtout le choix d'un autre terme du titre, 'romanisation', qui doit être souligné parce qu'il reflète un état d'esprit désormais passé de mode et trahit un parti pris, à savoir que la question centrale aurait été d'être ou ne pas être Romain. Il ne s'agit pas ici de condamner ou de défendre un mot qui a alimenté un débat fécond notamment parce qu'il a contribué au renouvellement des questionnements,[23] mais de rappeler que son emploi par Bénabou fait apparaître les révoltes en Afrique comme la suite logique du refus des Africains d'être intégrés dans l'Empire romain. Mais refusait-on Rome parce qu'on ne se sentait pas Romain ? Cette interrogation identitaire avait-elle un sens pour les anciens ?

Il existe une autre explication plus pragmatique des révoltes contre l'Empire romain. Les conflits contre Rome peuvent être mis en relation avec le phénomène de l'impérialité tel que je l'ai défini. À partir du moment où l'on s'intéresse moins aux sentiments intimes des gouvernés à l'égard ou à l'encontre de Rome, par définition difficiles à sonder à deux millénaires de distance, et davantage aux structures du gouvernement impérial et à ses conséquences sur le vécu des gouvernés, la conséquence est que la révolte contre Rome peut être présentée comme un effet inévitable d'une domination romaine qui généra à l'encontre des gouvernés de nouvelles contraintes, combattues en tant que telles. Il s'agit donc ici de changer la focale de manière à souligner que l'on ne combat pas Rome

[22] Cf. notamment THÉBERT (1978) et LEVEAU (1978) ; cf. aussi les remarques de MODÉRAN (2003) 12-13.

[23] Cf. LE ROUX (2004) et INGLEBERT (2005).

nécessairement pour éviter de devenir Romain — question qui devait être au mieux secondaire et que les gouvernés ne se posaient sans doute pas en ces termes —, mais parce que l'on réagit aux marques physiques de la présence de Rome. La résistance à Rome était donc empirique plus qu'idéologique. La question qui se pose pour mieux comprendre le rejet de Rome est donc d'examiner concrètement les modalités de contrôle que les révoltés rejetaient.

3. *Nouo tum opere et inadsueto* : la contestation du cens

Dans un discours célèbre prononcé en 48 ap. J.-C., l'empereur romain Claude dresse un tableau de l'histoire de Rome et fait référence “à la fidélité immuable de cent ans” dont firent preuve les Gaulois. Il renforce ce jugement, pour le moins idéalisé, en rappelant que ceux-ci avaient accepté dès 12 av. J.-C. le principe du cens, qualifié “d'opération alors nouvelle et inhabituelle pour les Gaulois”, et en ajoutant la précision suivante significative : “une telle opération, combien elle est ardue pour nous, tout juste maintenant, quoique l'enquête n'ait d'autre objet que la constatation officielle de nos ressources, à l'épreuve nous l'apprenons trop bien”.[24] Ce passage est fondamental non seulement pour ce qu'il dit, mais aussi parce que l'on sait que de telles paroles furent réellement prononcées, qui plus est par l'empereur romain en personne et devant les sénateurs. Nous disposons donc du point de vue du pouvoir romain qui présente l'avantage d'être brut et primaire, c'est-à-dire totalement débarrassé du filtre que les sources littéraires ont l'habitude de créer en recomposant les discours. Il en ressort tout d'abord que dans sa volonté d'opposer Gaulois et Germains, Claude fait du cens

[24] *CIL* XIII 1668 = *ILS* 212 : *Illi patri meo Druso Germaniam / subigenti tutam quiete sua securamque a tergo pacem praes/titerunt et quidem cum a{d} census nouo tum opere et inadsueto Gallis ad bellum auocatus esset. Quod opus quam arduum sit nobis, nunc cum maxime, quamuis nihil ultra quam / ut publice notae sint facultates nostrae exquiratur, nimis / magno experimento cognoscimus.*

et de l'acceptation de cette opération administrative le critère le plus concret de la fidélité et de l'obéissance (*fidem obsequiumque*) à Rome.[25] Il ajoute ensuite dans une incise un commentaire qui en dit long par le choix du vocabulaire sur la perception négative du cens par les provinciaux : Claude a beau enjoliver la réalité en parlant d'une "fidélité immuable" des Gaulois depuis un siècle, il demeure qu'à l'emploi des adjectifs *nouus* et *inadsuetus*[26] est attachée une connotation incontestablement péjorative. Le pouvoir impérial romain reconnaît ainsi explicitement que les opérations de recensement provoquèrent des tensions, surtout dans les décennies qui suivirent la conquête lorsqu'il fallut habituer les provinciaux aux modalités nouvelles de la domination romaine. C'est pourquoi il faut préférer à la version déformée de Claude, qui enjolive la réalité, celle des *Periochae* de Tite-Live, où il est question à propos de l'année 12 av. J.-C. d'"un soulèvement qui s'était produit en Gaule à cause du recensement".[27] Nous savons qu'il y eut précédemment, en 27 av. J.-C., un cens en Gaule,[28] le premier à être attesté dans cette région, mais nous n'avons connaissance d'aucune révolte à cette époque, peut-être parce que cette première étape se limitait à identifier les cités et à délimiter leurs nouveaux territoires sans créer pour les individus trop de contraintes.[29] Les réticences à l'encontre du cens, voire la contestation de cette opération se manifestèrent en tout cas au cours des opérations censitaires de l'année 12 av. J.-C. et ne cessèrent pas par la suite. Nous n'avons aucune information précise sur ce qui se passa en 14 ap. J.-C., quand Germanicus fut chargé de superviser ces opérations, mais il est significatif que Claude rappelle à quel point celles-ci restaient "ardues" à son époque, soit en 48 ap. J.-C., plus de cinquante ans après le

[25] *CIL* XIII 1668 = *ILS* 212 : … *idem opponat centum / annorum immobilem fidem obsequiumque*.

[26] Cet adjectif est rare, puisqu'il est attesté uniquement à cinq reprises dans le *Thesaurus Linguae Latinae*.

[27] Liv. *Per*. 139 qui parle à ce propos d'un *tumultus*.

[28] Liv. *Per*. 134 ; Dio Cass. 53, 22, 5.

[29] Cf. dans ce sens Le Teuff (2014) 76-78.

tumultus que son père Drusus l'Ancien eut à mater. La question est désormais de déterminer pour quelle raison.

4. Les révoltes fiscales

Le cens accompli par les Romains dans les provinces fit l'objet de contestations de la part des provinciaux non pas tant parce que ces derniers refusaient en soi le principe du dénombrement de la population que parce que cette opération avait également pour finalité ultime d'évaluer les biens et de servir ainsi de base au calcul de la fiscalité. C'est ce que souligne Claude de manière directe lorsqu'il déclare devant les sénateurs que "l'enquête n'a d'autre objet que la constatation officielle de nos ressources". S'il ne fait aucun doute que l'impôt se trouve de manière générale au cœur du système de domination impériale,[30] sa perception ne génère pas nécessairement ni automatiquement de conflit armé contre la puissance impériale. Plusieurs études plus ou moins récentes ont ainsi introduit des nuances à l'encontre d'un schéma qui défend une vision exclusivement et fortement conflictuelle de la mise en place de la fiscalité dans l'Empire romain. Mireille Corbier a ainsi montré qu'il existait aussi des formes de résistance passive et de mécontentement face à la perception de l'impôt et que la fiscalité ne constituait de toute façon pas la meilleure ligne de partage entre gouvernants et gouvernés, dans la mesure où elle touchait aussi les Romains, les Italiens et les citoyens romains.[31] Jérôme France a quant à lui intégré dans le débat la notion de consentement fiscal en présentant l'acceptation de l'impôt par les provinciaux "comme un aspect et une application du *consensus* défini et instauré par Auguste".[32] Il demeure que, comme Jérôme France le rappelle lui-même, "un impôt peut tout aussi bien être

[30] On parle à ce sujet d'empire 'tributaire'. Pour une analyse comparatiste qui souligne la centralité de la fiscalité dans la définition et le fonctionnement des empires, cf. MARTINEZ-GROS (2014).

[31] CORBIER (1988).

[32] FRANCE (2009) 178.

consenti dans son principe, et en même temps contesté, voire combattu, dans son application".[33] On conviendra donc de ce que les révoltes contre la fiscalité romaine étaient inévitables, mais elles s'inscrivaient d'ordinaire dans un contexte qui était déjà propice à une telle mobilisation militaire contre Rome et qui avait pour conséquence que l'on pouvait passer d'un mécontentement somme toute compréhensible à un affrontement armé. Il s'agit donc de contextualiser les révoltes pour mieux les comprendre.

Quand les sources anciennes font état des motifs qui conduisirent à se soulever contre Rome, elles ne laissent aucun doute pour un grand nombre de cas sur le fait que la question de la fiscalité était une des raisons du déclenchement de ces révoltes, sinon la seule. On prendra ici plusieurs exemples significatifs. Le paiement des tributs provoqua une révolte en Thébaïde en 26 av. J.-C. et en Judée en 6-7 ap. J.-C.,[34] dans le dernier cas dans le prolongement immédiat du recensement de cette région dont il est question dans l'Évangile de Luc.[35] En Gaule, une première alerte eut lieu en 15 av. J.-C., lorsque les abus du procurateur Licinus en matière de prélèvement des tributs provoqua une réaction des Gaulois, qui n'alla toutefois pas jusqu'à la révolte armée.[36] Celle-ci eut lieu en 21 ap. J.-C. avec le soulèvement qui fut dirigé par un Éduen, Iulius Florus, et un Trévire, Iulius Sacrovir, et qui impliqua d'autres cités que celles des deux aristocrates gaulois (les Andécaves et les Turons). La cause

[33] FRANCE (2009) 173.

[34] STRAB. 17, 1, 53 fait référence à une *stasis* provoquée en Thébaïde par le paiement du tribut (διὰ τοὺς φόρους) ; JOS. *AJ* 18, 2-4 et *BJ* 2, 117-118 qui évoque lui aussi le φόρος comme cause de la révolte en Judée.

[35] Sur la question de la date de ce recensement, cf. en dernier lieu LE TEUFF (2014) 80-82.

[36] DIO CASS. 54, 21-22 ; cf. aussi SEN. *Apocol.* 6. Sur cet épisode mystérieux, cf. BÉNABOU (1967) ; cf. aussi plus récemment FRANCE (2001) 372-373 qui justifie l'intervention brutale de Licinus — et la clémence d'Auguste à son égard — par une mission qui lui assigna de rassembler les quantités de monnaies et de métaux précieux nécessaires à l'approvisionnement régulier du nouvel atelier monétaire de Lyon.

de cette révolte a suscité et continue à susciter un débat historiographique qui n'est pas clos, mais qui doit prendre en compte le poids de la fiscalité.[37] Le témoignage de Tacite ne laisse aucun doute sur le fait que les cités gauloises supportaient de plus en plus mal ce qu'il appelle "la continuité des tributs" (*continuatio tributorum*) et connaissaient un fort endettement (*magnitudo aeris alieni*), qui avait au moins en partie une raison fiscale (arriérés d'impôts) ;[38] un passage de Suétone laisse entendre que l'action de Florus et de Sacrovir s'inscrivait dans un contexte où les immunités fiscales avaient été supprimées par Tibère à plusieurs cités.[39] L'interprétation la plus vraisemblable est que des aristocrates des cités écrasées par les dettes fiscales, à la tête desquelles se trouvaient des *Iulii*, à ce titre descendants d'aristocrates gaulois récompensés par César ou Auguste, prirent la tête de la révolte armée, car ils étaient par leur statut responsables en dernier recours des sommes dues par les cités au fisc romain. Peu après, en 28 ap. J.-C., les Frisons se révoltèrent en réaction à une modification de l'impôt en nature (peaux de bœuf) qui avait été fixé par Drusus l'Ancien en 12 av. J.-C. et qui était présenté comme étant "modique" (*modicus*) : ils contestèrent une mesure qui leur avait été imposée par un administrateur romain, Olennius, et qui consistait à leur imposer un modèle déterminé (peaux d'auroch) mettant en difficulté leur mode de vie.[40] Selon la présentation qu'en donne Dion Cassius, la célèbre révolte de Boudicca en Bretagne éclate lorsque les Romains confisquèrent brutalement en 60 ap. J.-C. des sommes d'argent qu'ils avaient prêtées aux Bretons sans doute pour les aider à payer des impôts ou des arriérés d'impôts ;[41] un des reproches adressés alors aux Romains était notamment de faire payer des impôts aux morts, ce qui

[37] Cf. REDDÉ (2011) 505-507.

[38] TAC. *Ann.* 3, 40, 1 et 4. À cette référence à la continuité des tributs fait écho la dénonciation par Civilis des *immortalia tributa* (TAC. *Hist.* 4, 32, 5 ; cf. aussi *Hist.* 4, 17, 8).

[39] SUET. *Tib.* 49, 2.

[40] TAC. *Ann.* 4, 72-73.

[41] DIO CASS. 62, 2.

renvoyait à une modalité fiscale consistant à exiger tout ou partie de la capitation fixée annuellement pour les personnes décédées dans l'année.[42]

Cette liste d'exemples, non exhaustive, ne signifie pas que le mécontentement fiscal était la seule raison qui poussa des populations à prendre les armes contre les occupants. Il représente toutefois une donnée si constante dans nos sources qu'il peut être considéré comme la raison centrale sur laquelle venaient se greffer des raisons ponctuelles en fonction du contexte local. On peut prolonger l'analyse en mettant en avant une série de convergence que la mise en série des révoltes fiscales fait apparaître.

– D'un point géographique, l'Occident romain apparaît souvent dans la liste des révoltes, toute la question étant de déterminer s'il faut y voir uniquement un hasard de la documentation. On peut tout de même rappeler, après l'empereur Claude, que la pratique du cens et de l'imposition fiscale qui en découlait y était à ce point nouvelle et inhabituelle qu'elle était susceptible de dégénérer en une révolte qui était vouée à l'échec et était le plus souvent la conséquence d'un désespoir : c'était une grande différence avec l'Orient romain et la Sicile, où les structures civiques implantées de longue date — bien avant l'arrivée des Romains — s'étaient habituées à la pratique du recensement et du versement de l'impôt à un autre pouvoir dominant — que celui-ci soit une autre cité ou une royauté. Il est également notable que de nombreux soulèvements furent localisés en Germanie et dans l'est de la Gaule, là où la présence au Ier siècle ap. J.-C. de nombreux soldats romains eut pour conséquence que les cités situées à proximité du Rhin furent ponctionnées parfois sévèrement pour fournir à l'armée romaine des fournitures en nature de toutes sortes à la fois dans un cadre fiscal et en dehors de celui-ci.[43]

[42] DIO CASS. 62, 3.

[43] Parmi les contributions exigées des cités, on compte les tributs, des troupes, des fournitures à titre fiscal ou tarifé (le blé par exemple), l'acheminement de

– D'un point de vue chronologique, il est remarquable que les révoltes datent pour la plupart des principats d'Auguste et de Tibère ou un peu plus tard pour la Bretagne, soit à un moment où la mise en place des structures fiscales, à commencer par le recensement, et les premiers prélèvements fiscaux provoquèrent de vives réactions. Par la suite, la contestation de la fiscalité romaine est beaucoup moins souvent attestée et circonscrite à de nouvelles provinces.
– Les sources romaines, en particulier Tacite, expriment de façon assez systématique l'idée que les provinciaux ne rejetaient pas l'impôt en tant que tel, mais qu'ils réagissaient à des abus des Romains. Elles définissent les actions excessives de ces derniers, notamment celles des gouverneurs et du personnel lié à la perception des impôts, en parlant de *saeuitia*, *superbia*, *auaritia*, *libido* ou encore *iniuriae*.[44] Ces termes péjoratifs, loin d'être une exagération purement rhétorique, traduisent une réalité oppressive que les provinciaux ont dû connaître à maintes reprises et qui consistait à ces occasions à proprement parler en un pillage de leurs propres ressources par les gouvernants ; ils montrent en outre que si la fiscalité romaine avait fini par être acceptée dans son principe, elle n'était pas à l'abri d'un détournement illégal des richesses au profit d'autorités romaines parfois indélicates. Le système judiciaire romain prévoyait dans des cas flagrants de concussion une condamnation par la cour de justice formée à l'époque impériale par les sénateurs et y recourut à de nombreuses reprises, mais les provinciaux n'ignoraient pas que la décision de condamner ou d'acquitter un dignitaire romain dépendait de critères internes qui relevaient de la vie politique à Rome et qu'ils ne maîtrisaient donc pas.

celles-ci pour ravitailler l'armée, des corvées diverses (cf. par ex. à propos de la Bretagne, le témoignage de l'*Agricola* de Tacite : 19, 4-5 et 31, 2). Cf. à ce sujet REDDÉ (2011) 505-508.

44 Cf. par ex. TAC. *Ann.* 3, 40, 4 ; 4, 72, 1 ; *Agr.* 13, 1 et 15, 1. On lira en particulier le discours de Calgacus aux troupes calédoniennes (*Agr.* 30-32).

– Il y a des régions et des sociétés qui furent tout particulièrement rétives à la pratique romaine du cens et de l'imposition du tribut. C'est en particulier le cas de la Germanie et c'est ce qui explique peut-être l'échec final de Rome dans cette région après une occupation initiale du territoire situé entre Rhin et Elbe.

5. La résistance à la fiscalisation du sol provincial

"L'inventaire du monde" dont parle Claude Nicolet et qui consista à recenser les richesses humaines et matérielles passa également par une meilleure connaissance de l'espace conquis.[45] On peut parler de "fiscalisation du sol provincial", formule utilisée par Jérôme France pour souligner la compatibilité entre le statut du sol et l'établissement de l'impôt.[46] La conséquence de cette politique menée par l'Empire romain est que les terres appartenant aux pérégrins, si elles ne furent pas pour autant toutes centuriées, firent l'objet d'opérations d'arpentage de manière à établir une cadastration sur laquelle faire reposer le calcul de l'impôt. De telles interventions romaines pouvaient s'appuyer dans certains cas sur la construction d'un réseau routier, marque de la domination de Rome qui lui permettait de quadriller son territoire. L'exemple classique est celui de la plus grande révolte en Afrique, celle des Musulames, conduite en Afrique par Tacfarinas entre 17 et 24 et décrite par Tacite dans ses *Annales*. Jean-Marie Lassère a parlé à ce sujet d'un "conflit routier", établissant un lien de cause à effet entre cette rébellion et la construction d'une route romaine de Gabès à Gafsa qui était le prélude à une centuriation et aurait incommodé les tribus semi-nomades.[47] Cette interprétation longtemps dominante est cependant de plus en plus battue en brèche et on pense désormais que les populations

[45] NICOLET (1988).
[46] FRANCE (2009) 143-157.
[47] Cf. LASSÈRE (1982) ; cf. aussi LASSÈRE (2015) 131-132.

locales réagissaient moins à la présence nouvelle de cette voie de pénétration et de communication qu'aux opérations cadastrales qui furent le prélude à l'imposition d'une nouvelle fiscalité et à des confiscations.[48] La mort de Tacfarinas en 24, à l'issue d'un conflit long et difficile pour Rome, marqua effectivement le début d'une cadastration des terres dont l'épigraphie nous donne les premiers indices dès 29/30, sous le proconsulat de Vibius Marsus (cippes de bornage au sud de la route).[49] Cette révolte est le point culminant des épisodes conflictuels qui opposèrent en Afrique Rome à plusieurs peuplades, Musulames, Gétules, Nasamons et Garamantes, localisées aux confins de la province et visiblement incommodées par un tel contrôle.

6. La non-acceptation de la justice romaine

Une autre modalité du contrôle exercé par Rome sur les provinciaux était la superposition d'une juridiction proprement romaine, qui s'ajoutait aux juridictions locales et s'intégrait dans un dispositif plus général visant à maintenir un ordre proprement romain. Il est bien connu que les gouverneurs de province passaient une part considérable de leur temps à rendre la justice, réalité qui faisait d'eux des juges à part entière.[50] Cette activité créait inévitablement des tensions résultant du comportement d'une des deux parties qui n'avaient pas eu gain de cause lors du procès, mais elle ne débouchait pas nécessairement sur des soulèvements. Le cas de la Germanie est de ce point de vue emblématique, dans le sens où l'exercice de la justice romaine n'y fut jamais accepté. C'est ce qu'explique Velleius Paterculus dans un passage assez détaillé où il décrit le contexte précédant la révolte d'Arminius en 9 ap. J.-C. et insiste sur le comportement du gouverneur romain, Quinctilius Varus, caractérisé par une manie

48 Cf. Vanacker (2015).
49 *CIL* VIII 22786a, f (= *ILS* 9375) et k.
50 Cf. Bérenger (2014) 171-235 et Hurlet (2016).

judiciaire. Celui-ci y est en effet présenté pour la période précédant la révolte comme un juge à un point tel qu'il oublia qu'il était aussi un chef militaire, croyant naïvement que "la nouveauté de la discipline inconnue" qu'était alors pour les Germains l'exercice de la justice romaine suffirait à adoucir les mœurs sauvages de ces derniers.[51] Au-delà du jugement moral sur la figure d'un gouverneur responsable d'un des pires désastres militaires que Rome ait jamais connus, on peut au contraire imaginer sans peine que la pratique judiciaire romaine effectivement nouvelle en Germanie rompait avec des coutumes traditionnelles qui privilégiaient le règlement des conflits par la voie d'une justice privée et par les armes. Elle n'allait donc pas de soi tant elle différait de ce qui faisait alors dans cette région et ne manqua pas de susciter de la méfiance, voire de l'hostilité. Une des multiples raisons de l'échec final des Romains en Germanie tient finalement dans leur incapacité à articuler leur propre justice avec les juridictions locales et à créer un système pyramidal fonctionnel fondé sur la distinction à établir entre ce qui relevait des cours locales et ce qui relevait des cours romaines. La manière dont les Germains réagirent à l'exercice de la justice romaine confirme que la difficulté principale de leur intégration résidait dans les manifestations les plus concrètes de l'action administrative de Rome.

Ce résultat négatif fait ressortir *a contrario* l'idée que l'une des clés et des modalités de la réussite de l'Empire romain résidait dans son aptitude à imposer une nouvelle hiérarchie judiciaire qui donna au droit romain la primauté dans les procès relevant du droit criminel, quel que soit le statut des personnes concernées ou lorsque les contentieux financiers relevant du droit civil dépassaient un certain montant sans pour autant priver les

[51] VELL. PAT. 2, 118, 1 : *At illi* (les Germains) ... *simulantes fictas litium series et nunc prouocantes alter alterum iniuria, nunc agentes gratias quod ea Romana iustitia finiret feritasque sua nouitate incognitae disciplinae mitesceret et solita armis discerni iure terminarentur, in summam socordiam perduxere Quintilium usque eo ut se praetorem urbanum in foro ius dicere, non in mediis Germaniae finibus exercitui praeesse crederet.*

provinciaux du recours à des tribunaux civiques locaux. Cette répartition des tâches juridictionnelles est désormais bien connue grâce aux travaux de Julien Fournier pour l'Orient, où les cités rendaient de longue date la justice dans un cadre civique et ne firent qu'ajouter avec la présence de Rome en haut de ce système des échelons supplémentaires — la juridiction provinciale et la juridiction impériale en première instance comme en appel.[52] Elle se mit également en place en Occident de manière progressive et plus empirique,[53] non sans provoquer des tensions qui soit furent aplanies au fil du temps, soit contribuèrent à rendre la domination romaine encore plus insupportable.

7. "Le sang des provinces" : le prélèvement de troupes auxiliaires

Un autre fondement de la puissance impériale était l'armée romaine, force de frappe qui était au bout du compte relativement peu importante d'un point de vue quantitatif, mais qui restait efficace et dont le prince ne pouvait se priver. Une pratique courante d'époque républicaine dans le recrutement des soldats amenés à servir Rome était le prélèvement de contingents auprès de cités et de peuples entrés dans l'orbite impériale. Elle subsista à l'époque impériale et l'on connaît des unités d'auxiliaires spécialisées telles que les cohortes de Bataves et celles des Palmyréniens. Les peuples concernés et les soldats enrôlés pouvaient tirer des profits divers de tels enrôlements et les vivre comme un moyen de promotion, par exemple les Bataves, mais de tels recrutements faisaient partie d'une politique de Rome qui n'était pas exempte de contrainte et pouvait transformer le service militaire en une obligation mal vécue.[54] Les Romains en étaient conscients, puisque Tacite rappelle dans le discours qu'il prête à

[52] Fournier (2010).
[53] Fournier (2009) et Fournier (2014).
[54] Cf. Haynes (2013).

Civilis que "c'était par le sang des provinces que les provinces étaient vaincues" :[55] c'était une manière de souligner ce que la sécurité de Rome devait à des soldats originaires des provinces qui pouvaient renier leur allégeance à l'Empire. Ce n'est du reste sans doute pas un hasard si la plupart des grandes figures d'ennemis de Rome, tels Arminius, Tacfarinas ou encore Civilis et très probablement Florus et Sacrovir, étaient à l'époque impériale d'anciens soldats auxiliaires de Rome passés dans le camp de la révolte et orchestrant celle-ci avec d'autant plus de raison qu'ils connaissaient de l'intérieur l'armée romaine amenée à les combattre.

8. Et la force subversive de la religion ?

Un nombre non négligeable de révoltes contre l'autorité romaine revêtit un caractère religieux en impliquant à des degrés divers des autorités sacerdotales ou des divinités prenant des traits anti-romains et guidant les insurgés. On songe bien entendu aux druides comme figures de la résistance gauloise et bretonne[56] ou encore à ce Mariccus, un Gaulois appartenant à la plèbe des Boïens, qui se présenta lui-même dans le contexte de l'année 69 comme un dieu désireux de libérer les Gaules et entraîna dans son aventure huit mille hommes, rapidement défaits à la suite d'une intervention militaire conjointe de la cité des Éduens et de l'armée romaine.[57] Prenant le contrepied d'une interprétation générale qui voit dans la religion un facteur d'intégration des provinciaux, en particulier à travers le culte impérial, Glen Bowersock a ainsi rappelé essentiellement pour la partie orientale de l'Empire que les sanctuaires ont pu constituer à l'occasion des foyers subversifs de résistance au pouvoir de Rome ; il a par exemple montré que la pratique de l'asylie avait pour

[55] Tac. *Hist.* 4, 17, 5 : *prouinciarum sanguine prouincias uinci.*

[56] On rappellera ainsi que peu avant la révolte de Boudicca, C. Suetonius Paulinus attaqua durant l'été 60 l'île de Mona (Anglesey), grand centre druidique où des transfuges s'étaient réfugiés (Tac. *Ann.* 14, 29-30).

[57] Tac. *Hist.* 2, 61.

conséquence de regrouper dans des temples ou près de statues impériales des groupes d'hommes peu recommandables (pirates, voleurs, brigands…).[58] Mais peut-on aller au delà de l'idée selon laquelle la religion pouvait dans certains cas cristalliser et faciliter une forme de résistance ? Je ne le pense pas, l'attitude des Romains à l'égard des autres religions étant caractérisée par une telle souplesse, voire indifférence qu'elle aurait difficilement pu provoquer une réaction par principe hostile. Il est donc plus juste de dire qu'en tant qu'élément structurant de la vie publique des cités antiques, la religion fournit un cadre dans lequel des séditions contre les Romains s'inscrivirent et un moyen d'expression de l'opposition à Rome plus qu'une raison primordiale de contester la primauté de Rome. On fera ainsi remarquer que la défense des druides et du druidisme fut alimentée par un contexte qui était déjà tendu, par exemple pour la Bretagne.

Il y a une exception à cette analyse, celle que représentent les révoltes juives contre Rome. Non que les raisons fiscales ne jouèrent à ces occasions aucun rôle,[59] mais elles se combinèrent avec un exclusivisme religieux qui heurta de front les pratiques romaines,[60] en dépit d'une législation qui prit en compte au début les spécificités des Juifs et de leurs communautés au sein de la diaspora.[61] La Judée fut ainsi le théâtre tout au long de la

[58] BOWERSOCK (1987). Il faut noter que dans cette étude consacrée aux mécanismes religieux de la subversion dans les provinces, il est souvent question d'épisodes d'opposition non pas à Rome en tant que centre de la structure impériale, mais à l'empereur en place ou à un prince de la dynastie (Auguste, Germanicus, Néron, Galba ou encore Vespasien), ce qui a pour conséquence de valoriser les fondements religieux du pouvoir dans l'Antiquité de manière à montrer comment ceux-ci furent exploités et manipulés au détriment du pouvoir impérial en place. Une telle perspective se révèle toutefois moins déterminante lorsqu'il s'agit d'étudier les révoltes provinciales contre le pouvoir romain en tant que tel. On peut du reste se demander par exemple si Bowersock a raison de justifier le fait que des Lyciens et des Rhodiens exécutèrent des citoyens romains à l'époque impériale comme une conséquence de la violation par ces derniers d'un temple ou d'un sanctuaire ou d'un affront à l'encontre d'une divinité locale. C'est tout au plus une hypothèse, qu'aucun élément tiré des sources ne vient confirmer.

[59] Cf. à ce sujet LABBÉ (2012) 275-284.

[60] Cf. MOMIGLIANO (1987) 114-119.

[61] Cf. PUCCI BEN ZEEV (1998).

première moitié du Ier siècle ap. J.-C. d'une agitation que l'on peut qualifier de messianique et qui prit des tours plus ou moins violents. Un point de crispation fut la place de l'image impériale et du culte rendu à l'empereur (décédé). Les Juifs étaient d'un point de vue rituel placés dans l'incapacité de vénérer des images et un autre dieu que leur dieu, ce qui conduisit à des affrontements permanents depuis Auguste jusqu'aux trois grandes révoltes échelonnées entre 66 et 135.

Conclusion : ce que les révoltes contre Rome révèlent de l'Empire romain

L'Empire romain peut être défini comme un système politique qui unit plus qu'il ne sépare, mais à condition de rappeler qu'il eut également pour conséquence de renforcer les contraintes à l'encontre des gouvernés et d'ajouter de nouvelles hiérarchies à celles qui existaient déjà. Il mit en relation des régions, voire des micro-régions autrefois compartimentées en prenant soin de garantir la domination de Rome. Les hommes et les informations circulèrent sans doute davantage et en tout cas sur une plus longue distance que par le passé et les moyens qui facilitaient une telle mobilité se perfectionnèrent, comme en témoigne la création par Auguste de la *uehiculatio*[62] — ancêtre du *cursus publicus*. L'enjeu principal était toutefois le contrôle par un seul pouvoir d'un immense espace, les infrastructures de la poste impériale étant ainsi destinées au seul pouvoir impérial. Il en va de même des principaux instruments du gouvernement romain que furent le cens, la fiscalité, l'arpentage, le réseau routier et la justice et qui avaient pour finalité ultime de maintenir l'ordre romain.

Il est un fait qu'une des principales marques de l'Empire et de sa domination qu'est l'impôt sous toutes ses formes servait d'abord à garantir la paix en finançant l'entretien d'une armée. C'est ce qu'a bien montré un médiéviste, Gabriel Martinez-Gros,

[62] Suet. *Aug.* 49, 3.

dans un essai qui souligne le pacifisme des empires à partir du modèle élaboré au XIVe siècle par Ibn Khaldoun en précisant que c'était la formidable richesse fiscale produite par un centre peuplé et désarmé qui permettait de payer les soldats issus de la périphérie et chargés de la défense de l'empire.[63] C'est également l'idée que défend Tacite, *mutatis mutandis*, lorsqu'il fait dire à Q. Petilius Cerialis, un chef militaire romain, qu'"il ne peut y avoir de tranquillité pour les nations sans armées, pas d'armées sans soldes, ni de soldes sans tributs".[64] Quand il s'agit de justifier la fiscalité romaine, nos — rares — sources sont unanimes pour préciser que le paiement de l'impôt sert à garantir la "paix" (*pax*) et la "sécurité" (*securitas*, *otium*, ἀσφάλεια),[65] une telle stabilité apparaissant comme la condition de la prospérité économique.[66] Ce n'est ainsi pas un hasard si l'une des rares occasions où nous pouvons comprendre l'usage précis des ressources fiscales et leur finalité est le lien direct établi par Auguste entre la création de la taxe de 5 % sur les héritages (la *uicesima hereditatium*) et l'institution du trésor militaire (*aerarium militare*), caisse alimentée par cet impôt et chargée de verser les primes de retraite aux vétérans.[67] Le maintien de l'ordre romain était donc pour l'État impérial une priorité qui avait pour les provinciaux une conséquence fiscale et une application judiciaire. Il générait des

[63] Martinez-Gros (2014).

[64] Tac. *Hist.* 4, 74 : *nam neque quies gentium sine armis neque arma sine stipendiis neque stipendia sine tributis haberi queunt.*

[65] Sur le lien entre *uectigalia* ou *tributum* d'une part et *pax* (éventuellement *sempiterna*), *securitas*, *otium* ou ἀσφάλεια d'autre part, cf. Cic. *Q. Fr.* 1, 1, 34 ; Tac. *Hist.* 4, 74 et Dio Cass. 52, 28.

[66] Le lien entre sécurité et prospérité est placé par Dion Cassius (52, 29, 3) dans la bouche de Mécène à travers une question rhétorique dans le discours que ce dernier est censé avoir adressé à Auguste en 29 av. J.-C. : "Qui, en effet, en te voyant aussi économe de tes propres bien que dépensier de l'argent public, s'acquitterait de bon gré d'une contribution puisque pour lui ta richesse est un gage de sa propre sécurité et de sa propre prospérité ?" (Τίς γὰρ οὐκ ἂν ἰδών σε πρὸς μὲν τὰ οἰκεῖα φειδωλότατον πρὸς δὲ τὰ κοινὰ ἀφειδέστατον ὄντα, ἐθελοντὶ συντελέσειέ τι, καὶ ἀσφάλειαν καὶ εὐπορίαν ἑαυτοῦ τό σε πλουτεῖν εἶναι νομίζων;).

[67] Dio Cass. 55, 25 qui consacre un chapitre à la création de cet impôt et Suet. *Aug.* 49, 2.

contraintes, en particulier et de façon plus marquée pour les populations vivant à proximité des corps de troupes romains,[68] mais il était globalement bien accepté au point de susciter l'adhésion des provinciaux et surtout de leurs élites à l'Empire romain.[69] Ce *consensus uniuersorum* avait beau être une construction idéologique entretenue par le pouvoir impérial, il était tout compte fait assez rarement contesté, uniquement dans des contextes spécifiques que cette étude a cherché à identifier.

Au bout du compte, l'analyse des modalités du gouvernement impérial sur les provinciaux et des réactions de ces derniers à l'*imperium* de Rome témoigne des liens intrinsèques qui existaient au sein de l'Empire romain entre économie et politique, dans un cadre global qui était foncièrement inégalitaire et dont l'étude a été renouvelée cette dernière décennie par le modèle théorique de la Nouvelle Économie Institutionnelle.[70] Il faut donc à la fois replacer l'étude de l'économie romaine dans le contexte plus large du fonctionnement d'un État impérial et considérer que l'existence même d'un Empire produisit des effets économiques, parmi lesquels la fiscalité était la marque la plus visible de Rome et à ce titre l'élément déclencheur et le catalyseur des principales révoltes. Le consensus à l'égard de Rome et de son prince n'était donc pas une donnée de fait. Il se mit en place progressivement au fil d'un processus qui fut plus compliqué là où les structures civiques n'existaient pas avant l'arrivée des Romains. Il requit au préalable un apprentissage de la vie en cité et de ses contraintes de toutes sortes dans certaines provinces, par exemple dans les Gaules. Mais il y eut des échecs retentissants : des régions comme la Germanie et une partie de la Bretagne refusèrent pour toujours les modalités de la domination impériale.

68 C'est pour cette raison que les révoltes furent les plus nombreuses en Afrique, Bretagne, Germanie, là où étaient implantées les troupes romaines.

69 Cf. à ce sujet Hurlet (2002).

70 Cf. Harris (2007) qui fait du développement de la fiscalité à l'époque républicaine un des effets de la forme impériale de l'État romain sur l'économie.

Bibliographie

ANDO, C. (2000), *Imperial Ideology and Provincial Loyalty in the Roman Empire* (Berkeley).

BADEL, C. (2011), "Introduction : les modèles impériaux dans l'Antiquité", *DHA* Supplément 5, 9-25.

BANG, P.F. (2008), *The Roman Bazaar. A Comparative Study of Trade and Markets in a Tributary Empire* (Cambridge).

BANG, P.F. / BAYLY, C.A. (éds.) (2011), *Tributary Empires in Global History* (Palgrave).

BANG, P.F. / SCHEIDEL, W. (éds.) (2013), *The Oxford Handbook of the State in the Ancient Near East and Mediterranean* (Oxford).

BEN GHIAT, R. (éd.) (2009), *Gli imperi. Dall'antichità all'età contemporanea* (Bologne).

BÉNABOU, M. (1967), "Une escroquerie de Licinus aux dépens des Gaulois", *REA* 69, 221-227.

— (1976), *La résistance africaine à la romanisation* (Paris).

BÉRENGER, A. (2014), *Le métier de gouverneur dans l'Empire romain de César à Dioclétien* (Paris).

BOWERSOCK, G. (1987), "The Mechanics of Subversion in the Roman Provinces", in A. GIOVANNINI (éd.), *Opposition et résistances à l'Empire d'Auguste à Trajan* (Vandœuvres-Genève), 291-317.

BURBANK, J. / COOPER, F. (2010), *Empires in World History. Power and the Politics of Difference* (Princeton).

CORBIER, M. (1988), "L'impôt dans l'Empire romain : résistances et refus", in T. YUGE / M. DOI (éds.), *Forms of control and subordination in Antiquity* (Leyde), 259-274.

DAVID, J.-M. (2003), "Ce que la crise révèle", in S. FRANCHET D'ESPEREY *et al.* (éds.), *Fondements et crises du pouvoir* (Bordeaux), 451-455.

DE VISSCHER, F. (1940), *Les édits d'Auguste découverts à Cyrène* (Louvain).

ECKSTEIN, A.M. (2006), *Mediterranean Anarchy, Interstate War, and the Rise of Rome* (Berkeley).

— (2008), *Rome enters the Greek East. From Anarchy to Hierarchy in the Hellenistic Mediterranean, 230-170 B.C.* (Oxford).

EICH, P. (2012), "Centre and Periphery. Administrative Communication in Roman Imperial Times", in S. BENOIST (éd.), *Rome, a City and its Empire in Perspective. The Impact of the Roman World through Fergus Millar's Research = Rome, une cité impériale en jeu. L'impact du monde romain selon Fergus Millar* (Leyde), 85-108.

FÉVRIER, P.-A. (1989), *Approches du Maghreb romain. Pouvoirs, différences et conflits.* Vol. 1 (Aix-en-Provence).

FOURNIER, J. (2009), "Rome et l'administration judiciaire provinciale", in F. HURLET (éd.), *Rome et l'Occident (IIe siècle av. J.-C. - IIe siècle ap. J.-C.). Gouverner l'Empire* (Rennes), 207-227.
— (2010), *Entre tutelle romaine et autonomie civique. L'administration judiciaire dans les provinces hellénophones de l'Empire romain (129 av. J.-C. - 235 apr. J.-C.)* (Athènes).
— (2014), "L'administration de la justice dans le monde romain : Ier siècle av. J.-C. - Ier siècle ap. J.-C.", in N. MATHIEU (éd.), *Le monde romain de 70 av. J.-C. à 73 ap. J.-C. Voir, dire, lire l'empire* (Rennes), 171-208.
FRANCE, J. (2001), "Remarques sur les *tributa* dans les provinces nord-occidentales du Haut-Empire romain (Bretagne, Gaules, Germanies)", *Latomus* 60, 359-379.
— (2006), "*Tributum* et *stipendium* : la politique fiscale de l'empereur romain", *RHD*, 1-17.
— (2009), "L'impôt provincial dans l'Occident romain à travers l'exemple de l'Aquitaine et de l'Hispanie septentrionale", in F. HURLET (éd.), *Rome et l'Occident (IIe siècle av. J.-C. - IIe siècle ap. J.-C.). Gouverner l'Empire* (Rennes), 141-187.
HAENSCH, R. (1997), Capita provinciarum. *Statthaltersitze und Provinzialverwaltung in der römischen Kaiserzeit* (Mayence).
HARRIS, W. (1979), *War and Imperialism in Republican Rome (327-70 BC)* (Oxford).
— (2007), "The Late Republic", in SCHEIDEL / MORRIS / SALLER (2007), 511-539.
HAYNES, I. (2013), *Blood of the Provinces. The Roman Auxilia and the Making of Provincial Society from Augustus to the Severans* (Oxford).
HURLET, F. (2002), "Le *consensus* et la *concordia* en Occident (Ier-IIIe siècles ap. J.-C.) : réflexions sur la diffusion de l'idéologie impériale", in H. INGLEBERT (éd.), *Idéologies et valeurs civiques dans le monde romain. Hommage à Claude Lepelley* (Paris), 163-178.
— (éd.) (2008), *Les Empires. Antiquité et Moyen Âge. Analyse comparée* (Rennes).
— (2009), "Introduction. Gouverner l'Empire : les modalités de l'emprise de Rome sur l'Occident", in F. HURLET (éd.), *Rome et l'Occident (IIe siècle av. J.-C. - IIe siècle ap. J.-C.). Gouverner l'Empire* (Rennes), 7-22.
— (2011), "(Re)penser l'Empire romain : le défi de la comparaison historique", *DHA* Supplément 5, 107-140.
— (2016), "Entre juridiction civique et juridiction impériale : la sphère de compétences du proconsul", in R. HAENSCH (éd.), *Recht haben und Recht bekommen im Imperium Romanum. Das Gerichtswesen*

der römischen Kaiserzeit und seine dokumentarische Evidenz (Varsovie), 63-88.
INGLEBERT, H. (2005), "Les processus de romanisation", in H. INGLEBERT (éd.), *Histoire de la civilisation romaine* (Paris), 422-449.
JULLIAN, C. (1901), *Vercingétorix* (Paris).
LABBÉ, G. (2012), *L'affirmation de la puissance romaine en Judée (63 a.C.- 136 p. C.)* (Paris).
LASSÈRE, J.-M. (1982), "Un conflit 'routier' : observations sur les causes de la guerre de Tacfarinas", *AntAfr* 18, 11-25.
— (2015), *Africa, quasi Roma (256 av. J.-C. - 711 apr. J.-C.)* (Paris).
LE ROUX, P. (2004), "La romanisation en question", *Annales. Histoire, Sciences sociales*, 287-311.
LE TEUFF, B. (2014), "Les recensements augustéens, aux origines de l'Empire", *Pallas* 96, 75-90.
LEVEAU, P. (1978), "La situation coloniale de l'Afrique romaine", *Annales ESC* 33, 89-92.
— (2007), "The Western Provinces", in I. MORRIS / W. SCHEIDEL / R. SALLER (éds.), *The Cambridge Economic History of the Greco-Roman World* (Cambridge), 651-670.
MADELINE, F. (2007), "L'empire et son espace : héritages, organisations et pratiques", *Hypothèses*, 215-225.
MARTINEZ-GROS, G. (2014), *Brève histoire des empires. Comment ils surgissent, comment ils s'effondrent* (Paris).
MATTINGLY, D. (2011), *Imperialism, Power and Identity. Experiencing the Roman Empire* (Princeton).
MILLAR, F. (1977), *The Emperor in the Roman World* (Londres).
MODÉRAN, Y. (2003), *Les Maures et l'Afrique romaine (IVe-VIIe siècle)* (Rome).
MOMIGLIANO, A. (1987), "Some Preliminary Remarks on the 'Religious Opposition' to the Roman Empire", in A. GIOVANNINI (éd.), *Opposition et résistances à l'Empire d'Auguste à Trajan* (Vandœuvres-Genève), 103-129.
MORRIS, I. / SCHEIDEL, W. (éds.) (2009), *The Dynamics of Ancient Empires. State Power from Assyria to Byzantium* (Oxford).
MÜNKLER, H. (2008), *Imperi. Il dominio del mondo dall'antica Roma agli Stati Uniti* (Bologne) (traduit de l'édition allemande : *Imperien. Die Logik der Weltherrschaft — vom Alten Rom bis zu den Vereinigten Staaten*, Berlin, 2005).
NICOLET, C. (1978), "L''impérialisme' romain", in C. NICOLET (éd.), *Rome et la conquête du monde méditerranéen*. T. II (Paris), 883-920.
— (1988), *L'inventaire du monde. Géographie et politique aux origines de l'Empire romain* (Paris).

NORTH, D.C. (1981), *Structure and Change in Economic History* (New York).

PUCCI BEN ZEEV, M. (1998), *Jewish Rights in the Roman World. The Greek and Roman Documents Quoted by Josephus Flavius* (Tübingen).

QUESTA, C. (1998), *L'aquila a due teste. Immagini di Roma e dei Romani* (Urbino).

REDDÉ, M. (2011), "*Ut eo terrore commeatus Gallia aduentantes interciperentur* (Tacite, *Hist.* V, 23) : la Gaule intérieure et le ravitaillement de l'armée du Rhin", *REA* 113, 489-510.

RICHARDSON, J. (2008), *The Language of Empire. Rome and the Idea of Empire from the Third Century BC to the Second Century AD* (Cambridge).

SCHEIDEL, W. (éd.) (2009), *Rome and China. Comparative Perspectives on Ancient World Empires* (Oxford).

— (éd.) (2015), *State Power in Ancient China and Rome* (Oxford).

SCHEIDEL, W. / MORRIS, I. / SALLER, R. (éds.) (2007), *The Cambridge Economic History of the Greco-Roman World* (Cambridge).

THÉBERT, Y. (1978), "Romanisation et déromanisation en Afrique : histoire décolonisée ou histoire inversée ?", *Annales ESC* 33, 64-82.

TULARD, J. (éd.) (1997), *Les empires occidentaux de Rome à Berlin* (Paris).

VANACKER, W. (2015), "*Adhuc Tacfarinas*: Causes of the Tiberian War in North Africa (AD ca. 15-24) and the Impact of the Conflict on Roman Imperial Policy", *Historia* 64, 336-356.

DISCUSSION

S. von Reden: You quote in your paper a passage from Tacitus' *Annales* which claims that it is the *saeuitia*, *auaritia*, *libido* and *iniuriae* of the Roman governors to which the provincials object, rather than the level of taxes, or the tax system as such. But is this passage not an indication of the Roman discourse about the nature of provincial rule, rather than about the reality of it? Could it be said that Tacitus is excusing the Romans for bad provincial practice and for their immorality in general, rather than telling us what the provincials found oppressive?

F. Hurlet: Il est bien connu que les seules sources à faire parler les provinciaux et à nous faire connaître leurs plaintes ou leur rejet à l'encontre du système impérial émanent non pas des provinciaux eux-mêmes — les vaincus —, mais des vainqueurs tel Tacite recomposant le discours de Calgacus ou encore, pour l'époque républicaine, Salluste livrant la lettre de Mithridate à Arsace. C'est ce qui explique en particulier pourquoi ces deux historiens romains prêtent aux ennemis de Rome un vocabulaire volontairement moralisateur qui est conforme aux pratiques de la politique romaine et au langage de la philosophie politique gréco-romaine. Cela signifie, concrètement, que nous n'entendons pas et n'entendrons sans doute jamais de façon directe les voix des provinciaux lorsque ceux-ci se soulevaient contre ce qu'ils ressentaient comme une oppression : la résistance à Rome prend alors pour les historiens la forme du silence. Ce constat doit-il nous conduire à conclure que nous ne sommes autorisés à ne rien dire de la réalité oppressive telle qu'elle fut ressentie par les provinciaux ou qu'il n'y a rien à tirer de documents rhétoriques donnant une explication toute romaine à la réalité vécue par les gouvernés et ne nous permettant pas de la comprendre de l'intérieur ? Je ne le pense pas, car le procédé consistant pour un

Romain à se mettre dans la tête d'un provincial livre deux types d'indications utiles pour notre propos : d'une part que les abus des gouvernants ont pu être des facteurs de déclenchement des révoltes, d'autant que Tacite sait de quoi il parle (il fut gouverneur de province) ; d'autre part qu'il faut décoder ces textes de manière à distinguer et dissocier le vernis rhétorique de la réalité sur laquelle ces recompositions de discours reposent et à laquelle elles doivent faire référence si elles veulent être crédibles. Pour répondre à la question posée au départ, on peut dire que le témoignage de Tacite en dit long sur les abus découlant d'un système fiscal qu'il ne faut pas idéaliser tout simplement parce que le rapport de forces était favorable aux Romains.

N. Purcell: My question is about public and private in the making and meeting of demands on provincials (and which *kinds* of provincials?) and what part they played in revolt-patterns. This seems to me to be relevant to the issue of wider Roman attitudes to, and practices of, extraction, mobilisation, deployment. The case of Seneca and the indebtedness of the *Iceni* (Dio 62, 2, 1) is an example. What were these loans for (though the text has been emended, Dio says, strangely, that the Britons were "unwilling" debtors, *akousin*)? "Fiscalisation du sol" seemed to me an important ingredient in those administrative spatialities which we discussed in relation to Paco Beltrán's paper — but debt played a part in these topographies of economic obligation too. Tacitus' interest in the official, mostly legal, rapacity of the system of the Caesars needs to be counterpointed with Sallust's Mithridates' denunciation of Roman private *pleonexia*. One might also look for the legacy of the 'good governor' tradition around Scaevola and Rutilius Rufus, or the influence of Poseidonius. Finally, I wonder if we should not be cautious about the Roman discourses on the theme of 'why are our subjects in revolt' ? Within these, the interesting prominence of fiscal resistance (especially in the light of the texts which you cite yourself on the normality of taxing empires), represents something of an easy way out for imperialist Rome — something easier to admit than oppression or the abuse of power.

F. Hurlet: Je remercie Nicholas Purcell pour ces précieuses remarques, avec lesquelles je suis d'accord. J'ajouterai quelques précisions complémentaires. Il est un fait que les cités — qui constituaient le cadre fiscal de référence — pouvaient être fortement endettées, en particulier en Gaule et en Bretagne. On sait par exemple qu'il existait un organe administratif, la *mensa*, sorte de caisse ou banque publique chargée de fournir aux débiteurs et aux cités débitrices un service de crédit pour amortir les dettes ; le prêt de sommes d'argent pouvait être également pratiqué par des simples particuliers, en particulier des Romains, qui pouvaient s'enrichir en fixant des taux d'intérêt usuraires. C'est ce qui se passa sans doute peu avant la révolte de Boudicca, lorsque Sénèque prêta aux *Iceni* de fortes sommes et en demanda brutalement le remboursement. Quant à la différence entre les témoignages de Salluste et de Tacite, elle se comprend également à la lumière de leurs analyses personnelles du phénomène de l'impérialisme et du contexte dans lequel leurs œuvres ont été écrites. Salluste est un historien de la crise de la République et (re)compose la lettre de Mithridate pour dénoncer les travers de l'oligarchie romaine et souligner la cupidité des *pauci potentes* ; Tacite est quant à lui un historien de l'Empire qui présente du système impérial une vision œcuménique et administrative, non exempte de critiques à l'encontre non pas du principe de la fiscalité, mais des abus incontestables commis sous ce couvert par Rome. De Mithridate à Calgacus, le gouvernement impérial évolua dans les modalités de ses relations avec les provinciaux.

F. Beltrán Lloris: 1. Considero de particular relevancia la manera en la que se ha abordado la noción de resistencia en el ámbito del Imperio Romano, entendiéndola como un fenómeno de carácter más bien empírico que ideológico, esto es como la oposición a determinadas medidas impuestas por las autoridades imperiales y no como un acto de afirmación identitaria en él que se rechaza la 'romanidad', según se defendía en trabajos como los de M. Bénabou, que, en la práctica, se limitaban simplemente a invertir el concepto tradicional de romanización, como Frédéric Hurlet ha subrayado. No obstante conviene recordar que esta idea tradicional de resistencia se sigue aplicando en terrenos, por ejemplo, como el lingüístico, en los que ocasionalmente se interpreta la mera conservación o utilización de una lengua vernácula como un acto de afirmación identitaria o de rechazo a Roma como en el caso de J.N. Adams, *Bilingualism and the Latin language,* Cambridge 2003 (cf. F. Beltrán Lloris, "Lengua e identidad en la Hispania romana", *Palaeohispanica* 11, 2011, 19-59).

2. En lo que afecta a la fiscalidad y las revueltas, y a la particular concentración de las mismas que en la presentación se ha señalado en áreas célticas y germánicas durante los reinados de Augusto y Tiberio, la pregunta sería la siguiente. Habida cuenta de que la fiscalidad romana a comienzos del principado no era demasiado gravosa para los contribuyentes, ¿cabría la posibilidad, por una parte, de que la concentración cronológica de las revueltas bajo los dos primeros príncipes julio-claudios tuviera que ver con la substitución del sistema de tributación republicano por otro más homogéneo y generalizado a partir de Augusto? Y, en otro orden de cosas, la concentración de revueltas en áreas con un escaso arraigo urbano ¿podría relacionarse no solo con su menor familiaridad con las prácticas fiscales, sino con su menor capacidad de influir políticamente en círculos senatoriales e imperiales para obtener un tratamiento más favorable o simplemente negociar las condiciones fiscales?

F. Hurlet: La première remarque porte sur la notion de résistance linguistique, que l'on peut difficilement appliquer au cas de l'Empire romain. Les Romains n'ont en effet jamais mis en place ni même conçu une politique linguistique qui consisterait à interdire de parler telle ou telle langue vernaculaire. Ils ont plutôt poussé les populations vivant dans l'Empire, en particulier les élites, à parler et à utiliser le latin — et le grec dans la partie orientale — en faisant valoir que l'une et l'autre langue étaient devenues les langues du pouvoir : c'est ainsi en latin que la justice était rendue par le gouverneur de province et c'est dans cette même langue que des ambassadeurs de cités ou de peuples de la partie occidentale de l'Empire devaient s'exprimer lorsqu'ils étaient reçus par le gouverneur, les sénateurs romains ou le prince. La langue était alors considérée comme un instrument de promotion. Une telle attitude des Romains, fondée sur l'incitation plus que sur la contrainte, contribue à rendre peu crédible l'idée que les provinciaux aient assimilé le fait de parler une autre langue que le grec ou le latin à un acte de résistance. C'est cette indifférence — plus qu'une forme de tolérance — des Romains qui explique par exemple que l'on ait continué à parler le punique dans certaines régions de l'Afrique romaine au moins jusqu'à l'époque d'Augustin.

La seconde remarque soulève un problème à la fois technique et fondamental, qui est celui du lien entre le déclenchement d'une révolte et les modalités de la perception de l'impôt. Les Gaulois et les Germains n'ont jamais connu qu'un seul système de taxation, qui était le paiement d'une somme fixe (le *uectigal certum*) assigné par Rome à une province ou un groupe de provinces et réparti entre les communautés vivant au sein de cet espace provincial. Un tel mode de perception fiscale était plus dur que l'autre système de taxation, qui était l'impôt à quotité fixe prélevé sur la récolte (la dîme), car la somme estimée par l'autorité romaine devait être payée par les contribuables provinciaux quel que soit le contexte. Il était incontestablement contraignant pour les provinciaux, car il poussait les cités à s'endetter et les autorités romaines à intervenir en cas de non-paiement. Effectivement, comme le signale F. Beltrán Lloris, la négociation des conditions fiscales est une pratique bien attestée et pouvait permettre à une cité d'être exemptée d'impôt, ce qui ne faisait qu'augmenter la pression fiscale reposant sur les autres cités, mais cette capacité des élites locales à influencer les autorités romaines avait malgré tout ses limites et ne cessa du reste d'évoluer. C'est ce qui semble pouvoir être constaté pour l'année 21 ap. J.-C., les bons rapports entretenus par les Éduens avec les Romains n'ayant pas suffi à dissuader le pouvoir impérial de prendre une décision qui supprimait l'immunité fiscale de plusieurs cités gauloises et qui reste selon moi une des causes du déclenchement de la révolte de Florus et Sacrovir.

S. Fachard: J'ai été interpellé par les cas de non-acceptation de la justice romaine en Germanie, car ils évoquent des cas inverses, où l'acceptation de la justice s'accompagne notamment d'une acceptation des techniques de contrôle de l'espace. Je pense à la province d'Achaïe, où les *poleis* s'en remettent à Rome pour régler des conflits frontaliers parfois latents depuis des siècles. En conséquence, on observe un accroissement des règlements de litiges frontaliers dans les deux premiers siècles de notre ère, au point qu'ils surpassent en nombre ceux connus pour l'époque classique. Cela implique parfois l'engagement de 'spécialistes', qui viennent border des territoires, exécutant les méthodes des ingénieurs romains dans le domaine de l'arpentage, qui est une forme de contrôle de l'espace (voir le cas de Messène et Sparte). Les cités (et les individus) semblent comprendre qu'en acceptant la justice romaine, ils peuvent trouver une issue favorable à un litige ou encore de faire appel d'une décision, ce qui éclaire par ailleurs les formes d'inégalité fiscale entre cités.

F. Hurlet: Votre intervention fait à juste titre ressortir de nouveau la spécificité de la Germanie, rétive aux modalités de l'occupation romaine alors que la plupart des autres régions de l'Empire les ont globalement acceptées. Le cas de la justice romaine est emblématique et vous avez raison d'insister sur ce point. Le degré d'acceptation de l'ordre judiciaire romain fut particulièrement élevé dans les provinces où les structures poliades préexistaient à l'arrivée des Romains. Les juges romains, gouverneurs et princes, se surimposèrent sans résistance majeure aux juridictions civiques locales et furent directement sollicités par les provinciaux parce qu'ils représentaient une tierce partie censée être plus impartiale que des juges locaux et donnaient aux justiciables une seconde chance lorsque le droit d'appel se mit en place. C'est ce qui explique qu'un couple de Cnidiens, Eubolos et Tryphera, ait parcouru près de 2000 kilomètres pour être jugé à Rome par Auguste plutôt que par un tribunal de leur propre cité. Cette impartialité supposée du pouvoir romain se traduisit également dans la résolution des conflits frontaliers entre des cités qui furent effectivement nombreux, le gouverneur ou le prince étant alors considéré comme un arbitre. Dans le cas de la querelle entre les cités thessaliennes d'Hypata et de Lamia sur la délimitation de leurs frontières respectives, Hadrien alla par exemple jusqu'à envoyer sur place des arpenteurs (*mensores*) pour aider le gouverneur à régler ce problème par une intervention sur le terrain.

A. Bresson: Du fait de mon intérêt pour les questions monétaires, je voudrais poser une question sur la forme du tribut. A-t-on des exemples dans le monde romain de situations où ce serait l'imposition d'un impôt payable en monnaie, en remplacement d'un impôt payable en nature, qui aurait été le facteur déclenchant d'une révolte ?

F. Hurlet: J'inverserai la question en précisant que nous disposons d'un faisceau d'indices établissant que c'est plutôt l'imposition d'un impôt payable en nature, en remplacement d'un impôt payable en monnaie, qui aurait été le facteur déclenchant d'une révolte. Il faut commencer par souligner le caractère mixte de la fiscalité romaine : même si les impôts étaient pour l'essentiel perçus en espèces monétaires, aucun doute ne subsiste sur l'existence au moins occasionnelle d'une imposition en nature, quel que soit le produit concerné (peaux de bêtes comme chez les Frisons, blé, huile, mais aussi fourniture de troupes par des peuples). Dans la *Vie d'Agricola*, Tacite fait ainsi référence à plusieurs reprises à propos de la Bretagne à des prestations frumentaires contraintes, que ce soit dans un cadre fiscal ou par le biais d'un système de vente forcé à un tarif intéressant pour Rome. Quelle que soit sa nature, ce type de contribution en nature devait être particulièrement développé dans les provinces frontalières où l'armée était installée et avait besoin d'être ravitaillée pour nourrir les soldats. Le cas de la Germanie romaine est emblématique : la concentration de troupes le long du Rhin durant tout le Ier siècle ap. J.-C. (huit légions, soit environ 40 000 légionnaires et autant d'auxiliaires) dut provoquer de fortes demandes en biens de consommation dans une région dont nous ne savons pas si elle pouvait répondre à une telle demande. C'est ce doute sur la capacité productive de la Germanie qui a conduit M. Reddé, après P. Herz, à avancer l'idée que la lourdeur des contributions en nature exigées des cités gauloises formant la base arrière de l'armée du Rhin (Trévires, Éduens, Séquanes…) fut une cause du soulèvement de ces régions en 21 et 70 ap. J.-C. Pour être complet, il faut également introduire le facteur chronologique dans l'étude du lien entre le déclenchement d'une révolte et le poids du prélèvement fiscal en nature, la situation du Ier siècle différant de celle du IIe siècle ap. J.-C. dans le sens où la pression fiscale en nature fut peut-être moins forte au fur et à mesure du développement économique de ces régions militarisées.

G. Reger: I very much appreciated your cautionary remarks about seeing revolts against the Romans as motivated by religious concerns. You note the exception of the Jews, whom the Romans saw as hard to deal with because of the restrictions placed on them by their religion. I wonder about revolts of Jews outside of Palestine: for instance, the great revolt in Egypt, Cyrenaica, and Cyprus of 114-116 CE. What drove Jews who did not live in Palestine to revolt? No doubt religion played a part in creating a sense of solidarity, but were there other factors? I recognize this is a hard question to answer given our exiguous sources, but I would be interested to hear your thoughts.

F. Hurlet: C'est en effet une question difficile, à laquelle les sources ne permettent pas de répondre avec certitude. Le déroulement des événements montre que l'attente messianique et l'exclusivisme religieux des Juifs furent des facteurs qui entrèrent en ligne de compte. Nous n'avons en revanche pas d'indication précise sur un éventuel lien entre le déclenchement de la révolte et un motif fiscal, en l'occurrence le didrachme institué par Vespasien à la suite de la première grande révolte juive.

N. Purcell: Taxation could be used as a weapon, or at least a sign of low status, the reverse of the *immunitates* which conferred higher rank: the *fiscus Iudaicus* is the classic case.

P. Ducrey: À propos de Marcel Bénabou et de la Fondation Hardt, on peut évoquer l'anecdote suivante : "En 1979, un projet d'*Entretiens* consacrés à l'histoire administrative et économique de l'Empire romain, plus précisément 'au problème des réactions des diverses régions au même système administratif, notamment en ce qui concerne la fiscalité', est présenté par Emilio Gabba. Le projet est retenu pour 1982, non sans susciter l'inquiétude quant à la possibilité d'aborder toutes les provinces en huit exposés. En automne 1980, empêché d'assister à la séance du Comité scientifique, Emilio Gabba soumet par écrit le plan détaillé de ses *Entretiens*, avec la liste des huit orateurs ayant confirmé leur acceptation, dont lui-même. Or le nom de Marcel Bénabou déclenche un tollé, pour des raisons politiques plus que scientifiques. Le savant d'origine nord-africaine vient en effet de publier *La résistance africaine à la romanisation* (1976), un ouvrage issu de sa thèse de doctorat et qui se place dans l'optique des conquis, non des conquérants comme le voulait le courant majoritaire de l'historiographie romaine. Pierre Grimal, pourtant directeur de la thèse, Jacqueline de Romilly et Willem den Boer opposent leur veto à la participation de Marcel Bénabou, si bien que le sujet est renvoyé à 1983 pour pouvoir être remanié. Lorsqu'il apprend la décision, Emilio Gabba retire son projet sur le champ et démissionne avec effet immédiat du Comité scientifique. Jacqueline de Romilly reprend alors le témoin avec l'organisation d'*Entretiens* sur Sophocle en 1982" (N. Gex, *La Fondation Hardt* [2016], p. 130-131).

VI

Peter Eich

DIE NORMIERUNG IMPERIALEN RAUMS

ZUR VERFÜGBARKEIT VON MENSCHEN UND GÜTERN UNTER DEM EINFLUSS DER TETRARCHISCHEN REFORMEN

1. Einführung

In einer 2009 erschienenen Studie versucht Jonas Sipilä, römische Eingriffe in die Grenzregime der Provinzen in ein elaboriertes Kategorienraster zu fassen, das von aktuellen Theoremen und Strategemen mitgeprägt ist. Dabei setzt er die Motive der römischen Entscheidungseliten mit folgenden in den Provinzen gegebenen Faktoren in Korrespondenz: physische Grundbedingungen, fiskalisch-ökonomische Strukturen, militärische Konstellationen und religiöse Entwicklungen. Sipiläs Faktorenbestimmung ist im Kern sicher richtig, kann allerdings nur in seltenen Fällen eindeutig an die Überlieferung zurückgebunden werden. Bei zweien der von ihm ausgemachten Motivlagen soll im Folgenden anhand eines besser dokumentierten Exempelclusters der Versuch einer stärkeren Quellenfundierung unternommen werden. Untersucht werden fiskalische Zielsetzungen der römischen Machteliten bei ihren Eingriffen in einen auf diese Weise normativ (also nicht, wie in Sipiläs Schema, nach physischen Grundgegebenheiten) geordneten imperialen Raum. Im Mittelpunkt des Beitrags werden — entsprechend der übergeordneten Thematik der diesjährigen *Entretiens* — die Auswirkungen dieser Interventionen auf das Austarieren politischer, sozialer und ökonomischer Gleichheit und Ungleichheit stehen. Die folgende Einleitung bietet eine Hinführung.

Die römischen Machteliten haben schon in republikanischer Zeit bei der Begründung auch territorial konzipierter Provinzen auf die räumlichen Strukturen ökonomischen Handelns und Gestaltens, etwa von anderen Akteuren fixierte Grenzen, landschaftliche Besonderheiten, natürliche Häfen, Bodenschätze etc., Einfluss oder Rücksicht genommen. Sizilien, Sardinien und Südspanien etwa waren durch die syrakusanische und karthagische Herrschaft für die römische Expansion bereits vorgeformt worden; diese Prästrukturierungen hat Rom mit gewissen Adaptionen übernommen, so dass sich der Eindruck, die jeweiligen Räume seien natürliche Gegebenheiten, verstärken musste. Oberitalien haben die römischen Eroberer weit stärker zu einem imperial-römischen Raum gemacht.[1]

Die Ausbildung römischer Herrschaftsräume in anderen Teilen der Mittelmeerwelt, vor allem solchen, die nicht an Italien angrenzten, scheint dagegen in höherem Maß von Kontingenzen und kurzfristigen Entwicklungen geprägt gewesen zu sein. Bspw. wurden um die als Kerne dienenden Statthalterprovinzen *Asia*, *Galatia* und Syrien im engeren Sinne längere Zeit umliegende Regionen, Eparchien oder Fürstentümer, je nach kurzfristig sich herauskristallisierenden politischen Interessen in variabler Form herumgruppiert, ohne dass sich Ziele und Zwecke dieses Vorgehens genauer bestimmen ließen.[2] Oft können wir in der ersten Phase römischer Herrschaft auch nicht entscheiden, wie konkret sich die imperiale Präsenz vor Ort ausgewirkt hat. Die ersten Zensusdurchführungen scheinen allerdings jeweils ein Einschnitt gewesen zu sein.[3]

[1] PURCELL (1990). Es gibt Indizien für ähnlich intensive, rechtliche und faktische Eingriffe in okkupiertes Land (als Oberfläche und Rechtskategorie und damit sekundär auch als Landschaft) in anderen Regionen des Westens, aber keine belastbaren Belege für ein analoges Vorgehen in der Fläche. Siehe etwa zur Alpenregion FAORO (2014).

[2] VITALE (2012); (2013). Siehe auch EICH (Im Erscheinen) zu der Situation in Gallien.

[3] Als Beispiel sei Pisidien erwähnt: EICH / EICH (Im Erscheinen); Zensus: HURLET in diesem Band.

Durch die neue imperiale Macht wurden unterschiedliche Regionen und Landschaften in ein neues Verhältnis zueinander gesetzt. Aber trotz der Interventionen in das provinziale Leben bei der Etablierung römischer Herrschaft wurde Einheitlichkeit anscheinend nicht angestrebt, vielmehr wurde eine Vielzahl von Differenzen und lokal- oder regionalspezifischer Asymmetrien in den jeweiligen Gebieten übernommen, um römischer Herrschaft Geltung zu verschaffen. Neue Hierarchien traten hinzu, zwischen Bürgern und Nichtbürgern, Profiteuren und Verlierern römischer Macht, Händlern mit römischer Protektion und solchen ohne diesen Schutz.[4] Analoges scheint — soweit erkennbar — für die Raumstrukturen zu gelten. Roms Herrschaft überwölbte historisch-genetische Konstellationen und Wahrnehmungen und beseitigte sie nicht. In dieser Beziehung ist Rom ein typisches Imperium, im Grunde sogar die Blaupause für viele spätere Modellbildungen.[5]

Die jüngere Forschung neigt bei der Beschreibung der wesentlichen Merkmale des Römischen Reichs dazu, Kontinuitäten über die Jahrhunderte zu betonen. Gegenüber den starken Werturteilen aus der Gründerzeit der historischen Wissenschaften (des Typus „vom Prinzipat zum Dominat") war dies auch eine wichtige Neubestimmung. Kontrastiert man aber das Reich der frühen Kaiserzeit mit dem Imperium, wie es sich zu Mitte des vierten Jh. darstellt, so fallen gleichwohl zunächst die Unterschiede ins Auge. Fast alle freien Bewohner des Reichs waren zu der späteren Zeit Bürger, und die rechtlichen Vorteile des Bürgerrechts waren keineswegs völlig geschwunden. Zentren und Peripherien waren neu gruppiert worden. Das nun klarer begrenzte Territorium des Imperiums wurde sicher nicht

[4] Vgl. nur e.g.: FOURNIER (2010) 101-108; SALMERI (2004); SCHULZ (1997); NEESEN (1980). Fallbeispiele bieten MITCHELL (2008); (1993); EICH (2007). Siehe noch EICH / EICH (Im Erscheinen). Die Kohärenz römischer Konzepte betont BÉRENGER (2014), die aber auch den Fokus klar auf römische Normen und weniger auf provinziale Praktiken legt.

[5] Vgl. etwa BURBANK / COOPER (2010); BARKEY (2008); VON HIRSCHHAUSEN (2015); ANDO (2015).

einheitlich, aber doch einheitlicher verwaltet. Die Größen der Provinzen hatten sich angenähert, die Zivilverwaltung war vergrößert und wirkt homogener. Dies sind nur Beispiele, die sich vermehren ließen.[6]

Erheblichen Anteil an dieser Entwicklung einer Normierung oder Standardisierung hatten die tetrarchischen Kaiser am Übergang vom dritten zum vierten Jh. Trotz der komplexen Quellenlage wird noch deutlich, dass sie dem Ziel, das Imperium zu kontrollieren, ein anderes Modell zugrunde legten, als es noch in der frühen Kaiserzeit Geltung gehabt hatte. Dabei waren viele ihrer Maßnahmen offenbar einer fiskalischen Logik verpflichtet, die sich nach der Auffassung des Autors seit dem späten zweiten Jh. über andere Handlungsantriebe geschoben hatte und sich seit der zweiten Hälfte des dritten Jh. als dominant etablierte.[7] Eine lange Regierungszeit ermöglichte es Diokletian und seinen Mitkaisern, aus Erfahrungen der vorhergehenden fünfzig Jahre nachhaltig Konsequenzen zu ziehen, die teils Vorläufern verpflichtet blieben, teil bei aller deklarierten Vergangenheitsorientierung innovativ waren. Ihre wichtigsten einschlägigen Maßnahmen seien im Folgenden noch einmal kurz in Erinnerung gerufen, da sie wesentliche Kontexte für das Haupterkenntnisinteresse dieses Beitrags bieten (2). Sukzessive wird dann der Zugriff verengt werden, um das Thema Gleichheit und Ungleichheit vor dem Hintergrund der römischen Raumvorstellung in tetrarchischer Zeit schärfer zu fokussieren (3-5).

2. Fiskalpolitische Maßnahmen der tetrarchischen Kaiser

Die tetrarchischen Kaiser haben den strukturellen Operationsrahmen des Reichs in vielfältiger Weise umgestaltet. Die wichtigsten dieser Interventionen seien hier kurz evoziert.[8]

[6] Kurzer Überblick mit der Spezialliteratur bei EICH (2015).
[7] EICH (2005).
[8] Siehe zum Folgenden CARRIÉ (1994); KUHOFF (2001); DELMAIRE (1989); ROBERTO (2014) 136-143.

a) Sukzessive hatten sich im dritten Jh. die Grundlagen des Steuerwesens geändert. Vor allem seit dem Anziehen der Inflation unter Aurelian verloren manche traditionelle Steuerformen an Bedeutung. Teils unabhängig hiervon, teils in Korrespondenz zu dieser Entwicklung erhielten die Provinzen neues Leitungspersonal. Das noch zur Mitte des Jahrhunderts typische Gespann aus *legatus Augusti* / Prokonsul und Prokurator wurde prozessual ersetzt. Unter Diokletian begegnen zuerst provinziale *rationales summae rei* und *magistri rei priuatae*. Unter ihnen haben anscheinend mit der Zeit keine (Provinz-)Prokuratoren der *summa res* mehr agiert (Ägypten ist in dieser Hinsicht mit einiger Sicherheit ein Sonderfall.) Diese Neugestaltung der Fiskaladministration wurde möglich, weil die wichtigsten Vertreter der Zentrale in den Provinzen, die Statthalter, seit dem späteren dritten Jh. allmählich ein anderes Aufgabenspektrum zugewiesen erhielten. Der prinzipatszeitlichen Administration hatte (in den kaiserlichen, mit der Zeit aber wohl auch in den prokonsularen Provinzen) die Trennung zwischen Fiskaladministration einerseits und der übrigen Jurisdiktion und Kriegführung andererseits zugrunde gelegen. V.a. seit Gallienus traten jedoch viele Gouverneure auch in den Militärprovinzen in die Rolle der Provinzprokuratoren ein und übernahmen die Kontrolle der wichtigsten Steuern. Die Steueradministration wurde damit in der Wertskala der Entscheidungseliten höher eingeordnet.[9]
b) Mit Hinweisen auf eine frühe Umgestaltung der Fiskaladministration (*CJ* 3, 22, 5) korrespondieren Indizien für erste Ansätze zu einer Steuerreform schon aus den ersten Jahren Diokletians (287).[10]
c) Um die offenbar früh (wenn auch kaum bereits in den später sichtbar werdenden Details) geplante Steuerreform umsetzen zu können, war die Durchführung eines neuen, des seit langem

[9] Eck (2014) 61; Christol (1986); Eich (2005). Zu dem prozessualen Übergang siehe besonders Christol (2013b).
[10] Carrié (1994).

ersten, Zensus notwendig. Die neue Landvermessung fand nach 293, im syrischen Raum wohl ab 296/7 statt.[11] Mit Blick auf die Thematik dieses Beitrags sei besonders hervorgehoben, dass m.E. der im Anschluss zu behandelnden Neuordnung des administrativen Großraums eine (trotz der fragmentierten Quellenlage wohl flächendeckend konzipierte) neue Aufnahme des Kleinraumes vorherging. Mit Blick auf die Thematik des Bandes sind Zensus und Steuerreform als mitprägende Kontexte der Provinzialreform zu werten. Das Ziel der Datenerhebung und der Etablierung von neuen Bemessungsgrundlagen war offensichtlich eine bessere Erfassung der Zahl und der Güter der Untertanen, um sehr grundlegende Formen der Steuerhinterziehung (und der Steuerüberforderung) zu verhindern. Die Steuerreform zielte zwar sicher nicht auf die Aufhebung der Ungleichheiten im Reich, wohl aber auf eine realistischere und damit eine gerechtere Ressourcenerhebung.[12]

d) Einschlägig ist auch die diokletianische Münzreform. Auf die anhängigen strittigen Fragen kann ich hier nicht eingehen.[13] Nur auf zwei Aspekte, die im vorliegenden Zusammenhang besonders bedeutsam sind, sei kurz hingewiesen. Zum einen haben die kaiserlichen Zentralen anscheinend mit großer Selbstverständlichkeit innerhalb eines sich verschlechternden wirtschaftlichen Umfelds des Regierungshandelns monetärpolitische Steuerungsmöglichkeiten ausgelotet. Zum anderen erwiesen sich die Zwangsankäufe von Gold zu dem Zweck, nach der Rücklage ausreichender Reserven eine neue Goldwährung zu etablieren, als eine der wenigen längerfristig angelegten Zielsetzungen kaiserlicher Regierungen, deren Kalkül aufgegangen zu sein scheint. Der von Konstantin lancierte *solidus* brachte allerdings langfristig neue wirtschaftliche Ungleichgewichte mit sich.[14]

[11] MILLAR (1993) 193-198; 535-544; LE TEUFF (2012).
[12] Vgl. die Selbstzuschreibung *P.Cair.Isid.* 1 = *SB* V 7622 mit *BL* V 20 und IX 40.
[13] Siehe den immer noch nützlichen Überblick bei HENDY (1985) 378-380.
[14] CARRIÉ / ROUSSELLE (1999); BANAJI (^{2}2007).

Die skizzierten Maßnahmen sind in der Forschung schon intensiv und kontrovers diskutiert worden. Wie angesprochen, wird im Folgenden keine neue Deutung vorgelegt werden. Die kurz evozierten Initiativen dienen nur als Folie für die Klärung eines anderen Problems: die Auswirkungen der tetrarchischen Raumordnung auf Gleichheit und Ungleichheit im Imperium. Der nächste Abschnitt leitet über zu einem raumbasierten Zugang.

3. Das Mittelmeer als imperialer Raum

Der sogenannte *spatial turn* hat die moderne Beschäftigung mit sozialem und politischem Raum bekanntlich massiv überprägt. Zahlreiche im Zuge dieser Neuausrichtung entstandene Studien haben unser Verständnis der antiken Orientierung und Kartographie deutlich verbessert. Raum war auch in römischer Zeit zu einem hohen Anteil sozial und kulturell konstruiert.[15] Die noch rekonstruierbare Raumvorstellung römischer Eliten basierte primär auf der Aufnahme des ‚Kleinraums' — durch Katastrierung, aber auch durch andere, weniger präzise Mittel.[16] Imperialer Raum war das Resultat der Kreation solcher Basen, die durch Straßen oder Flüsse miteinander verbunden werden konnten. Diese Verbindungslinien erlaubten es etwa auf Karten oder in ‚mental maps', Raum als Reihung von Stationen zu denken oder abzubilden. Das Fundament dieses Verfahren bildeten eben akkumulierte Kenntnisse über Menschen und Güter.

Zensusmaßnahmen sind schon frühzeitig durchgeführt worden, wenn wohl auch nicht stets direkt nach der Inbesitznahme eines Gebiets. Gleichwohl wirken viele großteilige römische Provinzen eher kontingent im Zuschnitt. Sie spiegeln jedenfalls aus heutiger Sicht nur sehr begrenzt raumbezogenes Wissen der imperialen Eliten wider. V.a. waren nur wenige der raumkonstituierenden

[15] Schmidt-Hofner (2016); Redepenning (2016).

[16] Bru (2011); Rathmann (2007) 12 (‚Kleinraum'); Brodersen (1995) 139-236.

Stationen römisch denotiert (wie etwa Kolonien oder die *capita*) oder doch (wie etwa Konventstädte) konnotiert. Mit den Tetrarchen setzte in dieser Hinsicht eine erhebliche Veränderung ein. Diese Kaiser haben das römische Stationennetz deutlich dichter gewoben, indem sie neue Knotenpunkte einpflegten.

4. Die Investition in neuen Zentren

Bekanntlich nahmen die Herrscher der ersten Tetrarchie in der Folge vieler nachseverischen Kaiser ihre Residenz nicht in Rom. Zentren mit eigenen Peripherien wurden Städte wie Trier, Mailand oder Antiocheia. In diesen regionalen ‚hubs' waren schon früher kaiserliche *comitatus* angesiedelt gewesen, so dass politisch kein entscheidender Wandel eintrat. Aber die Tetrarchen nahmen, wie aus einer allerdings heterogenen Quellenlage hervorgeht, an den Orten, an denen sie sich länger niederließen, durchaus umfangreiche Baumaßnahmen für sich und ihr zahlreiches Gefolge vor. Ihre Palastanlagen mit den charakteristischen Hippodromen sind in der Summe gut dokumentiert.[17] Für die betroffenen Städte hat sich diese Phase als langfristig prägend erwiesen, sie blieben auch in den folgenden Jahrzehnten, ja Jahrhunderten, politische Zentren und Orte der Reichtumskonzentration.[18] Aber die Tetrarchen haben auch Städte zu Residenzen ausgebaut, die vorher nicht oder nur bei ephemeren Aufenthalten Kaisersitze gewesen waren, wie Nikomedeia, Thessaloniki, Sirmium oder später Konstantinopel.[19] Bei Córdoba, entstand ebenfalls eine Palastanlage, bei York oder Karthago

[17] MAYER (2002).

[18] Die urbane Entwicklung im Westen war sicher zu erheblichen Teilen von kontingenten Faktoren abhängig, doch scheinen in der Summe politische Zentren öfter eine stabile soziale und ökonomische Entwicklung genommen zu haben: WITSCHEL (2004-2005); SCHMITZ (1995). Andererseits profitierten kirchliche Zentren von der Mittelvergabe christlicher Kaiser (zu Constantin: LENSKI [2016] 167-206).

[19] MAYER (2002) 28-104.

lässt sich dies nur vermuten.[20] Diese Dezentralisierung der politischen Macht löste einen Bauboom im Reich aus und hat das Verhältnis von Zentren und Peripherien im Imperium nachhaltig anders gelagert.

Diese Aspekte tetrarchischer Herrschaft sind gut untersucht. Eine später einsetzende, ansonsten aber parallele Entwicklung ist aus imperialer Perspektive seltener und dann meist unter anderen Vorzeichen angesprochen worden.[21] Bekanntlich wurde die Zahl der Provinzen durch die terarchischen Reformen etwa verdoppelt. Damit einher ging in vielen, um einen neuen Kern kreierten Provinzen die Wahl eines neuen *caput*.[22] Seit Beginn des dritten Jh. waren die statthalterlichen Stäbe, die Offiziales, infolge höheren Verwaltungsaufwandes sukzessive angewachsen. Am Ende dieser Entwicklung hatten die Statthalter i.d.R. hundert zivile Verwalter unter sich. Diese Zahl ist signifikant geringer als die in mancher frühen Großprovinz mit großer Legionsbesatzung und eigenem Provinzprokurator. Da jedoch im frühen vierten Jh. zusätzliche Dienststellen des Militärs (etwa die Dukate) und dann auch von Vizepräfekten hinzukamen, die *sacrae largitiones* und vor allem die *res priuata* mit Personal in den Provinzen agierten und eben deutlich mehr Statthalter aktiv waren, ist die Gesamtzahl der zivilen Verwalter aller Wahrscheinlichkeit nach signifikant gestiegen (auch wenn es kaum möglich ist, einen analytischen Snapshot unter Diokletian vorzunehmen).[23] Sie verteilten sich jetzt aber anders über die Städte des Imperiums. In manchen neuen *capita* mag die Infrastruktur für die hinzukommenden Administratoren schon gegeben gewesen sein, wenn dort etwa eine *procuratio* angesiedelt gewesen war.

[20] FUERTES SANTOS (2011); KUHOFF (2001) 716.

[21] In gewisser Weise ein Vorläufer meiner These ist MEISSNER (2000). Anders etwa KUHOFF (2001) 634-643.

[22] Als Beispiele seien genannt: Ptolemais, Tyrus, Apamea/Qalat Mudiq, Tarsus, Anazarbus, Seleucia, Pessinus, Amisus, Polemonium, Laodicea, Cyzicus, Perinthus, Durostorum, Naissus, Larissa, Scodra, Vesontio, Rotomagus, Elusa, Avaricum, Corinium Dobunnorum, Lindum Colonia, Curia Raetorum (?).

[23] PALME (1999).

Für andere galt dies nicht. Einige Beispiele mögen die variablen ökonomischen Folgen der Statusveränderungen illustrieren.

Im frühen vierten Jh. entstanden als neue Provinzen *Phrygia* I und II, *Caria* und *Pisidia*. Seit der zweiten Hälfte des dritten Jh. war nach unseren hier wohl aussagekräftigen Befunden die Blütephase des römischen *epigraphic habit* vorbei, auch wenn dieser Trend in diokletianisch-konstantinischer Zeit noch einmal eine gewisse Revision erfahren zu haben scheint. Für die hier relevanten Fragen ist der Rückgang der inschriftlichen Zeugnisse ein erhebliches Problem. Den ersten Statthalter der neuen Provinz *Pisidia* etwa kennen wir aus dem Zeitraum der Jahre um 311, eben durch Inschriften. Unter Valerius Diogenes wurde eine Fülle von Baumaßnahmen in dem neuen *caput Antiochia ad Pisidiam* angestoßen, die epigraphisch dokumentiert sind. Diese Baumaßnahmen haben Michel Christol und Thomas Drew-Bear m.E. zutreffend mit der politischen Aufwertung der alten Kolonie in Verbindung gebracht.[24] Antiochia hatte viele römische Ritter und Senatoren hervorgebracht, war aber in geringerem Maße als andere Städte in der Umgebung von lokalen Euergeten mit urbaner Infrastruktur ausgestattet worden, so dass es nun neu ausgerüstet werden musste.[25] Für viele neue Provinzzentren wird Ähnliches gegolten haben; aus den meisten Städten fehlen aber entsprechende inschriftliche Belege aus der Zeit. Immerhin ist die hohe Zahl von Bauinschriften aus dem Nordafrika dieser Zeit wohl ebenfalls Indiz für Infrastrukturmaßnahmen, für die zumindest auch zentrale Mittel bereitgestellt wurden.[26]

[24] CHRISTOL / DREW-BEAR (1999). Die beiden Epigraphiker gehen allerdings davon aus, dass die Baumaßnahmen unmittelbar bei Aufwertung der Kolonie einsetzten und sehr rach abgeschlossen wurden. Ich gehe dagegen davon aus, dass diese Bauten und Renovierungen erst geplant werden mussten und die Arbeiten auch einige Zeit in Anspruch nahmen. Der erste Beleg für die neue Provinz ist daher m.E. nicht auch ein Beleg für deren Einrichtung. Neufunde sind zu zitieren nach CHRISTOL (2013a), (2014) und (2016).

[25] BRANDT (1992) 109-110; GAZDA (2011).

[26] OSHIMIZU (2012).

Antiochia erhielt also im Laufe einiger Jahre nach der Statuserhöhung eine neue oder doch renovierte Bausubstanz. Teilen der Bevölkerung wird die administrative Aufwertung der Stadt auch (andere) wirtschaftliche Chancen eröffnet haben. Die den paganen Kaisern feindseligen zeitgenössischen Narrative gehen auf diese Möglichkeiten leider nicht ein. Rund 200 Jahre zuvor hat jedoch Dion von Prusa einen grundsätzlich vergleichbaren Prozess in einer berühmten Stelle mit feinem Spott ausgemalt. Dion kommentiert die Bedeutung einer zeitweiligen Anwesenheit eines römischen Statthalters in einem Konventsort so:[27]

> „Ferner finden bei Euch jedes zweite Jahr die Gerichtsverhandlungen statt und locken eine unübersehbare Menschenmenge herbei, Prozessierende, Richter, Redner, leitende Beamte, Diener, Sklaven, Kuppler, Maultiertreiber, Händler, Dirnen, Handwerker. So können die Besitzer ihre Waren um einen recht hohen Preis an den Mann bringen, und nichts in der Stadt ist unbeschäftigt, weder die Zugtiere, noch die Häuser, noch die Frauen — und das ist kein geringer Beitrag zum allgemeinen Wohlstand. (16) Wo nämlich die größte Menschenmenge zusammenkommt, da muss auch das meiste Geld zusammenfließen, und man kann erwarten, dass der Ort gedeiht. Man sagt ja auch, glaube ich, dass das Feld, auf dem die meisten Schafe eingepfercht sind, durch den Mist für den Landmann am fruchtbarsten werde, weshalb auch viele Bauern die Hirten bitten, doch auf ihrem Land die Schafe einzupferchen. (17) Daher kommt es, dass man hinsichtlich der Geltung einer Stadt der Einrichtung eines Gerichtshofes so große Bedeutung beilegt, dass man sich allgemein darum mehr bemüht als um alles andere."

Dass die Vorteile der Stadt Kelainai, die Antiochos I. in Apameia unbenannt hatte, Anziehungspunkt für viele Menschen zu werden, u.a. am Gewerbe der Prostitution verdeutlicht werden, ist offenkundig Ironie. Doch hatte C.P. Jones bereits 1978 mit Recht vermerkt, dass trotz Dions Akzentsetzung "the picture that he gives of it is only slightly distorted".[28] Dieser Einschätzung ist zuzustimmen. Kelainai / Apameia hatte keine Ehrentitel; Dion

[27] DIO CHRYS. *Or.* 35, 15-17, Übers. W. ELLIGER (Zürich 1967) S. 503.
[28] JONES (1978) 66.

spottet über die Stadt, die statt zunächst symbolisches, unmittelbar echtes Kapital anzog. Überregionale Feste mochten auf sozial prestigereichere Weise ähnliches leisten wie die Teilhabe am römischen Konventsystem, ja bei einer Kombination die profane Bedeutung der Gerichtstage mit anerkannter Firnis überziehen.[29] Gleichwohl profitierten viele Bewohner von Apamea und anderen Konventstädten, lokale Verkäufer und Handwerker, wie auch die Stadt durch Abgaben auf Handel und Transport.

Die geldwerten Nebeneffekte des Umstandes, ein administratives Zentrum im Reich zu sein, fielen Apamea aber eben nur temporär zu. Oft kamen Gouverneure in Konventstädten daher wohl bei reichen Privatpersonen unter, eine Form der Euergesie, die das lokale Wirtschaftsleben nur begrenzt stimuliert haben dürfte.[30] Die neuen Hauptstädte der tetrarchischen Zeit unterlagen dieser Form der Fluktuation, nur alle zwei Jahre auf eine kurze Zeitspanne ein lokales ‚hub' zu sein, jedoch nicht. Einige der von Dion angedeuteten wirtschaftlichen Vorteile kamen ihnen also in noch höherem Maße zu. Dass sie — wie am Beispiel Antiocheia illustriert — auch infrastrukturell von ihrer Statuserhöhung profitieren konnten, wurde sehr viel wahrscheinlicher. Neben dem Gouverneur war auch sein Stab in der Stadt präsent. Dieser Dienst wurde zwar im Vergleich mit den Vergütungen für die hohen Amtsträger nicht gut besoldet, gemessen an der Mehrzahl der Provinzialen waren viele Offiziales aber auch kaum als arm zu taxieren; ihr Sozialprofil war allerdings offenbar sehr heterogen. Später, aber erst seit der zweiten Hälfte des vierten Jh. haben (mittlere) militärische und zivile Administratoren in besonderer Weise von der neuen Goldwährung profitiert. Kaufkraft besaßen die Offiziales aber auch vorher. Last but not least: Die Bewohner der *capita* und des Umlandes hatten nun bessere Zugangschancen zum höchsten

[29] Cf., mit anderer Akzentuierung, KANTOR (2013) 148.

[30] HELLER (2006) 137; KANTOR (2013) 147. Doch siehe auch J. und L. ROBERT, *Bull. épigr.* (1968) zu 462.

Richter der Provinz. Hohe Gerichtsbarkeit war in Rom bekanntermaßen eine eminent wichtige, aber seltene Ressource; die Quellen verzeichnen endlose Wartezeiten, mit der Folge großer Unsicherheit etwa in Besitzfragen. Den Zugang zu den Statthaltern zu verbessern, hat Diokletian auch sonst angestrebt.[31]

Die Verkleinerung der Provinzen hat also einer größeren Zahl von Städten zu einem neuen Institutionengefüge, zu einer neuen Elite, zu einer höheren Interaktionsdichte und z.T. zu einer neuen Infrastruktur verholfen. Allerdings profitierten nicht nur einige Städte von der neuen Raumordnung, andere haben Nachteile durch sie erfahren. Dies ergibt sich vor allem aus dem Ausschlussprinzip: Etwaige Steuermittel, die den neuen *capita* zur Verfügung gestellt wurden, wurden anderen vorenthalten. Sie waren in noch höherem Maße auf Euergesien angewiesen.[32] Doch beschränken sich potentielle Ungleichheiten nicht nur auf den Umstand, dass Vorteile nicht im Gießkannenverfahren verteilt worden sind. Dies mögen erneut einige Beispiele verdeutlichen. Fast alle Studien, die die Provinzreform Diokletians behandeln, erwähnen lapidar, dass alte Großprovinzen geteilt worden seien. Damit wird der Eindruck suggeriert, dass alle Provinzen zuvor in klar unterschiedene Teile zerfallen seien, so dass ihre Aufspaltung per Federstrich vorgenommen werden konnte. Bei einigen Fällen ist dies auch zutreffend. In anderen deutet der Quellenbefund in eine andere Richtung. Beginnen wir erneut in Kleinasien.

In den letzten Jahren ist eine große Zahl von Studien der Landschaft Phrygien und den Phrygern gewidmet worden. Die Ergebnisse divergieren, aber es wird doch deutlich, dass „Phrygien" über die Jahrhunderte nicht die gleichen, quasi ‚natürlichen' Grenzen zugeschrieben wurden.[33] Zumeist wurde allerdings

[31] PEACHIN (1996); Zugang: *CJ* 3, 3, 2, ein Text, dessen Reichweite intensiv umstritten bleibt: LIVA (2012).

[32] Unterschiedliche Positionierung zu dieser Frage bietet bspw. der Band KRAUSE / WITSCHEL (2006). Siehe die abschließende Gewichtung von LIEBESCHUETZ (2006) 465-467.

[33] KELP (2015) 26-32; THONEMANN (2013) 4-8.

die Stadt Kelainai / Apameia zu Phrygien gerechnet, die eben schon einmal als Beispiel gedient hat. An der Schnittstelle wichtiger Straßen gelegen, war sie ein bedeutender Handelsplatz, nach Strabon der zweite in *Asia* nach Ephesos.[34] Apameia galt in aller Regel als phrygische Stadt und war noch Teil von *Caria et Phrygia*. Dennoch wurde sie bei der tetrarchischen Aufspaltung der Provinzen in dieser Region nicht den phrygischen Provinzen zugeordnet. Sobald die Quellen den Zuschnitt der neuen Provinzen erkennen lassen, lag Apameia in *Pisidia*.[35] Sicher war die Stadt seit langem auf einer West-Ostachse angesiedelt. Von der von Strabon und (weniger stark) noch Dion betonten Westbindung wurde Apameia jetzt jedoch administrativ abgeschnitten, und mit dem südlicheren Teil von *Pisidia* war Apameia weniger verbunden.[36] Die neue Provinzgrenze ergab sich offenbar nicht selbstverständlich.

Die unmittelbaren Folgen der neuen Grenzziehungen für den Handelsplatz Apameia bleiben uns allerdings verborgen. Römische Provinzgrenzen konnten in der Kaiserzeit auch Zollgrenzen sein.[37] Größere, als Einheit angesehene Räume wurden jedoch als ein einheitliches Zollgebiet behandelt. Die alte Großprovinz *Asia* war seit der Republik (*grosso modo*) von einer Zollgrenze umschlossen gewesen. Seit dem dritten Jh. werden die Informationen über Binnenzölle jedoch dürftiger; die möglicherweise einschlägigen Quellenstellen aus dem vierten Jh. sind bereits sehr interpretationsbedürftig, während die Außenzölle des Imperiums in der Spätantike gut dokumentiert sind.[38] Doch auch wenn in spätrömischer Zeit nur noch an spezifischen

[34] Strab. 12, 8, 15, 577C.

[35] Belke / Mersich (1990) 188; Kelp (2015) 30.

[36] Dion zählt die Pisidier zu den entfernter liegenden Besuchern von Apameia: 35, 14; Apameia als Handelsplatz: Thonemann (2011) 99-109.

[37] De Laet (1949) 273-277; Cottier *et al.* (2008). Contra Kritzinger (2015) 41-42, der den Zollbezirksgrenzen konkrete Bedeutung für die Abgabenerhebung abspricht. Diese Interpretation scheint mir vom asiatischen Zollgesetz nicht getragen zu werden. Zu dem archäologischen Argument siehe France / Nelis-Clément (2014) 194-197.

[38] Delmaire (1989) 283-293; Schleicher (2015).

Orten (Häfen etwa) Binnenzölle erhoben worden sein sollten, wissen wir nicht, wann die aus der Kaiserzeit überlieferten Portoriumsstrukturen im Reich aufgegeben worden sind. Es wäre m.E. überraschend, wenn die Zentralregierungen gerade in der Zeit der Inflation, also im späten dritten und in der ersten Hälfte des vierten Jhs., ganz auf zumindest auch anteilig vom Warenwert erhobenen *uectigalia* verzichtet hätten — anders als andere Abgaben verloren sie durch Preissteigerungen nicht an Bedeutung. Auch war bekanntlich das hochkaiserzeitliche *portorium* nicht mit dem heutigen Konzept des Zolls identisch, andere Gebühren konnten ebenfalls anfallen, die weiterhin erhoben worden sein konnten; allerdings wurden gerade in den Grenzzonen auch Ausnahmetatbestände definiert. Leider fehlen uns zu möglichen an diokletianischen Grenzen in Kleinasien (und darüber hinaus) erhobenen Abgaben aber alle konkreten Informationen.

Zentralkleinasien ist nicht die einzige Region, in der die neuen Provinzgrenzen Landschaftszusammenhänge neu zuschnitten. Die Verselbständigung von Kreta war in der Tat auf dem Papyrus durchführbar. Auch die Teilung von *Lycia* und *Pamphylia* mag unproblematisch und rasch verlaufen sein. Aber im Gebiet von *Arabia* und *Syria Palaestina* werden neue Grenzverläufe erkennbar, die nach unserer Kenntnis nicht bereits vorgestanzt gewesen sind; u.a. wurde Petra historisch überraschend *Palaestina* zugeordnet.[39] Aussagekräftiger für die Frage nach der Neuartigkeit der von den Kaisern aufoktroyierten Raumordnung ist das letzte Beispiel für eine Provinzaufgliederung, das hier behandelt werden soll. Zugleich treten die wirtschaftlichen Vor- und Nachteile einer Teilung bei diesem Fall besonders klar hervor. Die römische Provinz *Narbonensis* wurde in tetrarchischer Zeit in einem chronologisch noch nicht geklärten Prozess in drei Teile aufgespalten. Offenbar zuvor wurde das Territorium von Vienna, der *ciuitas* der Allobroger, ebenfalls in drei nunmehr selbständige Gemeinden geteilt. Neben dem nun deutlich

[39] Darby (2015).

verkleinerten Territorium von Vienna entstand bekanntlich die Gemeinde Grenoble, zuvor eine bloße „Agglomération" (Cularo). Und ebenso erhielt Genf bei dieser Gelegenheit Stadtrecht.[40] Etwas später wurde Vienna Sitz eines stellvertretenden Prätorianerpräfekten, vielleicht im Sinne einer Kompensation für den Gebietsverlust. Die von den Kaisern initiierten Reformen führten zu einer höheren Zahl urbaner Zentren in der Region, neuen Marktrechten, aber auch zu neuen munizipalen Abgaben. Statt einer, waren in der alten *Gallia Narbonensis* nun drei Gemeinden Statthaltersitze und beherbergten die zugehörigen Administratoren. Mehr Provinziale als zuvor hatten einen verbesserten Zugang zum höchsten Richter. Ein Vikar kam hinzu. Die neue Ordnung machte offenbar auch eine neue oder doch bessere Straßenführung notwendig. In der ersten Zeit von Konstantins Herrschaft in der Region sind massive Straßenbauarbeiten bezeugt, wurde also ebenfalls Infrastruktur geschaffen.

Das Beispiel der *Narbonensis* wurde mit doppelter Intention gewählt. Die Erwähnung gestattet es, Dank für die Einladung an die prächtige Stätte der Fondation auszusprechen. Zugleich ermöglicht es dieser Fall, auf eine zentrale Frage zurückzukommen, die nun schon mehrfach angeklungen ist: In welchem Ausmaß ist die diokletianische Provinzreform von schon existenten Unterstrukturen von Statthalterprovinzen präfiguriert worden?[41]

In einem grundsätzlichen Sinne ruhte die neue Provinzialordnung sicher auf kleinteiligeren administrativen Strukturen unterhalb der alten Großprovinzen auf: Dazu zählen etwa Konventsbezirke oder auch procuratorische Distrikte, auch der *res priuata*. Die administrative Entwicklung von der Severerzeit in die Tetrarchie war zwar keine geradlinige, doch gibt es klare Kontinuitäten: Sukzessive wurde die nichtsenatorische Administration ausgebaut.[42]

[40] CHRISTOL (2010); Zitat: 96.

[41] Mit diesem Passus greife ich einen wichtigen Hinweis von Nicholas Purcell aus der Diskussion auf.

[42] EICH (2005).

Grundsätzlich also zogen die Tetrarchen Schlussfolgerungen aus einer langen Entwicklung. Aber konkret und einzelfallbezogen lässt sich die These, Diokletian und seine Mitkaiser hätten nur eine Art Häutung der Administrationsstruktur vorgenommen, kaum je mit harten Belegen abstützen. Gerade für Phrygien wird diese Annahme oft als Gewissheit dargestellt, doch sind die angeführten Zeugnisse dürftig und mehrdeutig; sie können allein die angesprochene Vermutung nicht tragen.[43] In der alten *Narbonensis* andererseits wirkt die Dreiteilung artifiziell. Auch im Fall der *Tarraconensis* verlief die Provinzteilung nicht einfach entlang einer perforierten Linie.[44] Wie schon angesprochen, dürfte die Zahl der ausschließlich mit Verwaltungsaufgaben befassten Agenten des Imperiums in der Summe angestiegen sein; auch ist der Hang zur Systematisierung in den diokletianischen Reformen auffällig. Die sicher notwendige Relativierung der Reichweite der tetrarchischen Maßnahme führt also n.m.D. nicht zu einer Negierung von deren Innovationspotential.

Resümieren wir: Die politischen Reorganisationen des imperialen Raums im Zuge der tetrarchischen Etablierung eines neuen Administrationsmodells hatte nicht revolutionäre, aber doch erhebliche Auswirkungen auf Gleichheit und Ungleichheit im Imperium: Andere und auch mehr Personen hatten schnelleren Zugang zu Gerichten. Die Zahl der römischen Steuerverwalter stieg; mit ihr veränderte sich die Ratio der Administratoren zu der Gesamtreichsbevölkerung. Die Mitglieder der statthalterlichen Stäbe, die sukzessive eine zivile Prägung erhielten, bildeten eine vergrößerte administrative Elite mit ihren spezifischen Profitchancen. Einige Städte erhielten eine neue Infrastruktur, andere traten in ihren Schatten. Die Reformen haben die Bedingungen von wirtschaftlichem Handeln verändert, in gewisser Weise haben sie stimulierend gewirkt, indem sie das Institutionengefüge des Imperiums markant umgestaltet haben.[45]

[43] Kelp (2015) 26-32; Thonemann (2011) 113-114; Vitale (2012) 68-77 und zur Kritik Eich (2016) 272-273.

[44] Für den Hinweis danke ich F. Beltrán Lloris.

[45] Vgl. Kantor (2013) 146.

Doch waren diese wirtschaftlichen Entwicklungen wohl kaum das Ziel der kaiserlichen Entscheider bei der Neueinteilung des administrativen Raums. Die Quellen liefern keine längeren Begründungszusammenhänge. Die z.T. komplexen Neuzuschneidungen älterer Großeinheiten lassen aber Vermutungen über den Sinn der Reorganisation zu. Mit der Neuziehung der Provinzgrenzen war offenbar u.a. intendiert, den einzelnen Statthaltern soweit möglich vergleichbar große Aufgabengebiete zuzuweisen. Einerseits konnten sie ihren jurisdiktionellen Pflichten dadurch besser genügen. Andererseits konnten sie auch die neue Form der Besteuerung besser kontrollieren. Diese Intention vermittelt das Edikt des Aristius Optatus; Laktanz unterstellt in feindseliger Überspitzung eine ähnliche Motivation.[46] Insoweit folgte die Provinzreform einer fiskalischen Logik. Diese fiskalische Logik zielte nicht primär auf ökonomische Zwecke und entsprach sicher nicht in allen Punkten den Interessen der lokalen Wirtschaftssubjekte. Präzisere Angaben über Ziele und Wirkungen der Reform müssen bei einer Klärung ihrer Kontexte ansetzen.

5. Die Jahre 301-303

Die Provinzreform stand mithin wahrscheinlich in einer wenn auch kaum als monokausal auszuweisende Beziehung zu den zu Beginn angesprochenen fiskalpolitischen Maßnahmen der Tetrarchen. Ebenso wahrscheinlich hat die Neuordnung des administrativen Großraums auf die Neuvermessung des Kleinraums durch den Zensus aufgebaut. Aber solche Schätzungen sind — wenn auch in anderer Form — schon frühzeitig durchgeführt worden, ohne dass sich eine klare Korrespondenz zwischen den exakten Kenntnissen über die Mikroebene des Imperiums und der Makroebene der Administration nachweisen ließe. Die Interventionen der Tetrarchen in die administrative

[46] *P.Cair.Isid.* 1 (vgl. Anm. 12); LACTANT. *De mort. pers.* 7, 4.

Raumordnung stellen zumindest aufgrund ihrer Dimensionen trotz mancher Präfigurationen auf procuratorischer Ebene etwas qualitativ Neues dar.

Ob und wie die tetrarchischen Reformen korreliert waren, wird in der Forschung streitig diskutiert. Viel hängt dabei von der je angenommenen Datierung der einzelnen Initiativen ab. Bei der zeitlichen Einordnung der Provinzreform finden sich in der Forschung im Wesentlichen zwei Ansätze. Viele Forscher gehen von einer sukzessiven, in einem je spezifischen Kontext vorgenommenen Aufspaltung der Provinzen aus.[47] Für diese These fehlen allerdings konkrete Quellenhinweise. Andere Ansätze vermuten einen großen Wurf, weisen die Reform also im Kern einem oder vielleicht zwei Jahren zu. Früher galt dabei das Jahr 293 oft als das Schlüsseljahr.[48] 1985 allerdings publizierte Ginette di Vita-Evrard einen bahnbrechenden Artikel, der mehrere Teilungen von Provinzen ins Jahr 303 verorten konnte. Seither ist die von der Autorin vorgeschlagene Datierung einer großen Provinzreform in dieses Jahr weit verbreitet. Sehen wir uns kurz die vorhandenen Informationen an. Vermutlich bereits 295, vielleicht auch erst 297/8 ist im südlichen Ägypten die Provinz Thebais dokumentiert, die wohl in Folge eines der ägyptischen Aufstände eingerichtet worden ist.[49] Obwohl es keine Belege hierfür gibt, muss es doch als wahrscheinlich gelten, dass die britannischen Provinzen rasch nach Beendigung der Carausius bzw. Allectus-Usurpation (296) weiter aufgespalten worden sind. Diese Teilungen folgen einem seit langem bekannten (sozusagen ‚severischen‘) Muster: Nach Widerstand in einer Region sollten kleinere Verwaltungseinheiten eine bessere politische Kontrolle ermöglichen.

[47] Dies gilt v.a. für Studien mit regionalem Schwerpunkt, die ich hier nicht im Einzelnen besprechen kann.

[48] Siehe die Evaluierung der Thesen bei WITSCHEL (2006).

[49] PALME (1998) 124; WIENAND (2012) 211-212. Im Zuge dieser Abspaltung könnten auch die libyschen Provinzen entstanden sein, doch ist dies aufgrund der unsicheren Datierung von *P.Oxy.* XII 1410 besonders unsicher.

Alle anderen *erhaltenen* Angaben außerhalb Italiens (das aufgrund seiner historischen Besonderheiten einer anderen Entwicklungskurve gefolgt sein dürfte) weisen in der Tat in die Zeit um das Jahr 303. Dies gilt speziell für *Numidia* (303/4), aber, nach der m.E. überzeugenden Rekonstruktion Di Vita-Evrards, auch für das übrige römische *Africa*. Wie Charlotte Roueché schon vor fast drei Jahrzehnten vermerkt hat, sind auch Teile Kleinasiens in etwa der gleichen Zeit neu geordnet worden. Die Teilung von *Caria-Phrygia* in zwei phrygische und eine carische Provinz kann in den Zeitraum zwischen Ende 301 und Anfang 305 datiert werden.[50] Da das phrygische Territorium aber, wie schon angesprochen, noch zusätzlich aufgespalten wurde, um die neue Provinz *Pisidia* mit genügend *ciuitates* auszustatten, gehört wohl auch deren Begründung in den gleichen Zeitkanal. Die Provinz ist erst 308/311 belegt, doch scheint es mir wenig plausibel, dass *Phrygia II* wenige Jahre nach seiner Entstehung schon wieder Gebiet abtreten musste. Der Grenzverlauf ist m.E. im gleichen Entscheidungsverfahren entschieden worden.[51] Der Neuzuschnitt der *Syria Palaestina* und der *Arabia* wurde früher in das Jahr 299 gesetzt. Epigraphische Neufunde erlauben nun eine Revision

[50] ROUECHÉ (1989) 21. Einschlägig ist sicher das neue Fragment der diokletianischen "currency regulation" (CHANIOTIS / FUJII [2015]), das den Wortlaut *dioecesi hac ratio-* bietet. Dass mit diesen Worten die Finanzdiözese Asias belegt ist, muss angesichts der Polyvalenz von *dioikesis* unsicher bleiben. Zumindest ein *rationalis* ist mit diesem Text noch nicht sicher dokumentiert. Vor allem aber ist diese Regelung mit doch hoher Wahrscheinlichkeit vor dem Maximaltarif erlassen worden, in dem die Provinz *Caria et Phrygia* bezeugt ist, die Provinzteilungen in der Region also noch nicht in vollem Umfang abgeschlossen waren (oder auch nur begonnen hatten). Dieses neue Fragment kann also meine obigen Ausführungen nicht widerlegen.

[51] EICH (2016) 256. Beim jetzigen Stand der Diskussion scheint das Tymandus-Reskript nicht für diesen Beitrag einschlägig zu sein: BRU / LABARRE / ÖSZAIT (2009). Doch sprechen die Autoren auch die Möglichkeit an, dass die Inschrift exakt die in diesem Beitrag versuchsweise in den Blick genommene Situation der Provinzteilung beleuchtet: 203. Auch in ökonomischer Hinsicht wäre die im Reskript besprochene Stadtwerdung bei einer solchen Datierung relevant, ebenso wie das Orcistus-Dossier. Doch überwiegen trotz der glänzenden Kommentierung der Autoren die offenen Fragen (siehe ebd. 198), so dass diese Türen hier verschlossen bleiben sollen.

dieser Annahme: Robert Darby datiert die Grenzveränderung an das Ende des Jahres 302 — auch 303 wäre m.E. denkbar.

Zwischen Ende 301 und Anfang 305 ist also eine substantielle Zahl von Provinzen durch die Teilung alter Großprovinzen neu gegründet worden; bei anderen wurde das Territorium deutlich neu vermessen. Über die übrigen Teilungen außerhalb Italiens liegen keine zeitlichen Angaben vor. Dass alle Provinzen zur gleichen Zeit aufgegliedert worden sind, soll hier nicht postuliert werden. Es ist aber in jedem Fall bemerkenswert, dass Zentralkleinasien, Nordafrika und der Süden Syriens zeitlich in etwa parallel neu geordnet worden sind. Die Forscher, die für eine große Reform spät in der Regierungszeit Diokletians, konkret 303, optieren, erklären diesen Ansatz tendenziell damit, dass erst zu dieser Zeit militärisch soweit Sicherheit bestanden habe, dass die Herrscher lange geplante, aber zunächst aufgeschobene Reformen hätten in Angriff nehmen und umsetzen können. Dieser Gedankengang ist auch überzeugend, schließt aber keineswegs aus, dass die Provinzreform mit anderen kaiserlichen Maßnahmen der etwa gleichen Zeit in einer Wechselbeziehung stand. Wie Ginette Di Vita-Evrard bereits vermerkt hat, fallen in den engen Zeitkanal zwischen Ende 301 und Anfang 305 noch weitere kaiserliche Initiativen. Di Vita-Evrard hat allerdings diese Koinzidenz nicht zu einem Begründungszusammenhang verknüpft. Dies soll im Weiteren geschehen.[52] Die Steuerreform war dagegen wie angesprochen schon wesentlich früher angelaufen; der Zensus hatte spätestens 297 eingesetzt und war andererseits 310 noch nicht abgeschlossen. Die neue Taxierung kann daher sehr wohl den weiten, wird aber kaum den engen Rahmen für die Provinzreform gebildet haben. Die angesprochenen anderen Maßnahmen sind:

a) Ende 301 haben die Kaiser den berühmten Maximaltarif erlassen.

[52] Vgl. Di Vita-Evrard (1985). Falsch ist daher meine Aussage, Di Vita-Evrard habe in ihrem Beitrag gar nicht auf die zeitlichen Zusammenhänge hingewiesen: Eich (2016) 263 Anm. 76.

b) 302 ging Diokletian mit einer *epistula* gegen die Manichäer vor, die er beschuldigte, eine Art fünfte Kolonne der persischen Feinde zu sein.
c) Februar 303 setzten schließlich die Christenverfolgungen ein.[53]

Seit dem Ende 301 gingen die Kaiser also vermehrt gegen Personengruppen innerhalb des Imperiums vor, die sie als Störer der Ordnung ansahen, zu aus ihrer Sicht besserem Handeln anhalten und — bei Zuwiderhandeln — bestrafen wollten. Händlern, die die steigenden Preise in den Kampf- und Durchzugzonen an die Soldaten weitergaben, oder Personen, die Waren zurückhielten, wurden mit dem Tod bedroht. Der Manichäerbrief schrieb zudem Konfiskationen explizit als Strafe vor. Und auch in den gegen die Christen gerichteten Maßnahmen setzten die Kaiser auf Beschlagnahmungen. Da die Kirche längst keine Religion der Armen mehr war, bot ihr Grund- und Immobilienbesitz in der Tat eine gute Handhabe für die kaiserliche Repression.[54] Auch im Zusammenhang mit dem Höchstpreisedikt muss es zu Konfiskationen gekommen sein: *bona damnatorum* und *uacua* fielen an den *fiscus*. Konfiskationen gehörten natürlich immer schon zu dem Spektrum von Strafmaßnahmen der kaiserlichen Regierung. Die Tetrarchen addierten jedoch mit ihren Direktiven gleichzeitig eine hohe Zahl von neuen Gegnern zu der schon bestehenden Gruppe der „enemies of the Roman order"[55] (oder reihten sie wieder in diese Zahl ein) und wollten ihre Maßnahmen offenbar flächendeckend umgesetzt

[53] *AE* 1975, 805 = 1997, 1443 = CORCORAN (2002) 178. Edicts 11 (auch zum Datum); *Coll. Mos.* 15, 3 = CORCORAN (2002) 135-136. Letters 37 (zum Datum); LACTANT. *De mort. pers.* 13, 1; vgl. EUSEB. *Hist. eccl.* 8, 2, 4; 8, 5, 1; EUSEB. *Mart. Pal.* pr. 1 = CORCORAN (2002) 179-180. Edicts 12.

[54] *Coll. Mos.* 15, 3, 6; LACTANT. *De mort. pers.* 12-13; 15, 7; 17, 1; 35, 1; 36, 3-4; 48, 13; EUSEB. *Hist. eccl.* 8, 2, 1; 4; 8, 13, 13; 14, 15; 17, 1; 9; 10, 5, 9-11; 15-17; Arme: ECK (1971). Über den Grundbesitz der Kirche vor Konstantin ist mit Ausnahme der literarischen belegten Repressionen und ihrer jeweiligen Rücknahme wenig bekannt, doch siehe JONES (1964) 904.

[55] MACMULLEN (1966). Zum rechtlichen Rahmen siehe FERRIÈS / DELRIEUX (2013).

wissen. Der Wille zum flächendeckenden Vorgehen gegen doch substantielle Bevölkerungsteile, ihre Lebensführung und ihre Güter korrespondiert nun augenfällig mit den Chancen, die die neue administrative Raumordnung schuf.

Zweifelsfrei scheint es zunächst problematisch, alle kaiserlichen Maßnahmen von Ende 301 bis Ende 303 oder vielleicht 304 in einen einzigen Kausalzusammenhang zusammen zu weben. Es muss m.E. aber als ebenso problematisch gelten, die Initiativen aus diesem engen Zeitraum sorgfältig voneinander zu isolieren und nur getrennt zu betrachten: Die Urheber waren dieselben Personen, die Kaiser und ihre Berater. Die Provinzteilung, die wir besonders präzise datieren können, die numidische, fiel mitten in die große Christenverfolgung: dem scharfen Verfolger Valerius Florus wurde wahrscheinlich in der zweiten Jahreshälfte 303, spätestens in den ersten Monaten 304, mit der neu geschaffenen *Numidia Militiana* ein kleinerer Amtssprengel zugewiesen.[56] Dies ist kaum als Rückstufung anzusehen, sondern sollte dem Gouverneur eine bessere Erledigung seiner neuen Kernaufgabe ermöglichen: die angestrebten Homogenisierungsbestrebungen zu überwachen und Abweichungen zu sanktionieren. Konstantin hat diese Teilung denn auch wie viele andere der erwähnten sofort rückgängig gemacht, ein deutliches Indiz dafür, dass ihr wichtigster Zweck als hinfällig galt.[57]

Die Neubestimmung von Inklusion und Exklusion und die neue Punitivität in den tetrarchischen Verlautbarungen hatten unter anderem massive Implikationen für die Justiz und für jene Agenten des Fiskus, die für die sich an Verurteilungen anschließenden Konfiskationen zuständig waren. Dass nach dem Abschluss der tetrarchischen Reformen v.a. die *res priuata*, die im Besonderen für Beschlagnahmungen zuständig war, Prokuratoren unterhalb der Diözesanebene in den Provinzen unterhielt, kann unter diesen Umständen nicht überraschen.[58] Massive Konfiskationen

[56] Zur Diskussion der Quellen siehe KUHOFF (2001) 347-349.
[57] EICH (2016).
[58] DELMAIRE (1989) 208.

sollten offenbar die Einnahmen der *res publica* komplementieren, die die Steuerreform gleichzeitig auf stabilere Fundamente stellte. Laktanz hat dieses Interesse der Zentralverwaltung zwar wiederum polemisch überspitzt, aber doch im Kern richtig vermerkt.[59] Nach der Abwehr der äußeren Feinde zielten die Kaiser darauf festzulegen, wer die Segnungen des Friedens genießen durfte — und wer nicht. Der neue Zuschnitt des administrativen Raums, der vermutlich v.a. um 303 vollzogen wurde, sollte daher zu diesem Zweck n.m.D. unter anderem die Erreichbarkeit der internen Gegner zu erhöhen. Die Reformen des frühen vierten Jhs. schufen mithin auch, was Anthony Giddens „presence availability" genannt hat: eine erhöhte Anwesenheitsverfügbarkeit.[60] Dies betraf Menschen — und Güter. Damit wurde zusätzlich eine anders gelagerte Ungleichheit sehr explizit ausgewiesen.

6. Zusammenfassung

Seit der Mittleren Republik haben die römischen Entscheidungsträger und Heere bei der Ausgestaltung ihrer Expansion neue Raumkonzepte kreiert und etwa durch Ansiedlungen oder Vertreibungen grundlegende ökonomische Folgen gezeitigt. Die römischen Interventionen beschränkten sich anfangs jedoch weitgehend auf den Klein- und Mittelraum. Seit dem dritten Jh. wurden von anderen imperialen Akteuren prästrukturierte Gebiete in den römischen Machtbereich integriert. Die in der Folge der großflächigen mittelmeerischen Expansion entstandenen Provinzen blieben dagegen zunächst politische Räume in einem großen Herrschaftsverband mit geringem Territorialbezug, auch wenn die Ausbildung einer neuen imperialen Macht sicher Auswirkungen aller Art auf Beherrschte und Nachbarn hatte.

[59] LACTANT. *De mort. pers.* 7. Vgl. noch 37, 3-4.
[60] GIDDENS (1988) 41, 175-176.

Die administrative Raumkonzeption änderte sich mit der Zeit — Nicholas Purcell hat etwa auf die Infrastrukturmaßnahmen in trajanisch-hadrianischer Zeit hingewiesen[61] — und massiv am Übergang zur Spätantike. Simon Corcoran hat nach seiner Analyse der Verlautbarungen der Tetrarchen eine „apparent extension in the ambitions of government" herausgearbeitet.[62] Diese neuen Ambitionen zeigen sich auch bei den Eingriffen in die Fiskalpolitik — und in die administrative Raumordnung. Gehen wir die einzelnen Schritte noch einmal durch:

Die Steuerreform mit dem ersten Zensus seit langer Zeit legte den Grundstein für neue Wissensakkumulationen, die die neue Raumkonzeption vermutlich grundierten. Sie zielte nicht auf Gleichheit, aber doch ein höheres Maß an Angemessenheit in der Besteuerung.

An die Stelle der Statthalter alten Typs trat sukzessive neues Personal, das v.a. für die Steueradministration kompetent war, deren Bedeutung offenbar aufgewertet wurde.

Die in Aussicht genommene neue Goldwährung schuf die Grundlage für neuen Reichtum gerade bei Mitgliedern der Administration.

Die Verdopplung der Zahl der Provinzen führte schließlich die römische Administration näher an viele Menschen heran und brachte die Vor- und Nachteile einer politischen Metropole weit mehr Städten als noch ein halbes Jahrhundert zuvor. Damit einher gingen ein Investitionsschub in die Infrastruktur solcher Städte und ein verbesserter Zugang zu hoher Gerichtsbarkeit. Das imperiale Institutionennetz war nun dichter — mit vielfältigen Folgen für lokales und überregionales wirtschaftliches Handeln unterschiedlicher Art. Intendiert waren diese Folgen aber kaum, es handelte sich um Eigendynamiken, die aus politischen Vorgaben resultierten.

Die kleinteiligere administrative Ordnung wurde sicher nicht ausschließlich, aber doch in besonderem Maße um das

[61] PURCELL (1990) 22.
[62] CORCORAN (2002) 4.

Jahr 303 etabliert. Diese Ordnung ermöglichte es zum einen, das Imperium und speziell auch die Steuererhebung engmaschiger als zuvor zu kontrollieren. Nach der hier vertretenen These zielte sie aber andererseits auch darauf, die neu gewonnene Ruhe nur einem Teil der Bürger zukommen zu lassen. Mit ihrer Reform wollten die Herrscher eine höhere „Anwesenheitsverfügbarkeit" von Menschen und Gütern herstellen und durch Konfiskationen des Besitzes einer als unmoralisch gewerteten Minderheit einer moralischen Mehrheit größere Stabilität sichern. Diese Absicht bildete mithin eine andere Facette der fiskalischen Kontrolllogik der Kaiser.

Die zuletzt angesprochenen Ambitionen der Kaiser sind gescheitert, und dieses Scheitern hat Auswirkungen auf die moderne Deutung aller ihrer Maßnahmen gehabt. Viele der neuen politischen Zentren blieben jedoch reiche soziale Knotenpunkte. Die neuen Institutionen boten auch Chancen, im wirtschaftlichen und sogar im sozialen Bereich. Der Versuch, die Steuerlast gleichmäßiger zu verteilen, blieb jedoch nicht dauerhaftes Ziel kaiserlichen Handelns.

Literaturverzeichnis

ANDO, C. (2015), *Roman Social Imaginaries. Language and Thought in Contexts of Empire* (Toronto).

BANAJI, J. ([2]2007), *Agrarian Change in Late Antiquity. Gold, Labour, and Aristocratic Dominance* (Oxford).

BARKEY, K. (2008), *Empire of Difference. The Ottomans in Comparative Perspective* (Cambridge).

BELKE, K. / MERSICH, N. (1990), *Phrygien und Pisidien* (Wien).

BÉRENGER, A. (2014), *Le métier de gouverneur dans l'empire romain. De César à Dioclétien* (Paris).

BRANDT, H. (1992), *Gesellschaft und Wirtschaft Pamphyliens und Pisidiens im Altertum* (Bonn).

BRODERSEN, K. (1995), Terra cognita. *Studien zur römischen Raumerfassung* (Hildesheim).

BRU, H. (2011), *Le pouvoir impérial dans les provinces syriennes. Représentations et célébrations d'Auguste à Constantin (31 av. J.-C. - 337 ap. J.-C.)* (Leiden).

BRU, H. / LABARRE, G. / ÖSZAIT, M. (2009), "La constitution civique de Tymandos", *Anatolia Antiqua* 17, 187-207.

BURBANK, J. / COOPER, F. (2010), *Empires in World History. Power and the Politics of Difference* (Princeton).

CARRIÉ, J.-M. (1994), "Dioclétien et la fiscalité", *AntTard* 2, 33-64.

CARRIÉ, J.-M. / ROUSSELLE, A. (1999), *L'empire romain en mutation. Des Sévères à Constantin, 192-337* (Paris).

CHANIOTIS, A. / FUJII, T. (2015), "A New Fragment of Diocletian's Currency Regulation from Aphrodisias", *JRS* 105, 227-233.

CHRISTOL, M. (1986), *Essai sur l'évolution des carrières sénatoriales dans la seconde moitié du IIIe siècle ap. J.-C.* (Paris).

— (2010), "Création de cités et réorganisations provinciales en Gaule méridionale au début de l'Antiquité tardive", *CCG* 21, 89-107.

— (2013a), "L'œuvre de Valerius Diogenes à Antioche de Pisidie : compléments au dossier épigraphique sur les interventions urbanistiques", *ZPE* 186, 279-286.

— (2013b), "Procurateurs en Asie à l'époque tétrarchique : à propos de M(arcus) Aurelius Rusticus, procurateur du patrimoine de la province d'Asie", *Epigraphica* 75, 205-232.

— (2014), "Valerius Diogenes à Antioche de Pisidie : les mots du pouvoir, *ZPE* 189, 276-286.

— (2016), "L'empereur Galère au théâtre d'Antioche de Pisidie", *AClass* 85, 181-191.

CHRISTOL, M. / DREW-BEAR, T. (1999), "Antioche de Pisidie capitale provinciale et l'œuvre de M. Valerius Diogenes", *AntTard* 7, 39-71.

CORCORAN, S. (^{2}2002), *The Empire of the Tetrarchs. Imperial Pronouncements and Government, AD 284-324* (Cambridge).

COTTIER, M. *et al.* (Hrsg.) (2008), *The Customs Law of Asia* (Oxford).

DARBY, R. (2015), "Aufidius Priscus, the *cohors Secunda Galatarum*, and Diocletian's Re-organization of *Arabia* and *Palaestina*: The New Tetrarchic Inscription from 'Ayn Gharandal", *JRA* 28, 471-484.

DE LAET, S.J. (1949), *Portorium. Étude sur l'organisation douanière chez les Romains, surtout à l'époque du Haut-Empire* (Brügge).

DELMAIRE, R. (1989), *Largesses sacrées et* res privata. *L'*aerarium *impérial et son administration du IVe au VIe siècle* (Rom).

DI VITA-EVRARD, G. (1985), "*L. Volusius Bassus Cerealis,* légat du proconsul d'Afrique *T. Claudius Aurelius Aristobulus,* et la création de la province de Tripolitaine", *Africa Romana* 2, 149-177.

ECK, W. (1971), „Das Eindringen des Christentums in den Senatorenstand bis zu Konstantin d. Gr.", *Chiron* 1, 381-406.

— (2014), „Kommunikation durch Herrschaftszeichen: Römische Amtsträger in den Provinzen", in W. ECK, *Judäa — Syria Palästina. Die Auseinandersetzung einer Provinz mit römischer Politik und Kultur* (Tübingen), 47-66.

EICH, A. / EICH, P. (im Erscheinen), „Sagalassos: Die Entwicklung einer städtischen Gesellschaft unter römischem Einfluss", in W. ECK / M. HEIL (Hrsg.), *Die Prosopographie des römischen Kaiserreichs. Ertrag und Perspektiven* (Berlin).

EICH, P. (2005), *Zur Metamorphose des politischen Systems in der römischen Kaiserzeit. Die Entstehung einer „personalen Bürokratie" im langen dritten Jahrhundert* (Berlin).

— (2007), „Die Administratoren des römischen Ägyptens", in R. HAENSCH / J. HEINRICHS (Hrsg.), *Herrschen und Verwalten. Der Alltag der römischen Administration in der Hohen Kaiserzeit* (Köln), 378-399.

— (2015), "The Common Denominator: Late Roman Imperial Bureaucracy from a Comparative Perspective", in W. SCHEIDEL (Hrsg.), *State Power in Ancient China and Rome* (Oxford), 90-149.

— (2016), „Raum als Strukturkategorie imperialer Administration: Provinzteilungen und Provinzzusammenschlüsse im frühen 4. Jahrhundert", in S. SCHMIDT-HOFNER *et al.* (Hrsg.), *Raum-Ordnung. Raum und soziopolitische Ordnungen im Altertum* (Heidelberg), 251-280.

— (Im Erscheinen), „Caesars Konstruktion der Rheingrenze", in S. BRATHER / J. DENDORFER (Hrsg.), *Grenzen, Räume und Identitäten. Der Oberrhein und seine Nachbarregionen von der Antike bis zum Hochmittelalter.*

FAORO, D. (2014), "*M. Appuleius, Sex. filius, legatus*: Augusto, *Tridentum* e le Alpi orientali", *Aevum* 88, 1, 99-124.

FERRIÈS, M.C. / DELRIEUX, F. (Hrsg.) (2013), *Spolier et confisquer dans les mondes grec et romain* (Chambéry).

FOURNIER, J. (2010), *Entre tutelle romaine et autonomie civique. L'administration judicaire dans les provinces hellénophones de l'Empire romain* (Athen).

FRANCE, J. / NELIS-CLÉMENT, J. (2014), "Tout en bas de l'empire : les stations militaires et douanières, lieux de contrôle et de représentation du pouvoir", in J. FRANCE / J. NELIS-CLÉMENT (Hrsg.), *La* statio. *Archéologie d'un lieu de pouvoir dans l'empire romain* (Bordeaux), 117-245.

FUERTES SANTOS, M. DEL CAMINO (2011), "El palacio imperial de Córdoba", in M.D. BAENA ALCÁNTARA *et al.* (Hrsg.), *Córdoba reflejo de Roma* (Córdoba), 90-99.

GAZDA, E.K. (Hrsg.) (2011), *Building a New Rome. The Imperial Colony of Pisidian Antioch (25 BC - AD 700)* (Ann Arbor).

GIDDENS, A. (1988), *Die Konstitution der Gesellschaft. Grundzüge einer Theorie der Strukturierung* (Frankfurt).

HELLER, A. (2006), *Les bêtises des Grecs. Conflits et rivalités entre cités d'Asie et de Bithynie à l'époque romaine (129 a.C. - 235 p.C.)* (Bordeaux).

HENDY, M.F. (1985), *Studies in the Byzantine Monetary Economy c. 300-1450* (Cambridge).

VON HIRSCHHAUSEN, U. (2015), "A New Imperial History? Programm, Potenzial, Perspektiven", *Geschichte und Gesellschaft* 41, 718-757.

JONES, A.H.M. (1964), *The Later Roman Empire 284-602. A Social, Economic and Administrative Survey*. 3 vols. (Oxford).

JONES, C.P. (1978), *The Roman World of Dio Chrysostom* (Cambridge, MA).

KANTOR, G. (2013), "Law in Roman Phrygia: Rules and Jurisdictions", in P. THONEMANN (Hrsg,), *Roman Phrygia. Culture and Society* (Cambridge), 143-167.

KELP, U. (2015), *Grabdenkmal und lokale Identität. Ein Bild der Landschaft Phrygien in der Römischen Kaiserzeit* (Bonn).

KRAUSE, J.-U. / WITSCHEL, C. (Hrsg.) (2006), *Die Stadt in der Spätantike. Niedergang oder Wandel?* (Stuttgart).

KRITZINGER, P. (2015), *Das römische Zollsystem bis in das 3. Jh. n. Chr.*, in P. KRITZINGER / F. SCHLEICHER / T. STICKLER (Hrsg.), *Studien zum römischen Zollwesen* (Duisburg), 11-55.

KUHOFF, W. (2001), *Diokletian und die Epoche der Tetrarchie. Das römische Reich zwischen Krisenbewältigung und Neuaufbau (284-313 n. Chr.)* (Frankfurt).

LENSKI, N. (2016), *Constantine and the Cities. Imperial Authority and Civic Politics* (Philadelphia).

LE TEUFF, B. (2012), *Census. Les recensements dans l'empire romain d'Auguste à Dioclétien* (Diss. Univ. Bordeaux III), <NNT : 2012BOR30071: tel-01077859>.

LIEBESCHUETZ, J.A.W.G. (2006), "Transformation and Decline: Are the Two Really Incompatible?", in J.-U. KRAUSE / C. WITSCHEL (Hrsg.), *Die Stadt in der Spätantike. Niedergang oder Wandel?* (Stuttgart), 463-483.

LIVA, S. (2012), *Il* iudex pedaneus *nel processo privato romano. Dalla procedura formulare alla* cognitio extra ordinem (Mailand).

MACMULLEN, R. (1966), *Enemies of the Roman Order. Treason, Unrest and Alienation in the Empire* (Cambridge, MA).

MAYER, E. (2002), *Rom ist dort, wo der Kaiser ist. Untersuchungen zu den Staatsdenkmälern des dezentralisierten Reiches von Diocletian bis zu Theodosius II.* (Mainz).

MEISSNER, B. (2000), „Über Zweck und Anlass von Diokletians Preisedikt", *Historia* 49, 79-100.

MILLAR, F. (1993), *The Roman Near East, 31 B.C.-A.D. 337* (Cambridge, MA).

MITCHELL, S. (1993), *Anatolia. Land, Men, and Gods in Asia Minor.* Vol. I, *The Celts in Anatolia and the Impact of Roman Rule* (Oxford).

— (2008), "Geography, Politics, and Imperialism in the Asian Customs Law", in M. COTTIER *et al.* (Hrsg.), *The Customs Law of Asia* (Oxford), 165-201.

NEESEN, L. (1980), *Untersuchungen zu den direkten Staatsabgaben der römischen Kaiserzeit (27 v. Chr. - 284 n. Chr.)* (Bonn).

OSHIMIZU, Y. (2012), "La réforme administrative de Dioclétien et les cités africaines", *AntTard* 20, 173-204.

PALME, B. (1998), „*Praesides* und *Correctores* der *Augustamnica*", *AntTard* 6, 123-135.

— (1999), „Die *Officia* der Statthalter in der Spätantike: Forschungsstand und Perspektiven", *AntTard* 7, 85-133.

PEACHIN, M. (1996), Iudex vice Caesaris. *Deputy Emperors and the Administration of Justice during the Principate* (Stuttgart).

PURCELL, N. (1990): "Maps, Lists, Money, Order and Power", *JRS* 80, 178-182.

RATHMANN, M. (2007), „Einleitung", in M. RATHMANN (Hrsg.), *Wahrnehmung und Erfassung geographischer Räume in der Antike* (Mainz), 11-13.

REDEPENNING, M. (2016), „Raum: Einige Bemerkungen zur Komplexität von ‚Raum' aus Sicht der Sozialgeographie", in S. SCHMIDT-HOFNER / C. AMBOS / P. EICH (Hrsg.), *Raum-Ordnung. Raum und soziopolitische Ordnungen im Altertum* (Heidelberg), 23-43.

ROBERTO, U. (2014), *Diocleziano* (Rom).

ROUECHÉ, C. (1989), *Aphrodisias in Late Antiquity* (London).

SALMERI, G. (2004), *Colonie romane nel mondo greco* (Rom).

SCHLEICHER, F. (2015), *Der römische Zoll in der Spätantike*, in P. KRITZINGER / F. SCHLEICHER / T. STICKLER (Hrsg.), *Studien zum römischen Zollwesen* (Duisburg), 57-88.

SCHMIDT-HOFNER, S. (2016), *Raum-Ordnung — zur Einleitung*, in S. SCHMIDT-HOFNER / C. AMBOS / P. EICH (Hrsg.), *Raum-Ordnung. Raum und soziopolitische Ordnungen im Altertum* (Heidelberg), 9-22.

SCHMITZ, W. (1995), "Die spätantiken und frühmittelalterlichen Grabinschriften in Köln", *KJ* 25, 643-776.

SCHULZ, R. (1997), *Herrschaft und Regierung. Roms Regiment in den Provinzen in der Zeit der Republik* (Paderborn).

SIPILÄ, J. (2009), *The Reorganisation of Provincial Territories in Light of the Imperial Decision-Making Process. Later Roman Arabia and Tres Palaestinae as Case Studies* (Helsinki).

THONEMANN, P. (2011), *The Maeander Valley. A Historical Geography from Antiquity to Byzantium* (Cambridge).

— (2013), "Phrygia: An Anarchist History, 950 BC-AD 100", in P. THONEMANN (Hrsg.), *Roman Phrygia. Culture and Society* (Cambridge), 1-40.

VITALE, M. (2012), *Eparchie und Koinon in Kleinasien von der ausgehenden Republik bis ins 3. Jh. n. Chr.* (Bonn).

— (2013), *Koinon Syrias. Priester, Gymnasiarchen und Metropoleis der Eparchien im kaiserzeitlichen Syrien* (Berlin).

WIENAND, J. (2012), *Der Kaiser als Sieger. Metamorphosen triumphaler Herrschaft unter Constantin I.* (Berlin).

WITSCHEL, C. (2004-2005), „Trier und das spätantike Städtewesen im Westen des römischen Reiches", *TZ* 67-68, 223-272.

— (2006), *Zur Situation im römischen Africa während des 3. Jahrhunderts*, in K.-P. JOHNE / T. GERHARDT / U. HARTMANN (Hrsg.), Deleto paene imperio Romano. *Transformationsprozesse des Römischen Reiches im 3. Jahrhundert und ihre Rezeption in der Neuzeit* (Stuttgart), 145-221.

— (2013), „Die spätantiken Städte Galliens: Transformationen von Stadtbildern als Ausdruck einer gewandelten Identität?", in S. DIEFENBACH / G.M. MÜLLER (Hrsg.), *Gallien in Spätantike und Frühmittelalter. Kulturgeschichte einer Region* (Berlin), 153-200.

DISCUSSION

G. Reger: You mention that space, even in the Roman Empire, is largely, though not totally, a social construction. Can you say something about how you think the 'reforms' of 303 may have effected a new or different social construction of space? For instance, creating new provinces means creating new central places for administration and other government operations, which may in turn change people's conception and understanding of their lived space, and the legislation binding people to the land or to inherited occupations may perhaps also have had some impact on how they conceptualized their space.

P. Eich: Die wenigen einschlägigen Studien zeigen, dass die Raumdarstellung und Orientierung in der Spätantike aus heutiger Sicht eher noch rudimentärer wurden. Die Raumordnung von 303 ist aber offenbar sehr rasch akzeptiert worden, blieb also nicht künstlich. Die neuen politischen Fixpunkte wurden sowohl zur Raumwiedergabe genutzt wie sie offenbar in die Lebenswirklichkeit vieler Quellenautoren integriert waren. Persönlich bin ich skeptisch über das Ausmaß der Zwangsinkorporation von Söhnen in die Berufe der Väter. Immerhin zeigt sich m.E. (gegen die *communis opinio)* bspw. schon bei Ammian in der Tat eine verstärkte Regionalisierung der römischen Truppenverbände. Bei der Einschätzung des Kolonats teile ich die düstere Analyse von Peter Sarris. Solche Rechtsformen hatten sicher auch Auswirkungen auf Raumkonstruktionen, doch bildet sich diese Entwicklung n.m.D. wenn überhaupt deutlich später in den Quellen ab.

F. Hurlet: La présentation très claire que vous faites des mesures prises par les Tétrarques à propos de l'administration provinciale fait apparaître la profondeur des changements, ne fût-ce que par la multiplication du nombre des provinces qui passèrent d'une cinquantaine à plus de cent. La notion de 'réforme', utilisée à de nombreuses reprises, renvoie donc parfaitement à ce qui se produisit alors, avec un accent porté sur les nouveautés qui contraste avec ce que nous observons par exemple à l'époque augustéenne (cf. *Des réformes augustéennes*, éd. par Y. Rivière, Rome, 2012). Il ressort en effet que le pouvoir utilisa des solutions déjà bien connues (division des provinces, administration fiscale…), mais à un degré tel que le nouveau système était très différent de l'ancien. Nous tenons peut-être là un phénomène assez remarquable pour être signalé. Si les évolutions furent à ce point marquantes et de loin plus significatives que les continuités, il faut alors s'interroger sur leur perception par les provinciaux qui les ont vécus. La réforme du début du IVe siècle a ainsi incontestablement rapproché les justiciables de la justice romaine, mais on peut se demander si tous ont apprécié unanimement la nouvelle situation, par exemple dans le cas des recensements préalables au fonctionnement de la réforme provinciale. Pouvez-vous faire le point sur ce que l'on sait des révoltes dans les années 290 et au début du IVe siècle, en particulier sur celle qui eut lieu en Thébaïde et que vous mentionnez ?

P. Eich: Ich wollte den Begriff Reform möglichst neutral verwenden, um nicht in einer internationalen Tagung einen artifiziellen Terminus einzuführen. Andererseits begannen die meisten europäischen Revolutionen mit der Forderung nach der Wiederherstellung des Alten: Sollte man also auch diesen Begriff problematisieren? Mir ging es, wie Du auch andeutest, um die Dimensionen des Geschehens, nicht um eine vollständige Neuartigkeit. Hinsichtlich der augusteischen ‚Reformen' stimme ich Dir aber ganz zu.

Über die Reaktionen der Provinzialen wissen wir zu wenig. Die Domitianus-Revolte könnte auf die Etablierung der Thebais gefolgt sein, eher aber sollte man sie mit dem Edikt des Aristius

Optatus und dem Zensus in Verbindung bringen. Doch auch dieser Konnex wird in der Forschung streitig diskutiert (Kuhoff [2001] 188).

A. Bresson: J'aurais deux questions, la première très générale, la seconde plus spécifique sur un point directement abordé dans le texte. Ma première question porte sur le contexte et l'origine des réformes. Quels sont les facteurs qui ont motivé ces réformes, qui étaient incontestablement de grande ampleur? Le pouvoir impérial y était-il d'une certaine façon contraint? Aurait-il pu mettre en place des mesures de type différent? Ma seconde question porte sur les douanes aux frontières des provinces. Que savons-nous de ces douanes après les réformes du début du IVe siècle?

P. Eich: Die begründenden Faktoren der fiskalischen Reformen der Tetrarchen in einem weiteren Sinne sind sicher in der Phase der militärischen Instabilität zumindest seit Valerian zu suchen. Das dritte Jh. war keine allgemeine ‚Weltkrise' und auch keine Zeit generellen Verfalls. Aber das römische Fiskalsystem war an seine Grenzen gestoßen. Es und damit auch die Armee neu zu stabilisieren, müssen die Ziele der Kaiser gewesen sein. Konkrete Motive der Tetrarchen zu bestimmen, fällt sehr viel schwerer. Die Geschichtswissenschaft versucht ja heute kaum noch, Persönlichkeit und Hintergedanken zu rekonstruieren und betont eher Kontingenzen und strukturelle Vorgaben. Ebenso sehe ich keinen Zwang zu den spezifischen Maßnahmen, wohl aber massiven Druck zur Reaktion auf die fiskalische Schieflage. Vielleicht ist es immerhin statthaft, aus der innermilitärischen Sozialisation der Kaiser Gründe für einige der systematisierenden Initiativen ableiten. Ihre Politik scheint mir noch stärker als die ihrer Vorgänger auf dem Prinzip von Befehl und Gehorsam und auf dem Glauben an Umsetzbarkeit von Vorgaben zu beruhen. Aber dies ist nur eine Vermutung, und es geht um Tendenzen. Mögliche andere Hintergründe der Provinzialreform habe ich oben ausgeführt, auch dies natürlich als Hypothese.

Meines Wissens beschränken sich unsere Informationen zu den Binnenzöllen im Wesentlichen auf Symmachus *Ep.* 62; cf. 65? und einige wenige Stellen in den Kodizes. Schleicher (2015) diskutiert sie weg, vielleicht zurecht.

F. Beltrán Lloris: Me gustaría que ampliaras las observaciones que has hecho a propósito de la reducción del tamaño de las provincias como medio para disminuir el poder de los gobernadores, y acerca de la noción de crisis y el "epigraphic habit".

P. Eich: Meine These zur Provinzialreform habe ich in der Tat nur sehr knapp vorgetragen. Sicher laufen in dieser Initiative mehrere Entwicklungsstränge zusammen (vgl. Eich [2016]). Dass aber speziell die Provinzgouverneure eine Gefahrenquelle für die Kaiser bildeten, gilt eher für eine frühere Zeit. Die Dukate und Prätoriumspräfekturen wurden jedoch nicht eingeschränkt. Das angesprochene Motiv kann daher kaum allein die große Reform erklären. Das Konzept der Krise ist dagegen weitgehend dekonstruiert, so dass ich hier auf eine Diskussion verzichtet habe, außer im fiskalischen Bereich. Wie im Beitrag auch ausgeführt, stellt uns die Entwicklung des ‚epigraphic habit' sicher vor ein massives Quellenproblem. Dennoch sollten wir m.E. nicht auf Hypothesenbildung verzichten. Schließlich ging es in den Ausführungen zum Jahr 303 auch nicht um *argumenta e silentio*. Die Teilung mehrerer Provinzen in oder um dieses Jahr ist nicht nur erschlossen, sondern in *Africa* und Kleinasien belegt. Natürlich kann (aus meiner Sicht: wird) es auch schon zuvor Teilungen gegeben haben, über das Beispiel der Thebais hinaus. Das macht die Entwicklung des frühen vierten Jahrhunderts nicht weniger erklärungsbedürftig. Dass von den Gouverneuren der *Narbonensis*, *Caria et Phrygia* oder *Arabia* in dieser Zeit eine besondere Gefahr ausging, scheint mir jedenfalls auch eine schwierige Hypothese.

Für die Frage von Nicholas Purcell siehe Anm. 41.

VII

Alain Bresson

MONEY EXCHANGE AND THE ECONOMICS OF INEQUALITY IN THE ANCIENT GREEK AND ROMAN WORLD*

Exchanging money is still an activity entirely familiar to us. However, at first glance, it certainly would not be ranked among the serious factors in the social and economic inequality of today's world. But this should not conceal the fact that money is indeed a social and economic barrier not only because the amount of money possessed by individuals is a measure of social standing but because it also creates a separation between the 'haves' and the 'have-nots'. National currencies create as many separate social and economic pockets. The differences in value between national currencies create an obstacle to migrations, insofar as the people living in countries with a currency of little value have no possibility of traveling abroad, at least legally. This tends to limit travels or migrations to the nationals of countries of similar currency value, and under the condition that the currency is convertible. Also in the world of today, there is in general in each individual country only one currency that is legal tender and that serves for all forms of sales or payments, from the smallest to the largest ones.

Yet, this is not the whole picture. For international trade and payments, only a handful of major currencies are acceptable. This makes money exchange into a major question of management for firms connected to the international market, which need to have a portfolio of these major international currencies in their daily business operations. These currencies, or the financial institutions that are in charge of their management, are also in open competition with one another.[1] Besides, in countries with lower value currency, some major foreign currency may also circulate, officially or non-officially, in parallel to the national currency and may be used by both individuals and the state. The international currency plays the role of reserve currency (as trust in the local currency is limited given that it experiences frequent devaluations), and may also circulate for major payments. This currency of little value is also frequently nonconvertible. In that case the exchange rate with foreign currencies is set at a rate that is quite favorable to the local currency, which often creates an illegal market, where the local currency is sold at a rate much lower than the official rate.[2] In some countries, there may be a second official national currency, of restricted access and limited circulation, which is pegged to some international currency and of much higher value than the other, domestic currency, and which most locals cannot have access to.[3] This creates a two-tier society in which money becomes a factor directly contributing to social stratification and inequality, for instance depending on whether one will be paid in the domestic or 'second' currency (pegged one way or another to an international currency).

The monetary regime of the ancient world was less sophisticated than that of todays' world. Despite crucial differences in the form taken by money and money management, some common features can however be observed in this regard between the two worlds. This is the case for instance with the difference between international and local or domestic currencies.

* I would like to extend my thanks to S. von Reden, C. Lorber, P. Iossif, B. Muhs and T. Keith for their generous help in the preparation of this article.

[1] KIRSHNER (1995) and ANDREWS (2006).

[2] KNOOP (2013).

[3] This is for instance the case in Cuba. See DE LA TORRE / IZE (2013) 9: "The Cuban dual exchange rate system overlaps with a dual currency system. The latter consists of the Convertible Peso (CUC) — a fully convertible currency that exchanges at one to one against the dollar — and the Cuban Peso (CUP) — that exchanges at 24 to one dollar".

The role of the state and its use of its sovereign power in monetary matters is also a feature common to the two worlds, which helps to explain some similarities. But traits exist that are specific to the ancient world, and that greatly contributed to social inequality. This paper will emphasize the second aspect in particular.

1. Money exchange and the sovereignty of the state

1.1. *Definitions*

Around 650 BCE, in the Greek cities of Asia Minor and in Lydia, a crucial innovation took place: the minting of precious metal coins.[4] The reasons for this innovation are still much debated and the point is not to reopen the debate here.[5] Precious metal had already been an instrument of state power for a long time, as its accumulation gave states a tool to achieve their goals when they wished to (for instance mobilizing an army). But by minting coins, states transformed what was previously only a private commodity into a public institution. Henceforth, by the mediation of coinage and the form it gave to currency, the state would be present in all processes of exchange between individuals. This meant also that beyond the technical process of minting coins, something much more significant was at stake: the implementation of a series of laws, decrees and other forms of regulations that provided the framework for the minting of coins as well as for their circulation and exchange. Together these measures formed a true policy of currency management.

The first phase of Greek coinage, that of electrum, may not seem to have needed currency exchange. Indeed, the coins were

[4] On the development of electrum coinage in Asia Minor and on the later phases of coinage in this region, it will suffice here to refer to KONUK (2012). For more recent developments on electrum coinage, see VAN ALFEN *et al.* (forthcoming).

[5] On the overall context, BRESSON (2006).

all of electrum, which meant that there was no necessity to implement a process of exchange between metals, specifically between gold and silver, because it was precisely these two metals that were alloyed in the form of electrum. This was the *raison d'être* of electrum: alloying gold and silver into electrum made it possible to bypass the difficulties of maintaining a bimetallist system.[6] If a fixed parity had been defined between the two metals, in a bimetallist system the constant fluctuations of their value would inevitably have left a wide gap for speculation. This would have threatened the very existence of the coin supply. As proved by the experience of other historical periods, coins in the metal that is temporarily undervalued at the official rate are melted down and quickly disappear.[7] In theory, electrum coinage was the 'perfect monetary system'. Not only was electrum used by all the minting states of Asia Minor, but most of them also used the same standard, the so-called "Milesian standard".[8] From the heaviest coin, the stater, to the lightest, the 1/192, users had at their disposal a system that was perfectly consistent. This was in fact the only period in the ancient history of coinage in which this was the case.

Does this mean that in this first phase money exchange remained unknown? So far, we have no information on money exchange for the period between ca. 650-560 BCE, corresponding to the phase of early electrum coinage. However, the existence of the two separate standards of Phokaia and Samos makes it indisputable that there must have already been moneychangers at the time. Besides, the differences in the gold/silver ratio between the coins of the various electrum mints could be evidenced by resorting to the touchstone. This also makes it inevitable that, even though their weights were in general very well calibrated, the differences in value between the coins presupposed

[6] BRESSON (2009).
[7] BRESSON (forthcoming).
[8] On the Milesian standard and the other standards in use in western Asia Minor, see BRESSON (2009) 72-73.

resorting to money exchange in order to make payments of the required value. At the Artemision of Ephesos, coins from many different mints were mixed together.[9] This testifies to the presence at the sanctuary of devotees and pilgrims from various cities but does not mean that in the exchange processes the coins of the various mints would be estimated at the same value. In fact, the striking (and seemingly puzzling) precision of the weights of the electrum coins as compared to the variations in alloy that can be observed between the various mints makes perfect sense. It then remained only to determine the proportion of gold and silver in two coins of the same weight to establish their relative value. This means also that although the existence of moneychangers in the early electrum period of Greek coinage is not yet attested, it is nevertheless absolutely certain.

Starting with the Lydian Croesids, minting coins in two separate precious metals, gold and silver, marked a new phase in the history of money. At their mint of Sardis, the Great Kings kept on minting Croesids in gold and silver. Then Darius inaugurated the parallel minting of the gold darics and the silver shekels. Meanwhile, in a form of exponential development that started in the second half of the 6th century, a large number of Greek cities began to mint coins, but in silver only. For the Classical period, the exceptions, like the minting of gold coins at Cyrene or Pantikapaion, are very rare and are linked to the privileged access of these cities to sources of gold. In the 4th century, the king of Macedon Philip II, who was to be followed by Alexander, inaugurated a gold coinage, illustrating the new imperial ambitions of Macedon. However, electrum was still minted by Phokaia and Mytilene, on the basis of an agreement to mint coins using the same composition of their alloy, and with the same subdivisions of the full unit.[10] Kyzikos also maintained an extensive electrum coinage from the end of the Archaic period

[9] See the analyses in VAN ALFEN *et al.* (forthcoming).
[10] See below on the monetary alliance between Phokaia and Mytilene.

to the end of the Classical period.[11] But apart from these cases, the Greek cities minted almost exclusively in silver.[12]

In the late Archaic and early Classical period, well over one hundred Greek cities minted a silver coinage. However, they did not use the same weight standards. In Asia Minor (in addition to the Persian standard), the old Milesian, Phokian and Samian standards were still in use. In mainland Greece, the Aeginetic, Attic-Euboic, Corinthian and Thraco-Macedonian standards were used. In the west, the cities of Italy, and separately those of Sicily, used standards of their own. Moreover, even if they minted on definite standards (with their characteristic subdivisions), cities often reduced it slightly. This allowed them to save a certain quantity of metal at the mint, and also probably to keep the coins in the area where they had been minted, as their slight underweight was a disincentive to export them. Thus this period of extreme fragmentation was also certainly when the money changers were the most wanted. Indeed, from the Classical period onwards, we have comparatively many references to money exchange by various cities.

In 1968, R. Bogaert gathered the evidence then available on money exchange in the ancient Greek world, and provided a detailed commentary on it.[13] His work can be supplemented by that of J.R. Melville Jones.[14] Bogaert focused on the vocabulary applying to money exchange and on the techniques used in exchange. He showed that many words were used in the Classical and Hellenistic periods to designate the moneychanger: ἀργυραμοιβός, ἀργυρογνώμων, ἀργυροσκόπος, δοκιμαστής, κερματιστής, κολλυβιστής, νομισματοπώλης and χρυσαμοιβός.[15]

[11] See below on the circulation of the coins of Kyzikos.

[12] See VAN ALFEN (2012), SHEEDY (2012) and RUTTER (2012) respectively for Athens, Aegina and the islands of the Aegean and Italy. The rule is almost universal for Greek cities of the Classical period.

[13] BOGAERT (1968) 42-50, 308-331 and 397-398, and (1976b).

[14] MELVILLE JONES (1993) 375-399, and (2007) 7-8 and 253-264. See also COHEN (1992) 18-22.

[15] BOGAERT (1968) 44-47, with references.

These words are not synonymous, although they belong to the same lexical field. The ἀργυραμοιβός and χρυσαμοιβός are respectively the "silver changer" (or moneychanger) and the "gold changer". The νομισματοπώλης is the one who sells coins. The ἀργυρογνώμων, ἀργυροσκόπος, and δοκιμαστής are involved in the control of the coins, which of course is the primary activity of a moneychanger. But one could be a δοκιμαστής and be confined to the task of verifying coins, rather than being a moneychanger properly so called, as proved by the law of Athens on coinage. The text refers to the δημόσιοι δοκιμασταί of Athens, public slaves in charge of testing the genuineness of the coins in circulation in the agora of Athens and at the *emporion* at Piraeus.[16] Finally, as stressed by Bogaert himself, it is clear that money exchange was one major activity taking place at the τράπεζαι, "the tables", and that the τραπεζῖται, the "bankers", were also, among other functions, money-changers. We will focus here on the economic and social dimension of money exchange. As already observed, the extraordinary diversity of the Greek world and the practical necessity to exchange money obviously mean that money changers must have been ubiquitous as early as the Classical period. The same remark applies to the Hellenistic world, then to the imperial Mediterranean.

1.2. *The activity of the moneychangers*

Defined as ἀργυραμοιβοί, ἀργυρογνώμωνες, and ἀργυροσκόποι, the money changers conducted exchanges between silver coins of various standards. The use of the word ἀργυραμοιβός was not confined to literary circles, as thought by Bogaert.[17] As proved by H. Duchêne's publication of the "stele of the port of Thasos" (l. 42), of c. 470-460 BCE, the word ἀργυραμοιβήϊον refers to the bureau de change.[18] This is the same period in

[16] STROUD (1974) ll. 4-18 and 49-56.
[17] PLAT. *Plt.* 289e and THEOC. *Id.* 12, 37.
[18] DUCHÊNE (1992), with *SEG* 42, 785, l. 41-43: ἀπὸ Χαρίτων ἱρõ μέχρις τῶν οἰκ|ημάτων ἔνθα τὸ ἀργυραμοιβήϊον καὶ ἔν|θα τὸ συμπόσιον.

which the word χρυσαμοιβός is used metaphorically by Aeschylus in the *Agamemnon* (the play is dated to 458 BCE). This proves that at least by the early Classical period the words ἀργυραμοιβός and χρυσαμοιβός were already in common use.[19] The word ἀργυραμοιβός refers directly to an activity by a "silver changer", but it should be clear that it referred also to an activity by a "money changer", whatever the actual metal was. This is made clear in passing by Theocritus's *Idyll* 12, 36-37:

> Λυδίῃ ἶσον ἔχειν πέτρῃ στόμα, χρυσὸν ὁποίῃ
> πεύθονται, μὴ φαῦλος, ἐτήτυμον ἀργυραμοιβοί.
>
> "that his mouth should be like the Lydian stone with which money changers test real gold to make sure it is not false". (trans. Loeb)

The "Lydian stone" was the touchstone, used for testing gold alone. The ἀργυραμοιβοί in fact changed whatever form of currency was brought to them. Indeed, we know that even if silver coins were legal tender in most cities, the electrum coins of Phokaia, Mytilene and above all Kyzikos, as well as Persian darics, also circulated in 5th and 4th century Greece. They were present both in the states' reserves and in rich individuals' homes.[20]

This does not exclude the possibility of the existence of specialized χρυσαμοιβοί when there was enough gold to exchange. The word χρυσαμοιβός is reused, possibly as a fashionable archaism, in one of the apocryphal letters of Themistocles (which apparently were written in the 2nd century CE). It applies to the (real or imaginary?) very wealthy Corinthian banker Philostephanos, with whom Themistocles is reputed to be in business.[21] Philostephanos is first defined as one of the most successful bankers in Corinth and elsewhere.[22] The extent of the sums at

[19] See below on the use of χρυσαμοιβός by Aeschylus in the *Agamemnon* in 458 BCE.

[20] For the darics, see BASLEZ (1989) for Greece, and MANGANARO (1989) for Syracuse.

[21] THEMIST. *Ep.* 6, 56. See the comment of LENARDON (1978) *ad loc.*

[22] THEMIST. *Ep.* 6, 10-12: τῶν ἐν Κορίνθῳ ἀλλὰ καὶ τῶν ἄλλοθί που τῇ τοῦ τραπεζιτεύειν ἐργασίᾳ χρωμένων.

stake in the correspondence between Philostephanos and Themistocles, supposed to have been seventy talents, may explain why Philostephanos was also defined as a χρυσαμοιβός, if gold coins were supposed to have been at stake. In fact, there is no good reason to think that the word χρυσαμοιβός was an *ad hoc* invention of Aeschylus.[23] In his famous comparison in the *Agamemnon* (438-444), Aeschylus deplores:

> ὁ χρυσαμοιβὸς δ' Ἄρης σωμάτων
> καὶ ταλαντοῦχος ἐν μάχᾳ δορὸς
> πυρωθὲν ἐξ Ἰλίου
> φίλοισι πέμπει βαρὺ
> ψῆγμα δυσδάκρυτον, ἀν-
> τήνορος σποδοῦ γεμί-
> ζων λέβητας εὐθέτους.

> "Ares, the moneychanger of bodies,
> holding his scales in the battle of spears,
> sends back from Ilium to their dear ones
> heavy dust that has been through the fire,
> to be sadly wept over,
> filling easily-stowed urns
> with ash given in exchange for men." (trans. Loeb)

The scales and the furnace were appropriate in a gold changer's shop if he was also a χρυσοχόος, a goldsmith.[24]

This is possibly an indication, if a slight one, that the activity of a banker and money changer could involve receiving not only coined money but also uncoined precious metals. On this

[23] *Pace* Duchêne (1992) 81-82.

[24] For the meaning of Aeschylus's image, see A.H. Sommerstein's comments *ad loc.* in the 2014 Loeb Classical Library edition. On the possible link between coinage minting and the goldsmiths, see an inscription from Dyme where a goldsmith (l. 9, [Κύλ]λιν τὸν χρυσοχόον) ranks among those who have been condemned for counterfeiting (ll. 6-7, [νό]μισμα ἔκοπτον χάλ|[κεον]); see Thür / Strumpf (1989), Thür (1991) and Rizakis (2008), who republishes the text (*SGDI* 1613 and *Syll.*[3] 530). For the link between money exchange and goldsmiths in Ptolemaic Egypt, see Burkhalter (2014) 69. With its scales and furnace, the fresco frieze of the Casa dei Vettii a Pompeii showing cupids at work in a jeweler's shop (see Clarke [2003] 103, fig. 55) gives us also probably a fair idea of what a mint looked like.

point, our evidence is tenuous. Bogaert thought that there was a major difference between the ancient Greek city states and the medieval period.[25] For him, medieval money changers acted as brokers for individuals who brought their uncoined precious metal to the money changers. They received coins in return, which had been obtained from the mint. In so doing, the money changers were major auxiliaries of the mints, as they supplied a large proportion of the metal used by the mints. The situation would have been different in antiquity. In a decree of Pontic Olbia in the 3rd century BCE, we see that a creditor of the city who could not obtain the repayment of his loan is about to bring to the mint (strictly speaking, "to the die") the city's sacred gold vessels on which the loan had been secured.[26] For Bogaert, the fact that he does not bring the vessels to moneychangers but to the mint is a crucial difference.

In fact, this is a far-fetched conclusion. Given the sums at stake, the creditor had certainly no reason to use moneychangers as middlemen. In the Middle Ages, many individuals, like rich merchants with large quantities of raw gold or silver, could either sell the metal either to specialized brokers and or obtain their coins directly from the mint.[27] Going directly to the mint is also a situation observed in Ptolemaic Egypt in a papyrus of 258 BCE, although here we are concerned with merchants bringing gold coins in order to get the new coinage that was legal tender.[28] This does not mean that in more ordinary situations a

[25] BOGAERT (1984) 187-188.

[26] *IOSPE* I² 32, ll. 17-18: ἐπὶ τὸν | χαρακτῆρα. On this document, see MÜLLER (2011).

[27] See STAHL (2000) 128-131, 134-139 and 254-255 for the various ways the merchants of various origins obtained their silver and gold coins at Venice.

[28] See *P.Cair.Zen.* 59021, with BRESSON (2015). See also KROLL (2011) 238-239, quoting a Athenian law dating to 354/3 BCE, to be published by M.B. Richardson, showing that the mint received raw silver and that (despite a gap on the stone at this point) there was a standard delay before the coins were minted and delivered to those who had brought the bullion. Regarding the question of a possible delay at the mint, see the papyrus of 258 (the two texts should be read in parallel).

person could not bring to a banker some precious metal, jewel, or plate and get the coins he needed for a payment. This is the case, for instance, in one of Alciphron's *Fishermen's Letters.*[29]

On the Roman side, it appears (if a statement of Cicero is correctly interpreted) that exchange of gold bullion against cash presupposed the payment of a *collybus*, an agio.[30] "Please see about Caelius and see that there is no gap in the gold. I know nothing about these matters. But surely there's enough lost on the exchange (*in collybo*). If the gold comes on the top of that ...".[31] The *collybus* is the commission to be paid for the exchange of gold bullion for cash (although the identity of the changer is not specified). There should be no doubt that an agio had to be paid for the exchange, both on uncoined and coined precious metal.

As for daily exchange, it was performed in the agora for domestic trade and at the *emporion* (if there was one) for international exchange. The Thasian bureau de change was located in the agora of Thasos, or in an area immediately adjoining it.[32] The Athenian law on silver coinage of 375/4 mentions that in the city the coin examiner, the δοκιμαστής, will sit "among the tables", that is among the bankers, whose primary task was money exchange.[33] The coin examiner's activity is logically linked to that of the money-changers. Those who held foreign coins with Athenian types could thus exchange them for good Attic money without delay.

[29] ALCIPHR. 1, 13, 4: the (fictional) poor fisherman has to bring to the banker "Pasion" the gold necklace of his wife to free himself from a usurer from whom he has borrowed money he cannot reimburse. The still unpublished Athenian law of 354/353 on coinage might show that there was a collaboration between the money changers and the mint (see KROLL [2009] 203-204 and n. 33 p. 207).

[30] See below on the notion of *kollybos/collybus.*

[31] CIC. *Att.* 12, 6, 1 (306 ed. SHACKLETON BAILEY, who dates the letter to [May?] 45 BCE), with 11, 25, 3 (231 SB, where the point is to save silver plates or valuable textiles).

[32] DUCHÊNE (1992) 94, 101-102 and 106.

[33] STROUD (1974) ll. 5-6.

1.3. *Money exchange, agio and the state*

In Classical Greece, money exchange was thus a common practice. Apollodoros, the son of Pasion, claims that, when he was campaigning in northern Greece as a trierarch (he was then based in Thasos) and had to disburse money from his own pocket, he carefully recorded all his expenses, including the exchange fee (καταλλαγή) he had to pay to change money.[34] The note is all the more interesting given that in all likelihood Apollodoros is himself the author of the speech delivered before the court and that he was the son of the most famous banker of the time, and as such certainly well aware of what money exchange could mean.

In the 4th century, the poet Persinos, neglected by the tyrant Euboulos of Atarneus (in Aeolis, to the north of Phokaia), went to Mytilene and from this city "wrote to him that he could exchange (καταλλάττει) the Phokaian coins he had brought with him more easily at Mytilene than at Atarneus".[35] Phokaia and Mytilene were linked by a monetary agreement and produced electrum *hektai* on the same standard and of the same quality.[36] Beyond the ironic allusion by Persinos, we see that strategies could be elaborated to minimize the cost of money exchange.

The policies put in place by the Greek cities were not the same. From the Classical period to the Roman imperial period, establishing a monopoly of exchange was seemingly frequent. This was the case in Byzantion in the Classical period.[37] This was also the case much later in Mylasa between 209-211 CE.[38] Imperial Pergamon had a monopoly on exchange, and farmed

[34] PS-DEMOSTH. *Ad Polyclem* 50, 30. For the bureau de change of Thasos in the 5th century, see above.

[35] POLL. *Onom.* 9, 93 (= CALLISTHENES, *FGrHist* 124 F4); MELVILLE JONES (1993) 454-455, no. 656, and (2007) 297.

[36] *IG* XII 2, 1. See BRESSON (2009) 74-75.

[37] PS.-ARIST. *Econ.* 2, 2, 3, 1346b24-26.

[38] *IK* 34-*Mylasa* 605.

it out to several bankers.[39] If it was a state monopoly, exchange was a source of profit for the city. At Delphi, in the decree regulating the use of funds given by Attalos II to fund the education of the young Delphians, it was expected that the amount corresponding to the expenses and travel costs (of the ambassadors sent to the king?) would be taken "from the *kollybos*" (ἐκ τοῦ κολλύβου).[40] Thus in that case the *kollybos* was indeed a revenue of the city, and thus certainly the product of the fees on money exchange.[41]

In Classical Olbia and Hellenistic (independent) Delos, there was seemingly no such monopoly, and the exchange rate was freely negotiated between money changers and their clients.[42] In Independent Delos, local bankers were in charge of the cash operations for the sanctuary and the city.[43] No source mentions any reimbursement for their activities. The best explanation seems to be that this is because they were allowed to make their own profits on the large amounts of cash they handled, especially from the *kollyboi* on money exchange.[44] Delos experienced an exceptional diversity in terms of coinage circulation. The coins of the city, the *phoinikophoroi*, represented only a small minority of the coins in circulation. But the accounts of the sanctuary were kept according to the Attic standard. [45] In their daily business with their clients (their private clients or those who were in business with the sanctuary), bankers must have exacted agios on the cash they handled.

[39] *OGIS* 484 and add. II, p. 552; see below on this text.

[40] *Syll.*³ 672; POUILLOUX, *Choix*, no. 13; JACQUEMIN *et al.* (2012) no. 168 (159/8 BCE), ll. 31-32.

[41] See also ROUSSET (2004) 112.

[42] Olbia: *IGDOlbia*, no 14; Delos: *IG* XII 5, 817, with BRESSON (2014).

[43] BOGAERT (1968) 170-187; MIGEOTTE (2014) 83.

[44] See already BOGAERT (1968) 175-176; BRESSON (2014) for the operations of the banker Timon of Syracuse.

[45] BRESSON (1993) 142-149; CHANKOWSKI-SABLÉ (1997); CHANKOWSKI (2005) and (2008).

2. Money exchange and social gap: from gold to silver and bronze

So far, money exchange has been examined in its technical aspect, as converting one currency into another, or bullion into coinage, which clearly necessitates resorting to the service of some specialist. But money exchange also exemplifies the social gap between the masses and the elite in the ancient world. The rich did their best to avoid exchanging money and thus having to pay agios on the very large sums they had in hand. From Cicero's correspondence with Atticus or with his brother Quintus, then *propraetor* in Asia, we know that he preferred to be paid in *denarii* rather than in "*cistophori* of Pompey", so that he did not have to pay an agio on the exchange.[46]

Roman magistrates in charge could exact agios to maximize their profits. Cicero denounced the way Verres had collected taxes that had no proper justification, including a *collybus* on the exchange of money he received from the state to buy Sicilian grain:

> "From the full sum that you should have paid to those farmers deductions, under this head or that, were regularly made. The first was for 'inspection and exchange,' the second for something called 'wax-money'. All these terms, gentlemen, are not names for real things: they are names for impudent pieces of theft. How can there be any exchange, where a single coinage is in universal use (*Nam collybus esse qui potest cum utuntur omnes uno genere nummorum*)?"[47]

The sums involved were substantial. The currency in question consisted of silver coins. The levy imposed by Verres was unfair, since unlike Asia, which used *cistophori* when the currency of the Roman state was the *denarius*, Sicily made use of the *denarius* only. In any case it is clear that in this passage Cicero was

[46] CIC. *Att.* 2, 6, 2 (26 SB); 2, 16, 4 (36 SB); 11, 1, 2 (211 SB); *Q. Fr.* 1, 3, 7 (59 BCE). See ANDREAU (^{2}2015) 25 and 510; BURNETT (2005) 175; HOLLANDER (2007) 22.

[47] CIC. *Verr.* 2, 3, 181; see ANDREAU (^{2}2015) 504 and 516, and the references in previous notes.

not thinking of a *kollybos* on an exchange between silver and bronze, but on an exchange between silver coins.

At the other end of the social spectrum, the case of bronze coinage perfectly illustrates the exploitation associated with the usage of this form of currency. Bronze coinage was introduced as a fiduciary coinage replacing the silver subdivision of the drachma shortly after 450 BCE in the Greek cities of southern Italy and Sicily.[48] Indeed, the very small size of the smallest silver coins made them quite inconvenient for daily exchange. It was probably easy to lose them, their attrition rate was higher than that of the bigger units (and all the more so given that the speed of their circulation was higher than that of the large denominations), and it was also easy to confuse one denomination with the other given that they were very similar in size. The introduction of bronze fiduciary small change solved the question elegantly. Unsurprisingly, the innovation was a quick success. Already at the end of the 5th century, bronze coinage had been adopted by many cities of mainland Greece and Asia Minor. Soon afterwards they replaced silver small change almost everywhere.

In Athens, however, it was not until the mid-4th century BCE (perhaps in the context of a financial crisis) that the city introduced its first bronze coinage; this was probably because the city traditionally produced large quantities of silver and was thus especially attached to silver coinage. But only a few years later after the introduction of bronze in Athens, Theophrastus could stage the case of the avaricious master, who exacted an agio on the rent that his slave paid him in bronze.[49] This proves that a form of distrust was already attached to fiduciary bronze coinage, which could be exploited in the private sphere by a master to exact more bronze money from his slave.

[48] RUTTER (2012).

[49] THEOPHR. *Char.* 30, 15: τοῦ χαλκοῦ τὴν ἐπικαταλλαγὴν προσαπαιτεῖν. See DIGGLE (2004) 518.

Under these circumstances, the apprehensions of the citizens of Gortyn that may be hinted at in a law of this city introduced in the 3rd century BCE become more understandable. Crete was always comparatively late in its institutional evolutions. This is why it is only at that date that bronze coinage was introduced at Gortyn. The law provides for the replacement of silver obols by bronze obols, and simultaneously forbids the levying of an agio from the users of the new bronze obols.[50] Obviously, the Gortynians had heard what had happened elsewhere with the introduction of bronze coinage. This justified the city's ban on levying charges in private exchange. But in other contexts, as in Ptolemaic Egypt, it was the state itself that played the role of Theophrastus' "sordid lover of gain" (αἰσχροκερδής). It made money exchange into a significant source of gain for itself and a daily burden for money users, especially for the poorer among them.

2.1. *Making money out of money usage in Ptolemaic Egypt*

Making money out of money usage was not new in the Greek world of the early Hellenistic period. But the Ptolemies made it a systematic policy, and on an unprecedented scale. They did so both in managing exchanges between Egypt and the outside world and in Egypt itself. Its natural configuration makes Egypt a territory easy to control. On this basis, the Ptolemies were able to implement solutions that other states would have had more difficulty putting into practice.[51]

The first move was the introduction of a new standard for gold and silver, which separated the Ptolemaic possessions from the rest of the Hellenistic world and allowed the Ptolemaic state

[50] *I.Cret.* IV 162.

[51] For recent literature on Ptolemaic coinage, see Burkhalter / Picard (2005); von Reden (2007) and (2016); Picard / Faucher (2012); Faucher (2013); Lorber (2012b); Picard (2014); Wolf (2013); Burkhalter (2014).

to exploit the difference between international and domestic standards. As early as 305 BCE, following the crushing defeat at Salamis in 306 and facing the necessity of finding new financial resources, Ptolemaic authorities introduced a standard that was no longer aligned with the international Attic standard. The new standard was a drachma of c. 3.92-3.93 g, instead of 4.33 g for the full Attic standard drachma, with a new tetradrachm at c. 15.70 g, instead of c. 17.20-17.30 g for the Attic tetradrachm.[52] The Ptolemaic drachma stabilized at 3.57-3.58 g, with a reduced silver tetradrachm at c. 14.27-14.30 g. The difference with the Attic drachma was in theory 0.76 g, but was in fact somewhat less as the actual weight of the silver Attic tetradrachms in circulation was 4.20+ g in the late 4th century, and even less in the 3rd and early 2nd century BCE. There is good reason to believe (although this has not yet been proved by our documentary evidence) that when gold and silver Attic standard coins were imported to Egypt, one Attic drachma was exchanged for one Ptolemaic drachma, the difference (c. 21% of the value of the Ptolemaic drachma) benefitting the Ptolemaic treasury (Pl. 7.1-7.3).[53]

In addition to reducing the weight of the drachma under Ptolemy II, other innovations were made, triggered by the modifications of the gold-silver ratio and carried out to fit in with them. Under the Ptolemies, silver always provided the ultimate reference benchmark of monetary value, and thus the weight of silver coins minted on the 3.57-3.58 g value of the drachma remained unchanged (mainly the above-mentioned tetradrachms at c. 14.27-14.30 g).[54] Thus the innovation concerned gold coinage. New gold coins were introduced in (probably) 298, staters weighing 7.13 g, with a new gold-silver ratio of 1:11 (instead of the previous 1:10). A few years later, new and heavier gold coins were minted on the new standard of the drachma, the *trichrysa*,

52 Lorber (2012b).
53 Le Rider (1998) 792-798; Bresson (2015), with previous bibliography.
54 See below on this point.

weighing 17.90 g (five gold drachmas). Each *trichryson* was seemingly the equivalent of 60 silver drachms, with a gold-silver ratio of 1:12. In August 272 at the latest (the precise date remains unknown for now), Ptolemy II introduced a new gold coinage, the full denomination of which was the *mnaieion*, of ca. 27.80 g. As implied by its name, the new coin was worth one hundred silver drachms. The reform corresponded to a new gold-silver ratio of 1:12.8.[55] The introduction of a new standard and a new currency implied the demonetization of the former currency and its replacement by the new one. Thus, we know that in 258 the old *trichrysa* (and other gold coins on various foreign standards) brought to the kingdom by merchants were systematically melted down and exchanged for *mnaieia*.[56] Yet another new development took place under Ptolemy III, the minting of gold coins of 43 g and of silver coins of c. 52.70 g, possibly to accommodate a new gold-silver ratio of 1:13, but the attempt was short lived.[57] From then on, although in smaller quantities after 200, the *mnaieia* were the standard gold coins in the Ptolemaic kingdom.[58]

In practice, gold was used for large scale payments, by senior administrators or by large-scale merchants. For major transactions, it obviously played a more significant role than in other Hellenistic kingdoms.[59] Besides, even if silver always remained the standard of accounting, payments in gold meant receiving a bonus in terms of silver, which in 258 BCE was 4%.[60] In the Ptolemaic kingdom, positive or negative exchange rates thus applied to the conversion between various metal coinages, positive for the conversion from gold to silver or bronze and silver

55 See LORBER (2013) 65-78.

56 *P.Cair.Zen.* 59021, with BRESSON (2015).

57 LE RIDER / CALLATAŸ (2006) 37.

58 LE RIDER / CALLATAŸ (2006) 52; DUYRAT / OLIVIER (2010).

59 According to the estimates of IOSSIF (2015), gold represented 71% in value of the total of the Ptolemaic gold and silver coinage production.

60 *P.Cair.Zen.* 59022. See LE RIDER / CALLATAŸ (2006) 153 for the correct analysis of the document, and *pace* ORRIEUX (1983) 32-33.

to bronze, negative the other way around. The systematic exploitation of the conversion from bronze to silver or gold was based on the new role given to bronze money in Ptolemaic Egypt.

Like everywhere else in the Hellenistic world under the control of Greek elites, bronze was initially conceived only as small change and a subdivision of the precious metal coinage, in the traditional system of the Greek coinage. Like almost everywhere else, the drachma was subdivided into 6 obols, each obol subdivided into 8 *chalkoi* (whether or not the *chalkous* existed as a coin), and the subdivisions of the drachma were bronze fiduciary coins. The coins were initially of light weight, in two denominations only. In c. 294, however, following the financial crisis in this period, the first change occurred, with the introduction of heavier coins in four denominations.[61] But the decisive modification took place in 261, with the introduction of heavy bronze coinage in six denominations. The heaviest coins were clearly intended to replace the former silver drachmas and other silver units of lower value. The weights of the heaviest coins of c. 90-100 g might have been aimed to fit the weight of the traditional Egyptian unit of measure, the *deben*, a weight unit of c. 91 g.[62] If this was the case, it was nevertheless for purely opportunistic reasons, for the true objective was to replace the drachma, traditionally minted in silver, with a system that was now entirely based on fiduciary bronze coinage.

Remarkably, and as proved by the hoards, over the course of the 3rd century silver coinage tended to disappear from the *chôra* of Egypt.[63] Bronze currency became the ordinary means of exchange for most of the population of Egypt. An original feature of the bronze currency system of the Ptolemaic state was the unusual frequency of the processes of demonetization and replacement by a new series. With ten different bronze series

[61] FARHI / LORBER (2012).

[62] LE RIDER / CALLATAŸ (2006) 54-55; GORRE (2012) on the relation between the *deben* and Ptolemaic monetary units.

[63] LORBER (2013).

over less than three hundred years, a new bronze series was introduced on average of less than every thirty years.

Series/ Spec.	Begins	Ends	Denominations	Heaviest	Lightest	System
Series 1	315/12	301	2	4,30-5	1	Non-decimal
Series 2	305	261	4	20-21	1,5-3	Non-decimal
Series 3	261	240	6	90-100	2,5-5.5	Non-decimal
Series 4	240	220	7	80-90	2,5-5.5	Non-decimal
Series 5	220	(197)	8	72	1.5	Non-decimal
Series 6	(197)	150	8	38-40	2-3	Decimal
Series 7	150	115	6	22-23	4.5	Decimal
Series 8	115/4	114/3	2	16	c. 8	Decimal
Series 9	130	37?	2	1-10	c. 0.5 - c. 2	Decimal
Series 10	37	30	2	c. 12-17	c. 5-9	Decimal

Table 1 — The Bronze Ptolemaic Coinage, after Picard (2012) 17-108.

At the turn of the century, a new major innovation took place.[64] The traditional system of subdivisions of the drachma was abandoned, and a new decimal system was introduced. This may have reflected a desire to simplify accounting. But the turn of the third to the 2nd century BCE was also a time of severe crisis for the Ptolemaic kingdom, marked between 206 and 186 by the revolt of indigenous pharaohs in Upper Egypt and widespread trouble all over the country.[65] Dated to 196, the famous Memphis Decree shows that Ptolemy V had to make major concessions to the Egyptian priests to be able to re-conquer his

[64] The date of 197 proposed by PICARD / FAUCHER (2012) 68-69 is not universally accepted. See FISCHER-BOVET / CLARYSSE (2012), who prefer to keep Reekman's date of 211/210, and a new study in preparation by C. Lorber and G. Gorre, who argue for a date c. 207/6.

[65] VEÏSSE (2004) 5-26.

kingdom.[66] But once again this was probably only an opportunistic measure, which did not change the nature of bronze coinage in Ptolemaic Egypt.

Often when a new series was introduced, all the coins of the previous series were recalled and exchanged for the new coinage. From series 7 onwards, a considerable adjunction of lead can be observed, which was a way to save money on minting, even though admittedly the overall actual cost of bronze money was comparatively very low.[67] Coin production was also faster. Many coins were now cast, not struck, in order to lower the cost of production. At the same time, beginning in the last two decades of the 3rd century, a considerable increase in prices can be observed. This is the famous question of the 'Ptolemaic inflation'. If it is now admitted that a major aspect was a modification of the accounting system rather than a massive increase in the quantity of coinage in circulation, the origins of the crisis are still far from clear.[68] What can be observed in any case is a depreciation even of the new bronze unit in terms of the silver drachma. On the basis of the number of bronze drachms per stater, the silver/bronze ratio which was 1:125 in 171 (500 drachms per stater) increased over the second century and was at 1:450 after 115 (1800-1900 drachmas per stater).[69] The higher exchange rate (the manipulation of which was facilitated by the new decimal system) and the parallel introduction of new bronze series (see above table 1) increased the gap between gold and silver on the one hand, and bronze on the other, to the disadvantage of those who lived in the universe of bronze coinage.

Another much-debated question is the nature of the Ptolemaic monetary system, some seeing it as deeply unitary, with the predominance of a silver standard until the end of the monarchy,

66 *OGIS* 90.
67 FAUCHER (2013) 54-62.
68 See recently FISHER-BOVET / CLARYSSE (2012) and GORRE (2012).
69 LORBER (forthcoming), who discusses the previous hypotheses.

while others see it as a tri-metal system. As already observed for gold, the remark being also true for bronze (see below), it was always against silver that the other metal currencies were measured. Thus the Ptolemaic monetary system was fundamentally unitary.[70] However, one should not conclude that gold and bronze coinages were merely multiples or subdivisions of silver coinage. In terms of monetary currency, the reality was that of the 'full autonomy' of each metal, which was only connected to the others by the common unity of accounting provided by the silver coinage. A specific policy prevailed for each metal (for example, the many changes to the bronze coinage are not paralleled by similar changes to the gold or silver coinages), although within the framework of a deeply united monetary system. These policies were fully consistent on the one hand with the nature of the currency (commodity money for gold and silver, fiat money for bronze) and with its market value (for gold and silver), and on the other with the constraints of the financial policy of the Ptolemaic state.

During the 3rd and 2nd centuries, silver became ever rarer. It began to be minted again on a large scale in the period of Ptolemy VI (before 170 BCE). In the countryside, the currency that people saw circulating and had in their hands was bronze money. This does not mean that silver, as a currency of account, was out of the picture. The numerous cash taxes to which the people were liable were defined either in terms of either silver or bronze.[71] Other documents show that silver and bronze currencies (when they were actual money) were accounted for separately.[72] Nevertheless, the principle of an agio applying to the conversion of bronze into silver or gold money remained fully valid.

From what we know of monetary manipulations in Greece, as for instance that of Hippias as told by Ps-Aristotle (*Econ.* 2,

[70] See GORRE (2012) 110-111, with previous literature.
[71] VON REDEN (2007) 84-117; BURKHALTER (2014) 63.
[72] BURKHALTER (2014) 65.

2, 4, 1347a9-11), the state made a profit in the process: this was indeed one of the aims of the operation. Individuals received in purchasing power less than what they had brought to the mint. This was probably also the case in Ptolemaic Egypt, although we have no specific detail on this point. Besides, the switch to a new bronze currency inevitably had a further cost for the public.

First, as is inevitable in similar operations, for various reasons a certain quantity of bronze coinage could not be brought back to the authorities in what was certainly the appointed time. The number of homogeneous bronze coin hoards in Ptolemaic Egypt (a total of 47) is enough to verify this situation.[73] The corresponding profit on this 'lost money' was for the state. Then, even if some 'old' bronze coins still in circulation were at some point, but too late, brought before a banker, the control to which they were submitted meant that a good share of them was not accepted. In a monthly account of daily expenses and income in the Zenon archive dated to 255 BCE, that is, six years after the reform of 261 and the introduction of the new heavy bronze coinage, out of one hundred "drachmas" (no doubt bronze ones) brought to Zenon, the banker Python accepted 49, but rejected 51 as being ἀδόκιμον, in all likelihood because they were no longer legal tender. This does not mean that one hundred coins of one drachma were brought to the banker, but that a sum of one hundred drachmas in various coins was brought to him and that he accepted them for an amount of 51 drachmas only.[74] The loss was for the individual who still retained the 'old' coins, and the final profit was once again for the state. Naturally, the profit made from the exchange was certainly marginal as compared to the main goal of the exchange, which was to play on the difference between the metal currencies.

[73] LORBER (2000) for the 3rd century and (2013), with table 4 pp. 152-153, with also FAUCHER / LORBER (2010) app. 1 p. 60 specifically for series 6-7. See also now FAUCHER / MEADOWS / LORBER (2017) 1-16, for the total of 47 homogeneous bronze hoards.

[74] *P.Lond.* 2167, ll. 61-64.

In the 3rd century, a majority of taxes (13 *vs.* 7) were defined in terms of silver.[75] The *P.Rev.Laws* of 259/8 BCE defines the taxes to be paid in bronze money at par, χαλκὸς ἰσόνομος, and those that were to be paid with an agio, χαλκὸς οὗ ἀλλαγή. The *P.Paris* 62, r5 ll. 16-17 of 204 BCE defines the exchange rate of bronze against silver: it was ten drachmas 2 1/2 obols per mina, or 10.416%. This rate can be found in a long series of documents of the 3rd century and one of the 2nd century, which however is sufficient proof that the agio did not disappear in 197 with the great reform of bronze coinage and the introduction of the decimal system.[76]

However, another exchange rate is mentioned in our documentation. Up to now it has been interpreted as a 'reduced rate' corresponding to payments made by the state, when the money came from the state treasury, but also for private payments.[77] The documents are the following:

- *P.Lond.* 1934, ll. 9-10 (Oct. 258). 25 dr. 1/2 for 1 stater, or 6.25%, for the payment of Apollonios's pension: one talent in gold, one in silver, one in bronze, an agio being applied to bronze only.
- *P.Lond.* 2167, ll. 181-182 (255). In a Zenon account, a purchase of bricks for a value of 8 silver drachmas is mentioned as the equivalent of 8 bronze drachmas and one triobol, that is a rate of 6.25%. The payment is not made by the *basilikon* (the royal treasury).
- *P.Hib.* 51, ll. 5-6 (245/244). In official correspondence regarding payment for garments from the *basilikon*, a cashier receives the instruction to process the payment ἐπαλλαγῆς τοῦ ἡμίσους τῶν δ' (δραχμῶν) (ὀβολὸν) α, "with an exchange rate of one half, for 4 drachmas one obol and a half", or 6.25%.

[75] Von Reden (2007), table p. 116.
[76] Burkhalter / Picard (2005) 66-67.
[77] Burkhalter / Picard (2005) 66-67; Burkhalter (2014) 62.

- *P.Hib.* 67, ll. 15 and 22 (228). In an official letter, Asklepiades asks the banker Kleitarchos to pay separately for 448 and 64 drachmas in textiles delivered to the royal treasury by weavers. The rate of conversion of bronze for silver is 3.125% (respectively 14 drachmas, for a total of 462 drachmas, and 2, for a total of 66 drachmas).
- *O.Bodl.* I 314 (190-150).[78] The exact purpose of the text remains unclear, but there is no proof that this was an official payment. In the account, 17 silver staters are subtracted from a sum of 6 talents 1,400 drachmas (= 37,400 drachmas) in bronze at a rate of 2,200. The agio is first defined at 2,400 bronze drachmas. It corresponds to a rate of exactly 6% of 40,000 bronze drachmas. Then, implicitly and probably erroneously, the agio is recalculated at 2040; the rate would be 5.45%. In fact, one may suspect that the number should have been 2,244, or exactly 6% of the sum of 37,400 bronze drachmas, but that a mistake was made in the calculation.[79]

Whether 'public' or 'private', all five cases have in common payments in bronze for sums defined in silver. For four cases out of 5, we have conversions from silver to bronze at a rate of exactly 6.25%, or 6% (or around 6%) in the 2nd century. This is the "exchange rate of one half" defined by *P.Hib.* 51, not arithmetically one half of 10.41%, but probably a vestige of a

[78] See BURKHALTER (2014) 71.

[79] C. Lorber (*per litteras*) suggests the following solution for this difficult case: "I assume that *O. Bodl.* I 314 is an account by someone who received bronze for silver, either in an actual monetary exchange or in a payment in which bronze was substituted for silver. Otherwise the writer would not 'have' a total including the agio paid. I doubt that the 17 staters are literally subtracted from a sum in bronze; the text just indicates what part of the total was made up by 17 staters evaluated in bronze and what part was the agio. I also doubt that the *allagê* was lowered. I think what happened is that the payer fell a bit short for some reason. Instead of the correct total of 40,800 drachms, he/she paid only 39,440 drachms (6 T 3440 dr.), and that's why a difference of 560 drachms is specified". We would be in a case where a payment in bronze was substituted for (stipulated) silver, which would fit well with our own argument.

previous and higher rate (see below).[80] Remarkably, the payment of the agio to the weavers of *P.Hib.* 67 is exactly one half of the expected rate, 3.125% instead of 6.25%, which obviously brutally translates a balance of power between the two partners: 6.25% of bonus for the pension of Apollonios when paid in bronze, but only 3.125% for the weavers working for the state.

In addition, *P.Cair.Zen.* 59327, ll. 13-14, of 249 BCE, provides a 12.5% exchange rate for bronze to silver. This must be the original rate, which at some later point was slightly reduced by the Ptolemaic authorities, perhaps because they realized that it was too high for the population. This is a decisive indication that the 6.25% rate of exchange from silver to bronze is not a reduced rate for official payments, but the rate applying to the conversion from silver to bronze established at one half the rate for converting bronze to silver. Interestingly (see below) in 2nd century CE Asia Minor, the agio for conversion from silver to bronze, or 6.25%, was half that for conversion from bronze to silver, or 12.5% (although here the same rate was pure coincidence).[81] The reduction of the rate of exchange from 12.5% to 10.41% can at the same time be paralleled with the evolution of the salt tax (*halikê* or *halika*), which was in fact a poll tax. It is attested in Egypt between 263 and 217 BCE and went through two successive reductions: originally (263-254), male rate 1.5 drachmas and female rate 1 drachma; then (254-231), 1 drachma and 0.5 drachmas; then again (243-217), 4 obols and 1.5 obols.[82]

Finally, one case deserves special attention. The rate of 8.33% for the calculation of interest in bronze for a sum loaned in silver (*P.Cair.Zen.* 59355, col. I, ll. 8-11, of 244 BCE): 8.33 (8 drachmas and two obols) is exactly the median value between 10.41

[80] See BRESSON (2012), especially p. 80, for the discussion of the volume of amphoras as defined at the customs of Pelousion (*P.Cair.Zen.* 59012, 259 BCE). The ἡμικάδιον is not always the equivalent of one half of a κάδιον.

[81] See below for the agio in Roman imperial Asia Minor. BOGAERT (1984) does not separate clearly between the conversion silver-bronze and bronze-silver and supposes that the exchange rate (ἀλλαγή) was constantly fluctuating, especially in the 2nd century.

[82] CLARYSSE (2012).

and 6.25%, and this can hardly be just a coincidence. Other rates are, however, attested in our documentation that would deserve closer attention. Nonetheless, it seems that despite the apparent discrepancies in our sources, some general principles can be observed.

We are here at the heart of the fiscal system of the Ptolemies, and some general conclusions can, in any case, be reached. Each of the three coinages (gold, silver, bronze) was defined as separate from the others, and an exchange fee was exacted for converting an amount of money from one currency to another. But commodity money coinages were privileged in their relationship to flat coinage. Buying silver with gold meant receiving a bonus of 4%. Buying bronze with silver meant usually (at least for the privileged) receiving a bonus of 6.25%. But buying silver with bronze in the 3rd century ordinarily meant paying a premium originally of 12.5%, which quickly dropped to 10.41% in the 3rd century and to 10% in the decimal system of the 2nd century. The system benefited those who had access to precious metal, for instance those who received recompense in precious metal coinage. The loss was for all the others, especially for the most of the population, which lived in the universe of bronze currency. As it was up to the state to define the metal in which individual taxes were to be paid, if the tax was defined in terms of silver, the payer had to pay an agio to the royal bank, on top of which were added fees for levying the tax of 5% before 129 BCE, and 10% after that date, i.e. extra payments respectively of 15 and 20% of the official amount of the tax.[83]

In this sense, it is the parallel with VAT that comes to mind, although of course the parallel should not be pushed too far. In the ancient world, it was technically impossible to levy value added taxes, the way modern states do. One way to tax daily trade was to levy taxes on the exchange between bronze and silver: this was the best way to tax petty trade, salary payments, etc. In post-Ptolemaic Egypt, when Augustus reestablished a monetary system

[83] MILNE (1925) 276, nicely confirmed by AGUT-LABORDÈRE / GORRE / KOSSMANN (2014) 214.

based on the difference between a silver currency and a bronze currency that was once again divided along the traditional subdivisions of obols and *chalkoi*, the practice of paying an agio on exchange was universal in imperial Roman Egypt.[84]

2.2. *Money exchange in Roman Asia Minor*

We have every reason to believe that the levying of an agio on bronze was universal in the Roman world. Beyond Egypt, inscriptions from Asia Minor provide the best dossier for this period. At Pergamon, in a rescript (possibly Hadrianic) of the beginning of the 2nd century CE, the bankers operating under a city contract levied an agio on the exchange between silver and bronze. The *denarius* was officially the equivalent of 16 asses. When exchanged against bronze, the official rate of a *denarius* was 18 asses at purchase, or 12.5%, and 17 asses at sale, or 6.25%.[85]

The levying of an agio is also mentioned in an inscription from Magnesia on the Maeander at the time of Hadrian.[86] As the subsidy paid by the city was not enough to pay for the oil of the gymnasium, the *presbyteroi* decided to contribute by making withdrawals from the income of the *gerousia*, either in cash (on the cash income of the *gerousia*) or in kind (on the in-kind income from the estates). These revenues were normally intended to serve as emoluments of the *gerontes*. The *kollyboi* mentioned certainly corresponded to the product of an additional exchange tax on payments made in bronze or silver corresponding to the payments of the various taxes by users of the gymnasium: the hundredth for heating the bath; the hundredth for the loan of towels; the hundredths on the income from the inn, on catering, sale of salt foods, and of the cellar (the wine

[84] Burkhalter / Picard (2005) 61-62, on the reform; Bogaert (1983) on the *kollybistikai trapezai*.

[85] *OGIS* 484 and add. II, p. 552; Bogaert (1968) 231-234, and 1976a, no. 28; Oliver (1989) 209-215, no. 84. See Bresson (2014).

[86] *I.Magnesia* 116 (with p. 296) l. 36: κόλλυβοι οἱ γεινόμενοι.

reserve).[87] It is a system similar to that which can be observed in Egypt at the same period: for instance, an exchange tax (paid in bronze) on a small payment of tax money is mentioned in a tax receipt from 106 CE from the Fayum.[88]

The foundation of Caius Vibius Salutaris in Ephesos during the reign of Trajan (104 CE) also refers to a *kollybos*. [89] In addition to manufacturing twenty-nine statuettes, one in gold, the others in silver, the donor also planned to create a fund of 20,000 *denarii*. Invested at an annual interest rate of nine percent, the fund was to bring in 1,800 *denarii* annually.[90] Every year, for the anniversary of the goddess, a distribution was to be organized to a series of nine categories of beneficiaries, the first three being: 1) the council members; 2) the members of the *gerousia*, a category whose name is lost, and the former Asiarchs; 3) and the citizens, for a number of 250 per tribe. Three times it is stated: "If the *kollybos* is higher, so that more funds are available for more beneficiaries…". (ll. 229-230, [ἐὰν δὲ μείζω] ν γεί[νηται ὁ κόλλυβος, ὥστε | εἰς πλείονας χωρεῖν] for distribution to the council members; ll. 235-237, [ἐὰν | δὲ μείζων ᾖ ὁ γενόμενος κόλλυβος,] ὥστε εἰς πλείọ[νας | χωρεῖν], for distribution to the members of the gerousia; l. 251, [ἐὰν δὲ μείζων ᾖ ὁ γεν]ọμενος κόλλυβος (without further indication), for distribution to citizens.

J.H. Oliver has proposed a clever explanation, which so far has received universal approval. "The drachma contained twelve silver asses, and the denarius sixteen silver asses. The adjectives indicate a reference to the silver as distinct from the ordinary provincial bronze as, which had depreciated to a rate of eighteen

[87] *I.Magnesia* 116, l. 34-36. For the meaning of "cellar" as a wine reserve for πιθών, see GINOUVÈS / MARTIN (1998) 170. For this inscription and the income from the estates of the *gerousia*, see THONEMANN (2011) 253-254.

[88] *P.Fay.* 56, l. 7: κολ(λύβου) χα(λκοῦ) ιδ'. The tax in silver is the ναύβιον κατοίκων, the tax paid as an equivalent for the maintenance of dykes and canals.

[89] OLIVER (1941) no. 82 (*IK* 12-*Ephesos* 27). See also ROGERS (1991) 42. On the sixteen *assaria* of the *denarius*, see MELVILLE-JONES (1971).

[90] See briefly DEBORD (1982) 206-206.

to the denarius and was in danger of depreciating even further. A variation in the exchange had been foreseen and provisions were made for the division of a surplus". [91] Oliver's hypothesis is also interesting in that it accounts for the sudden appearance of a *kollybos* defined as μείζων, "larger", when no reference has so far been made to such a source of revenue. For Oliver, the increase of the amount allotted to each category would be related purely to a variation in the exchange rate between silver and bronze. Indeed, for the payment to 6 × 250 = 1,500 citizens is provided a total annual interest of 750 *denarii*, equivalent to ½ silver *denarius* per citizen. Now, every citizen was to receive a donation of 9 asses, not 8: the *denarius* was thus indeed valued at 18 asses. While the total sum in silver coins remained unchanged, we would be dealing with a simple depreciation of the value of the local bronze currency, with, for example, a *denarius* rated at 19 asses instead of 18. But according to this hypothesis, each beneficiary would be receiving 9 devalued asses and thus would be deprived of a fraction of what was originally owed to him. There would be more beneficiaries, but each of them would receive a sum of money that was devalued. Is this really what the issue is about?

The close parallel (even down to details) with the inscription of Magnesia on the Maeander, where the income from the *kollybos* helps finance the oil for the gymnasium, paves the way for a different interpretation. Instead of an unlikely and strangely 'favorable' devaluation, it seems simpler to think that it would be an increase in the overall volume of the *kollybos* on the financial operations of the foundation, but based on the income of the agio and on the same rate of exchange, which would justify the increased funding. How could this be achieved? This could be the case if those in charge of the farming of the *kollybos* were also those who were responsible for the investment of the foundation's funds

[91] OLIVER (1941) 82. Same view in VERBOVEN (2009) 10, on the basis of Newton's comment ad *IBM* III 481, and pp. 138 and 141.

and the benefit thereof.[92] If the tax revenue was higher than the sum due to the city, then the extra profit would not go into the pocket of the farmers, as would normally be the case, but would be used by the managers of the fund, who would perform their work for non-profit, to increase the sums to be shared between the beneficiaries. It has been shown independently that the *gerousia* "was an institution operating almost like an independent bank".[93] Besides, the reason why the *kollybos* was not previously mentioned is also perfectly clear. Paying a *kollybos* on money usage was so common, and the logic of the system so well known, that no specific mention was necessary.

We can also understand why the *denarius* was valued at 18 asses for the distributions: if this had not been the case, and if they had not received 9 asses but only eight, the council members would not have received a "real half-*denarius*", but only a fraction of the amount due. Indeed, when they had to make a payment denominated in the official currency, the *denarius*, but payable in bronze coins, they would have had to pay a premium corresponding to the lesser value of the bronze coin. This is also a reminder that a *kollybos* was levied on each financial operation involving payments in bronze money instead of silver money. The system was that of a common payment currency, bronze money, and an official currency that was both a money of account and real money, the silver *denarii*. What is at stake is not a pure accounting process.[94] We have, instead, an exchange fee on all conversions from bronze to silver and conversely, as shown eloquently in the inscription of Pergamon, the other inscriptions of Asia Minor, and in very many contemporary Egyptian papyri.

The final proof comes with a decree of Mylasa of 209-211 CE. The text relates to fraud in money exchange and shows

[92] For a parallel from Ptolemaic Egypt, see *P.Eleph.Gr.* 8 (Edfu ?, 224-223 BCE), with the commentary of MUHS (2003) 87-88: it is a ταριχεύτης (mummifier) who contracts for the farming of the tax on mummification (ταριχεία).

[93] DIGNAS (2002) 198-199.

[94] *Pace* MARCHETTI (2014) 83-84.

how money exchange was part of the daily life of the inhabitants of the city. But it also proves that the revenue from the monopoly on money exchange was a major source of income for the city.[95] The notables in charge had to recall that even the payment of the taxes due to the emperors was delayed (ll. 52-53: καὶ διὰ τοῦτο καὶ ἡ εὐπ̣[ορία ἡ | πρὸς τοὺς κυρίους αὐ]τοκράτορας τῶν φόρων βραδύνει). Given that they were held personally responsible before the governor for the levy of these taxes, they exacted the harshest penalty against fraudsters, as their own liability was at stake.

3. Conclusion

In the ancient Greek world, coinage as a standard form of money was introduced in the second half of the Archaic period. Later, in the Classical and above all in the Hellenistic and Roman periods, it became the standard form of money. On the one hand, coinage initially helped to unify civic societies. But on the other, it soon also contributed to social stratification. Given the various forms taken by coinage (gold, silver and bronze respectively for high-, medium- and low-value payments), states were quick to realize that they could exploit not only the conversion from foreign currency into the local one, but also the transfer of value from one level of coinage to the other (bronze to silver and silver to gold or conversely). For a state, money exchange was a source of profit that it could exploit to its own benefit. In doing so, however, it also contributed to widening the gap between social strata. Money exchange is thus directly linked to the economy of inequality in the ancient world.

The rich lived in the world of gold or silver. They were on the right side. Notwithstanding the question of the super-privileged who had access to gold, those who traded in silver paid only the

[95] *IK* 34-*Mylasa* 605. I am presently preparing a new edition of this text, with new restorations.

moderate agios to convert their monies into gold. They even received a bonus when they converted their precious metal coins into bronze. The common people, who lived in the world of bronze money, were on the wrong side. They were constantly forced either to pay high premiums for silver coinage or to pay with bronze amounts defined in silver. A famous debate among economists on the nature of money concerns the question of whether or not money is a veil of exchange. Be that as it may, the image that comes to mind for the usage of money in the ancient world is rather that of a trawler that sucked money out of the pockets of the taxpayers, especially the poorest of them.

Works cited

AGUT-LABORDÈRE D. / GORRE, G. / KOSSMANN, P. (2014), "Un ostracon démotique et deux ostraca grecs du Muséum d'histoire naturelle de Lyon", *ZPE* 189, 205-217.

ANDREAU, J. ([2]2015), *La vie financière dans le monde romain. Les métiers de manieurs d'argent (IVe siècle av. J.-C.-IIIe siècle ap. J.-C.)* (Rome).

ANDREWS, D.M. (ed.) (2006), *International Monetary Power* (Ithaca).

BASLEZ, M.-F. (1989), "La circulation et le rôle des dariques en Grèce d'Europe à la fin du Ve et au IVe siècles : Apport des inscriptions phéniciennes et grecques", *REA* 91, 237-246.

BOGAERT, R. (1968), *Banques et banquiers dans les cités grecques* (Leiden).

— (1976a), *Epigraphica. III, Texts on Bankers, Banking and Credit in the Greek World* (Leiden).

— (1976b), "L'essai des monnaies dans l'antiquité", *RBN* 122, 5-34.

— (1983), "Les κολλυβιστικαὶ τράπεζαι dans l'Égypte gréco-romaine", *Anagennesis* 3, 21-64 (= BOGAERT [1994] 95-120).

— (1984), "Les banques affermées ptolémaïques", *Historia* 33, 181-198 (= BOGAERT [1994] 59-76).

— (1994), *Trapezitica Aegyptiaca. Recueil de recherches sur la banque en Égypte gréco-romaine* (Florence).

BRESSON, A. (1993), "La circulation monétaire rhodienne jusqu'en 166", *DHA* 19, 119-169.

— (2006), "The Origin of Lydian and Greek Coinage: Cost and Quantity", *Historical Research* 5, 149-165 [in Chinese translation].

— (2009), "Electrum Coins, Currency Exchange and Transaction Costs in Archaic and Classical Greece", *RBN* 140, 71-80.

—— (2012), "Wine, Oil and Delicacies at the Pelousion Customs", in L.-M. GÜNTHER / V. GRIEB (eds.), *Das imperiale Rom und der hellenistische Osten. Festschrift für Jürgen Deininger zum 75. Geburtstag* (Stuttgart), 69-88.

—— (2014), "Le change à Délos et la question du *kollybos*", *BCH* 138, 515-533.

—— (2015), "The Cost of Getting Money in Early Ptolemaic Egypt: The Case of *Pap.Cair.Zen.* I 59021 (258 BCE)", in D.P. KEHOE / D.M. RATZAN / U. YIFTACH (eds.), *Law and Transaction Costs in the Ancient Economy* (Ann Arbor), 118-144.

—— (forthcoming), "The Choice for Electrum Monometallism: When and Why", in VAN ALFEN *et al.* (forthcoming).

BURKHALTER, F. (2014), "Change et changeurs en Égypte ptolémaïque aux IIIe et IIe s. av. J.-C". *BCH* 138, 563-581.

BURKHALTER, F. / PICARD, O. (2005), "Le vocabulaire financier dans les papyrus et l'évolution des monnayages lagides en bronze", in F. DUYRAT / O. PICARD (eds.), *L'exception égyptienne? Production et échanges monétaires en Égypte hellénistique et romaine* (Cairo), 53-80.

BURNETT, A. (2005), "The Roman West and the Roman East", in C. HOWGEGO / V. HEUCHERT, / A. BURNETT (eds.), *Coinage and Identity in the Roman Provinces* (Oxford), 171-180.

CHANKOWSKI-SABLÉ, V. (1997), "Les espèces monétaires dans la comptabilité des hiéropes à la fin de l'indépendance délienne", *REA* 99, 357-369.

—— (2005), "Techniques financières, influences, performances dans les activités bancaires des sanctuaires grecs", *Topoi* 12-13, 69-93.

—— (2008), "Banquiers, caissiers, comptables. À propos des méthodes financières dans les comptes des hiéropes", in K. VERBOVEN / K. VANDORPE / V. CHANKOWSKI (eds.), *Pistoi dia tèn technèn. Bankers, Loans and Archives in the Ancient World. Studies in Honour of Raymond Bogaert* (Leuven), 77-92.

CLARKE, J.R. (2003), *Art in the Lives of Ordinary Romans: Visual Representation and Non-Elite Viewers in Italy, 100 B.C.-A.D. 315* (Berkeley).

CLARYSSE, W. (2012), "Salt Tax", in R.S. BAGNALL *et al.* (eds.), *The Encyclopedia of Ancient History*. Vol. XI (Malden, MA), 6023-6024.

COHEN, E.E. (1992), *Athenian Economy and Society. A Banking Perspective* (Princeton).

DEBORD, P. (1982), *Aspects sociaux et économiques de la vie religieuse dans l'Anatolie gréco-romaine* (Leiden).

DIGGLE, J. (2004), *Theophrastus, Characters*, edited with introduction, translation and commentary (Cambridge).

DIGNAS, B. (2002), *Economy of the Sacred in Hellenistic and Roman Asia Minor* (Oxford).

DUCHÊNE, H. (1992), *La stèle du port. Fouilles du port* 1, *Recherches sur une nouvelle inscription thasienne* (Athens).

DUYRAT, F. / OLIVIER, J. (2010), "Deux politiques de l'or: Séleucides et Lagides au IIIe siècle avant J.-C.", *RN* 166, 71-93.

FARHI, Y. / LORBER, C. (2012), "A Note on Two Ptolemaic Bronze Coins from Israel", *AJN* 24, 45-51.

FAUCHER, T. (2013), *Frapper monnaie. La fabrication des monnaies de bronze à Alexandrie sous les Ptolémées* (Alexandria).

FAUCHER, T. / LORBER, C. (2010), "Bronze Coinage of Ptolemaic Egypt in the Second Century BC", *AJN* 22, 35-80.

FAUCHER, T. / MEADOWS, A. / LORBER, C. (2017), *Egyptian Hoards.* I, *The Ptolemies* (Cairo).

FISCHER-BOVET, C. / CLARYSSE, W. (2012). "Silver and Bronze Standards and the Date of P.Heid. VI 383", *APF* 58, 36-42.

GINOUVÈS, R. / MARTIN, R. (1998), *Dictionnaire méthodique de l'architecture grecque et romaine.* T. III, *Espaces architecturaux, bâtiments et ensembles* (Athens).

GORRE, G. (2012), "Les monnaies lagides et les papyrus démotiques", in PICARD *et al.* (2012), 109-124.

HOLLANDER, D.B. (2007), *Money in the Late Roman Republic* (Leiden).

IOSSIF, P. (2015), "Who's Wealthier? An Estimation of the Annual Coin Production of the Seleucids and the Ptolemies", *RBN* 161, 233-272.

JACQUEMIN, A. / MULLIEZ, D. / ROUGEMONT, G. (2012), *Choix d'inscriptions de Delphes* (Athens).

KIRSHNER, J. (1995), *Currency and Coercion. The Political Economy of International Monetary Power* (Princeton).

KNOOP, T.A. (2013), *Global Finance in Emerging Market Economies* (London).

KONUK K. (2012), "Asia Minor to the Ionian Revolt", in METCALF (2012), 43-60.

KROLL, J.H. (2009), "What about Coinage?", in J. MA / N. PAPAZARKADAS / R. PARKER (eds.), *Interpreting the Athenian Empire* (London), 195-209.

— (2011), "The Reminting of Athenian Silver Coinage, 353 B.C.", *Hesperia* 80, 229-259.

LE RIDER, G. 1998. "Histoire économique et monétaire de l'Orient hellénistique (le monnayage des Ptolémées)", *Annuaire du Collège de France 1997-1998. Résumé des cours*, 98, 783-809 = G. LE RIDER (1999), *Études d'histoire monétaire et financière du monde grec. Écrits 1958-1998.* Vol. 3 (Athens), 1107-1133.

Le Rider, G. / Callataÿ, F. de (2006), *Les Séleucides et les Ptolémées* (Paris).

Lenardon, R.J. (1978), *The Saga of Themistocles* (London).

Lorber, C. (2000), "Large Ptolemaic Bronzes in Third-Century Egyptian Hoards", *AJN* 12, 67-92.

— (2012a), "Egyptian Hoards Relating to the Abandonment of the Attic Standard by Ptolemy I", in M. Asolati / G. Gorini (eds.), *I ritrovamenti monetali e i processi storico-economici nel mondo antico* (Padua), 33-47.

— (2012b), "The Coinage of the Ptolemies", in Metcalf (2012), 211-234.

— (2013), "The Grand Mutation: Ptolemaic Bronze Currency in the Second Century B.C.", in S. Bussi (ed.), *Egitto dai faraoni agli Arabi* (Pisa), 135-157.

— (forthcoming), "*Timê* of the Silver Stater in Ptolemaic Egypt".

Manganaro, G. (1989), "Darici in Sicilia e le emissioni auree delle poleis siceliote e di Cartagine nel V-III sec. a. C.", *REA* 91, 299-317.

Marchetti, P. (2014), "La nature de l'*allagè* ptolémaïque", *BCH* 138, 583-595.

Melville Jones, J.R. (1971), "*Denarii*, *Asses* and *Assaria* in the Early Roman Empire", *BICS* 18, 99-105.

— (1993), *Testimonia Numaria. Greek and Latin Texts Concerning Ancient Greek Coinage.* Vol. I, *Texts and Translations* (London).

— (2007), *Testimonia Numaria. Greek and Latin Texts Concerning Ancient Greek Coinage.* Vol. II, *Addenda and Commentary* (London).

Metcalf, W.E. (ed.) (2012), *The Oxford Handbook of Greek and Roman Coinage* (New York).

Migeotte, L. (2014), *Les finances des cités grecques aux périodes classique et hellénistique* (Paris).

Milne, J.G. (1925), "Double Entries in Ptolemaic Tax-Receipts", *JEA* 11, 269-283.

Müller, C. (2011), "Autopsy of a Crisis: Wealth, Protogenes, and the City of Olbia in c. 200 BC", in Z.H. Archibald / J.K. Davies / V. Gabrielsen (eds.), *The Economies of Hellenistic Societies, Third to First Centuries BC* (Oxford), 324-344.

Muhs, B. (2003), "Demotic Ostraca from Ptolemaic Edfu and the Ptolemaic Tax System", in K. Vandorpe / W. Clarysse (eds.), *Edfu, an Egyptian Provincial Capital in the Ptolemaic Period, Brussels, 3 September 2001* (Brussels), 75-105.

Oliver, J.H. (1941), *The Sacred Gerusia* (Baltimore).

— (1989), *Greek Constitutions of Early Roman Emperors from Inscriptions and Papyri* (Philadelphia).

OLIVIER, J. / LORBER, C. (2013), "Three Gold Coinages of Third-Century Ptolemaic Egypt", *RBN* 159, 49-150.

ORRIEUX, C. (1983), *Les papyrus de Zénon. L'horizon d'un Grec en Égypte au IIIe siècle avant J.-C.* (Paris).

PICARD, O. *et al.* (eds.) (2012), *Les monnaies des fouilles du Centre d'études alexandrines. Les monnayages de bronze à Alexandrie de la conquête d'Alexandre à l'Égypte moderne* (Paris).

— (2014), "La grande mutation du bronze lagide au début du IIe s. : questions de change", *BCH* 138, 549-561.

PICARD, O. / FAUCHER , T. (2012), "Les monnaies lagides", in PICARD *et al.* (2012), 17-108.

VON REDEN, S. (2007), *Money in Ptolemaic Egypt. From the Macedonian Conquest to the End of the Third Century BC* (Cambridge).

— (2016), "Money and Prices in the Papyri, Ptolemaic Period", in *Oxford Handbooks Online.*

RIZAKIS, A.D. (2008), *Achaïe* III, *Les cités achéennes. Épigraphie et histoire* (Athens).

ROGERS, G.M., (1991), *The Sacred Identity of Ephesos. Foundation Myths of a Roman City* (London).

ROUSSET, D. (2004), "Épigraphie grecque et géographie historique du monde hellénique", *Livret-Annuaire, École pratique des hautes études. Section des sciences historiques et philologiques* 18, 2002-2003 (Paris), 110-114.

RUTTER, N.K. (2012), "The Coinage of Italy", in METCALF (2012), 128-141.

SHEEDY, K. (2012), "Aegina, the Cyclades, and Crete", in METCALF (2012), 105-127.

STAHL, A.M. (2000), *Zecca. The Mint of Venice in the Middle Ages* (Baltimore).

STROUD, R.S. (1974), "An Athenian Law on Silver Coinage", *Hesperia* 43, 157-188.

THONEMANN, P. (2011), *The Maeander Valley. A Historical Geography from Antiquity to Byzantium* (Oxford).

THÜR, G. (1991), "Οι έξι θανατικές καταδίκες από τη Δύμη (στο *Syll.*³ 530)", in A.D. RIZAKIS (ed.), *Achaia und Elis in der Antike. Akten des I. Internationalen Symposiums, Athen, 19.-21. Mai 1989* (Athens), 115-121.

THÜR, G. / STRUMPF, G. (1989), "Sechs Todesurteile und zwei plattierte Hemidrachmen aus Dyme", *Tyche* 4, 171-183.

DE LA TORRE, A. / IZE, A. (2013), "Exchange Rate Unification: The Cuban Case", in *Brookings-University of Havana Workshop Held in Havana (September 2013)*, (Brookings.edu/foreignpolicy, Washington, DC, Dec. 2013), 23 pages.

VAN ALFEN, P.G. (2012), "The Coinage of Athens, Sixth to First Century B.C.", in METCALF (2012), 88-104.
— *et al.* (eds.) (forthcoming), *White Gold. Studies in Early Electrum Coinage* (New York).
VERBOVEN, K. (2009), "Currency, Bullion and Accounts: Monetary Modes in the Roman World", *RBN* 155, 91-121.
VEÏSSE, A.-E. (2004), *Les "révoltes égyptiennes". Recherches sur les troubles intérieurs en Égypte du règne de Ptolémée III à la conquête romaine* (Leuven).
WOLF, D. (2013), "A Metrological Survey of Ptolemaic Bronze Coins", *AJN* 25, 49-118.

DISCUSSION

S. Fachard: Lors d'une phase initiale du monnayage grec, les Athéniens, Samiens et Corinthiens auraient adopté le standard euboïque, dont Hérodote nous dit qu'il fut employé lors du versement du tribut en or au roi perse Darius (3, 89). Il semble dès lors que le standard euboïque a été utile, voire recherché pour des échanges de valeurs à large échelle, tout au moins dans une phase précédant la multiplication des divers standards. Est-il raisonnable d'imaginer l'existence d'une taxe de change entre monnaies (et poids) de différents standards dans la seconde moitié du VIe siècle ? Les Eubéens auraient-ils bénéficié de l'attrait de 'leur' standard ?

A. Bresson: L'existence de zones d'étalon est un fait caractéristique de la fin de l'archaïsme et du début de l'époque classique, avant que, dans le cours du Ve siècle, l'usage de l'étalon attique ne vienne en quelque sorte "simplifier les choses". Sur cette base, peut-on observer une circulation privilégiée des monnaies d'un même étalon à l'intérieur d'une même zone ? Pour pouvoir avancer une réponse, il faudra consacrer une étude spéciale à cette question. Mais d'ores et déjà on possède plusieurs indices que les monnaies émises sur un même étalon dans plusieurs cités de la même région géographique pouvaient être utilisées indifféremment dans l'une ou l'autre de ces cités, ce qui pouvait procurer des économies sur le change. Quant aux monnaies d'étalons différents (de métal précieux exclusivement à l'époque archaïque), elles devaient certainement faire l'objet d'un change si la cité avait établi un monopole de circulation pour sa propre monnaie, si elle en émettait une — ou, à défaut si elle avait reconnu ce monopole à telle monnaie étrangère. À mon sens, c'est dès la phase du monnayage d'électrum (pour simplifier, à partir de c. 650 av. J.-C. et jusqu'à l'introduction des créséides par Crésus, même si après cette date des monnaies d'électrum continuèrent à circuler) que la question du change dut commencer à se poser. Il n'est donc nullement surprenant de trouver un bureau de change à Thasos dans les premières décennies du Ve siècle (donc bien plus tard).

Pour ce qui est de l'étalon euboïque, avec son didrachme à 8.64 g, J.H. Kroll[1] a proposé d'y voir une légère augmentation du shekel babylonien à 8.40 g. Tel est en effet très exactement l'étalon des poids du IXe siècle retrouvés sur le site de Toumba, près de la future Érétrie. Il paraît donc hautement vraisemblable que les Eubéens adoptèrent le système d'unité de poids des Babyloniens. Ils auraient ensuite légèrement augmenté le poids de leurs didrachmes à 8.64 g. C'est ce qui aurait permis la parfaite équivalence, relevée par Hérodote (3, 95), entre le talent babylonien et soixante-dix mines euboïques. L'hypothèse est séduisante. On notera qu'elle suppose des choix délibérés dans la définition des unités pondérales, choix fondés sur la simplicité des équivalences. J.H. Kroll suppose en outre que la recherche de compatibilité avec l'étalon babylonien devait être fondée avant tout sur la facilité de manipulation des métaux précieux. S'il en ainsi, on peut penser que, *a contrario*, l'échange des monnaies d'étalon euboïque avec les monnaies d'un autre étalon, par exemple, l'étalon éginétique, devait avoir un coût, et que particuliers et États étaient susceptibles de faire un bénéfice sur l'opération. Situées sur un axe privilégié de circulation maritime, les cités d'Eubée étaient idéalement placées pour faire des bénéfices sur de telles opérations. Cependant, pour le moment, il ne semble pas qu'on ait des informations sur la question.

G. Reger: Can you give a sense of the degree to which ordinary people who operated mostly in the bronze economy would have been affected by the agio imposed on silver-bronze exchanges?

[1] "Early Iron Age Balance Weights at Lefkandi, Euboea", *OJA* 27 (2008), 37-48.

A. Bresson: C'est là une question fondamentale. Tout d'abord, seuls les membres des catégories aisées pouvaient accumuler des pièces d'or et d'argent en quantités conséquentes. Les gens ordinaires (l'immense majorité de la population) vivaient dans le monde de la petite monnaie, c'est-à-dire du bronze à partir du tournant du Ve au IVe siècle av. J.-C. Cela ne veut pas dire que les petites gens n'avaient aucun accès aux pièces d'argent, voire aux pièces d'or. Mais ils ne pouvaient en accumuler qu'en faibles quantités, et en outre, pour les plus pauvres d'entre eux, seulement de manière intermittente. La monnaie qu'ils manipulaient couramment était la monnaie de bronze, celle qui, pour les périodes à partir du IVe siècle avant notre ère, constitue aujourd'hui la quasi-totalité des découvertes dans les fouilles ou les trouvailles fortuites.[2]

Au-delà de la question de la forme du paiement des taxes à l'État (comme c'est le cas avec les taxes dont le paiement était libellé en argent dans le monde ptolémaïque), la question fondamentale est celle de la nature des monnaies qui étaient manipulées par les différents acteurs. Dans le monde politiquement très fragmenté qu'était la Grèce, producteurs, marchands, et hommes d'affaires pouvaient être amenés à changer des pièces étrangères contre des pièces locales. Mais même le petit commerce devait sans cesse avoir recours au change. Changer des monnaies n'était pas, comme cela serait le cas aujourd'hui, un acte relativement peu fréquent pour l'utilisateur ordinaire. C'est l'inverse qui semble avoir été la règle : pas de marché ou autre lieu de vente sans changeur. C'est la raison pour laquelle les banquiers-changeurs (*trapezitai*) installaient leurs tables (*trapezai*) sur les agoras, et pas seulement à l'*emporion*, pour le commerce de gros. Les *Évangiles* (Matthieu 21:12 ; Marc 11:15 ; Jean 2:15) ne manquent pas de souligner que, au côté des marchand installés sur le parvis

[2] Pour la part des monnaies de bronze dans les fouilles archéologiques, à l'agora d'Athènes et ailleurs, cf. CALLATAŸ, F. DE, "Greek Coins from Archaeological Excavations: A Conspectus of Conspectuses and a Call for Chronological Tables", in P.G. VAN ALFEN (éd.) (2006), *Agoranomia. Studies in Money and Exchange Presented to John H. Kroll* (New York), 177-200.

du Temple, se trouvaient des changeurs. Deux séries de raisons expliquent ce recours permanent aux changeurs.

D'une part, la diversité des monnaies qui parvenaient dans une cité nécessitait d'avoir recours à des changeurs pour établir la valeur des diverses espèces. Une étude menée sur la petite cité d'Iasos, au sud-ouest de l'Asie Mineure, illustre cette diversité de manière éloquente.[3] De même, les bronzes trouvés à Priène, dont un tiers étaient d'origine étrangère, montrent bien l'ampleur du problème.[4] Les petites monnaies étrangères pouvaient-elles circuler dans les cités, éventuellement avec une décote, en parallèle à la monnaie de la cité ? La réponse à apporter n'est sans doute pas partout la même, mais c'est une hypothèse à envisager sérieusement, surtout (mais pas seulement) pour l'époque impériale.

D'autre part, et de manière générale, les détaillants, qui achetaient leurs denrées auprès des producteurs ou autres intermédiaires, devaient inévitablement le faire en payant avec des monnaies d'argent de valeur élevée. Pour les obtenir, ils devaient changer contre de grosses unités les grandes quantités de petite monnaie que leurs clients leur avaient laissées pour payer leurs achats. Aussi longtemps que cette petite monnaie fut en argent, on peut supposer que l'agio de change fut modeste. Les choses changèrent avec l'introduction d'une petite monnaie de bronze (à partir de la deuxième moitié du Ve siècle mais à des dates variables selon les cités). L'introduction de la monnaie de bronze et la diminution de valeur qui était liée à son caractère purement fiduciaire eurent certainement pour conséquence une élévation importante de l'agio de change (on a vu qu'en Égypte ptolémaïque il était autour de 10%). Réciproquement, les acheteurs devaient eux aussi disposer de petite monnaie pour payer leurs achats sur l'agora. S'ils n'avaient pas de pièces de bronze, par

[3] Voir DELRIEUX, F. (2016), "La circulation monétaire à Iasos dans l'Antiquité d'après les monnaies grecques et provinciales romaines trouvées dans la cité depuis 1960 : introduction et catalogue", *Bollettino dell'Associazione Iasos di Caria* 22, 6-15.

[4] Voir THONEMANN, P. (2015), *The Hellenistic World. Using Coins as Sources* (Cambridge), 134-138.

exemple parce que leur paie avait été versée sous forme de pièces d'argent de valeur plus importante, c'était peut-être leur intérêt de passer par un changeur plutôt que d'échanger leurs pièces d'argent au moment de faire leurs achats auprès de divers revendeurs. L'inscription de Pergame *OGIS* 484 (ll. 16-22) avec le cas des marchands de poisson, montre même que les acheteurs de petit poisson au poids, ou ceux qui voulaient acheter en plus grosses quantités pour ensuite se répartir les parts de l'achat, n'avaient pas l'autorisation de payer en pièces d'argent mais avaient obligation de passer par un changeur pour payer en pièces de bronze, en l'occurrence pour que le montant de la taxe de change prélevée par la cité soit préservé.[5]

S. von Reden: I would like to ask you about your explanations of the Ptolemaic monetary policy at the end of the 3rd century BCE. You suggest that the introduction of a decimal system in the Bronze coinage facilitated the new exchange rates between silver and bronze (p. 16 of the draft paper) and you imply a little that this was its motivation. But I am surprised that you do not consider the interests of the local Egyptian population in your explanation of the monetary reforms of 197 BCE. I am not talking about the poor Egyptians who paid rents and small taxes, but rather the powerful temple elites who by the end of the 3rd century BCE were fully involved in the monetary economy of the Ptolemies (through their receipt of *syntaxeis*, the monetized *apomoira*, their own agrarian and commercial activities, and so on). We know from demotic papyri that they continued to calculate in *deben* and *kite*, which was a monetary system based on decimal units. Is not possibly the new way of calculating the value of bronze coins (some would call it the Bronze standard) a concession to local Egyptian monetary traditions? Or would you explain the Ptolemaic monetary policy entirely in 'Greek' 'colonial' terms?

[5] Voir MACRO, A.D. (1976), "Imperial provisions for Pergamum: *OGIS* 484", *GRBS* 17, 169-179, et mon article *BCH* (2014), p. 531.

A. Bresson: Je retiens pleinement cette suggestion, qui est très heureuse. Le système décimal étant traditionnellement celui des Égyptiens, il faut voir là plus qu'une simple commodité de la part des autorités ptolémaïques. Mais j'irai même plus loin. En effet, on peut se demander si, outre son intérêt pratique pour la comptabilité, puisque les Égyptiens utilisaient traditionnellement le système décimal, le nouveau systèmc (décimal donc) ne fut pas également une concession politique faite aux Égyptiens, dans une période où le royaume se trouvait en grande difficulté. Le décret de Memphis de 196 (la pierre de Rosette, *OGIS* 90) n'est rien d'autre qu'une longue liste de libéralités (dons aux temples, remises de dettes, remises de taxes, etc.) faites aux Égyptiens et en fait tout particulièrement aux prêtres (*inter alia*, par exemple, ll. 16-17, la fin de l'obligation annuelle faite aux prêtres de se rendre à Alexandrie). Le tournant du IIIe au IIe siècle fut une période de crise par le royaume ptolémaïque, où l'on finit par se battre non seulement en Haute Égypte mais aussi dans le Delta, presque aux portes d'Alexandrie. Il est alors bien possible que le passage au système décimal ait été l'une de ces concessions que Ptolémée V ait dû faire pour se rallier les élites indigènes. En revanche, pour les raisons évoquées plus haut, je préférerais éviter de parler de 'Bronze standard'.

N. Purcell: I have two questions about what ancient political agents thought they were doing in these areas. Do you think that ancient political agents were conscious of the disadvantage to the urban poor of the penal exchange system which you outlined? How generally understood was the relationship between exchange regulation and inter-regional movement? The special arrangements advertised, for instance, by the Olbians seem to suggest that the link was indeed perceptible, in which case many other cities appear to have been much less concerned about encouraging mobility.

A. Bresson: Certainement l'anecdote rapportée par Théophraste dans les *Caractères* ou bien le décret de Gortyne ne laissent aucun doute sur le fait que les gens ordinaires avaient pleinement conscience de ce que l'existence d'un monnayage fiduciaire de bronze représentait un désavantage pour ses utilisateurs. Pour le second point, celui de l'impact de l'utilisation des monnaies de bronze sur les échanges inter-régionaux, c'est là une question qui en elle-même mériterait une étude spécifique, en particulier sur la base des nombreux travaux récents sur la circulation des monnaies de bronze, par exemple dans l'Asie Mineure hellénistique et impériale. Le décret d'Olbia du IVe siècle enjoint en effet à tous les utilisateurs, y compris donc aux commerçants et autres étrangers de passage, d'utiliser non seulement l'argent mais aussi le bronze de la cité. Mais en allait-il toujours ainsi ? Et peut-on dire que la règle était d'emploi universel ? Encore une fois seule une étude synthétique sur la base des monnaies de fouille permettra d'apporter une réponse ferme, comme je l'ai suggéré plus haut. Mais il est probable que la situation monétaire était souvent plus complexe qu'on ne pourrait le penser au premier abord. Quant à un impact négatif de l'existence d'un numéraire de bronze sur le commerce inter-régional, je ne pense pas que cela ait pu être le cas car ce commerce s'effectuait sur la base d'un numéraire d'or ou d'argent.

R. Veal: I have three questions. First, were bankers metallurgists? Then — is it possible to estimate how much money was raised from manipulation of currency, vs overt tax and rent collection? Meaning — how important was debasement as a sort of fund raiser, and if it was important, wouldn't a lot of resources have been put into making it work each time — labour materials, and *fuel?* And, on a related issue — you mentioned casting was 'more efficient' — is it possible to qualify this? I can understand that it was a one-step process (so perhaps quicker than making metal blank sheets, then striking (two steps), although this process I am sure would have been efficient too. Would it be economically advantageous? I surmise that casting, which requires melting, may require more fuel (and time to reach the temperature) than recycling heated (to malleable) copper alloy, which is then struck?

A. Bresson: Les banques du monde grec pratiquaient pour leurs clients le change des monnaies, la garde des dépôts qui leur étaient confiés ainsi que des opérations financières de diverse nature, en particulier les paiements par virement d'un compte à un autre. Ils ne travaillaient pas les métaux, à la différence des orfèvres ou des sculpteurs sur bronze.

Estimer le coût final de chacune des manipulations monétaires effectuées par les Ptolémées est probablement pour le moment hors de notre portée. À la différence de ce qu'il en est pour l'époque médiévale, nous ne disposons d'aucune archive d'un atelier monétaire qui nous permettrait de faire les calculs nécessaires. Il est vrai que le retrait des pièces existantes puis la frappe et la mise en circulation des nouvelles espèces avaient un coût. En termes de métal, cependant, si une grande partie des monnaies précédemment en circulation revenait dans les caisses de l'État, le métal n'était pas perdu et pouvait être refondu. Restait le coût de la fonte du métal, celui de la fabrication des flans et celui de la fabrication des flans proprement dite. Mais même s'il s'agissait en l'occurrence de monétaire de bronze, c'est-à-dire de monnaie de faible valeur, il reste probable que l'opération restait bénéficiaire sinon pour les particuliers, mais pour l'État, puisque c'est lui fixait le cours du change de l'ancienne monnaie contre la nouvelle.

Quant aux monnaies moulées, pour ce qui est de l'Égypte la technique fut employée par les Ptolémées au Ier siècle av. J.-C. et par l'État romain à l'époque tardo-impériale. La qualité des monnaies produites s'en ressentait fortement. Mais le recours à cette technique dans ces deux périodes laisse penser que le coût cumulé était largement inférieur à la valeur des monnaies frappées. Sur ces questions, on renverra aux ouvrages de Duyrat et Picard (2005) et Faucher (2013), cités dans la bibliographie.

VIII

Robyn Veal

THE POLITICS AND ECONOMICS OF ANCIENT FORESTS

TIMBER AND FUEL AS LEVERS OF GRECO-ROMAN CONTROL*

1. Introduction

Forest resources constituted a key ancient economic good. Access to forest resources was therefore of importance to various agents: regionally, at a polity level, and to individuals, rich and poor. A range of environmental, economic, and social factors influenced forest access. Ancient forests were important for the provision of wood products (timber and fuel), and non-wood products (including foodstuffs, leisure, water supply). Of these, timber and fuel were the most important economic goods. Wood could be sourced privately, but substantial forests and woodlands were state controlled. Raw wood or charcoal fuel

* Acknowledgements: I thank Sitta von Reden for the honour of the invitation to these *Entretiens*, and her valuable comments as editor. I also thank all participants for their generous academic input, and wonderful company. Discussions were greatly aided by the incomparable environment of the Fondation Hardt, whose staff, especially Director Pierre Ducrey, and General Secretary, Gary Vachicouras, made our stay so pleasant and productive. I warmly thank the Fondation Hardt for its financial support. The underpinning laboratory research of this chapter was carried out at the Department of Archaeology, University of Sydney; the Laboratorio delle Ricerche Applicate (Soprintendenza di Pompei); and the McDonald Institute for Archaeological Research. Funding for field and laboratory work was received from the Department of Archaeology, (University of Sydney), and the D.M. McDonald Grants and Awards Fund (Cambridge).

were required domestically in every home, rich or poor, for cooking and heating, and especially in industries such as metal smelting and smithing; ceramics, lime and glass production; and fuelling the baths. Wood was the most important fuel in the Greco-Roman world, although non-wood fuels also played a part.[1] Together with stone and cement, wood was an essential construction material. Its abundance, or lack, could materially affect a state's ability to wage war and carry out trade. R. Meiggs' important contribution collated the ancient historical sources relating to wood, especially its use as timber, and he incorporated archaeological evidence where it was available.[2] This discussion seeks now to highlight new archaeological and scientific data, and nuance our understanding of inequalities of demand and supply of this important ancient commodity.

1.1. *Ancient forest economics: research to date*

A number of other publications (besides Meiggs) have sought to examine the environment in the classical period, although no other book has specifically examined ancient forests, let alone their economics.[3] Elsewhere I have estimated that fuel may have constituted perhaps 20% or more of the ancient Roman Gross Domestic Product (GDP).[4] Given the paucity of modern studies on ancient fuel economics at this time, it is instructive to review the classes of economic resources of modern forests,

[1] HUMPHREY / OLESON / SHERWOOD (1998) 43-44: historical references to petroleum products. Other non-wood products included animal dung and bones, agricultural plant residues, especially olive lees. See COUBRAY / ZECH-MATTERNE / MONTEIX (forthcoming); ROWAN (2015).

[2] MEIGGS (1982).

[3] HARRIS (2013b) provides a range of chapters that analyse many types of environmental data, offering a significant advance on studies mostly limited to the historical sources, such as THOMMEN (2012). DIOSONO (2008a), (2008b) focuses on wood, and combines historical and archaeological sources, but does not address economics to any great degree.

[4] VEAL (2013) 38-40.

and consider their equivalents in the ancient world. These are grouped broadly as:

a) wood products: timber, raw wood fuel, charcoal fuel;
b) non-wood products: water, leisure pursuits, foods/medicines.[5]

Our discussion here will be limited to wood products. However, non-wood forest products, (NWFPs), are not insignificant economic entities. Modern sources list very similar products to those we hear about in the ancient sources, such as: honey, fungi, berries, fruits, flowers, resins, textile plants, tubers, leaves, and bark. However, we are still at the beginning of a full appreciation of these products, (and we rarely refer to them in economic terms). In modern developing countries that are still wood dependent (such as many African countries), the value of non-wood forest products is at least 30% of the total value of forest outputs.[6] The wood types typically employed as timber or fuel are listed in the historical sources (although there are fewer mentions of fuel). In many cases, actual use corresponds with the technical performance characteristics of different wood types, (as perceived in both ancient and modern times), and agree with recommendations made by the ancient authors (especially Theophrastus and Vitruvius).[7] In some cases, especially with regard to fuel, the sources are sparse, or occasionally even contradictory, and archaeology and new scientific methods may assist us. An essential part of Meiggs' contribution has been a detailed analysis of ancient identifications of wood types for various uses, their clarity and veracity (in many cases), confusion (in others), and poor translation (for example, by Pliny the Elder, translating Theophrastus).[8] Pliny in particular mistranslates *phegos* (Greek for oak), into *Fagus* (Latin for beech). Identification issues are also problematic for the conifers which are harder to

[5] See for example, FOOD AND AGRICULTURE ORGANISATION (2003); (2013); (2016a).
[6] FOOD AND AGRICULTURE ORGANISATION (2016b).
[7] THEOPHR. *Hist. pl.*; VITR. *De arch.* (esp. Books 2 and 5).
[8] MEIGGS (1982) 410-422.

differentiate, as their cellular structures and external appearances are often close. Occasionally Theophrastus will describe different tree types (due to his observing different growth habits in different regions), while modern wood anatomists believe these may be the same species, but perhaps different sub-species. Equally, very similarly looking (but taxonomically different) woods may be listed as growing at a high altitude (in Greece), as well as on the plain (for example, beech which grew in limited mountainous areas but could not have grown extensively on the plain due to soil and climate requirements, at least in the period under consideration).[9] Mentions in the historical sources have tended to provide information on a few important wood types used in large structures.[10]

1.2. *Wood in the archaeological record*

Wood is preserved in the archaeological record in a number of ways including: dessicated, (especially in Egypt), frozen, mineralized, waterlogged, and charred.[11] Of these preservation methods, archaeological wood remains most commonly recovered are charred or waterlogged. In fact, in terms of plant use and management, archaeology provides us with four types of data: seeds, (and occasionally other macrobotanical remains, such as leaves, and nutshells); charcoal; pollen; and phytoliths. The first two are examined as macro-remains (roughly >2mm in size). The latter two are examined after extensive chemical preparation and mounting on slides.[12] These different types of

[9] Local pollen studies help us to view the tree types present in ancient Greece, see, e.g., GREIG / TURNER (1974).

[10] The Cedars of Lebanon figure strongly in the most important mentions that include, e.g. the Temple of Solomon, the coffered ceiling of the Temple of Baalbek, the roof beams of the Temple of Artemis (still reportedly intact after 400 years): MEIGGS (1982) 49-87.

[11] See ANTICO GALLINA (2011), and also ASOUTI (2004).

[12] Phytoliths are the silicaceous end remains of the breakdown of plants. Their forms (transparent geometric shapes) rarely allow specific identification of one species, (in comparison to pollen, charcoal, and seeds/nuts).

archaeobotanical materials are preserved to different degrees, and may provide differing and complementary information. For example, pollen studies will evidence lower plant types and higher plant types, while charcoal will usually show only woody (higher) plant types. Some plants will be observed in one material type (or even over-represented, such as pine pollen), and not show up at all in another. Many trees produce remains of all four types.

2. Environmental and human influences on wood resources

The influence of the environment on wood resources cannot be understated. The pejorative reputation of 'environmental determinism' has led to a poor recognition of the controlling aspects of local geological and climatic conditions in determining what wood resources could potentially grow in different parts of the ancient world. A more useful (and accurate) phrase is 'environmental possibilism'. This term, borrowed from geography allows the initial environmental constraints to be seen as a backdrop to potential human choices of adaptation. However, if an area is poorly wooded, then human interference is often presumed to be the reason. Close reading of pollen studies of the Greco-Roman period show no real overall large deforestation patterns (until the Mediaeval period), however, over-exploitation in a localized sense occurred, especially where the Romans were exploiting iron ore for smelting.[13]

Greece has many different micro-climates and geological formations. In parts of Greece, good conditions for agriculture and arboriculture existed and were contested and protected (e.g.

[13] On deforestation generally see HARRIS (2013a). A well-known example of deforestation is the island of Elba, which was heavily mined for iron ore, starting with the Etruscans. By *c.* the 3rd century BC, ore was being shipped to the mainland to be smelted in Populonia because woodland on Elba was exhausted: DI PASQUALE *et al.* (2014).

the "borderlands" of S. Fachard — see this volume). In other places, natural conditions of poor soils and low rainfall meant that growth of large tree types was not (and is not), supported to any great extent, except in mountainous areas. Fig. 1 shows rainfall for modern Greece. Orography of Greece inhibits penetration of rainfall from the coast to the centre. Note low rainfall in Attica.

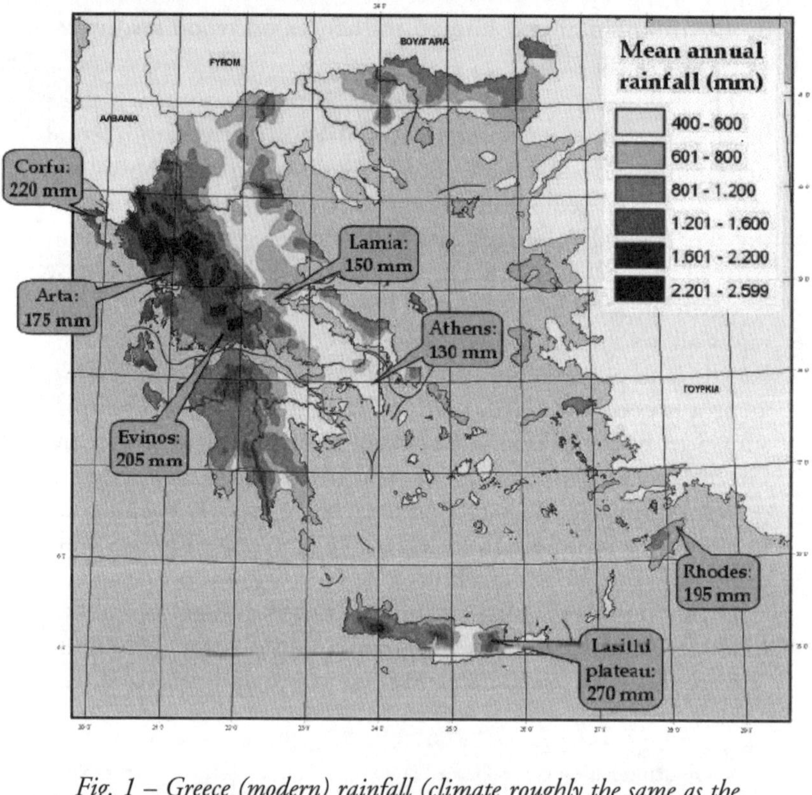

Fig. 1 – Greece (modern) rainfall (climate roughly the same as the ancient period).
Map by kind permission of Yannis Markonis, accessible at https://www.researchgate.net/publication/282733213_Floods_in_Greece/figures?lo=1

Evidence suggests climate today is not too different from that of the ancient period. These low figures (100-200mm p.a.) may be compared with Italy where the west coast has about 850mm p.a. (ranging up to 1250mm in the Apennines). This does not mean Greece had 'no trees', but rather, she had limited wood stocks, especially those that could provide long timbers. This is also true of Egypt. The optimal fertility and climate of much of Italy meant the opposite was (and still is) true. The complex interaction of humans and the environment meant trees in fertile areas were cleared for agriculture, and some laws provided incentives for this. If famine, disease or war led to abandonment of farms, deciduous and some evergreen forest trees would quickly grow back autonomously, although not in their original ratios of wood types. Few conifers grow back without reseeding. However, slow growers will be outcompeted by fast growers, and sun/heat tolerant species will tend to establish first in the Mediterranean belt.[14] Thus, by having knowledge of both ecological succession, and those main types of trees that were good colonizers, it is possible to combine co-located and co-eval archaeological charcoal and pollen studies to test for tree cover changes. Inspection of tree ring counts and curvatures in recovered charcoal fragments can provide information about cropping strategies. High curvatures indicate the use of small wood (usually a sustainable strategy for fuel provision), while flat rings usually indicate the use of wood of a diameter of perhaps 50cm or more.[15]

Complete deforestation was rare, although tree removal on a large-scale (when it occurred), led to top-soil loss. By the Roman period this was quite well recognized, and the data to date suggests more careful husbanding of top-soils in the Roman period in Italy, but perhaps less regard for its preservation in the provinces, where over-exploitation of different landscape types appears more often recorded, although it would be unwise to suggest the evidence is conclusive at this point. Longer-term

[14] SMITH *et al.* (⁹1997) 161-194, esp. 174-175.
[15] VEAL (2012).

multi-proxy studies show that patterns of human movement/ migration were preceded by climate change in the Classical to Late Antique periods.[16] The millennium of Roman rule shows a more stable climate than periods on either side. This period of stability allowed more marginal agricultural areas to be farmed, and was in part key to Rome's successful rule.[17] The very latest research in this area suggests climate changes in the last 2,500 years are strongly correlated with volcanic forcing.[18] Pollen, archaeological charcoal studies, and studies of ancient wood technology, can together reveal use of 'old wood,' as opposed to young, more quickly grown wood, and signal the exhaustion of 'old wood' supplies whilst not necessarily signifying deforestation. Such evidence is clearly seen in Roman Londinium, where large construction timbers thought to be from 'old growth timbers' (i.e. tall, large diameter slow grown wood), are observed in the period after the Boudican revolt (AD 60/61). In later centuries, old wood disappears from the archaeological record.[19] Fuel supplies, conversely, had to be sustainable in most places in the long run, or else people would be unable to cook their food or heat their homes, much less fuel their industries.

3. Wood for exercising state and regional power

3.1. *Shipbuilding, war and trade: the historical evidence*

At the highest level of political control, accessing the resources essential to winning wars was a primary goal in the ancient

[16] BÜNTGEN *et al.* (2011); MCCORMICK *et al.* (2012): pollen and other climate proxies, (including historical sources).

[17] Roman North Africa (after Carthage's destruction 146BC), and Egypt (after Actium, 31BC), provided Rome with much grain. Rain was harvested, and stored, using *foggara* technology, until the hyper-arid conditions of the AD 5th century arrived, see, e.g. WILSON (2009).

[18] SIGL *et al.* (2015). Volcanic forcing of climate occurs when stratospheric debris from a volcanic eruption spreads over a sufficient area to weaken sunlight penetration to the Earth's surface, causing temporary local cooling, thus reducing agricultural returns.

[19] BLAIR *et al.* (2006).

Mediterranean. This meant access to wood for shipbuilding, as well as for building war machines. Ships provided the means to protect and/or expand a state's interests and enabled trade, enriching the participants and further permitting ongoing control of critical resources. The ancient historical sources, especially relating to timber used in Greek shipbuilding, have been well analyzed by R. Meiggs.[20] He notes that Greece did not have trouble gaining access to wood, however most of Greece's wood supply for ships arose from access to foreign sources. A lot came from Macedonia. Later studies, such as that of S. Psoma,[21] analyze new data such as the presence of coinage as a proxy for wood supply to Athens. This supply was regularly interrupted by wars and changes of allegiance.[22] These interruptions meant that Macedonia was by no means the only supply area, and a range of evidence suggests Rhodes, Byblos, and especially Cilicia, were of importance. Psoma also finds that shipyards were co-located with wood sources occasionally, so the Athenians did not always import timber and construct their own ships, but sometimes out-sourced full construction. Timber was Athens' primary import (along with grain), and her political efforts often revolved around maintaining access to wood. Athens' pattern of critical dependence on large timber for survival mirrored that of the Egyptians beforehand. We hear less about the issues of access to, and control of wood resources for other Greek states, but they must have experienced similar challenges. A further critical resource in shipbuilding was pitch. This was made by distilling the organic volatiles of conifers, (and in particular, pines), sometimes as a by-product of making charcoal. Some forests were expressly grown for the purpose of producing resin (tapped directly from the tree and used for many purposes, as well as pitch manufacture).[23] Written evidence suggests that the

[20] MEIGGS (1982) 116-153.

[21] PSOMA (2015): Athens and its consumption of timber for shipbuilding from ca. 500 BC to the rise of Alexander III.

[22] Historical data for Greece is substantially limited to Classical Athens.

[23] MEIGGS (1982) 467-471; TRINTIGNAC (2003). I thank Sylvian Fachard for bringing the latter to my attention.

Egyptian wood supply for shipbuilding was provided by access to the Cedars of Lebanon through Byblos, although archaeological evidence for Egyptian use of cedar is predominantly limited to sarcophagi.[24] It was possible to build ships of large size and durability, due to the long, straight nature of the cedar as well as its resistance to decay.[25] Production of large fluvial boats to move cargoes down the Nile was the primary use of the timber, and it reached its height in the Bronze Age under Hatshepsut (1507-1458 BC), to carry obelisks downriver. Later, a re-equipping of the navy under Thutmose III (1479–1425 BC) saw cedar used not only for ships' frames, but also for deck beams, masts and oars, at least as recorded historically.[26]

For the Romans, timber supply was less of a problem. In the Republican period, local woods provided timber for shipbuilding and construction of large public buildings, although for warships the Romans are not attested as having a need until 311 BC (the beginning of the Punic wars). Ships and boats for coastal and fluvial inter- and intra-regional trade were built before this date, of course, as well as those destined to ply the ports of the Mediterranean.[27] Preliminary work on charcoal data from the Palatine (*c.* 4th century BC), suggests access to forests nearby.[28] Specific calls for the cutting down of forests for shipbuilding contained in the sources[29] have contributed in part to an assumption of 'deforestation' by the Romans, even of Italy, but these mentions are single anecdotes, and should not be overemphasized in terms of Italy's overall wood carrying capacity and population. Of course, as the empire grew and technological advances were made (especially in metal working), pressure on resources, especially wood resources, increased. This pressure was acute close to the largest

[24] MEIGGS (1982) 292-293 (ships), 293 (sarcophagi), and 154-187 (armies).

[25] MEIGGS (1982) 55; HEPPER (2001). The Egyptians preferred cedar to fir.

[26] GABRIEL (2009).

[27] MEIGGS (1980) 186. As he notes, THEOPHR. *Hist. pl.* 5, 8, 2 attests to the great supply of timber available at that time, and historically, in Latium.

[28] The author thanks Prof'ssa C. Pannella, (La Sapienza), for the invitation to examine these charcoals. Work is ongoing.

[29] For example: the building of the navy to confront the Carthaginians in the First Punic war (POLYB. 1, 20).

cities, especially Rome. Access to pristine conifer forests suitable for shipbuilding became more difficult in the Imperial period. Hadrian claimed the diminishing forests of the Cedars of Lebanon as Imperial property, temporarily slowing their consumption.[30]

3.2. *Archaeological evidence for shipbuilding*

Detailed archaeological evidence for Greek shipbuilding is scant in terms of wood analysis. While we have cargoes, and partially examined wrecks, the wood has not survived, or has not been analyzed very often. The Antikythera wreck (*c.* 1st century BC), had some hull planks of elm (*Ulmus* sp.), but a full study is yet to be undertaken.[31] Other data include: a small ancient Greek wreck (5th century BC) which provides us with trace hull planking of *Pinus nigra* (black pine).[32] An Israeli wreck dated AD mid 7th-8th century was made of *Pinus brutia* (another mountain pine), and tamarisk (*Tamarix* sp.).[33] A new survey in the Fournoi Archipelago (Greece) in 2015/2016 discovered 45 ancient wrecks of various ages. The survey to date has covered 15% of the area, and will continue until 2018.[34] We have cargoes of Mycenaean and Minoan wrecks, but no wood. We have no Greek triremes. Eight Byzantine wrecks (the Yenakapi wrecks), of 37 recently discovered in the area of the Theodosian Harbour, used mostly pine (*Pinus* spp.) and deciduous oaks (*Quercus* spp.), with a small quantity of plane (*Platanus orientalis*).[35]

[30] He ordered the forest be marked by inscribed boundary stones, two of which are in the museum of the American University of Beirut. Supplies were still healthy in the time of Justinian: DE GIORGI (2016) 99-100.

[31] <http://www.namuseum.gr/object-month/2012/may/may12-en.html>; elm is a less preferred ship timber.

[32] CARLSON (2003). GAMBIN (2010), also describes a Phoenician merchant vessel discovered off Gozo, Malta, dated to the 7th century BC. The wood report is not published.

[33] POLZER (2009).

[34] <http://www.ibtimes.co.uk/graveyard-ancient-greek-shipwrecks-discovered-aegean-sea-1570451>.

[35] PULAK / INGRAM / JONES (2015).

In Italy wreck information is more available. One early maritime excavation (1970, off Marsala), found a vessel interpreted as a Punic warship, although no woods have yet been brought to the surface.[36] A further Punic vessel, a merchant ship, provides more data. Of the timbers that survived and were sampled, woods identified include: maple (*Acer* spp.) — floor timber and keel/sternpost; oak (*Quercus* spp.) — frame, tenons and dowels; and pine (cf. *Pinus sylvestris/nigra*, i.e. mountain pine) — planking. Small shavings and chips of other woods, thought to be carpenters' waste were also found including "a soft wood, probably cedar (*Cedrus* sp.), pistachio (*Pistacia* sp., probably *P. lentiscus*), beech (*Fagus sylvatica*)", and more oak and maple. The author infers that these arose from the building of the supraframe structures.[37] In more recent excavations under the harbor of Naples, several small coastal cargo transport vessels (AD 1st - 3rd centuries) have been examined in detail, and a synthetic article combines these results with those from the harbours of Pisa, and Rome (Portus).[38] A wide range of timbers (around 15 wood types, some identified only by genus), were found with silver fir (*Abies alba*), commonly used in planking, and cypress (*Cupressus sempervirens*), also serving in this capacity (and especially as repair planks). Oaks (both deciduous and evergreen — *Quercus* spp.) were used commonly in planking and frames. Minor quantities of strawberry tree (*Arbutus unedo*), olive, (*Olea europaea*), walnut (*Juglans regia*); and *Rhamnus/Phillyrea* (two woods which are difficult to distinguish from one another), were all found used as wooden nails. Over half of

36 FROST (1973) 40-41.

37 BARKAI / KAHANOV (2016).

38 ALLEVATO / RUSSO ERMOLLI / DI PASQUALE (2009); SADORI *et al.* (2014). The former describes the ships found in the Naples Harbour AD 1st-3rd centuries. The latter overviews all archaeobotanical data for Roman shipwrecks found in Pisa, Portus and Naples to date. Wood types that Pisa and Portus add to the list include: ash (*Fraxinus ornus*), alder (*Alnus* cf. *glutinosa*), fig (*Ficus carica*), poplar (*Populus* sp.), willow (*Salix* sp.) and beech (*Fagus sylvatica*). These appear to have been used sporadically in supra-frame architectural elements and/or ship furniture.

the wood types were conifers. Theophrastus recommends fir or pine for the hull, and oak for the keel, and much of our evidence for those parts of ships for which we do have data concur with this recommendation.[39] Silver fir is particularly suited to shipbuilding, being light and strong, but workable, and resistant to water as well as insects. Some of the wood was identified as spruce/larch (*Picea/Larix* — two woods which are also often difficult to differentiate under the microscope). Since neither of these woods grew naturally in central Italy at the time,[40] they must have been imported from Northern Italy, or elsewhere in northern Europe. Combining all the data suggests that a much wider choice of woods was used than we may conclude from the textual sources; woods were mostly selected according to their technical qualities for a particular use, (but not always) and mostly, from those available locally. Repairs, usually easily identifiable in complete wrecks by their size and placement, were sometimes of timbers other than those used in initial construction, and occasionally of wood less technically advantageous. The study of the Pisan ships (Giachi *et al.*), provides a detailed colour-coded plan of each ship's wooden elements by location and type. This study also provides a list of *comparanda* for 26 wrecks and their timbers (to 2003), dated from the 7th century BC to the AD 12th century.[41]

In summary, the Italian wrecks consist of small to medium-sized cargo and coastal /riverine transport vessels, one fishing boat, and one small craft attested as a Punic merchant ship. Size is a limiting factor in reporting shipwrecks as larger wrecks sunk at sea are more difficult to find, and logistically very difficult to dive. This is a biased dataset, with no large craft that would have been capable of regular trans-Mediterranean travel.

[39] THEOPHR. *Hist. pl.* 5, 7, 1-3.

[40] We assert this from the co-located pollen studies: ALLEVATO / RUSSO ERMOLLI / DI PASQUALE (2009); SADORI *et al.* (2014).

[41] GIACHI *et al.* (2003) 273-274 (colour coded plans by wood type); 276-277 (summary of ancient shipwrecks by wood type).

3.3. *Looking for cedar*

In the Giachi *et al* list, cedar is noted as the main timber in a wreck from Kinneret Lake, (Israel: 1st century BC - AD 2nd century). Another Israeli wreck, (the "Athlit": 2nd century BC), also includes cedar, but only as the ramming timber. In fact, of the 26 ships/boats only five are from the East (origins: Israel and Turkey), and the rest are Italian or Gallic wrecks of Greco-Roman chronology. We are yet to find cedar in maritime archaeological sites in the quantities that the historical sources suggest should be present. It may be we need to look in new places. Theophrastus notes cedar was used more in Syria and Phoenicia, but a survey we have of these areas does not provide any wood identifications.[42] With so few wrecks from Eastern sites, the data we have are biased for location, as well as for ship size/use. Where pine is identified to species level it mostly consists of mountain pine types. Together with fir, spruce or larch, (which constitute the other high altitude conifer woods in Europe), the extraction of mountain pines implies significant effort to cut and transport the wood. Transport would have been mostly down available rivers and by sea. The timber-shipping industry must have stimulated a great amount of economic activity in terms of inward movement of experts, and outward movement of specialized conifer woods, to and from mountain areas, in agreement with N. Purcell's views of the importance of mountains as economic entities in this volume.

3.4. *Wood for armies*

R. Meiggs believes that terrestrial wars consumed more wood than shipbuilding.[43] He provides us with detailed descriptions of sieges (which often took years). War machines (e.g. catapults,

[42] Kampbell (2013) 91-93.
[43] Meiggs (1982) 154-157; see also Vitruv. *De arch.* 10, 10.

mobile towers, and landing bridges), were subject to being burnt out by the besieged, and were often hurriedly rebuilt. He does not attempt an actual calculation of the relative amounts of wood used. A further consideration is the amount of iron and bronze fixtures and fittings used in making war machines, weapons (not only swords, daggers, and shields, but also ballista balls and other projectiles), and tools, etc. Metal making required the use of charcoal, which in turn required much wood for its production (discussed in more detail below).

The logistics of feeding an army were also complex. While soldiers received formal rations of basics such as meat, oil, wine and grain, they also bought supplies locally, and lived off the land. Feeding a large army implies the carriage or local supply of very large quantities of fuel. Logistically, large quantities of raw wood fuel could not be carried. Wood was gathered along the way, often being levied as part of the *annona*. Supply line provision of charcoal, rather than wood perhaps may have occurred due to its decreased weight (one-third of the equivalent volume of raw wood, but with 1.8 times the heat value). But we have no evidence. The army would have had to balance accessing local supplies with supply line provision; otherwise the local population would have been left with no fuel for its own needs.

3.5. *Large-scale construction: public buildings*

The construction of large-scale public buildings fulfilled a range of state goals, demonstrating — as in the case of coinage — the power of a state facilitating its orderly operation and providing a venue for tax collection. Construction of temples, baths, roads, bridges, *agorai* and *fora* all required large quantities of wood (and other resources). Two types of wood were required: large and long single timbers for the largest structural elements, and smaller wood for internal fit-out, and roofing. Wood was also required as fuel during construction for a range of purposes including: making/repairing of small iron or bronze tools (as for shipbuilding); making nails and other accessories for hanging and fixing things; and for making lime in mortar production. Frames were required for empanelling areas for concrete setting, and internal and external scaffolding for roof and wall construction. Smaller wood was also required for tool handle manufacture. J. DeLaine discusses the range and types of woods, *most probably* used in construction of the baths of Caracalla, and in particular details of timber sizes needed for different uses.[44] Gordion's Royal chamber brought to light pine, yew (*Taxus baccata*), Juniper (*Juniperis*), and cedar, with construction timbers originating from trees ranging from 200-800 years old.[45]

As for shipbuilding, Greece imported larger timbers for construction of public buildings, while Rome could provide from her local resources. In Rome, from the early 2nd century BC the *porticus inter lignarios* on the Tiber attests to the movement of timber upstream.[46] The presence of this way-stop for wood in the center of Rome, suggests that the most desired timber resources of Latium and the uppermost sections of the Tiber were becoming rare at lower altitudes, and that sources further afield were (also) providing timber, and possibly fuel. It is probable though that areas of northern and southern Italy with large comparative agricultural advantages for forest cultivation were the primary sources in the first instance (evidence for trans-Mediterranean trade to Italy is rare, other than for exotics). Even in the later Mediaeval period, wood required urgently to build ships was supplied from coastal southern Italy.[47]

[44] DELAINE (1997) 458-461; she bases her speculation mostly on Vitruvius.

[45] Detailed reports may be found on the Gordion website: <http://www.penn.museum/research/projects-researchers/mediterranean-section/124-gordion-archaeological-project>.

[46] LIV. 35, 41, 10.

[47] GANGEMI (2000).

3.6. *Wood for industry*

Of nearly equal interest to a state, and (to private elite owners), was the healthy operation of those activities that dealt in valuable resources, and most of these required fuel. Industries consumed both raw wood and charcoal fuel, according to the exigencies of both the absolute temperature, and the level of heat control, required by the technological processes concerned. Generally, higher temperature industries required wood charcoal, while lower temperature industries used wood. Industries requiring raw wood included: ceramics, glass making, fulling, lime making, the baths, and large-scale cooking. All of these processes operated below the critical temperature of 1100°C. At about this temperature, a wood fire is harder to keep at a constant temperature for a long period, even with bellows. Ancient primary glass ingots were manufactured in a two-step process with temperatures in the range 800-1000°C.[48] Ancient ceramics were fired at various temperatures, from rough ware, to various cook and table wares (*c.* 500-950°C).[49] The most refined and highest temperature demanding ceramic was Red Slip Ware (*terra sigillata*), the best quality of which required a maximum temperature of about 1050°C.[50] As far as we know, glass and ceramics kilns were all fired with raw wood (and sometimes agricultural residues). However, for ceramics, 'direct flame furnaces' (the most commonly used), required considerably less fuel than 'indirect flame furnaces' (a later innovation). The purpose of indirect flame furnaces was to separate the waste products of combustion (ash, smoke, organic volatiles), from the ceramics to be fired, so as to provide a 'pure heat' environment. These furnaces required two to three times as much fuel for each firing, so the technological innovation of manufacturing *terra sigillata* (and also *vernice nero* and *vernice rosso*) must have seen a steep rise in fuel

[48] MEIGGS (1982) 73. Glass working and annealing (depending on the type of glass), can occur at *ca.* 700-900°C.
[49] SMIRNIOU / REHREN (2011).
[50] TITE (1969) 38-39.

demand.[51] Manufacturing of glass requires a very large amount of wood, although secondary processing into objects (located in the places to which primary glass was exported), possibly consumes more than primary production. The matter needs further investigation.

3.7. *Commercial bread production and the annona*

Bakeries were a form of large-scale food production, a portion of which was devoted to the *annona* and corresponding provision of the *frumentatis*. Republican and early Imperial food support of the poor had consisted of grain measures but over time became extended to other goods, and grain became supplied in bread form during Severus' reign. Based on the evidence from Pompeii (earlier than Severus, but still instructive for sheer numbers of bakeries), we know of around 39 commercial bakeries, with just two-thirds of the city now excavated, and a rough population of 15,000 inside the city walls. So, perhaps 60 bakeries existed to service the 15,000. However, there were roughly another 15,000 people just outside the city walls, and we can't know if they bought their bread in the city, or made their own, although most *uillae rusticae*, and larger *uillae urbanae* did have their own bread ovens. Bakers' ovens were fired up very early in the morning with wood, (or sometimes with olive pressings). The fire was stoked for 1-2 hours until hot, at which point the fuel was removed (or, potentially pushed to one side), the oven watered/washed down, whereupon baking commenced and consecutive batches of breads, cakes and other goods were cooked until the oven was cold.[52]

[51] Cuomo di Caprio (2007) 336-352.

[52] Baking bread: Cuomo di Caprio (2007); olive pressings and wood as fuel in bakeries: Monteix (2015);Coubray / Zech-Matterne / Monteix (forthcoming); Monteix *et al.* (2012); fuel in ancient food production: Veal (2017).

3.8. *Public feasting*

Large-scale public feasting as demonstrations of power and prestige, (and sometimes euergetism), are recorded in the ancient sources.[53] Little direct evidence may be found in the archaeology, as food and fuel remains tend to be scattered in secondary deposits. Soils are frequently moved around in rebuilding and renovating cities. Feasting occurred on various scales, from public celebrations of e.g major holidays such as *Saturnalia* and *Compitalia,* and Augustus' birthday, to the banquets of the *collegia.*[54] *Collegia* from the later Imperial period onwards in many cases also contributed to the *annona* in the form of baked bread. Public feasting, and commercial baking for the *annona*, both provide interesting examples of a reduction in the inequality of access to wood resources. The elite, in conducting inclusive spectacles, and supporting the *annona* controlled the resources, but in such a way as to share them from time to time.

3.9. *The public baths*

The Greco-Roman habit of bathing in public facilities required large quantities of wood (see Reger in this volume). We may presume that charcoal would be less probable as a fuel since the process required heating the stone/cement floors, and walls via a raised hypocaust to temperatures no more than a human could tolerate.[55] The environment was heated to a range of temperatures: *frigidarium* (presumably not heated), *tepidarium* (moderately heated), and the *caldarium* (perhaps heated to as high as 40°C).[56] Other rooms, if present, also required heating: the sauna, dry steam room, and *cella solaris* or *heliocaminus* (sun

[53] Donahue (2003).

[54] Donahue (2003) 873.

[55] Miliaresis (2012). Caracuta / Fiorentino (2012) detail woods identified from late Roman villa baths in Faragola, SE Italy, which included predominantly deciduous oaks, and *Pistacia*.

[56] Rook (2013) 111.

bathing room). Factors influencing the fuel consumed included: overall size of the building; volume of water; thickness of the walls/floors; outside ambient temperatures through the seasons; and the presence or absence of window coverings (glass or other materials).[57] Baths developed technologically over time, but the introduction of *tegulae mammatae* (flued wall tiles), in the AD 1st century, improved efficiency considerably.[58] They consumed a large amount of wood in the heating up phase, and required quite a lot less for temperature maintenance. Depending on seasonal temperatures, skilled *balneatores* knew when to add wood at peak use times, and when to let the fire rest.[59] We might presume they were never allowed to 'run cold', except perhaps for occasional maintenance. The written sources are silent on this matter, but archaeological evidence and physical modeling by I. Miliaresis have provided us with some data for one bath facility.[60] Public baths were relatively affordable for any freedman (or woman), and were not restricted to the elite. This relatively egalitarian access to the baths means the wood resources that underpinned this service provide another example of reduction of inequality of access to wood resources between the elite and the less well off, although slaves were not permitted to bathe.

4. Wood charcoal consuming industries

4.1. *Wood's role in the rise of metals*

The scientific requirement for the use of charcoal in iron smelting (charcoal being required due to the high smelting temperatures involved, i.e. 1100-1200°C, as well as being essential

[57] Miliaresis (forthcoming). The Baths of Caracalla are thought to have lacked glass in the *cella solaris,* Rook (2013) 125. Sunbathing rooms usually faced south-west. Some *caldaria* were double-glazed, e.g. the Forum Baths at Ostia, and again the Herculaneum Baths.

[58] Rook (1978).

[59] Miliaresis (2013). See especially: <https://www.academia.edu/8494521/Doctoral_Dissertation_Conclusions>.

[60] Miliaresis (2013).

to the chemical reaction), has led to an estimate that around 1 ton of charcoal fuel was required to process 1 ton of iron ore.[61] The rough ratio of 1:1 was also used at a 'Roman' bloomery kiln built in Dorset, UK, in an experimental archaeology smelt conducted by the University College London, in 2015 (see Pl. 8.1, a photo montage of the ore, kiln, and bloom/slag products). This ratio will vary depending on ore quality, ambient conditions, and kiln performance. This is a very rough calculation however, as it ignores fuel used in pre-roasting of the ore, wood used to start the fire (before the charcoal is added); forging of the raw metal bloom (to remove slag and form into bars or billets); not to mention the range of 'recipes' used to make wood into charcoal for iron production. Ratios from 4:1 to 10:1, and as much as 15:1 have been estimated from archaeological remains; documented by experimental archaeology; or observed as modern practice in developing African countries.[62] During and prior to the Iron Age, metals with a lower melting temperature were also extracted by smelting.[63] Alloys, (e.g. bronze and brass), were created by full melting of the component metals. Some metal working processes did not employ full melting, and elements became malleable from being worked. In addition to copper, silver and gold, bronze and brass had lower melting/smelting temperatures (below 1100°C). However, charcoal was still the predominant fuel, as it was also required in the reduction reaction. Charcoal fires are easier to control, and better at providing a steady temperature. Wood introduces too much water, the removal of which, consumes valuable calories needed for sustaining the temperature of a furnace at 1100-1200°C.[64] Any lowering of the process temperature below the critical range produces a failed smelt.

[61] CLEERE / CROSSLEY (1985) 45.

[62] VEAL (2013) 47-48.

[63] Melting is the heating of a substance to change it from solid to liquid form. Smelting requires the metal to become "plastic" (but not molten), in order to react ("reduce") with available carbon (from the charcoal), in an oxygen-depleted atmosphere.

[64] Overview of Greco-Roman metallurgy: REHREN (2013); the definitive text on archaeometallurgy: ROBERTS / THORNTON (2014).

4.2. *Major metallic manufactures: coinage and weapons*

The manufacture of coins and weapons were two of the larger metal consuming industries that especially interested the state. These required s/melting of copper, bronze, silver and gold. A two-stage process is often attested in raw metal recovery, with preliminary production of raw metallic bars usually near the place of ore extraction.[65] These were subsequently transported around the Mediterranean for further refinement. Smithing into final products tended to occur in expert artisanal centers, often in large cities. While s/melting commanded the use of charcoal; smithing and casting occurred at lower temperatures, and may have attracted the use of raw wood or other fuel on occasion, but for iron working, the carbon in the charcoal was essential for most weapon production.[66] We are less sure about the fuel used for coin making, but when coins are made of more than one metal, full melting (casting) is required. Thus when Roman coins were significantly debased, more fuel would have been required for this reprocessing. Once blanks had been made, ovens were used to heat them sufficiently for striking. If these were being operated with the aim of holding a particular temperature over a long period to cater for continuous production (e.g. in Imperial Rome), charcoal would have been the main fuel.

5. Wood for everyday living: furniture and tools

Greco-Roman woodworking is very recognizable. Some aspects of furniture making and design of tools have changed little from antiquity.[67] Agricultural tools, wooden building elements, and

[65] REHREN (2013).

[66] The hardest and sharpest edges were made of steel. Hammering, heating and quenching of the weapon/knife, many times over, infused the cutting edge with more carbon (a process called carburization).

[67] ULRICH (2007) 13-58.

many domestic items were fashioned from the woods at hand: harder woods for tool handles, doorframes, heavy-duty furniture; and softer or more pliable woods for those requiring flexibility (spears, light furniture, tools requiring curved lengths). The archaeological data has shown that woods chosen for particular uses generally have the technical characteristics required, with the caveat, that that which is easily available in a particular location will usually be used.[68] This is true of wood-rich areas. Wood-poor areas show a different pattern, with the use of imported woods a significant phenomenon, even for everyday objects.

The use of exotic woods for the manufacture of everyday objects is rarely recorded in the literary sources, with two notable exceptions: ebony (*Diospyros ebenum* predominantly, although the name ebony is given to a number of *Diospyros* species); and citron/citrum/citrus wood (precise identification unknown, but thought to be *Tetraclinis articulata* (syn. *Callitris quadrivalvis, Thuja articulata*). Ebony's distinctive dark and hard wood is still coveted today (and is now protected). Citron/citrus wood (not to be confused with lemon/orange wood, despite the similarity of name), was a type of Cupressaceae, and was very fragrant. Both ebony and citron were made into elite Greek and Roman furniture, (particularly dining tables), and sourced from North Africa (and possibly other locations).[69] Both were extremely expensive, and by the 1st century veneering was becoming more common.

Knowledge of archaeological data for Mediterranean wooden artefacts is substantially dominated by remains from Herculaneum and Pompeii, and surrounds at AD 79. Some further data are obtained from an AD 2nd century roof of the Villa of Augustus.[70]

[68] GALE / CUTLER (2000) 414-489, in Tables 12-48 plant uses are detailed by: wood type, plant part, time period, geographic location, and use type.

[69] Ebony and citron wood workers were highly specialized and had their own *collegia,* VERBOVEN (2007) 884. For the qualities of these woods see ULRICH (2007) 252-253 (ebony), and 247-248 (citron).

[70] MOLS (2002) Herculaneum furniture; MOSER *et al.* (2013) charcoal study at Oplontis the so-called Villa of Poppaea), which includes furniture and fuel; ALLEVATO *et al.* (2012) review of Late Roman Campanian charcoals focusing on

Mols, examining the Herculaneum furniture, found the high use of silver fir (*Abies alba*). This is not surprising considering its lightness and workable nature as already mentioned. However, beech (*Fagus sylvatica*) figured as a major wood and is not particularly preferred in the ancient sources, while Allevato *et al.'s* study at the Villa of Augustus shows chestnut for roof timber, although its large-scale cultivation probably did not commence until the Late Antique period. Smaller quantities of oak, maple and other woods were recorded. Moser *et al.* found similar patterns in Oplontis. These patterns are complemented by other studies in fuel, and in roof timbers in Pompeii.[71] Romano-Britain is a case where water-logged construction woods are routinely found, and typically deciduous oak (*Quercus* cf. *robur/pubescens*) is a construction wood in Londinium (AD 1st century), with spruce and larch also observed.[72] In wood-rich areas, local production of wood for common use appears to have been either in the hands of individuals (small farmers who had a wood lot, or access to *ager publicus*), or potentially middlemen (*negotiatores*), who might collect wood from various sources, and resell it at *nunindae* or the local *macellum/agora.* The elite's access to such wood may have been outside the market (if their landholdings provided suitable material), except for purchase of exotics.

In wood-poor areas, the sources are silent about the supply of everyday wooden objects but archaeological evidence is most informative. One detailed case study is that of the Ports of Quseir al-Qadim in Egypt.[73] Here, a range of everyday objects was identified in the Roman period, from bowls, spoons and combs,

chestnut (*Castanea sativa*) at the Villa Augusta; MOSER / NELLE / DI PASQUALE (2016), detail the high use of silver fir in buildings at Herculaneum (AD 79).

71 See for example, COUBRAY (2013); VEAL (2012); (2014); (forthcoming-a). Fir was identified in the House of the Surgeon, as well as willow/poplar in a roof in the Porta Stabia excavations (author, unpubl.). The large presence of fir charcoal now well attested in Campania suggests its very large presence locally in the classical period, although at altitudes above about 1,000m. It is now rare.

72 See for example, GOODBURN (2005).

73 VAN DER VEEN / GALE / UBEL (2011).

to spatulas, needles, and even a wooden key.[74] Of the small artefacts, local woods accounted for about 60% of the items, which were predominantly made of tamarisk (*Tamarix* sp.) 50%; and a few monocotyledons, (either date palm (*Phoenix dactylifera*); or a type of reed (there are many), 12%; and some toothbrush shrub (*Salvadora persica*) 7.5%. A very significant 40% were exotic to Egypt, these were box (*Buxus sempervirens*) 28.5% of the total, probably imported from Europe, North Africa or the Levant; pine (cf. *Pinus sylvestris/nigra* group — i.e. hard mountain pine types) 7.5% (probably either from northern Europe or the eastern Mediterranean, and teak (*Tectona grandis*) 7.5% (from an area in present day India). This begs the question of whether exotic woods were imported by the Egyptians in timber form and then manufactured into goods, or whether finished products were brought in already manufactured. Some indications may be gleaned by correlating the fuel charcoal that was also analyzed. Fig. 2 collates and compares the wood data for marine and everyday objects, with that of the charcoal remains.

Wood type	Common name	Origin	Maritime objects	Everyday objects	Fragments as fuel
CONIFERS/Cupressaceae					
Picea/Larix / cf. *Picea/Larix*	spruce/ larch	European/ Medit.		1	3
Pinus sylvestris/ nigra	mountain pine	European/ Medit.	4	5	51
Pinus pinea/ pinaster, Pinus sp.	coastal/ plain pines	local			76
Conifer		prob. local			7

[74] The site covers a wide chronological range, but the Roman (botanical) deposits, were dated exactly to AD 1-250: VAN DER VEEN / GALE / UBEL (2011) 18 (chronology); 212-20 (wooden artefacts).

Wood type	Common name	Origin	Maritime objects	Everyday objects	Fragments as fuel
		LARGE and MEDIUM TREES			
Tectona cf. *grandis* / cf. *Tectona*	teaks	Indian	10	4	46
Quercus sp. (deciduous or undiff	oaks	European/ Medit.	2	2	8
Quercus sp. (evergreen)	oaks	European/ Medit.	7	1	2
Dalbergia sp.	African blackwood	African/ local	13	2	2
Fraxinus / cf. *Fraxinus* sp.	ash type	European/ Medit.		2	5
Ulmus sp.	elm type	European/ Medit.	2	2	32
Dipterocarpaceae	large family	Indian/ African			4
		SMALLER TREES/SHRUBS			
Acacia sp. / cf. *Acacia*	wattles	local	8	2	42
Tamarix sp.	tamarisks	local	5	11	97
Buxus sp. / cf. *Buxus*	box	European/ Medit.		9	
Moraceae / cf. Moraceae	large family incl fig	local		1	1
Ficus sp. / cf. *Ficus* sp.	fig type	local		3	1
Moringa peregrina	ben tree	local			2

Wood type	Common name	Origin	Maritime objects	Everyday objects	Fragments as fuel
		COASTAL			
Rhizophora sp./ *Bruguiera* sp.	mangrove type	local		1	20
Avicennia sp. / cf. *Avicennia*	mangrove type	local			167
Salsola sp./*Suaeda* sp.	saltwort/ coastal	local			14
		OTHER			
Monocotyledon	reed	local		3	
Leptadenia sp.	thatch/ herb	local			8
Chenopodiaceae	goosefoots (weed)	local			20
cf. Palmae	palm group	local			8
Lagenaria cf. *siceraria*	bottle gourd	cultivated locally		2	
		TOTALS	51	51	616

Fig. 2 – Wood and charcoal data collated from VAN DER VEEN / GALE / UBEL *(2011) 207, 213, 221.*
Wood types with count of only 1 have been excluded.

Results show local woods were consumed as fuel in 56% of the fragments identified (made up of a very large variety of woods, 20 or more types), of which tamarisk features as the second most common, with a type of mangrove wood (*Avicennia* sp.) as the most common; while 7% originated from imported woods from India and East Africa; and 22% from European/Mediterranean woods (and 15% were indeterminate).[75] Pine and teak as exotics appear in both wooden artefact and fuel charcoal assemblages, while box, representing 28.5% of the artefacts is not found in the fuel charcoal. Thus we may speculate that wood-working waste of exotic types may have formed part of the raw fuel consumed, but that items in finished form were also imported. It is interesting that mangrove, a hard and rather beautiful wood, is found almost solely as fuel. Fuel supply was clearly a different economy to wood supply for carpentry in this case. Several types of maple (*Acer* spp.) were also present in boat building, construction, tools, and as firewood, but did not appear as part of the domestic artefact assemblage.[76] This suggests further market differentiation for domestic items as opposed to industrial wood, even for small items.

The luxury woods of ebony and citronwood have not been found in any charcoal assemblage to date, as far as can be ascertained. More integrated studies of the quality of that at Quseir al-Qadim are needed. However, even with this one case study, a more nuanced picture of imports of wood for elite consumption, as well as imports for everyday use in a wood-poor area, arises. Less well off citizens still had access to reasonable quality wood imports, even if they could not afford the highly prized ebony and citronwood. We have no information about price that may help qualify our understanding further, but the everyday nature of the items suggests a market not limited to the elite.

6. Fuel

6.1. *Raw wood and charcoal fuels*

So far I have focused on timber for shipbuilding, construction and small object manufacture, with some mention of the use of fuel. We now turn to a more detailed discussion of fuel,

[75] Van der Veen / Gale / Ubel (2011) 221.

[76] Van der Veen / Gale / Ubel (2011) 335-336. We must recall that this is only one study.

particularly charcoal. Charcoal was made in heaps or pits of suitably cut logs or branches. These were covered and sealed with a mixture of ash, leaves and soil. The wood heap was then slowly 'charcoalified', rather than burnt. Modern ethnographic studies help to illuminate this process, which is also documented in the ancient sources.[77] Charcoal making typically took place in the forest. Charcoals were then bagged and transported to private homes or presumably nearby markets. When examining fuel in the archaeological record, discriminating charcoal that has arisen from burnt construction timber from that of fuel remains can be undertaken through analysis of the annual tree rings (where observable). Flat rings generally indicate wood arising from large timber, and tight rings indicate small wood. The archaeological context is also important, as actual burn layers are usually very recognizable. We would also like to differentiate charcoal remains of charcoal fuel from those of raw wood fuel, since the use of charcoal implies a greater consumption of forest. Such differentiation will ultimately allow us better to estimate wood fuel consumption.[78] Progress is being made with a scientific method called 'reflectance' that measures the shininess of the archaeological charcoal. This has been demonstrated to be directly related to its absolute burn temperature, and so, by measuring a range of charcoals in a context, a raw wood fire will show a 'normal' (bell-shaped) distribution curve of charcoals formed from temperatures starting at about 250°C, increasing in temperature and number of charcoal fragments from 350-550°C, and dropping off thereafter. A charcoal fuel fire will not produce low temperature charcoal remains, as all the fuel will have reached at least the temperature of the (prior) charcoal production process (about 350°C). A 'flatter' and irregular curve starting around 350°C will eventuate. This new

[77] Gathered together in VEAL (2013) 46-48.

[78] A model for the fuel consumption Pompeii has been developed and is in refinement VEAL (2012) (full discussion); the model is downloadable from <http://www.robynveal.com/a-quantitative-model-for-the-ancient-fuel-supply-to-pompeii-ad-79.html>. Application of the model to Imperial Rome has been attempted VEAL (2013), (forthcoming-b).

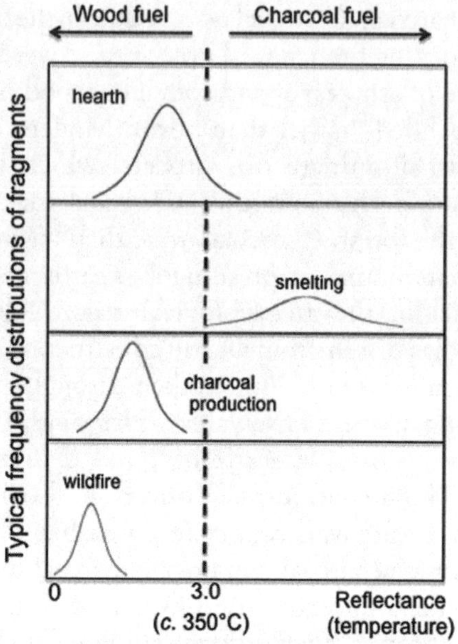

Fig. 3 – Diagrammatic fragment/temperature distributions illustrating the reflectance method.
(Figure: author, after McParland *et al. [2009].)*

method has much promise but is yet in early stages of testing.[79] Fig. 3 provides a diagrammatic representation of these differing fragment / temperature curves for different fire types.

6.2. *Marketing timber and fuel*

Price information about wood and charcoal comes mostly from Diocletian's Price Edict in AD 301, and from Delos from about the 7th century BC. In the Price Edict we find timber and charcoal fuel much more expensive than raw fuel wood, although

[79] McParland *et al.* (2009); Veal / O'Donnell / McParland (2016).

price comparisons for fuel types have to be interpolated through their respective transport costs.[80] Bundles of kindling had the highest value of all. Delian imports were tightly controlled, as we know, and this included supply of charcoal and wood.[81] The relative value of wood and charcoal in Greece, compared to other commodities, was very high due to its scarcity, as Bresson has argued.[82] Most ancient Greek villagers could not afford much, if any fuel. Romans on the other hand, had fairly easy access to wood due to its availability. We do not have archaeological evidence for local market supply of timber and wood for cities' use. Fuel is bulky, (and dirty), therefore sales areas may have been located away from the main market. Home delivery, at least in places like Pompeii, can also be imagined.

7. Land ownership over time: conversion of *ager publicus* to *ager priuatus*

Land types in the Roman period may be divided into *sacrum, ager publicus,* and *ager priuatus.*[83] Sacred forests (*nemus*) were perhaps less likely to be accessed for general timber or fuel production, although the matter cannot be tested archaeologically. Some scholars have suggested *nemus* were cut for the benefit of temple priests. Land laws in the Republican period attempted to protect smaller farmers' rights, but over time, *ager publicus* became *ager priuatus.*[84] The mechanism for this originated in Rome's handling of newly obtained lands in her progressive domination of the Mediterranean. Typically a defeated city may have fertile land reassigned to veterans or to the state. Forests

[80] GRASER (1959). Newer fragments of the Edict do not add more information on wood.

[81] REGER (2002) 73. ARNAOUTOGLOU (2009) questions the assumption that prices on Delos (due to its central Aegean location), represented prices throughout the Greek world (134-36).

[82] BRESSON (2016) 72-73.

[83] Following, e.g., LONG (1875) 21-27.

[84] ROSELAAR (2010).

would become part of the imperial administration, sometimes as part of the emperor's fisc. Taxes were payable in cash or kind, often in firewood, for access to the forest. Theoretically at this point, use by local citizens was still facilitated, but gradually the emperor and his tax agents leased forest (and agricultural land) to the elite, thus reducing *ager publicus*. Elites were the greatest beneficiaries of *ager publicus*, farming it directly or through tenants.[85] Texts suggesting such elite benefits increase substantially in the Late Antique period.[86]

8. State formation and urbanization

A state's progress towards political domination of the Mediterranean was moderated by the ability to gain access to, and control, the best forest resources. It is a notable pattern in history that the most successful civilizations have had long and secure access to forest resources for building and fuel. In this phenomenon, the Egyptians, the Phoenicians, and then especially the Romans, were more successful than the Greek city-states who failed to accrete as a unified power. In progress towards Empire, a type of centripetal force of attraction to Rome's larger cities developed, especially for trade. Large ancient cities became great consumers of all products, developing complex demand and supply patterns. Ever larger public buildings and elite *uillae* were constructed. Nearly all manufacturing required the use of raw wood for turning and tools, but also copious quantities of fuel, and so demand for both timber and fuel rose with increasing urbanization. Demand for fresh foodstuffs for Rome, and the rise of *pastio uillatica*, pushed the origins for the wood supply further and further away from the city. Forests in the Imperial period became more and more limited to mountain areas. Charcoal, always a preferable fuel in

[85] DUNCAN-JONES (1976) 7.
[86] Discussed by DIOSONO (2008a) 28.

a dense urban city,[87] would have experienced increasing demand with increasing population. A pattern of distant mountain supply is observable even in Pompeii (3rd century BC to AD 79).[88] The rise in sophistication of the iron and bronze industries, together with city consumer demands, must have seen a very large increase in charcoal making in Latium, and perhaps further afield, although we have no evidence either documentary, or archaeological, for the transport of large quantities of charcoal, and not much either, for the transport of wood, except in a few historical mentions.[89] Transport by road causes increasing fragmentation of charcoal, rendering less of it suitable for industrial purposes (but these 'fines' can be used domestically). Transport by river or sea would have been preferable.

9. Conclusions

Environment is the first source of inequality in access to forest resources in the ancient Mediterranean. Competition for forest resources among Mediterranean polities was strong. States with poor rainfall and larger tracts of low fertility soils had to import large timbers, especially the Egyptians and the Greeks. The Greek city-states had the further disadvantage of never forming a whole empire, and so fought among themselves, and with others for resources. The long-term ability to control forest resources depended on a polity's original ability to access timber resources to construct a fleet. Ongoing maintenance and expansion of the fleet was then critical to state and elite wealth, both for security, but also for long term access to the markets of the ancient Mediterranean. The use of predominantly conifer wood types: cedar, larch, fir, cypress, pine (and the products of pitch and resin), made environmental influence a further constraint as

87 Since it burns with little smoke, weighs little, cf. raw wood, and provides nearly twice the number of calories.

88 VEAL (2012); (2014).

89 DIOSONO (2008a).

most conifer wood types do not grow back without replanting (compared with most other deciduous and evergreen woods which can regenerate naturally). The most desired conifers grew at high altitudes. Construction of large buildings also required the use of single long timbers, and conifers were also generally preferred. Other woods were important for ships' decking, furniture, and tools of all kinds. Archaeological evidence provides us with a large range of woods used for these purposes, and for the most part these were locally obtained. However, in Roman Egypt one case study we have examined shows that 40% of everyday objects were made of imported woods from Europe, the Mediterranean and modern day South Asia.[90] Evidence suggests some exotics were imported in log form and worked locally, while others may have been imported in their final product forms. The inferred quantities of everyday items made of exotic woods, suggest reasonable equality of access to this resource by elites and sub-elites alike.

Land rights dictated by the state ultimately saw increasing inequality of access to forest resources. *Ager publicus* became *ager priuatus* over time, as the Roman state leased captured agricultural lands and forests to elite favourites. The sources are silent on the long-term practical outworking of this trend on the poor tenant farmer. This inequality of access and rights to wood between rich and poor is not surprising since forest control was intricately tied up with land ownership. The elite (and state) were the great landowners, and therefore had greater access to the various types of wood for construction and fuel of which they had need. However, they could not afford to completely restrict lower socio-economic groups' access to woodland, or the workforce would have starved. Inequality of access to wood resources was also tempered by elite acts of euergetism and social display in public feasts, and the provision of public bathing.

Timber was demonstrably more valuable than fuel according to our two main sources for wood prices, Diocletian's Edict

[90] Van der Veen / Gale / Ubel (2011).

and the price data from Delos (recalling the differing dates and geographical origins of these two diverse sources). Historical evidence is mostly limited to only a few types of large timbers being traded across the Mediterranean from sources east to west (cedar, ebony and citronwood). The archaeological evidence in this regard is scant for cedar, and lacking for the latter woods. The tools of archaeology, wood and charcoal analysis, and economic modeling can be usefully combined with a re-reading of the historical texts to arrive at a much more nuanced understanding of wood commodities in the ancient world than has previously been possible. Charcoal collection should be incorporated into all classical excavations to continue progress. We hope we may see the realization of more detailed studies of shipwrecks from the East. Cedar was the most prized wood in the Mediterranean through time. Yet so far we are unable to trace archaeologically its high use as ascribed to it in the written evidence.

Works cited

ALLEVATO, E. *et al.* (2012), "Persistence of the Cultural Landscape in Campania (Southern Italy) before the Ad 472 Vesuvius Eruption: Archaeoenvironmental Data", *Journal of Archaeological Science* 39, 399-406.

ALLEVATO, E. / RUSSO ERMOLLI, E. / DI PASQUALE, G. (2009), "Woodland Exploitation and Roman Shipbuilding: Preliminary Data from the Shipwreck *Napoli C* (Naples, Italy)", *Méditerranée* 112, 33-42.

ANTICO GALLINA, M. (ed.) (2011), *Archeologia del legno. Uso, tecnologia, continuità in una ricerca pluridisciplinare* (Milan).

ARNAOUTOGLOU, I. (2009), *Ancient Greek Laws. A Sourcebook* (e-book of the 1998 ed.) (London).

ASOUTI, E. (2004), "Factors Affecting the Formation of an Archaeological Wood Charcoal Assemblage", <http://www.ucl.ac.uk/archaeology/staff/profiles/asouti.htm%3E>.

BARKAI, O. / KAHANOV, Y. (2016), "The Tantura F Shipwreck: Hull Remains and Finds — Final Report", *The International Journal of Nautical Archaeology* 45 (1), 6-28.

BLAIR, I. *et al.* (2006), "Wells and Bucket-Chains: Unforeseen Elements of Water Supply in Early Roman London", *Britannia* 37, 1-52.
BRESSON, A. (2016), *The Making of the Ancient Greek Economy. Institutions, Markets and Growth in the City-States.* Trans. S. RENDALL (Princeton).
BÜNTGEN, U. *et al.* (2011), "2500 Years of European Climate Variability and Human Susceptibility", *Science* 331, 578-582.
CARACUTA, V. / FIORENTINO, G. (2012), "Wood for Fuel in Roman Hypocaust Baths: New Data from the Late-Roman Villa of Faragola (SE Italy)", in E. BADAL *et al.* (eds.), *Wood and Charcoal Evidence for Human and Natural History* (Valencia), 199-208.
CARLSON, D.N. (2003), "The Classical Greek Shipwreck at Tektaş Burnu, Turkey", *AJA* 107, 581-600.
CLEERE, H. / CROSSLEY, D.W. (1985), *The Iron Industry of the Weald* (Leicester).
COUBRAY, S. (2013), "Combustibles, modes opératoires des bûchers et rituels : l'analyse anthracologique", in W. VAN ANDRINGA *et al.* (eds.), *Mourir à Pompéi. Fouille d'un quartier funéraire de la nécropole romaine de Porta Nocera (2003-2007).* Vol. 2 (Rome), 1433-1449.
COUBRAY, S. / ZECH-MATTERNE, V. / MONTEIX, N. (forthcoming), "Of Olives and Wood: Baking Bread in Pompeii", in R. VEAL / V. LEITCH (eds.), *Fuel and Fire in the Ancient Roman World. Towards an Integrated Economic Approach* (Cambridge).
CUOMO DI CAPRIO, N. (2007), *Ceramica in archeologia 2. Antiche techniche di lavorazione e moderni metodi di indagine* (Rome).
DE GIORGI, A.U. (2016), *Ancient Antioch. From the Seleucid Era to the Islamic Conquest* (Cambridge).
DELAINE, J. (1997), *The Baths of Caracalla. A Study in the Design, Construction, and Economics of Large-Scale Building Projects in Imperial Rome* (Portsmouth, RI).
DI PASQUALE, G. *et al.* (2014), "Human-Derived Landscape Changes on the Northern Etruria Coast (Western Italy) between Roman Times and the Late Middle Ages", *The Holocene* 24, 1491-1502.
DIOSONO, F. (2008a), *Il Legno. Produzione e commercio* (Roma).
— (2008b), "Il commercio del legname sul fiume Tevere", in F. COARELLI / H. PATTERSON (eds.), *Mercator Placidissimus. The Tiber Valley in Antiquity. New Research in the Upper and Middle River Valley, Rome, 27-28 February 2004* (Rome), 251-283.
DONAHUE, J.F. (2003), "Toward a Typology of Roman Public Feasting", *AJP* 124 (3), 423-441.
DUNCAN-JONES, R. (1976), "Some Configurations of Landholding in the Roman Empire", in M.I. FINLEY (ed.), *Studies in Roman Property* (Cambridge), 7-34.

Food and Agriculture Organisation (2003), *Harvesting of Non Wood Forest Products* [online text], Rome <http://www.fao.org/3/a-y4496e.pdf>.

— (2013), *State of Mediterranean Forests 2013* [online text], <http://www.fao.org/forestry/62739/en/>.

— (2016a), *Global Forest Resources Assessment 2015* [online text], Rome <http://www.fao.org/3/a-i4793e.pdf>.

— (2016b), *Non Wood Forest Product Update,* 9 <http://www.fao.org/forestry/nwfp/91925/en/%3E>.

Frost, H. (1973), "First Season of Excavation on the Punic Wreck in Sicily", *The International Journal of Nautical Archaeology and Underwater Exploration* 2 (1), 33-49.

Gabriel, R.A. (2009), *Thutmose III. The Military Biography of Egypt's Greatest Warrior King* (Washington D.C.).

Gale, R. / Cutler, D. (2000), *Plants in Archaeology. Identification Manual of Vegetative Plant Materials Used in Europe and the Southern Mediterranean to C. 1500* (Otley).

Gambin, T. (2010), "A Phoenician Shipwreck off Gozo, Malta", *Malta Archaeological Review* 10, 69-71.

Gangemi, M. (2000), "'Impossible' Roads and 'Inaccessible' Woods: Aspects and Problems of Wood Transport in the 18th Century, Southern Italy", in M. Agnoletti / S. Anderson (eds.), *Forest History. International Studies on Socio-Economic and Forest Ecosystem Change. Report No. 2 of the International Union of Forestry Research Organizations (IUFRO) Task Force on Environmental Change* (New York), 185-193.

Giachi, G. *et al.* (2003), "The Wood of 'C' and 'F' Roman Ships Found in the Ancient Harbour of Pisa (Tuscany, Italy): The Utilisation of Different Timbers and the Probable Geographical Area Which Supplied Them", *Journal of Cultural Heritage* 4, 269-283.

Goodburn, D. (2005), "Two Wells (W1 and W2 in OA5) to the North of the Kilns: Woodworking Used in Well 2", in F. Seeley / J. Drummond-Murray (eds.), *Roman Pottery Production in the Walbrook Valley. Excavations at 20-28 Moorgate, City of London, 1998-2000* (London), 64-66.

Graser, E.R. (1959), "The Edict of Diocletian on Maximum Prices (Appendix)", in T. Frank (ed.), *An Economic Survey of Ancient Rome.* Vol. 5, *Rome and Italy of the Empire* (Paterson), 305-422.

Greig, J.R.A. / Turner, J. (1974), "Some Pollen Diagrams from Greece and Their Archaeological Significance", *Journal of Archaeological Science* 1, 177-194.

Grove, A.T. / Rackham, O. (2001), *The Nature of Mediterranean Europe. An Ecological History* (New Haven).

HARRIS, W.V. (2013a), "Defining and Detecting Mediterranean Deforestation, 800 BCE to 700 CE", in HARRIS (2013b), 173-194.

— (ed.) (2013b), *The Ancient Mediterranean Environment between Science and History* (Leiden).

HEPPER, F.N. (2001), "The Cedar of Lebanon in History", *Archaeology and History in Lebanon* 14, 2-6.

HUMPHREY, J.W. / OLESON, J.P. / SHERWOOD, A.N. (eds.) (1998), *Greek and Roman Technology. A Sourcebook. Annotated Translations of Greek and Latin Texts and Documents* (London).

KAMPBELL, S.M. (2013), "Shipwrecks of the Syrian Coast", *The International Journal of Nautical Archaeology* 42 (2), 419-425.

KOUTSOYIANNIS, D. *et al.* (2012), "Floods in Greece", in Z.W. KUNDZEWICZ (ed.), *Changes in Flood Risk in Europe* (Wallingford), 238-256.

LONG, G. (1875), "Agrariae Leges", in W. SMITH (ed.), *A Dictionary of Greek and Roman Antiquities* (London), 37-44.

MCCORMICK, M. *et al.* (2012), "Climate Change During and After the Roman Empire: Reconstructing the Past from Scientific and Historical Evidence", *Journal of Interdisciplinary History* 43 (2), 169-220.

MCPARLAND, L.C. *et al.* (2009), "The Use of Reflectance Values for the Interpretation of Natural and Anthropogenic Charcoal Assemblages", *Archaeological and Anthropological Sciences* 1, 249-261.

MEIGGS, R. (1980), "Sea-Borne Timber Supplies to Rome", in J.H. D'ARMS / E.C. KOOPFF (eds.), *The Seaborne Commerce of Ancient Rome. Studies in Archaeology and History* (Rome), 185-196.

— (1982), *Trees and Timber in the Ancient Mediterranean World* (Oxford).

MILIARESIS, I. (2012), "Heating Roman Baths at Ostia: Beyond Vitruvius", *Classical Association of the Middle West and South 108th Annual Meeting* (Baton Rouge), 1-9.

— (2013), *Heating and Fuel Consumption in the Terme del Foro at Ostia* (Ph. D University of Virginia).

— (forthcoming), "Throwing Money out the Window: Fuel in the Forum Baths at Ostia", in R. VEAL / V. LEITCH (eds.), *Fuel and Fire in the Ancient Roman World. Towards an Integrated Economic Understanding* (Cambridge).

MOLS, S.T.A.M. (2002), "Identification of the Woods Used in the Furniture at Herculaneum", in W.F. JASHEMSKI / F.G. MEYER (eds.), *The Natural History of Pompeii* (Cambridge), 225-234.

MONTEIX, N. (2015), "Baking and Cooking", in J. WILKINS / R. NADEAU (eds.), *A Companion to Food in the Ancient World* (Chichester), 212-223.

— *et al.* (2013), "Pompéi, Pistrina : recherches sur les boulangeries de l'Italie romaine", *Chronique des activités archéologiques de l'École française de Rome* [on line], <https://cefr.revues.org/954>.

MOSER, D. *et al.* (2013), "Archaeobotany at Oplontis: Woody Remains from the Roman Villa of Poppaea (Naples, Italy)", *Vegetation History and Archaeobotany* 22, 397-408.

MOSER, D. / NELLE, O. / DI PASQUALE, G. (2016), "Timber Economy in the Roman Age: Charcoal Data from the Key Site of Herculaneum (Naples, Italy)", *Archaeological and Anthropological Sciences,* November.

PIGNATTI, S. (1997), *I boschi d'Italia. Sinecologia e biodiversità* (Turin).

POLZER, M.E. (2009), *Hull Remains from the Pabuç Burnu Shipwreck and Early Transition in Archaic Greek Shipbuilding* (Diss. Texas A&M University).

PSOMA, S.E. (2015), "Athenian Owls and the Royal Macedonian Monopoly on Timber", *Mediterranean Historical Review* 30 (1), 1-18.

PULAK, C. / INGRAM, R. / JONES, M. (2015), "Eight Byzantine Shipwrecks from the Theodosian Harbour Excavations at Yenikapı in Istanbul, Turkey: An Introduction", *The International Journal of Nautical Archaeology* 44 (1), 39-73.

REGER, G. (2002), "The Price Histories of Some Imported Goods on Independent Delos", in W. SCHEIDEL / S. VON REDEN (eds.), *The Ancient Economy*, 133-154.

REHREN, T. (2013), "Metallurgy, Greece and Rome", in R.S. BAGNALL *et al.* (eds.), *The Encyclopedia of Ancient History*. Vol. VIII (Oxford), 4466-4469.

ROBERTS, B.W. / THORNTON, C.P. (eds.) (2014), *Archaeometallurgy in Global Perspective. Methods and Syntheses* (New York).

ROOK, A. (1978), "The Development and Operation of Roman Hypocausted Baths", *Journal of Archaeological Science* 5, 269-282.

— (2013), *Roman Building Techniques* (Stroud).

ROSELAAR, S.T. (2010), *Public Land in the Roman Republic. A Social and Economic History of Ager Publicus in Italy, 396-89 BC* (Oxford).

ROTHENBERG, B. / PALOMERO, F.G. (1986), "The Rio Tinto Enigma — No More", *Institute for Archaeo-Metallurgical Studies Newsletter* 8, 3-6.

ROWAN, E. (2015), "Olive Oil Pressing Waste as a Fuel Source in Antiquity", *AJA* 119 (4), 465-482.

SADORI, L. *et al.* (2015), "Archaeobotany in Italian Ancient Roman Harbours", *Review of Palaeobotany and Palynology* 218, 217-230.

SIGL, M. *et al.* (2015), "Timing and Climate Forcing of Volcanic Eruptions for the Past 2,500 Years", *Nature* 523, 543-549.

SMIRNIOU, M. / REHREN, T. (2011), "Direct Evidence of Primary Glass Production in Late Bronze Age Amarna, Egypt", *Archaeometry* 53 (1), 58-80.

SMITH, D.M. *et al.* (⁹1997), "Ecology of Regeneration", in *The Practice of Silviculture. Applied Forest Ecology* (New York), 161-194.

THOMMEN, L. (2012), *An Environmental History of Ancient Greece and Rome* (Cambridge).

TITE, M.S. (1969), "Determination of the Firing Temperature of Ancient Ceramics by Measurement of Thermal Expansion: A Reassessment", *Archaeometry* 11 (1), 131-143.

TRINTIGNAC, A. (2003), "La production de poix dans la cité des Gabales (Lozère) à l'époque gallo-romaine", in *Cultivateurs, éleveurs et artisans dans les campagnes de Gaule romaine. Matières premières et produits transformés* (Amiens), 239-248.

ULRICH, R.B. (2007), *Roman Woodworking* (New Haven).

VAN DER VEEN, M. / GALE, R. / ÜBEL, D. (2011), "Woodworking and Firewood — Resource Exploitation", in M. VAN DER VEEN (ed.), *Consumption, Trade and Innovation. Exploring the Botanical Remains from the Roman and Islamic Ports at Quseir Al-Qadim, Egypt* (Frankfurt), 205-226.

VEAL, R. (2012), "From Context to Economy: Charcoal as an Archaeological Interpretative Tool: a Case Study from Pompeii (3rd c. BC - AD 79)", in I. SCHRÜFER-KOLB (ed.), *More than Just Numbers? The Role of Science in Roman Archaeology* (Portsmouth, RI), 19-51.

— (2013), "Fuelling Ancient Mediterranean Cities: A Framework for Charcoal Research", in HARRIS (2013b), 37-58.

— (2014), "Pompeii and Its Hinterland Connection: The Fuel Consumption of the House of the Vestals, c. Third Century BC to AD 79", *European Journal of Archaeology* 17 (1), 27-44.

— (2017), "Fuel in Ancient Food Production", *Tidjschrift voor Mediterrane Archeologie* 56, Special Issue, *Mediterranean Food Economies*, F.B.J. HEINRICH / A.M. HANSEN (eds.), 1-5.

— (forthcoming-a), "Fuel and Timber in the *Casa del Chirurgo*", in M. ANDERSON / D. ROBINSON (eds.), *Excavations in the Casa del Chirurgo, Pompeii (Vi 1, 9-10.23)* (Oxford).

— (forthcoming-b), "Wood and Charcoal for Rome: Towards an Understanding of Ancient Regional Fuel Economics", in T. DE HAAS / G. TOLS (eds.), *Rural Communities in a Globalizing Economy. New Perspectives on the Economic Integration of Roman Italy* (Leiden).

VEAL, R. / O'DONNELL, L. / MCPARLAND, L. (2016), "Reflectance: Current State of Research and Future Directions for Archaeological

Charcoal: Results from a Pilot Study on Irish Bronze Age Cremation Charcoals", *Journal of Archaeological Science* 75, 72-81.

VERBOVEN, K. (2007), "The Associative Order: Status and Ethos among Roman Businessmen in Late Republic and Early Empire", *Athenaeum* (95), 861-893.

WILSON, A. (2009), "Foggaras in Ancient North Africa: Or How to Marry a Berber Princess", in *Contrôle et distribution de l'eau dans le Maghreb antique et médiéval* (Rome), 19-39.

DISCUSSION

S. von Reden: That was a very interesting presentation, thank you. I would like to ask one thing Robyn: you did not really mention brushwood. Brushwood consumption was also important. In Egypt land was developed for agriculture by the clearance of brushwood, in a type of symbiotic gain, presumably this was a local economy that the State may have developed. What about timber? Were these separate economies?

R. Veal: Thank you Sitta for reminding me of the importance of brushwood. Yes, brushwood was, and is an important fuel, especially in more poorly treed areas. However, it is highly flammable, and so tends to burn to completion, and not be observed in the archaeological record, although heather and gorse are occasionally found. It was used even in treed areas to start fires, and particularly in cremation. I agree it was likely to be a local product. Timber supply was the challenge for Egypt and Greece for shipbuilding and large public building construction. Woods of dimensions and types that were not locally available were required, and so these had to have been imported. Markets for timber and brushwood would presumably have been managed differently, but we have little evidence.

F. Hurlet: I'd like to know more about the relationship between 'woodland' and the 'state'. How did the Roman Imperial State control forest resources?

R. Veal: Without entering into a full discussion on Roman land rights, we can say that from the Republican period, defeated cities' and states' forested land technically became the property of the Roman State, although in practice the elite and/or communities who owned the lands still mostly retained control over, and access to them. They paid taxes to the Roman state, usually in kind (timber, fuel, resin, pitch). This is a bit of a generalization. Following aggressive defeats, (e.g. of Veii, and Cumae), no property rights were retained. Wood products from state-owned forests were put to use in construction and repair of public buildings, roads, for the baths, the army, and other public uses. Some lands and forests were 'leased', especially to senatorial families. By the Imperial period the Emperor was building up his personal land holdings through various means and the separate ownership of forests by the state and by the Emperor, seem to have become blurred. We know of the intervention of Hadrian, drawing a cordon of inscribed stones around much of the remaining forest of Lebanon. Presumably the precious cedars, and other tall conifer timbers were protected for state use. Of the leased forests, the longer a wealthy landowner held a lease, the more likely de facto ownership appears to have become the norm. Medium-sized and even subsistence landholders alike may have paid a small (i.e. affordable) access fee. This permitted them grazing and/or wood fuel collection rights. One supposes that by the Late Antique period, as Roman control broke down, woodland access may have become more costly, as elites commandeered more land without restraint. However, by this time some agricultural fields were being abandoned, and trees would have reoccupied formerly arable land (at least in part), so overall forest cover increased. More work is needed in this area.

G. Reger: You cited evidence for secular climate fluctuations in the Mediterranean. I'd like to know whether there is evidence of fluctuations in distribution of forest species in conjunction with these changes — for instance, does the range of beech extend lower on mountainsides during the wetter and cooler period in Late Antiquity. Can we see reflections of such changes in the archaeology: for instance, do we see a higher incidence of (say) beech in the archaeological record for use as fuel correlated with such periods?

R. Veal: This is an interesting question Gary, as several factors come into play. Modern ecologists believe many species of flora and fauna survived in lower altitudes in earlier time periods. Overall man's activities have pushed many species higher up, so we have in part a flawed understanding of where things might have grown, based on where they grow now (even in a similar climate). We can tell broadly, what an optimum altitudinal range might be for a particular tree type by measuring the particular climatic and soil regimes that permit maximum photosynthesis. It is difficult, however, to isolate altitude in calculating 'optimal growing conditions'. For instance, for beech, in the current climate, photosynthesis is optimized between 1200-1550m in central Italy, and we believe the overall climate was not too different in the Imperial period to today's climate.[91] Grove and Rackham propose a formula that for a 1° C drop in temperature over a century, the tree-line might drop by about 100m .[92] However, this would be difficult to observe in practice, (since neither pollen nor wood charcoal remains can tell us from where, exactly, they originated). It is also accepted now that there is a time delay in reaction to climate change, and so pollen studies need to be read with some circumspection. How great this delay may have been requires further study.

S. Fachard: Votre modèle quantitatif pour estimer les surfaces de forêts nécessaires à la consommation d'une cité est très suggestif. Si je l'applique à mes régions d'étude, je m'aperçois que les chiffres peuvent varier notablement en fonction de l'indice de productivité. Ma question est la suivante : comment estimer l'indice de productivité d'une forêt antique ?

R. Veal: Thank you Sylvian. Yes, forest productivity is a key issue. Even in a modern forest, productivity will change over time with changing weather. Thus we will always be estimating

[91] Pignatti (1997) 487-490.
[92] Grove / Rackham (2001) 142.

a range. However, this is not an impossible task, and our aim will be to constrain our early estimates further. Modern science tells us forest productivity ranges under different climate, soil, and cultivation regimes. The woods identified in the charcoal can provide cropping indicators. Together with local pollen studies these can give us fairly closely, the makeup of the ancient forest, and how it was cultivated. Study of the ancient soils would help even more (although this is not yet routinely carried out). Difficulties also arise (even in modern studies) from reporting productivity on a 'clear cut' basis (all the wood cut down), or a sustainable basis (small wood selected, and cut as coppice or pollards). Narrower ranges may be obtainable if we collect more local data, and perhaps introduce probabilistic analyses to flesh out predicted linear ranges. Notably, macchia (common in Greece) is not necessarily always 'low productivity', although it is relatively lower than deciduous forests, as growth is slow.

C. Brélaz: I found what you said about the 'hidden economy' of forests extremely interesting. The same is true, I think, of the swamps for which secondary, small-scale activities are also attested. All swamps were not necessarily unhealthy and did not bring disease, especially when they were regenerated through fresh water. In the case of the Roman colony of Philippi in the province of Macedonia, for instance, which was settled next to a large swamp, we should assume that the colony even took advantage of this marshy environment. Fishing activities and reed cultivation must have been carried out, as was already the case in the nearby Prehistoric settlement of Dikili Tash. As Prof. Beltrán Lloris suggested in his own paper, Roman colonization did not necessarily mean an economic downturn for the local population. My question is regarding forest ownership. As you mentioned, forests seem to have been a royal monopoly in the Macedonian kingdom. Rock inscriptions from Lebanon show that some parts of the forest there, but not the whole forest, were Imperial property during the Roman period. On the other hand, it has been recently argued by A. M. Hirt, convincingly I think, that not all mines and quarries belonged to the Emperor in the Roman world. Some may have been owned and operated by local communities. What about the forests? According to what criteria was a forest considered Imperial property? Had it to do with the quality of the wood? Or did the Roman emperors only inherit the forest estates that previously belonged to Hellenistic kings?

R. Veal: Thank you Cédric. I agree with you about swamps. They were, and are, important areas of production: for collecting fruits and berries; grazing of animals; firewood provision (and pitch production — pine trees are the most common trees in coastal areas); and fishing. Coastal lagoons located in these swamp areas were also a source of large quantities of juveniles of otherwise ocean going fishes (following their parents' return to breed), as well as salt making. As to property ownership, I have looked at this broadly above in answer to Fred's question, and clearly Hadrian took action over the forests of Lebanon, precisely because these woods were very favoured for ship and public building construction. In general though in the Imperial period, the state and/or the Emperor both appear to have routinely taken over technical ownership of defeated cities' forests (regardless of makeup), whilst mostly leaving management and access to the locals, and exacting taxes in kind.

A. Bresson: Je voudrais revenir sur la question du déboisement. Sans aucun doute parler d'un déboisement universel dans le monde ancien serait méconnaître ce que l'on peut savoir sur la base de la documentation écrite et archéologique. Cependant, ne faut-il pas insister sur les différences régionales? Certaines zones très densément peuplées ou faisant l'objet d'une exploitation plus intensive (pour la production métallurgique en particulier) n'avaient-elles pas été exploitées au-delà de la capacité de reproduction naturelle? En outre, comment prendre en compte l'impact du bétail, en particulier des ovins et caprins, sur la reproduction des taillis et forêts?

R. Veal: Thank you Alain. Yes I agree deforestation is a nuanced and regional issue, although we can say with certainty from pollen studies that large-scale deforestation only started in the Mediaeval period in the Mediterranean and Europe. More difficulties existed in poorly-wooded areas (such as you have noted in Greece). Over-exploitation of areas where metal working was carried out, does appear to have occurred from time to time, for example, on Elba, (as I have discussed in my chapter), and in the provinces in places like Roman East Africa (parts of which were marginal for wood anyway). However, long-term exploitation of woodland for mining and smelting also shows highly managed forest in some cases. Scholars of Romano British metal smelting, (for example, Peter Crewes, and Henry Cleere), argue that careful coppice management was the rule, and forests were not denuded, but carefully husbanded and harvested cyclically. Forests grow back, and coppicing increases life and vigour of trees. The charcoal evidence in Romano Britain (for which many studies have been carried out) shows the use of much small round wood. We have not yet examined enough assemblages to provide a comprehensive understanding of the whole Empire.

With regard to the browsing of ovicaprids — yes they do a lot of damage, and formal woodland management for coppicing (cutting near ground level), was not possible without extensive fencing. In flatter areas of the Empire, we presume fencing was put in place (extensive documentation exists for Mediaeval Europe), however, for the steep inclines of Italy, and other similar areas, woodland management would have relied on pollarding (cutting above grazing height), or rotational clear felling (and sorting of the wood into building and fuel sizes). Both strategies are observable in modern Italian forests.

N. Purcell: I have a number of questions. Firstly, I wonder what minimum/tolerable levels of heating existed. Was 'warmth as a luxury' a social variable? Ethnographic study might be informative. For example, what do people do in winter in Greco-Roman space and time? Secondly, was fuel a macro-historical contributor to social deprivation and elite enrichment? Can we consider the contrasting cases of the urban poor, and the rural poor of Greece as outlined in Alain's book?

R. Veal: Thank you Nicholas, for so many questions of interest, and for your personal reminder about Vitruvius' *porticus post scaenam,* one place wood might be stored in a villa. Your suggestion that fuel be studied as an object of euergetism is a useful idea. Certainly we have quite a few inscriptional examples of fuel donations and tributes, as a basis for such a study. With regard to your query about the 'luxury of warmth': as the group has discussed, we have to consider not only the availability of wood, but also: the local climate, clothing, and the relative wealth of an individual. Presumably people rugged up in warmer clothing (if they had it), and purchased more fuel, probably charcoal fuel. The urban poor were assisted in part by ambient warmth that *insulae* provided in large cities. Neighbours benefitted from the fires for cooking and heating of those below them, as the heat rose. Alain's Greek rural poor, who seem far worse off, with more difficult and costly access to fuel, had to cook communally, and probably experienced worse conditions of cold in winter. So, fuel *was* a major historical influence on social deprivation and elite enrichment, since it is so tied up with land ownership, and it is an essential. As *ager publicus* gradually became *ager priuatus,* presumably access to woodland became more costly for all. This cost would not have troubled the wealthy, or even the artisanal classes, but subsistence farmers and the city poor would have been relatively burdened by such cost increases. As the Imperial population approached its maximum in the AD 2nd century, and charcoal production commensurately increased for all types of purposes, the logistics of supply would have at the very least, led to higher transport costs as woodlands became more isolated from the large cities they served. Elites were the greatest consumers, both industrially and privately, of all fuel types, so the ownership of wood resources, and their transfer to consumption zones can definitely be seen as a further example of an elite burden on the basic needs of urban populations.

P. Eich: The concept and the semantics of the term *annona* are quite complicated. Could you expand on your use of the word and the development of the *annona* in time?

R. Veal: You are right to bring this up Peter, thank you. I've only mentioned the *annona* simplistically. We know the *annona* was essentially a tax on practically every agricultural and land-based activity. This tax, often in kind, provided critical resources to provision the army, as well as to feed the city poor, among other uses. Even from the Republic, Rome had to import grain, principally from Sicily and Sardinia, and later from Egypt and North Africa, in order to feed its citizens. Over time emperors tried to limit the number of poor receiving the dole. Grain is the focus of the *annona* in the early part of Roman history. By the Late Antique period attestations of the *annona* describe a much wider variety of foodstuffs including oil, wine, and potentially fuel. My interest lies in the impact of providing the dole in bread form (from the Severan period onwards) — as opposed to raw grain. This implies the use of a considerable amount of fuel to make the bread, and so the burden to provide the dole increased. Moreover providing oil also implied a wood and fuel burden since wood was used to warm the lees to extract more oil, and of course was necessary in press building. It may be possible to take the range of estimates of numbers of people receiving the dole, and calculate the fuel required to make the grain into bread. My point is, that moving from raw grain to bread provision created a greater burden because of the fuel requirement (and of course, labour, and the opportunity cost of producing saleable items). Fuel (and timber) can be seen as almost insidious essentials which we find inserted economically into practically every aspect of life.

F. Beltrán Lloris: Regarding forest and imperial administration, of course there could be instances of forests run by the imperial administration, but there are plenty of examples where forests remained attached to city administration as shown, for instance, in chapter 82 of the *Lex Vrsonensis*. Regarding wood sustainability and the Romans, there are cases in which the exploitation of forests during Roman times seems to have produced deforestation: the results of the study on ice cylinders from Greenland related to lead pollution show a clear peak in pollution provoked mainly by the exploitation of the silver mines in Spain (*Science* 265, 1994, 1841 ss.), mainly in the Carthago Nova area. It would be interesting to examine the effect of mining in this area in Roman times.

R. Veal: Thank you Francisco. Yes I agree in principle that local administrations often still maintained control of their forests, (the Romans rarely wanted to interfere at this level of control), but taxes were then due to the State as we have already discussed. Thank you for the specific example. The Carthago Nova mines, (modern day Cartagena), have been reinvestigated a number of times. Some of the high outputs suggested by calculations from ancient historical sources made by modern scholars, (e.g. slag output of over 15 million tons), have been debunked by extensive geo-archaeological studies, (6 million is the estimate now). Further, the Romans mined less gold/silver than previously thought, and much more copper. The wood requirements in Roman times were more like 200,000 trees p.a. (perhaps a quarter to a third of the previous estimates).[93] This is still a lot of wood, but the mine ran efficiently from about the 3rd century BC, and so renewable wood supplies had to provide part of the requirement, even if charcoal was also brought in from elsewhere. Roman mining waned there in the AD 4th century, and was not restarted on any scale until much later in history. In the 19th century new types of exploitation began 'and required more (local) wood.'[94] I infer that local woods existed then, perhaps from re-afforestation. The stark landscape of Rio Tinto is as much due to (natural and processed) sulphide dominance (i.e. poisoning) of the soils as other issues. You are right

[93] ROTHENBERG / PALOMERO (1986).
[94] *Ibid.*

Francisco we could study this more by examining the charcoals and inferring cropping strategies (i.e. more sustainable, if using small wood). Changes in the local flora may be detected by pollen studies. To my knowledge concurrent evaluation of these data has not yet occurred. Rio Tinto is probably the largest example of wood exploitation for mining in the Roman world, and it was in a province, so we might expect this to be an example of local over-exploitation.

TABLE DES ILLUSTRATIONS

Pl. 7.2. Silver tetradrachm of Ptolemy I or Ptolemy II. Obv. Head of Ptolemy I r. Rev. Eagle on fulmen l., legend ΠΤΟΛΕΜΑΙΟΥ ΒΑΣΙΛΕΩΣ.
ANS 1944.100.75856. Diameter 26 mm. Weight 14.21 g. Mint of Alexandria. Date: after 294/3 - bef. 275 BCE (C. Lorber *per litteras*). © American Numismatic Society, New York.

Pl. 7.3. Bronze drachm of Ptolemy II. Obv. Head of Zeus Ammon r. Rev. Two eagles with closed wings on fulmen l., legend ΠΤΟΛΕΜΑΙΟΥ ΒΑΣΙΛΕΩΣ.
ANS 1944.100.75983. Diameter 43 mm. Weight 70.05 g. Mint of Alexandria. Date: after 261 BCE. © American Numismatic Society, New York.

Pl. 8.1. Stages in experimental Roman iron smelting experiment (Dorset, UK); A: (hand) crushed and graded raw ore; B: clay furnace sealed with ash (note bellows on left side); C: slag running (smelt nearly complete); D: example of cold slag; E: bloom (raw iron mixed with charcoal and slag — requiring hammering to remove impurities and eventual working into a bar or billet); (photos: R. Veal).

Pl. 1.1

Skourta plain
Panakton
Oinoe
Thriasian plain
Velatouri tower
Eleusis

Pl. 1.2

Pl. 1.3

Pl. 1.4

Pl. 1.5

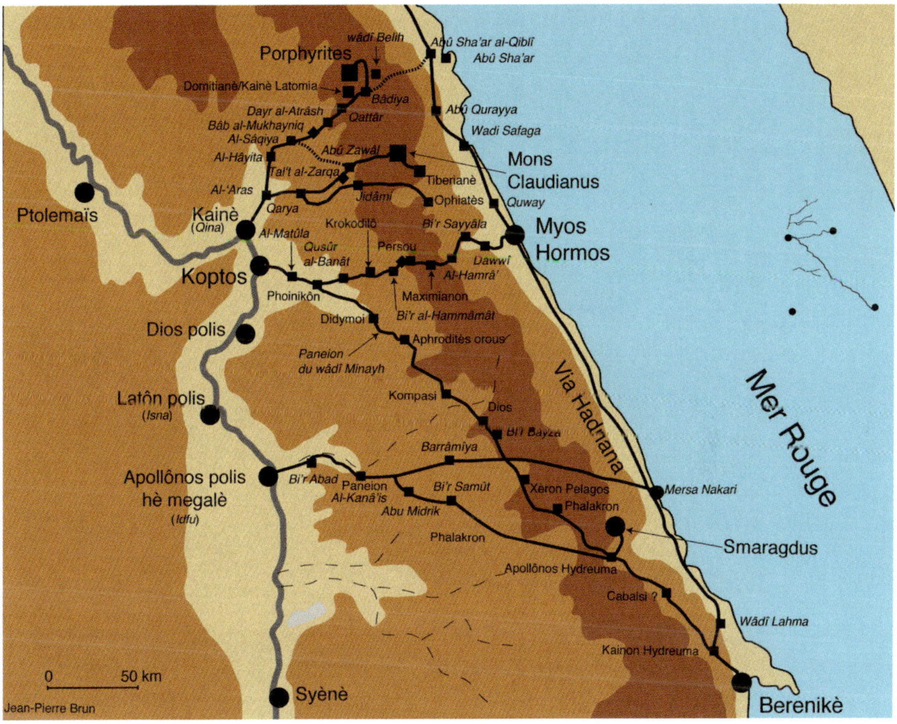
Porphyrites
wâdî Belih
Abû Sha'ar al-Qiblî
Abû Sha'ar
Domitianè/Kainè Latomia
Bâdiya
Dayr al-Atrâsh
Bâb al-Mukhayniq
Qattâr
Al-Sâqiya
Abû Qurayya
Wadi Safaga
Al-Hâyita
Abû Zawâl
Tal't al-Zarqa
Mons
Claudianus
Tibenianè
Al-'Aras
Jidâmi
Ophiatès
Quway
Ptolemaïs
Kainè
(Qina)
Qarya
Krokodilô
Bi'r Sayyâla
Myos
Hormos
Al-Matûla
Qusûr
al-Banât
Persou
Dawwî
Koptos
Al-Hamrâ'
Phoinikôn
Maximianon
Bi'r al-Hammâmât
Didymoi
Dios polis
Aphroditès orous
Paneion
du wâdî Minayh
Via Hadriana
Mer Rouge
Kompasi
Latôn polis
(Isna)
Dios
Barrâmiya
Apollônos polis
hè megalè
(Idfu)
Bi'r Abad
Paneion
Al-Kanâ'is
Bi'r Samût
Xèron Pelagos
Mersa Nakari
Abu Midrik
Phalakron
Phalakron
Smaragdus
Apollônos Hydreuma
Cabalsi ?
Wâdî Lahma
Kainon Hydreuma
0
50 km
Syènè
Berenikè
Jean-Pierre Brun

Pl. 3.1

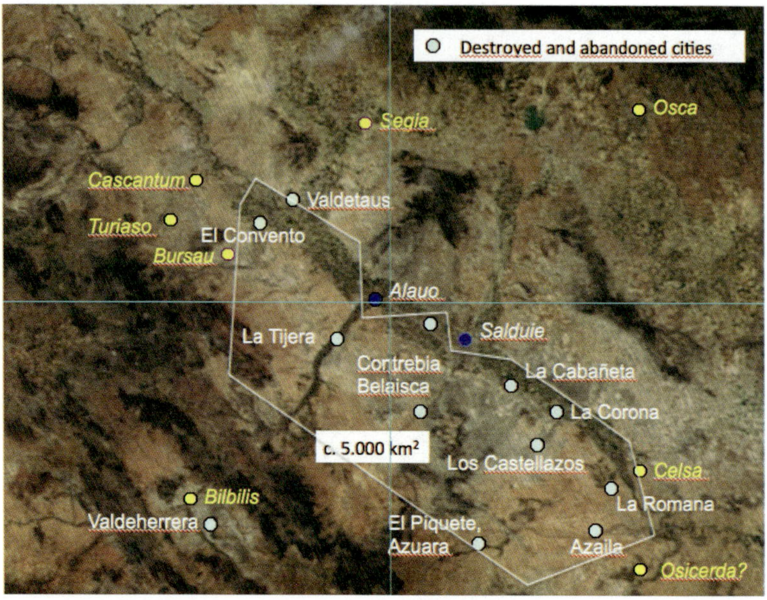
Destroyed and abandoned cities
Segia
Osca
Cascantum
Valdetaus
Turiaso
El Convento
Bursau
Alauo
La Tijera
Salduie
Contrebia
Belaisca
La Cabañeta
La Corona
c. 5.000 km²
Los Castellazos
Celsa
Bilbilis
La Romana
Valdeherrera
El Piquete,
Azuara
Azaila
Osicerda?

Pl. 4.1

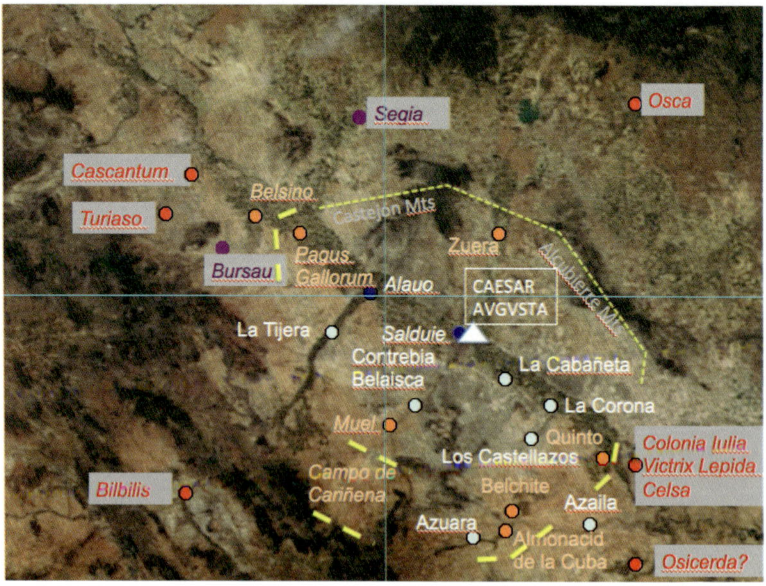
Segia
Osca
Cascantum
Belsino
Turiaso
Castejón Mts
Zuera
Pagus
Bursau
Gallorum
Alauo
CAESAR
AVGVSTA
Alcubierre Mt
La Tijera
Salduie
Contrebia
Belaisca
La Cabañeta
La Corona
Muel
Quinto
Colonia Iulia
Los Castellazos
Victrix Lepida
Campo de
Cariñena
Belchite
Celsa
Bilbilis
Azaila
Azuara
Almonacid
de la Cuba
Osicerda?

Pl. 4.2

Pl. 4.3

ARAGÓN EN EL CONVENTO JURÍDICO CESARAUGUSTANO (ss. I-II d. de C.)
Oiarso
Pompelo
Andelo
Iacca
Sos del Rey Católico
Boletum
Sopeira
Sofuentes
Castiliscar
Asín
Sádaba
Rivas
Cara
Luna
Valpalmas
Coscojuela
de Fantova
Libia
Varea
Tritium
Magallum
Calagurris
Osca
Gracchurris
Cascantum
Turiaso
Bursao
Pagus Gallorum
Alavona
Caesaraugusta
Osera
Fraga
Fuentes
de Ebro
Celsa
Bilbilis
Almonacid
Azuara
Chiprana
Caspe
Fabara
Alcañiz
Arcobriga
Complutum
Bueña
Ercavica
Albarracín
La Iglesuela
del Cid
Manzanera
Rubielos
de Mora
Colonia romana
Municipio romano
Municipio latino (Augusto)
Ciudad estipendiaria (luego, municipio latino Flavio)
Otros
Límites del Convento jurídico cesaraugustano
Bursau Nombre antiguo
Rivas Nombre moderno
Conjuntos urbanos
Otros restos monumentales
Vía de trazado seguro
N
0 25 50 75 100 km

Pl. 4.4

Pl. 7.1.1

Pl. 7.1.2

Pl. 7.2.1

Pl. 7.2.2

Pl. 7.3.1

Pl. 7.3.2

Robyn Veal, *The politics and economics of ancient forests*

Pl. 8.1

INDEX

A. Auteurs et textes anciens

B. Inscriptions, ostraca et papyrus

C. Noms de lieux, de personnes et de divinités

D. Index thématique